निबन्ध-संचयन

शताब्दी के ढलते वर्षों में

लेखक की कृतियाँ

कहानी-संग्रह
परिन्दे (1959), जलती झाड़ी (1965), पिछली गर्मियों में (1968), बीच बहस में (1973), कव्वे और काला पानी (1983), प्रतिनिधि कहानियाँ (1988), सूखा तथा अन्य कहानियाँ (1995), थिगलियाँ (2024)

उपन्यास
वे दिन (1964), लाल टीन की छत (1974), एक चिथड़ा सुख (1979), रात का रिपोर्टर (1989), अन्तिम अरण्य (2000)

यात्रा-संस्मरण/डायरी
चीड़ों पर चाँदनी (1963), हर बारिश में (1970), धुंध से उठती धुन (1997)

निबन्ध/व्याख्यान
शब्द और स्मृति (1976), कला का जोखिम (1981), ढलान से उतरते हुए (1985), भारत और यूरोप : प्रतिश्रुति के क्षेत्र (1991), इतिहास स्मृति आकांक्षा (1991), शताब्दी के ढलते वर्षों में (संचयन, 1995), दूसरे शब्दों में (1997), आदि, अन्त और आरम्भ (2001), साहित्य का आत्म-सत्य (2006), सर्जना पथ के सहयात्री (2006)

नाटक
तीन एकान्त (1976)

अनुवाद
पराजय : अलेक्सांद्र फेदेयेव (1954), बचपन : टॉल्स्टॉय (1954), कुप्रिन की कहानियाँ : अलेक्सांद्र कुप्रिन (1955), रोमियो जूलियट और अँधेरा : यान ओत्चानाशेक (1964), खेल-खेल में : चेक कहानियाँ (1966), इतने बड़े धब्बे : चेक कहानियाँ (1966), झोंपड़ीवाले और अन्य कहानियाँ : मिहाइल सदौवेन्यु (1966), कारेल चापेक की कहानियाँ (1966), बाहर और परे : इर्षी फ्रीड (1967), आर.यू.आर. : कारेल चापेक (1972), एमेके : एक गाथा : जोसेफ़ श्कवोरेस्की (1973)

पत्र
प्रिय राम, प्रिय निर्मल (2006), देहरी पर पत्र (2009), चिट्ठियों के दिन (2009)

साक्षात्कार
संसार में निर्मल वर्मा (2006)

संचयन
दूसरी दुनिया (1978)

शताब्दी के ढलते वर्षों में

निर्मल वर्मा

राजकमल पेपरबैक्स

पहला **राजकमल** संस्करण 1995 में प्रकाशित

राजकमल पेपरबैक्स में
पहला संस्करण : मई, 2024

राजकमल पेपरबैक्स : उत्कृष्ट साहित्य के जनसुलभ संस्करण

राजकमल प्रकाशन प्रा. लि.
1-बी, नेताजी सुभाष मार्ग, दरियागंज
नई दिल्ली-110 002
द्वारा प्रकाशित

शाखाएँ : अशोक राजपथ, साइंस कॉलेज के सामने, पटना-800 006
पहली मंजिल, दरबारी बिल्डिंग, महात्मा गांधी मार्ग, प्रयागराज-211 001
1, अनमोल सोराबजी सन्तुक लेन, मरीन लाइंस, मुम्बई-400002

वेबसाइट : www.rajkamalprakashan.com
ई-मेल : info@rajkamalprakashan.com

विकास कंप्यूटर एंड प्रिंटर्स
ट्रॉनिका सिटी-201 102
द्वारा मुद्रित

मूल्य : ₹450

SHATABDI KE DHALTE VARSHON MEIN
Anthology of Essays by Nirmal Verma

ISBN : 978-93-6086-156-8

गुड्डी के लिए

क्रम

समाज, संस्कृति, आधुनिक युगबोध

रचनाकार

प्राक्कथन

लिखने की लम्बी ज़िन्दगी में कुछ पड़ाव ऐसे आते हैं, जहाँ सहसा एक सर्वथा नई विधा हमें अपनी ओर खींच लेती है। हम उसे चुनते नहीं। वह हमें चुन लेती है। मेरे लेखकीय जीवन में यह 'पड़ाव' मेरे यूरोप-प्रवास के दिनों में आया था। मैं जहाँ-जहाँ भ्रमण के लिए जाता था, कुछ अजीबोग़रीब ख़यालों के ख़ज़ाने बटोरकर साथ ले आता था। अनोखे पत्थर, सीपियाँ, चित्र जो आप 'मोमेंटो' के रूप में कमरे में सजा सकते हैं, लेकिन इन ऊबड़-खाबड़ 'इम्प्रान्स' की पोटली को कहाँ रखा जाए? कुछ प्रभाव ऐसे होते हैं, जिन्हें ज्यों-का-त्यों 'आँखों-देखी' शैली में पुनर्जीवित करने की लालसा होती है, जो एक हद तक यात्रा-संस्मरण जैसी विधा में सम्पूर्ति पा लेती हैं, कुछ अपनी रसायन-प्रक्रिया में 'कहानी' में कायाकल्प कर लेते हैं, लेकिन इस सबके बावजूद पोटली में कुछ बचा रहता है, जो ख़ुद किसी विधा में बदलने के बजाय स्वयं हमें अपने को बदलने के लिए प्रेरित करता है—एक चुनौती के रूप में, जिसे हम स्वीकार भी कर सकते हैं, अस्वीकार भी। कुछ भी करें—वह हमारा पीछा नहीं छोड़ता। यूरोप से मेरा साक्षात्कार कुछ ऐसा ही प्रश्नाकुल अनुभव था। इस अनुभव को आत्मसात करने की प्रक्रिया में जिस आत्ममन्थन की शुरुआत हुई, स्वयं अपने बारे में उतनी ही,

जितनी सांस्कृतिक अस्मिता के बारे में—यह वह मिट्टी थी, जिसमें पहली बार मेरे निबन्धों ने अपना रूपाकार ग्रहण किया था।

आत्ममन्थन की यह पीड़ित किन्तु अपरिहार्य प्रक्रिया शायद तब तक शुरू नहीं होती, जब तक 'अन्य' के सम्पर्क में नहीं आते। यूरोप और पश्चिमी संस्कृति मेरे लेखन के आरम्भिक वर्षों में कभी उस अर्थ में अन्य नहीं थी, जैसे वह बाद के वर्षों में—यूरोप प्रवास के दौरान प्रतीत हुई। एक औपनिवेशिक नागरिक होने के नाते, अन्य 'शिक्षित' भारतीयों की तरह मैंने उसे सहज रूप से स्वीकार कर लिया था। एक ग़ुलाम आत्मा की 'सहजता' दो सौ वर्षों की असहज स्थिति का परिणाम हो सकती है, यह मैंने यूरोप की 'अन्यता' से गुज़रकर ही पहचाना था। कभी-कभी अपने आत्म से साक्षात् अन्य का स्पर्श पाकर ही होता है और तब वह 'अन्य' वैसा नहीं रहता, जैसा पहले था और हम उसके साथ वैसे ही सहज नहीं रह पाते, जैसे पहले थे। हम अपना भोला कुँवारापन खो देते हैं। हम 'अन्य' से एक नया रिश्ता क़ायम करते हैं, जिसमें आत्मनिर्वासन की जगह आत्मबोध रहता है। सुप्रसिद्ध भारतीय दार्शनिक श्री जड़ाऊलाल मेहता के शब्दों में : "यह एक ऐसी यात्रा है, जो अजनबी और विदेशी भूमि से होती हुई हमें अपने आत्मबोध (selfhood) तक लाती है। इसलिए अन्यत्र की तरह यहाँ भी जो हमारे सबसे निकट होता है, उसे पाने के लिए सबसे लम्बी यात्रा पूरी करके लौटना पड़ता है।"

इस प्रश्न पर मैंने तनिक अपने लम्बे निबन्ध 'भारत और यूरोप' में विचार किया है, जो अपने विस्तार के कारण इस संकलन में नहीं दिया जा सकता, लेकिन उसकी प्रतिध्वनि आपको उन निबन्धों में भी मिलेगी जो सीधे-सीधे इस विषय से वास्ता नहीं रखते। वैसे भी पिछले बीस-पच्चीस वर्षों में मैंने जितने निबन्ध समय-समय पर लिखे हैं, यह पुस्तक उनका संकलन नहीं, सिर्फ़ चयन है। समाज, संस्कृति और धर्म से सम्बन्धित निबन्धों को एक कक्ष में रखा गया है, शुद्ध साहित्यिक प्रश्नों पर अलग से विचार किया है और अन्तिम कक्ष कुछ विशिष्ट रचनाकारों के सृजन-कर्म पर केन्द्रित है। वे निबन्ध और लेख जो इनमें से किसी भी कठघरे में फिट नहीं हो पाते—राजनीतिक और सामयिक टिप्पणियाँ, यात्रा-संस्मरण, डायरी के अंश—उन्हें इसमें शमिल नहीं किया गया।

यहाँ शायद यह स्पष्ट करना ज़रूरी हो कि निबन्धों का यह वर्गीकरण पाठकों की व्यावहारिक सुविधा के लिए भले ही उपयोगी हो, वैचारिक स्तर पर

बहुत संगत नहीं है। अन्य विधाओं की तुलना में निबन्ध का मिज़ाज कुछ ज़्यादा ही मनमौजी है। वह अपनी गहराई में कुछ उथला भी हो तो भी उसकी क्षतिपूर्ति अपने पाट की चौड़ाई से पूरा कर लेता है, एक विषय से शुरू होकर अपनी रवानी में अनेक कगारों को छूता हुआ बढ़ता है। एक खूँटे से बँधे रहना उसे नहीं सुहाता, नि-बन्ध रहकर बहने में ही अपना अर्थ पाता है। अकारण नहीं कि भारतेन्दु-युग के निबन्धकारों में भाँग और पश्चिम में डिक्वेन्सी और कॉलरिज जैसों के लिए अफ़ीम उस विपुल अलमस्ती और उन्मुक्तता का रूपक बन गए, जो निबन्धों के इर्द-गिर्द नशे-सी छाई रहती है। निबन्ध का यह खुलापन ही है, जो 'अभिजात' होने से बचाता है, और उसे साहित्य की सबसे 'लोकतांत्रिक' विधा बनाता है।

20वीं शती में निबन्ध का एक दूसरा पहलू उजागर हुआ है, जो पहले नहीं था। उसने साहित्य-चिन्तन के ऐसे पक्षों को छुआ है, जो एक तरफ़ अकादमिक आलोचना से कहीं अधिक व्यापक है, दूसरी तरफ़ जिसका दर्शन और तत्त्व-चिन्तन उन चिन्ताओं से सराबोर है, जो सीधे-सीधे हमारे समय से सम्बन्ध रखती हैं। यही कारण है कि हमारे समय के कुछ अत्यन्त महत्त्वपूर्ण चिन्तकों ने आलोचना और दर्शन के बीच ऐसे निबन्धों को लिखने की शुरुआत की जिन्होंने दोनों की सीमाओं को छूते हुए अपनी अलग विशिष्ट चिन्तन-शैली का विकास किया। उन्होंने 20वीं शती के बहुमुखी और संश्लिष्ट दबावों तले निबन्ध की ऐसी अप्रत्याशित सम्भावनाओं को उजागर किया, जिसके एक छोर पर जर्नलिज़्म की तात्कालिक वस्तुपरकता और दूसरे छोर पर विचारधाराओं के आतंक को भेदकर अपने समय की सच्चाई को रेखांकित करने का प्रयास था। निबन्ध विधा एक तरह से गद्य की बाहरी त्वचा बन गई, जो जहाँ एक तरफ़ बाहर के प्रहारों को झेलकर 'लिखे शब्द' की गरिमा को बचाती थी, वहाँ चोट खाने की पीड़ा का 'आँखों-देखा' बयान भी देती थी। जॉर्ज ऑरवेल के अनेक निबन्ध, विशेष कर उनका लेख 'राजनीति और अंग्रेज़ी भाषा' अल्बैर कामू की स्वतंत्र और साहसपूर्ण चेतना को वाणी देते हुए वे निबन्ध जो शीतयुद्ध के कुहासे को चीरते हुए एक साहित्यकार की गवाही पेश करते थे, वॉल्टर बेन्यामिन के निबन्ध जो अपने समकालीन गद्यकारों और दार्शनिकों की अपेक्षा कहीं अधिक गहराई और सघनता के साथ अपने समय का संकट अभिव्यक्त करते थे—ये कुछ ऐसे उदाहरण हैं, जिन्होंने निबन्ध को ऐसा गौरव प्रदान किया जो उसे पहले कभी प्राप्त नहीं था।

किन्तु ऐसे साहित्यकारों ने भी, जिनके लिए निबन्ध कभी आत्माभिव्यक्ति का प्रमुख माध्यम नहीं रहा, जब कभी इस विधा को अपनाया, वहाँ हमें उन्हें नितान्त नये 'वेश' में पाने का आनन्द और आश्चर्य मिलता है। रवीन्द्रनाथ और महादेवी वर्मा, हजारीप्रसाद द्विवेदी और अज्ञेय, शमशेर और साही, मलयज और रमेशचन्द्र शाह के निबन्धों की छटा, उनका स्वर और स्वाद उनकी कविताओं और उपन्यासों से कितना भिन्न है! लगता है, हम एक ही लेखक की दुनिया के एक कोटर से दूसरे कोटर में, एक मौसम से दूसरे मौसम में आ गए हैं। वर्जीनिया वुल्फ़ के निबन्धों को पढ़ें तो उनका आलोचनात्मक विवेक, नीर-क्षीर शैली, हँसी और कटाक्ष की टटकी मुद्रा में निशाने पर तीर लगाने की अद्भुत क्षमता आश्चर्य में डाल देती है। लॉरेंस और हक्सले ने अगर अपने निबन्धों के अलावा कुछ भी न लिखा होता, तो भी क्या वे अपने प्रखर, तेजस्वी और सर्वथा रेडिकल विचारों के कारण याद न किये जाते? रात को संगीत सुनते हुए कैसा अनुभव होता है? (हक्सले, 'म्यूज़िक एट नाइट'), लन्दन की सड़कों पर चलते हुए कैसा लगता है? (वर्जीनिया वुल्फ़), अन्धेपन में रोशनी का परिवर्तन कैसे पता चलता है? (बोर्ख़ेस), ट्रेन की यात्रा में शरत बाबू के उपन्यास कैसे याद आते हैं? (मेरा शायद अगला निबन्ध!)—इस तरह के अनर्गल, अटपटे, लेकिन अप्रत्याशित और दार्शनिक मसलों का बोझ उठाने की क्षमता निबन्ध के अलावा और किस विधा में हो सकती है? कविता और उपन्यास की तरह निबन्ध भले ही हमें अतल गहराइयों में न ले जाएँ, लेकिन पानी में एक छपाक-सी डुबकी लगाकर जो मोती बाहर लाते हैं, वे क्या कम उज्ज्वल, आत्मीय और मूल्यवान होते हैं?

इस संकलन के निबन्धों में आपको कोई मोती मिलेंगे, मुझे गहरा सन्देह है, लेकिन उनको पाने के प्रलोभन में मैं कितना नीचे डूब पाया हूँ, इसका थोड़ा-बहुत अनुमान ज़रूर लग पाएगा।

यह क्या कम है?

—निर्मल वर्मा

3 जनवरी, 1995

कला, साहित्य, सृजन कर्म

कला की प्रासंगिकता

आज के युग में एक कवि या कथाकार का लेखन-कर्म क्या महत्त्व रखता है? यह प्रश्न केवल हमारी संस्कृति की मौजूदा हालत से ही सम्बन्ध नहीं रखता, बल्कि स्वयं एक लेखक को भी समय-समय पर अपने कर्म की उपयोगिता पर सशंकित करता रहता है। शायद ऐसा पहले कभी, किसी समाज में नहीं हुआ था कि 'रचनात्मक कर्म' स्वयं अपने को इतना सन्दिग्ध और आत्मत्रस्त स्थिति में पाए, जितना आज। आख़िर समाज के जिस विराट जनसमुदाय को सस्ती रंगीन पत्र-पत्रिकाओं, हर महीने प्रकाशित होनेवाले बेस्ट सेलरों, सनसनीखेज़ अख़बारों और टी.वी. के मनोरंजक सीरियलों ने अपने मोहपाश में जकड़ रखा है, वहाँ क्या इतना धैर्य, इतना अवकाश, इतना एकान्त बचा रह गया है, जो किसी सामान्य व्यक्ति को एक कविता या उपन्यास के गुम्फित, पेचीदा, रहस्यमय, दुरूह और दुविधाग्रस्त संसार में प्रवेश करने को आमंत्रित कर सके? क्या कला एक खोई हुई लड़ाई है, जिसे एक कलाकार अपनी भाषा की सीमाओं पर स्वयं अपने युग के प्रेतों से लड़ते गुज़ार देता है?

यह सच है कि अच्छी कविताएँ, उपन्यास अब भी लिखे जाते हैं। हर वर्ष किसी लेखक को नोबेल पुरस्कार दिया जाता है। अनेक देशों की राज्य-सत्ताएँ आज

भी लिखे हुए शब्दों को इतना 'महत्त्व' देती जान पड़ती हैं कि पुस्तकों पर पाबन्दी लगाई जाती है और उनके लेखकों को देश-निकाला दिया जाता है, अथवा उन्हें पागलख़ानों में भिजवा दिया जाता है...यदि हम चाहें तो इससे थोड़ी-सी सांत्वना प्राप्त कर सकते हैं। लेकिन कहीं यह शंका बराबर कोंचती रहती है कि समाज की गतिविधियों में 'रचनात्मक शब्द' की गरिमा यदि बिलकुल धूमिल नहीं पड़ गई है, तो भी उसकी भूमिका कहीं बहुत सन्दिग्ध, अनिश्चित, डाँवाँडोल स्थिति में पड़ी दिखाई देती है। अगर कोई समझदार, मध्यवर्गीय व्यक्ति किसी लेखक से अचानक पूछ बैठे कि क्या फ़ायदा है कहानियाँ-उपन्यास लिखने का, तो मुझे नहीं लगता कि कोई लेखक तत्काल उलटकर इस ईमानदार प्रश्न का ईमानदारी से उत्तर दे सके। अगर मैं यहाँ इस प्रश्न के उत्तर देने का प्रयास करूँगा, तो इसलिए कि हर लेखक कभी न कभी घोर हताशा और आत्मसंशय के क्षणों में स्वयं अपने से यह प्रश्न पूछता है।

ऊपर के प्रश्न में 'फ़ायदा' शायद सबसे अधिक फ़ायदामन्द शब्द है—क्योंकि यही शब्द एक कलाकृति को दूसरी कृतियों अथवा दूसरी वस्तुओं से अलग कर देता है। दुनिया की बाक़ी उत्पादित चीज़ें—चाहे वे जूता-मोजा हों या रेडियो-टी.वी.—हमारी तात्कालिक ज़रूरतों और इच्छाओं की पूर्ति करती हैं—एक कलाकृति कभी ऐसा करने का दावा नहीं करती। कोई कहानी या कविता किसी तात्कालिक उद्देश्य को प्राप्त करने का साधन नहीं है, जबकि बाक़ी चीज़ों का महत्त्व ही उनके 'माध्यम' होने के बीच निहित है। यही बात शब्दों पर लागू होती है। एक विज्ञापन या राजनीतिक मैनिफ़ेस्टो में शब्दों का प्रयोग एक ख़ास उद्देश्य की प्राप्ति के लिए होता है—फिर वे शब्द वस्तुओं की बिक्री के लिए हों, या एक ख़ास क़िस्म की क्रान्ति को बेचने के लिए—इससे कोई अन्तर नहीं पड़ता। मुख्य बात है—शब्दों को एक साधन, एक हथियार, एक माध्यम के तौर पर इस्तेमाल करना। क्या एक कवि या कथाकार शब्दों से अपना रिश्ता वैसे ही बनाता है, जैसे एक विज्ञापनदाता अथवा राजनीतिज्ञ? पहली दृष्टि में थोड़ी समानता अवश्य दिखाई देती है—आख़िर एक लेखक शब्दों के माध्यम से अपनी सृष्टि का निर्माण करता है—इस अर्थ में वे 'साधन' हैं। किन्तु विचित्र बात यह है कि एक पाठक के नाते मैं उस सृष्टि से साक्षात्कार सिर्फ़ कविता या कहानी के भीतर ही कर सकता हूँ, उसके बाहर नहीं। एक विज्ञापन को पढ़के मैं साबुन की टिकिया ख़रीदने बाज़ार जाता हूँ,

किन्तु जिस 'दुनिया' को मैंने एक कहानी में देखा है, उसे पाने के लिए मुझे कहीं बाहर नहीं, बार-बार उन शब्दों के पास लौटना पड़ता है, जिनमें उस कहानी का संसार बसा है। इस अर्थ में कहानी के शब्द साधन हैं, तो साध्य भी—हम कविता के संसार को कविता के बाहर नहीं पा सकते।

क्या यही चीज़ एक कलाकृति को दुनिया की आँखों में थोड़ा-सा सन्दिग्ध नहीं बना देती?...अगर बाहर की दुनिया से उसका कोई लेना-देना नहीं तो बाहर की दुनिया को उससे क्या लेना-देना हो सकता है? वह एक असामाजिक प्रयोजनहीन कर्म जान पड़ती है—और यदि समाज में दु:ख-दैन्य है, ग़रीबी और शोषण है, तो आश्चर्य नहीं। उसे एक मन बहलानेवाले साधन से अधिक महत्त्व न दिया जाए। यदि 19वीं शती के एक रूसी क्रान्तिकारी आलोचक ने जूते बनानेवाले एक मोची को शेक्सपियर से कहीं अधिक उपयोगी व्यक्ति माना था, तो उसका कथन बिलकुल ही ग़लत और हास्यास्पद नहीं था। स्वयं टॉल्स्टॉय ने अपने जीवन के अन्तिम वर्षों में अपने महान उपन्यासों की उपयोगिता ठुकराते हुए स्वयं 'कला की सार्थकता' में शंका प्रकट की थी। यदि एक कलाकृति का सत्य केवल उसके शब्दों में निहित है, तो सचमुच शेक्सपियर के नाटक और टॉल्स्टॉय के उपन्यास ठंड में ठिठुरते नंगे पैरों को कोई गरमाई नहीं पहुँचा सकते। लेकिन प्रश्न फिर भी बचा रहता है कि क्यों एक बार पैरों को जूतों से ढकने के बाद—या कभी-कभी उनके बग़ैर भी—उनके नाटकों-उपन्यासों को पढ़ने के लिए पीढ़ी-दर-पीढ़ी लोगों की आत्मा ठिठुरती रहती है? क्या सिर्फ़ इसलिए कि उनसे घड़ी-दो घड़ी का मनोरंजन सम्भव हो पाता है?

यह एक सरल और निर्विवाद सत्य है कि हर कलाकृति किसी न किसी रूप में हमें मनोरंजित करती है और न यह कोई शर्म की बात है कि हममें से अधिकांश पाठक मनोरंजन के लिए ही किसी उपन्यास या कहानी को पढ़ना शुरू करते हैं—जीवन का कोई बड़ा गम्भीर सत्य पाने के लिए नहीं। दुनिया के महान रचनाकार—होमर से बैकेट और वाल्मीकि से प्रेमचन्द तक—पिछले हज़ार वर्षों से अलग-अलग वर्गों, संस्कारों और रुचियों के श्रोता-पाठकों को मोहित करते रहे हैं। यह बात कुछ इसलिए भी आश्चर्यजनक लगती है कि किताबों में न तो सिनेमा के चलचित्र होते हैं, न संगीत की स्वर-ध्वनियाँ, फिर भी सिर्फ़ काग़ज़ों पर लिखे हुए शब्द कुछ घंटों या कभी-कभी अनेक महीनों और वर्षों तक हमें अपने में बाँधे रहते हैं।

क्या यह एक जादू, एक चमत्कार नहीं है? यह सही है कि मनोरंजन का स्वरूप और स्तर अलग हो सकता है—एक ही पुस्तक दो पाठकों को नितान्त भिन्न क़िस्म का आनन्द दे सकती है, अथवा एक पाठक दो कृतियों से अलग-अलग स्तर पर मनोरंजित हो सकता है—किन्तु इससे मनोरंजन की सापेक्षता सिद्ध होती है, उसकी निरर्थकता नहीं। हर महान कृति हमारा मनोरंजन करती है। इसका मतलब यह नहीं कि हर मनोरंजित करनेवाली कृति महान होती है।

इन दो प्रकार के मनोरंजनों में कहाँ अन्तर है? क्या हम 'किंग लियर' या 'अन्ना कैरेनिना' पढ़ते हुए उसी रूप में मनोरंजित होते हैं, जैसे एक लोकप्रिय टी.वी. सीरियल देखते हुए अथवा एक जासूसी उपन्यास पढ़ते हुए? यह प्रश्न आज के समय में एक अतिरिक्त महत्त्व ग्रहण कर लेता है, जहाँ जनसमूह का मनोरंजन करने के लिए एक विराट पैमाने पर 'शो बिज़नेस' के उद्योग (Entertainment Industry) का निर्माण हुआ है। जिस 'कलाकृति' को हमने अपने में साध्य माना था, जिसके साथ हम अकेले क्षणों में एक बहुत ही निजी, आत्मीय सम्बन्ध जोड़ते थे, क्या वह आज एक भीड़, एक विराट जन-समुदाय का मन बहलाने का महज़ साधन बन गई है—अनेक उपभोग्य वस्तुओं में से एक वस्तु मात्र?

इस सन्दर्भ में मुझे अनायास एक व्यक्तिगत अनुभव याद आता है। कुछ दिन पहले मैंने सेकेंड हैंड किताबों की फ़ुटपाथी दुकान से एक पेपरबैक किताब ख़रीदी थी—19वीं शताब्दी की विक्टोरियन युग की कविताओं का संकलन। विक्टोरियन कवियों में मेरी रुचि अधिक नहीं है—लेकिन वह पेंगुइन पेपरबैक किताब थी—जिसके कवर चित्र ने बरबस मुझे आकर्षित कर लिया। चित्र में सिर्फ़ यह था कि ट्रेन के कम्पार्टमेंट में आमने-सामने की सीटों पर दो लड़कियाँ बैठी हैं। एक सो रही है। दूसरी लड़की की गोद में खुली किताब रखी है, जिसे वह पढ़ रही थी। किन्तु अब वह कुछ सोचते हुए ट्रेन की खिड़की से बाहर का दृश्य देख रही है। बस, इतना ही। सोती हुई लड़की, खुली किताब, बाहर झाँकती हुई आँखें—इन सबके बीच एक इतना घना शान्तिमय मूक संवाद था, जिसे व्यक्त करना असम्भव है और तब मुझमें एक दूसरी, अनर्गल-सी स्मृति उभर आई जब दो साल पहले मैं बस में मनाली से मणिकर्ण जा रहा था—मेरे आगे की सीट पर एक नवनिवाहित जोड़ा बैठा था—बीच में रेडियो रखा था और दोनों कान में तार लगाए कोई 'पॉप म्यूज़िक' सुन रहे थे। दोनों ने शायद ही रास्ते भर बाहर

के दृश्य को एक बार देखा हो, या एक-दूसरे से बात की हो। उस खुली किताब का आत्मीय मौन और दो अजनबी-से चुप बैठे पति-पत्नी के बीच रेडियो बजता हुआ—इन दोनों के बीच कितना अन्तर था।

यह अन्तर महत्त्वपूर्ण है...एक मनोरंजन सिर्फ़ काटने का साधन है, ताकि हम बीच के रास्ते को भूल सकें। दूसरे मनोरंजन में—किताब पढ़ते हुए—समय ठहर जाता है और खिड़की के बाहर की दुनिया गोद में पड़ी किताब का एक विस्तृत परिदृश्य बन जाती है, जिसमें किताब हमारा मनोरंजन नहीं करती—हम स्वयं अपने मन की भूल-भुलैया में खो-से जाते हैं—एक ऐसा अनुभव जो आनन्द और मनोरंजन से परे का अनुभव है। और तब मुझे लगता है कि हमें कलात्मक मनोरंजन की परिभाषा को कुछ व्यापक बनाना होगा। तुलसी 'रामायण' में सीता की अग्निपरीक्षा का प्रसंग सुनकर जब हज़ारों ग्रामवासी आँसू बहाते हैं, तो यह कैसा मनोरंजन है? हम चकित-से हो जाते हैं, आश्चर्य में पड़ जाते हैं, अपने से पूछने लगते हैं—यह कैसा मन है, जो राम को छल सकता है, किंग लियर को मूर्ख बना सकता है—यह मन जो हमेशा बदलता रहता है—आख़िर इसका सत्य क्या है?

इस प्रश्न के साथ हम कलात्मक अनुभव के मर्म तक पहुँच जाते हैं... बाक़ी सब वस्तुएँ मनोरंजन करने के बाद अपनी उपयोगिता खो देती हैं, क्योंकि यही उनका प्रयोजन है, जबकि एक कलाकृति मनोरंजन करने की प्रक्रिया में उस 'मन' के बारे में भी जिज्ञासा जगाती है, जिसे वह 'रंजित' करती है...वह सिर्फ़ जिज्ञासा जगाती है, उसका उत्तर मिलता है, तो सिर्फ़ उसके कलात्मक अनुभव में—उत्तर देना उसका प्रयोजन नहीं है, जैसे कि हमें मनोरंजित करना उसका लक्ष्य नहीं है। किताब के पन्नों के बीच किंग लियर हमेशा पागलों-सा प्रलाप करते रहेंगे, राम के सन्देह से सीता हमेशा पीड़ित होती रहेगी—किन्तु हर युग का पाठक उस प्रलाप और पीड़ा में अपना सत्य खोजता रहेगा। हम कलाकृति के अनुभव में अपना सत्य पा सकते हैं, किन्तु कोई कालकृति हमें किसी सत्य को देने का घमंड नहीं करती। इसलिए उसकी प्रासंगिकता हर युग में बदल सकती है—पाठकों की रुचियों, आकांक्षाओं और संस्कारों के अनुसार—किन्तु कलाकृति का अनुभव-सत्य अपने में एक स्फिंक्स की मुद्रा की तरह—सदैव अक्षुण्ण बना रहता है। मनोरंजन के बाद भी उसकी अर्थवत्ता चुकती नहीं। इसीलिए हम बार-बार वाल्मीकि और

शेक्सपियर की ओर मुड़ते हैं— कला का यह कैसा अनुभव है, जो हमें मनोरंजित करने के बाद भी बराबर सालता रहता है? कौन-सा यह सत्य है, जिसे पा लेने के बाद भी वह अभेद्य और अगम्य बना रहता है?

मेरी कोई इच्छा नहीं कि मैं इस अभेद्य को भेदकर कला के किसी चिरन्तन अथवा शाश्वत सत्य को आपके सामने लाने की चेष्टा करूँ... क्योंकि मुझे डर है कि जो कुछ भी मैं कहूँगा—वह कलाकृति का सत्य नहीं—मेरे निजी अनुभव की व्याख्या होगी। व्याख्या मैं अपने शब्दों में करूँगा, जबकि कविता का सत्य अपने शब्दों में स्पन्दित होता है। हैमलेट के प्रसिद्ध एकालाप की पहली पंक्ति 'टु बि ऑर नॉट टु बि' का अर्थ यदि 'मैं जीवित रहूँ, या न रहूँ' (टु लिव ऑर नॉट टु लिव) करूँ, तो वह ग़लत अर्थ नहीं होगा, सिर्फ़ एक जीवित वाक्य का एक मुरदा अर्थ होगा। यदि हम अपनी भाषा की ही एक सुप्रसिद्ध पंक्ति लें : 'बाँधो न नाव इस ठाँव बन्धु!' इस एक पंक्ति की गहरी पीड़ायुक्त भावना को किन्हीं दूसरे शब्दों या इन्हीं शब्दों को किसी दूसरे क्रम में संयोजित करके व्यक्त किया जा सकता है? किसी कलाकृति के सत्य को उसकी भाषा से अलग करके देखना कुछ वैसा ही है, जैसे किसी तितली को मारकर अलबम में चिपका देना... उसके रंग, पंख, देह-मज्जा सब वही हैं, सिर्फ़ एक छोटी-सी चीज़ का अभाव है—उसकी उड़ान का मांसल सौन्दर्य और अकथनीय प्राणवत्ता। तितली की मरी हुई देह कविता का वह 'अर्थ' है, जिसे हमने उसके शब्दों से अलग करके अपनी व्याख्या में टाँग लिया है।

अगर मैंने कलाकृति के सत्य की तितली की उड़ान से तुलना की है—तो यह महज़ एक आकर्षक उपमा नहीं है। एक जीवन्त कहानी या उपन्यास का 'सत्य' कहीं ठहरा हुआ निष्कर्ष नहीं है—बल्कि वह अपने प्रवाह में उद्घाटित होता है, किसी प्रवाह या उड़ान में हम किसी 'चीज़' को पूरा का पूरा नहीं देख पाते। यदि पहले पन्ने पर उसकी एक झलक मिलती है, तो पचासवें पन्ने पर आते-आते उसका एक दूसरा रंग दिखाई देता है, जिसकी हमने कल्पना भी नहीं की थी। हम एक सत्य के विभिन्न पहलू अलग-अलग अंशों में देखते हैं—कभी एक हिस्सा पानी के ऊपर आता है, तो दूसरा अँधेरे तल में डूब जाता है—पूरा सत्य क्या है, उसका चेहरा कैसा है—उसे हम एक बनी-बनाई सूक्ति या एक साफ़-सुथरे ढंग से निरूपित अवधारणा में नहीं पकड़ सकते।

इस दृष्टि से एक कलात्मक सत्य नीतिशास्त्र अथवा तत्त्वज्ञान के सत्यों से बहुत भिन्न होता है—होमर की 'ऑडिसी' का सत्य उसके समूचे कथ्य-प्रवाह में निहित है। हम उसे प्लेटो की रिपब्लिक की तर्कसंगत युक्तियों और अवधारणाओं में व्यक्त नहीं कर सकते।

दर्शनशास्त्र या समाजविज्ञान की हर पुस्तक में मनुष्य की एक विशिष्ट अवधारणा होती है, जिसके आधार पर मानव संसार के कुछ निष्कर्ष निकाले जाते हैं। किन्तु एक उपन्यास या महाकाव्य में मनुष्य की एक नहीं, सैकड़ों छवियाँ, एक-दूसरे से प्रतिकूल दिखाई देती हैं। हम एक चरित्र को पकड़कर नहीं कह सकते, यही मनुष्य का अन्तिम और सम्पूर्ण सत्य है। 'महाभारत' में मनुष्य की क्या अवधारणा है—क्या वह दुर्योधन की तथाकथित बुराई में निहित है अथवा युधिष्ठिर की धर्मनिष्ठा में? और यह धर्मनिष्ठा भी कैसी है, जो द्रौपदी की मर्यादा को जुए की बाज़ी पर लगा सकती है? सत्य का बसेरा कहाँ है—कुन्ती के मर्मांतक भय में या कर्ण की अथाह व्यथा में? राम सब कुछ जानते थे—फिर सीता पर सन्देह क्यों? लेकिन 'रामायण' को पढ़ते हुए—हम राम के ज्ञान को सच मानकर भी उनके 'सन्देह' की सत्ता को भी स्वीकार कर लेते हैं। एक चीज़ दूसरे को काटती नहीं—राम के प्रति हमारा विश्वास अडिग रहता है—तो इसलिए कि कहीं हमें मालूम है कि जीवन में सिर्फ़ 'जानना' ही काफ़ी नहीं है। इस दृष्टि से राम सोफ़ोक्लीज़ के नायक ईडिपस से कितना भिन्न हैं! दोनों अलग-अलग भाषाओं, इसलिए अलग-अलग संस्कृतियों की विरोधी मनीषाओं का प्रतिनिधित्व करते हैं।

ईडिपस एक ऐसी संस्कृति का प्रतीक है, जहाँ न जानना ही सबसे बड़ा पाप है—यातना का स्रोत है, जबकि राम की रचना एक ऐसी सांस्कृतिक भाषा में हुई है, जहाँ सीता की पवित्रता सिर्फ़ 'ज्ञान' से प्रमाणित नहीं होती। क्या यह संयोग है कि 'रामायण' का एक संस्कार-सम्पन्न भारतीय पाठक राम को एक ही समय में विष्णु का अवतार भी मानता है—और सीता जैसी पत्नी पर सन्देह करनेवाला एक त्रस्त, पीड़ित शंकालु पति भी और उसे राम की इन दो छवियों के बीच कभी कोई अन्तर्विरोध महसूस नहीं होता? क्या हम इसी तर्क को कुछ आगे बढ़ाकर यह नहीं कह सकते कि ग्रीक भाषा में 'रीजन' का जो प्रधान स्वर है—वह संस्कृत भाषा की मनीषा में कहीं बहुत छोटा, गौण और नगण्य हो जाता है?

यदि एक जातीय संस्कार की भाषा दूसरी संस्कृति की भाषा से इतना भिन्न हो सकती है कि दोनों के संसार बिलकुल अलग दिखाई दें, तो यह कल्पना करना मुश्किल नहीं है कि एक ही भाषा में सृजनरत लेखकों की रचनाएँ भी एक-दूसरे से इतनी भिन्न जान पड़ें, इसलिए नहीं कि उनकी विषयवस्तु एक-दूसरे से भिन्न है, बल्कि एक लेखक का रिश्ता अपनी भाषा से इतने अवचेतन, अँधेरे तल पर होता है कि वह स्वयं लेखकों का रचना-संसार निर्धारित करने लगती है—या दूसरे शब्दों में कहें तो एक विशिष्ट क़िस्म का संसार, एक विशिष्ट क़िस्म की भाषा में ही रूपायित हो सकता है। जोसेफ़ ब्राड्स्की ने कहीं लिखा है कि दोस्तोएव्स्की का वाक्य-विन्यास रूस के अन्य लेखकों से बिलकुल अलग है, इसीलिए उसमें हर आस्था पर संशय की छाया पड़ती है और हर संशय किसी आस्था की तलाश में रहता है। उनका गद्य इतना स्पेस देता है कि संशय और आस्था बराबर एक-दूसरे को काटते रहें—और फिर भी एक-दूसरे के साथ रह सकें। यहाँ एक कलाकृति की भाषा सिर्फ़ सम्प्रेषण का माध्यम नहीं रहती—वह एक स्रोत है, जहाँ से रचना का सत्य अपना विशिष्ट और अनूठा आकार ग्रहण करता है।

एक कलाकृति का सत्य उसके समूचे कथ्य के विस्तार और बुनावट—उसके टेक्स्चर—में निहित रहता है—एक जासूसी उपन्यास की तरह वह अन्तिम पृष्ठ पर उद्घाटित नहीं होता। यह सही है कि हर कहानी या उपन्यास पहले पृष्ठ से शुरू होती है, अन्तिम पृष्ठ पर समाप्त होती है—किन्तु इससे यह सिद्ध नहीं होता कि कृति का सत्य पहले पृष्ठ से शुरू होकर अन्तिम पृष्ठ पर समाप्त हो जाता है—मानो बीच का कथ्य महज़ शुरू से अन्त तक पहुँचने का रास्ता हो! एक कलाकृति का सत्य उसकी समूची देह की शिराओं में प्रवाहित होता है—शुरू में उतना ही, जितना अन्त में। बीच का कथ्य रास्ता ही नहीं, भुलावा भी हो सकता है। एक चक्रव्यूह, एक भूल-भुलैया...कभी-कभी लम्बे चक्करदार मोड़ों और घुमावों के बाद हम वहीं पहुँच पाते हैं—जहाँ से शुरू हुए थे। लेकिन वह शुरू का पृष्ठ नहीं होता...तारकोव्स्की की उस फ़िल्म की तरह, जहाँ दो व्यक्ति अपने तीसरे साथी को छोड़कर आगे निकल गए थे और जब अनेक खंदकों, खाइयों को पार करते हुए एक अँधेरी भयावह सुरंग से बाहर निकले तो देखते हैं—वे उसी जगह पहुँच गए हैं, जहाँ वह अपने साथी को छोड़ गए थे। तो क्या आगे जाना भ्रम था—या जो पीछे छोड़ आए थे, वह सत्य था?

पुस्तक समाप्त होने पर जो चीज़ हाथ लगती है, वह कोई बना-बनाया सम्पूर्ण सत्य नहीं—बल्कि अपने ख़ाली हाथ—जिनमें हमने न जाने कितने भ्रमों को सत्य समझकर पकड़ा था, कितने सत्यों को भ्रम मानकर छोड़ दिया था। रचना के लाक्षागृह से अपने यथार्थ में आना—यह उस 'मन' को पहचानना है, जिसके आनन्द के लिए हमने पुस्तक को पढ़ना शुरू किया था। हर कलाकृति का अन्त अपने को जानने की एक नई शुरुआत होती है।

इसलिए एक कलाकृति अन्ततः एक विराट दार्शनिक, और यदि आप चाहें तो कह सकते हैं कि आध्यात्मिक अनुभव होती है—इसलिए नहीं कि वह हमें दर्शन का कोई सत्य या सूत्र बताती है, उसके लिए हम दर्शनशास्त्र और फ़िलॉसफ़ी में जाते हैं, एक कलाकृति में नहीं, क्योंकि एक कलाकृति कुछ बताती या सिखाती नहीं, वह सिर्फ़ एक चमत्कारिक रहस्योद्‌घाटन (revelation) है—जिसमें एक सत्य की तानाशाही नहीं—अनेक विरोधी अन्तर्विरोधी सत्यों का एक ऐसा यथार्थ उद्‌घाटित होता है, जो हमारे अपने जीवन के खंडित, बदहवास, विश्रृंखलित अनुभवों को एक संगति, एक पैटर्न, एक व्यवस्था देता है। एक उत्कृष्ट कथाकृति को पढ़ते हुए हम उन्हीं भावनाओं को अनुभूत करते हैं, जिनसे हम पहले से ही परिचित हैं—प्रेम, घृणा, ईर्ष्या, मृत्यु का त्रास, पश्चात्ताप की घोर यातना और अनिर्वचनीय आनन्द के क्षण—पता नहीं, कितनी बार हमने अपने जीवन में इन भावनाओं को अलग-अलग बिखरे क्षणों में सोते-जागते भोगा है—इनमें नया कुछ भी नहीं है—एक उपन्यास या महाकाव्य हमारी परिचित भावनाओं का दर्पण नहीं है—वह हमें उनसे दुबारा परिचित नहीं करवाता, वह ठीक इससे उलटा काम करता है—हम सहसा परिचित, जानी-पहचानी, आत्मयुक्त भावनाओं के बीच अपने को अज्ञानी और अजनबी पाते हैं। हत्या अपने में पाप है, यह एक सिद्ध सत्य है, एक परिचित अनुभव—कुरुक्षेत्र के मैदान में अर्जुन हमारी तरह इसी परिचित सत्य को दुहराता है—विरोधी दल में अपने सगे-सम्बन्धियों को देखकर वह आतंकित हो जाता है : 'क्या वह इनकी हत्या करके जघन्य अपराध का भागी नहीं होगा?' यह प्रश्न एक परिचित नैतिक संस्कार से उत्पन्न होता है, जिसे लेकर अर्जुन कुरुक्षेत्र में जाते हैं, लेकिन यह मेरा यानी कि एक पाठक का नैतिक-बोध भी है—जिसे लेकर मैं 'महाभारत' के टेक्स्ट में जाता हूँ। अर्जुन की जिज्ञासा के उत्तर में जब कृष्ण अपना विराट रूप प्रकट करते हैं—तो उसमें न सिर्फ़ अर्जुन को पाप-पुण्य,

हिंसा-अहिंसा की अपनी पूर्व-निर्धारित अवधारणाएँ निरर्थक जान पड़ती हैं—बल्कि मुझे अर्जुन से कहीं ज़्यादा गहरा सत्य-बोध होता है, क्योंकि जब अर्जुन कुरुक्षेत्र के मैदान में कृष्ण का विराट रूप देख रहे हैं, मैं एक पाठक के नाते अर्जुन को कुरुक्षेत्र में देख रहा हूँ, जो कृष्ण का विराट रूप देख रहे हैं, जिसमें मेरा यथार्थ और अर्जुन की शंकाएँ अपनी पूर्व-निर्धारित भावनाओं से उठकर एक अपरिचित, किन्तु विराट सत्य में समाधान पा गई हैं।

कहना न होगा, मैंने कृष्ण के 'विराट रूप' को केवल एक रूपक के अर्थ में लिया है—एक कलाकृति के टेक्स्ट का संसार—जिसमें मुझे अपना दैनिक, दुनियावी, यथार्थ—अचानक झूठा जान पड़ता है—और उस झूठ के कारण उपजी घोर पीड़ा और मोहभंग के भीतर एक वृहत्तर जीवन-सत्य का नये सिरे से परिचय प्राप्त होता है। एक कलाकृति हमें यह नहीं बताती, कौन-सा सही कर्म है, कौन-सा ग़लत, क्या उचित है, क्या अनुचित; वह सिर्फ़ एक ऐसा संसार रचती है जिसमें 'सही और ग़लत' की हमारी परिभाषाएँ भ्रामक, धुँधली और सन्दिग्ध हो जाती हैं और हम रेल में बैठी उस लड़की की तरह किताब से आँखें उठाकर बाहर की दुनिया को एक दूसरी, कुछ टोहती हुई-सी निगाह से देखने लगते हैं—कि क्या सच है? क्या झूठ है?—यदि कोई स्त्री अपने पति को छोड़कर, अपने घर-परिवार की मर्यादाओं को नष्ट करके एक अन्य पुरुष के साथ भाग जाती है—हमें यह कर्म कितना अनैतिक और अक्षम्य जान पड़ता है, किन्तु अन्ना कैरेनिना के जीवन में झाँककर लगता है, प्रेम का अनुभव इतना सम्पूर्ण, इतना अनिवार्य हो सकता है—कि वह इन सब नैतिक मर्यादाओं को झूठा और खोखला बना सकता है—और जब उसी प्रेम में हताश होकर वह ट्रेन के पहियों के नीचे अपने को कुचल देती है, तो फिर नये सिरे से शंका उठती है, क्या प्रेम का यह अमोघ असीम पैशन अपने में जीवन-घाती नहीं है? लेकिन जीवन? प्रेम के बिना वह कितना थोथा, कितना अर्थ-शून्य है! क्या मृत्यु का वरण ऐसे रीते, रेतीले जीवन से बेहतर नहीं है? पुस्तक पढ़ने के बाद कोई भी ऐसा उत्तर नहीं है जो अन्तिम और निर्णयात्मक सत्य बनकर हमारे साथ आ सके, किन्तु पुस्तक के संसार में प्रवेश करने से पहले हम जो प्रेम, नैतिक मर्यादा, जीवन और मृत्यु के मूल्य अपने साथ लाए थे—क्या वे उपन्यास की दुनिया में अचानक अपने में कुछ थोड़ा-सा क्षुद्र, कुछ ओछे, हमारी भावनात्मक शून्यता और नैतिक निष्क्रियता की कालिख में पुते नहीं जान पड़ते?

आत्महत्या करने से पहले अन्ना कैरेनिना जो कुछ अपने जीवन के बारे में सोचती है, आत्ममन्थन की उस घोर यातना और उस यातना क्रूर आलोक में—हमें जो अपने जीवन का सत्य मिलता है—वह क्या हम किसी भी दर्शनशास्त्र की सूक्तियों, समाजशास्त्र के सिद्धान्तों, रंगीन पत्रिका में, टी.वी., सीरियल के मनोरंजन में पा सकते हैं?

यदि नहीं पा सकते, तो इसका मतलब है—हमारी दुनिया में एक कलाकृति का कोई विकल्प नहीं...कोई अनुभव, कोई सत्य ऐसा नहीं—जो एक उपन्यास, एक कविता अनुभव और सत्य की जगह ले सके। जिस चीज़ का कोई विकल्प नहीं, उसका अपने में होना ही इतना अनमोल सत्य है कि प्रश्न उसकी 'प्रासंगिकता' का न रहकर यह हो जाता है कि क्या हम और हमारा समाज एक कलाकृति में अपनी प्रासंगिकता खोज पाते हैं? प्रश्न यह नहीं रह पाता कि आज कला हमारे लिए कितनी प्रासंगिक है, बल्कि यह कि आज हम अपने को कला-अनुभव के लिए कितना प्रासंगिक पाते हैं? क्या हम आज राजनीतिक नारों और व्यावसायिक प्रलोभनों के बीच अपने लिए इतना अवकाश, इतनी ख़ामोशी, इतना एकान्त जुटा पाएँगे, जहाँ हम दुनिया की आवाज़ों और मन के भटकावों से मुक्त होकर केवल वह सुन सकें, जो एक कलाकृति कहती है, अपनी भाषा में कहती है...हमसे नहीं कहती, किन्तु हम उसे सुनते हैं? एक कविता हमारे लिए नहीं लिखी जाती, हम अपने को उसमें पढ़ते हैं। एक कलाकृति को कोई दिलचस्पी नहीं कि वह हमारे लिए, हमारे युग और समाज के लिए कितनी प्रासंगिक है, किन्तु एक बार अस्तित्व में आ जाने के बाद जिससे मैं अलग भले ही रहूँ, अछूता नहीं रह सकता। जिस तरह सौरमंडल के एक ग्रह—पृथ्वी—पर मैं रहता हूँ, वैसे ही मेरी पृथ्वी के सांस्कृतिक सौरमंडल में सैकड़ों शताब्दियों से वाल्मीकि, व्यास, होमर, शेक्सपियर और टॉल्स्टॉय की सृष्टियाँ घूम रही हैं जो जाने-अनजाने मेरी स्मृतियों, संस्कारों और अनुभवों को प्रभावित करती हैं। वे हमारे वायुमंडल का इतना अभिन्न और अनिवार्य अंग बन गई हैं कि कोई भी राजकीय शक्ति अपने आतंक से उन्हें नष्ट नहीं कर सकती। यह संयोग नहीं है कि साठ साल के लम्बे, भीषण विरोध के बावजूद सोवियत सत्ता रूसी स्मृति से दोस्तोएव्स्की की छाप को नहीं मिटा सकी। पुस्तकालयों पर ताले लगाए जा सकते हैं, किताबों को गली के चौराहों पर जलाया जा सकता है किन्तु गैलीलियो के शब्दों का सहारा लें, तो वे अब भी घूम रही हैं,

जातीय स्मृति के सौरमंडल में, जहाँ से एक लेखक को निष्कासित किया जा सकता है—एक पुस्तक को नहीं। क्या यह विचित्र नहीं है कि जिस उपन्यास को क्रान्ति-विरोधी, प्रतिक्रियावादी मानकर बीस वर्ष पहले अप्रासंगिक करार कर दिया गया था, उसी देश में डॉ. जिवागो को आज बड़े पश्चात्ताप के साथ प्रकाशित किया जा रहा है—पुस्तक वही है, लेखक भी वही है, उपन्यास के कथ्य में एक भी शब्द नहीं बदला—सिर्फ़ वह दृष्टि अप्रासंगिक हो गई है, जिसने उपन्यास को इतिहास के कूड़े में फेंक दिया था। आज इतिहास के कूड़े में डॉ. जिवागो नहीं—सिर्फ़ इतिहास दिखाई देता है, जो शायद उसकी सही और असली जगह है।

साहित्यिक कृति और सत्य की अवधारणा

सत्य की अवधारणा हमेशा सन्दिग्ध रही है। हम जिस शब्द को इतनी आसानी से प्रयुक्त करते हैं—एक 'आइडियोलॉग' अपनी विचारधारा में, दार्शनिक अपने तत्त्व-चिन्तन में, मसीहा अपने सन्देश में—उसी शब्द का सत्य हमारी शताब्दी में कितनी बार, प्रत्यक्ष और प्रच्छन्न रूप में, झुठलाया गया है। मनुष्य अपने समय में न केवल उसका बेबस गवाह रहा है, बल्कि अभिशप्त भोक्ता और शिकार भी बना है। 20वीं शती की विचारधाराओं ने जिन मानववादी सत्यों के नाम पर मनुष्य की बलि माँगी थी, आज उनके सिर्फ़ खँडहर दिखाई देते हैं—किन्तु उन खँडहरों के नीचे कितने स्वप्नों की धूल और मानवीय यातना दबी है, उसका लेखा-जोखा करना क्या कभी सम्भव हो पाएगा? सत्य के बारे में सन्देह—यह केवल वही व्यक्ति कर सकता है, जिसने जीवन में उसकी विभीषिका को झेला हो। क्या यही कारण था कि जब रोमन पाइलेट ने जीसस से पूछा—तुम अपने को सत्य का मसीहा कहते हो, तो मुझे बताओ, सत्य क्या है? बाइबल में लिखा है, जीसस क्राइस्ट से जब यह प्रश्न पूछा गया, तो वह चुप रहे—उसका कोई उत्तर नहीं दिया। वह जो अन्तिम क्षण तक 'सत्य' के लिए संघर्ष करते रहे, सत्य के सामने उनका मौन क्या हमें एक दूसरे मौन की

याद नहीं दिलाता—बुद्ध का मौन, जब किसी ने उनसे ईश्वर के अस्तित्व के बारे में प्रश्न पूछा था?

आज के वैज्ञानिक तर्क-चिन्तकों और समाजशास्त्रियों को, जिन्होंने जीवन के विराट सत्यों को परिभाषाओं में बाँधने का अद्‌भुत कौशल प्राप्त किया है, जीसस और बुद्ध का मौन अवश्य कुछ रहस्यमय-सा प्रतीत होगा, किन्तु एक कलाकार को उसमें शायद कुछ भी विचित्र नहीं जान पड़ेगा। सच पूछें तो मौन के इस अनछुए, अनखोजे संसार के बीच ही एक लेखक, एक कवि, एक कलाकार अपना डेरा, अपना बेसकैम्प बनाता है, ताकि एक पर्वतारोही की तरह, वह अपनी रचना में उस समूचे प्रदेश को रूपायित कर सके, जो अब तक अभाषित और अपरिभाषित पड़ा था। मौन को भाषित करने के लिए नहीं, बल्कि भाषित में मौन को उजागर करने के लिए। विटगेंस्टाइन ने सही कहा है :

> हमें अनकहे को कहने की कोशिश नहीं करनी चाहिए। वह बेकार होगी। बल्कि हमने जो कहा है, उसमें जो अनकहा है, वह अपने अनकहेपन में अवश्य मुखरित होगा।

शब्द और मौन का यह अन्तर्गुंफित सम्बन्ध जिस रचना को जन्म देता है—उसी में उसका सत्य निहित है। यह 'सत्य' कोई बाहर की सच्चाई नहीं है, जो कविता या कहानी के माध्यम से हम तक पहुँचती है; या कोई ऐसा 'सत्य' नहीं है, जिसे खोजने हम साहित्य में जाते हैं। रचना न सत्य देने का माध्यम है, न हमारे सत्य खोजने का लक्ष्य। वह अपने में सत्य है। एक कविता और कहानी हमें जिस सत्य से साक्षात् कराती है, वह स्वयं उसकी भाषा के भीतर संचारित होता है, स्वयं उसके होने, उसके अस्तित्व, उसके स्व-रूप में स्पन्दित होता है। उसके बाहर हम केवल उस सत्य की व्याख्या करते हैं, जो हमने कहानी और कविता में पाया है। साक्षात् हम रचना में करते हैं, आलोचना और विश्लेषण उसके बाहर होता है। निराला की 'सरोज-स्मृति' का सत्य न निराला में है, न उसके पाठक में—कविता की समूची पीड़ा और वियोग-यातना उसके शब्दों, शब्दों के बीच ख़ाली विरामों और उनके बीच उत्पन्न हुई लय में समाहित है। उसके परे और बाहर कवि की अनुभूति है, पाठक की प्रतिक्रिया है, आलोचना की दृष्टि है—कविता का सत्य नहीं।

यह दुःख और आश्चर्य की बात ही मानी जाएगी कि साहित्यिक कृति के बारे में इतनी सीधी और सर्वविदित-सी बात पिछले कुछ वर्षों में—हिन्दी की अधिकांश आलोचना में—झुठलाई जाती रही है। साहित्य से जो माँग और अपेक्षा की जाती है—उसका कला-कृतित्व से कोई सम्बन्ध नहीं। कलाकृति का जो मूल और विशिष्ट सत्य है, वह जो केवल कला हमें दे सकती है, उसे अव्वल तो उपेक्षित और अनदेखा छोड़ दिया जाता है; और जब वह मुँह बाए सामने खड़ा ही हो जाता है, तो उसे विकृत और अवमूल्यित रूप में ही स्वीकारा जाता है। आज हम एक ऐसी हास्यास्पद स्थिति में पहुँच गए हैं, जहाँ यदि हम अज्ञेय के कृतित्व को इसलिए नकार देते हैं, क्योंकि उनकी विचारधारा से हम सहमत नहीं, तो प्रेमचन्द-जैसे लेखक, जिनकी विचारधारा को हम प्रगतिशील मानकर स्वीकार करते हैं, की अद्वितीय रचना 'कफ़न' के सत्य को इसलिए अस्वीकार कर देते हैं, क्योंकि कहीं वह हमारी तथाकथित नैतिक मान्यताओं और मध्यवर्गीय संस्कारों को ठेस पहुँचाता है। आश्चर्य तो इस बात पर होता है कि कुछ अरसा पहले जब दिल्ली की प्रगतिशील गोष्ठी में प्रेमचन्द की कहानी 'कफ़न' पर इस तरह का विवाद खड़ा हुआ, तो समूची बहस का सरोकार बहस करनेवालों की मान्यताओं पर केन्द्रित था—कहानी के सत्य पर नहीं; बहस के घटाटोप में कहानी का सत्य तो बहुत पहले कफ़न के नीचे दम तोड़ चुका था।

आख़िर क्या होता है किसी कलाकृति का सत्य? क्या वह किसी एक भावना, एक अनुभूति, एक सूक्ति में समेटा जा सकता है? ज्योंही हम एक सत्य तक पहुँचते हैं, दूसरा सत्य हमें पीछे धकेलने लगता है। क्या 'कफ़न' के सत्य को इसलिए नकारा जा सकता है कि घर में शव को नंगा छोड़कर बाप-बेटे कफ़न के पैसों को शराब में लुटा देते हैं? या कहानी का सत्य उस व्यंग्य में निहित है जो घीसू और माधव उस समाज पर करते हैं, जो जीते-जी किसी की मदद नहीं करता, जबकि मुरदे के दाह-संस्कार के लिए पैसे जुटाना अपना धर्म समझता है? किन्तु इस धर्म का सत्य भी नगण्य नहीं, क्योंकि इसके बिना न ज़मींदार उन्हें कफ़न के पैसे देता, न उन्हें यह विश्वास होता कि एक बार पैसे उड़ा देने के बाद वही समाज दुबारा उनकी मदद करने में नहीं कतराएगा। यह विश्वास भी उतना ही सत्य है जितना उनका अपनी जर्जरित अवस्था पर विषाद—और तब इन सारे अन्तर्विरोधी सत्यों के झमेले में जज की कुर्सी पर बैठकर कोई अन्तिम फ़ैसला देना कितना

कठिन हो जाता है कि उनकी इस हालत के लिए कौन उत्तरदायी है—समाज, ज़मींदारी प्रथा, धर्म या बाप-बेटे की अपनी अकर्मण्यता? यदि छह-सात पन्नों की एक कहानी में बीसियों सत्य एक साथ मौजूद रहते हैं—कभी एक-दूसरे को पुष्ट करते हुए, कभी एक-दूसरे को काटते हुए, तो किसी एक ऐसे सत्य की अँगुली पकड़कर—जो हमारे नैतिक पूर्वग्रहों को पुष्ट करता है—कहानी के अन्य अप्रिय सत्यों से पल्ला झाड़ लेना, क्या यह यथार्थवादी चौखटे के भीतर स्वयं कहानी के संश्लिष्ट और बहुमुखी यथार्थ को ही नष्ट कर देना नहीं है? प्रेमचन्द के पात्र भले ही घर में पड़े शव को ढकने की मर्यादा पूरी न कर पाए हों, किन्तु जब हम अपने नैतिक मानदंडों से कहानी की आलोचना करते हैं तो अवश्य ही अपनी मुर्दा मर्यादाओं को ढकने में सफल हो जाते हैं।

ईश्वर से साक्षात् शायद आस्था से हो सकता हो, किन्तु कलाकृति के सत्य से साक्षात् गहरी शंकाओं में लिथड़ा हुआ ही हो सकता है—और जब होता है, तो भी हमें विश्वास नहीं होता कि क्या यह वही सत्य है, जो एक कलाकृति हमें देती है, या कलाकार हमें देने का दावा करता है या जो अन्ततः हम उसके 'टेक्स्ट' में पाते हैं? और क्या एक कलाकृति का अर्थ जो एक पीढ़ी का पाठक अपने लिए ग्रहण करता है, दूसरी पीढ़ी का पाठक उससे वही अर्थ पाता है? क्या है 'हैमलेट' का सत्य—शेक्सपियर द्वारा निर्मित शब्दों का एक पुतला, जो स्वयं शब्दों की मर्यादा पर पागलों-सा प्रलाप करता है? शब्द जो स्वयं अपने खोखलेपन को नंगा करते हैं—किन्तु वे इतने शक्तिशाली भी हैं कि विश्व-साहित्य एक अद्भुत चरित्र के डाँवाँडोल सत्यों को उद्घाटित करते हैं—ऐसे अन्तर्विरोधी सत्यों को, जिनके झंझावात में फ़लसफ़े के सब सिद्धान्त और नैतिकता की सारी मान्यताएँ बार-बार टूट जाती हैं।

यह नहीं कि किसी कहानी या कलाकृति का 'सत्य' नैतिकता के परे होता है अथवा उसके प्रति निरपेक्ष या उदासीन होता है। कठिनाई तब उत्पन्न होती है, जब हम अपना 'नैतिक-बोध' उस पर आरोपित करते हैं—उसके सत्य को अपनी आस्थाओं और आदर्शों में ढालने लगते हैं। हम भूल जाते हैं कि जिस भाषा में एक कविता या कथाकृति अपना संसार रचती है, जिन स्रोतों से वह अपना रूप-गठन, मर्यादा-तंत्र, अपनी प्राणवत्ता हासिल करती है—जिसके कारण मिट्टी एक मूर्ति में, सुर किसी संगीत-रचना में, भाषा किसी कहानी या महाकाव्य में अपना कायाकल्प कर लेते हैं। यह समूची सृजन-प्रक्रिया जिस प्रयोगशाला, जिस 'लेबोरेटरी' में

सम्पन्न होती है, उसका हमारे आदर्शों और मान्यताओं, हमारे अच्छे और बुरे ज्ञान, हमारी इच्छाओं और आकांक्षाओं से कोई लेना-देना नहीं। जब हम अपनी आकांक्षाओं की पूर्ति किसी कलाकृति में ढूँढ़ने लगते हैं, तो उस सत्य को खो देते हैं, जिसे एक काव्यकृति ढूँढ़ने बाहर निकली है—अपनी वासना की पूर्ति करने के लिए—भाषा की अँधेरी और गोपनीय वासना—उसी तरह, जैसे पत्थर की वासना एक मूर्ति में चरितार्थ होती है। जीवन की तरह वासना भी चिरंतन है—अचर को चर में संचारित करती हुई। यदि उसकी छुअन से 'अजीव' का लोंदा एक विचित्र रोमांच में सिहरता हुआ 'जीव' में रूपान्तरित होता है, तो उससे भला कला कैसे अछूती रह सकती है?

रूपान्तरण...कैसे एक वस्तु अपने भीतर की सन्निहित प्रेरणा-शक्ति द्वारा नितान्त दूसरा रूप और आकर ग्रहण करती है, यह प्रकृति का चमत्कार है। यह दूसरा रूप कोई विकास का नया चरण नहीं है, बल्कि अपनी प्रकृति में लौटने का ही उपक्रम है। जिस तरह बीज का 'कर्म' वृक्ष में रूपान्तरित होकर ही स्वयं अपने बीजत्व के धर्म को प्राप्त करता है, उसी तरह कलाकृति की नैतिकता, उसका 'धर्म' बार-बार हमें भाषा की उन अँधेरी जड़ों की याद दिलाता है, जिसके रूपान्तरण में कलाकृति की मूल प्रकृति प्रकाश में आती है। इसी अर्थ में एक कलाकृति न जड़ है, न वृक्ष—वह भाषा में प्रकृति की लीला है—वृक्ष की ओर बढ़ती हुई, जड़ की ओर लौटती हुई जिसमें मनुष्य अपनी प्रकृति और जीवन का इतिहास-गाथा से साक्षात् करता है। जब मनुष्य अपने 'मनुष्यत्व' को भूल जाता है, अपने आत्म से विलगित हो जाता है, आज के मुहावरे में कहें—जहाँ वह स्वयं अपने को अपने से अजनबी पाने लगता है—ठीक वहाँ कला उसे अपने जीवन में उसी सत्य का अनुभव कराती है, जिसे वह भूल गया था, जिसके रहते ही वह समय और इतिहास के कुहासे को भेदकर दुबारा अपनी प्रकृति, अपने स्वधर्म, अपने स्वभाव से एकात्म हो सकता है। किसी भी महान कलाकृति का अनुभव अँधेरे से स्मृति के आलोक में लौटाने का क्षण है।

यह 'लौटाना' दो तरफ़ होता है : एक अपनी तरफ़, जहाँ हमारा आत्म है, खोई हुई मर्यादाओं का सहज विवेक। दूसरा अपने से बाहर—मनुष्येतर, जहाँ प्रकृति का विराट परिवेश फैला है। ऊपरी दृष्टि से देखें तो दोनों एक-दूसरे के विपरीत और विरोधी जान पड़ते हैं। आत्मा और प्रकृति—दोनों के बीच एक फाँक खिंची

दिखाई देती है। क्या यह विभाजन स्वाभाविक है, या मनुष्य की समाज-व्यवस्था ने यह फाँक, यह विभाजन-रेखा उसके भीतर अंकित की है? हर महान कलाकृति में हमारी मुठभेड़ इस त्रासद प्रश्न से होती है—क्या मनुष्य की प्रकृति को बाहर की प्रकृति से अलग किया जा सकता है? यह प्रश्न केवल कलाकृति की भाषा में रूपायित हो सकता है, क्योंकि कलाकृति का अपना सत्य मानव-केन्द्रित नहीं है, बल्कि यूँ कहें, वह मानवीय तभी हो पाता है, जब वह मनुष्य-केन्द्रित नहीं होता। वह हमें बार-बार उस खोए हुए सम्बन्ध की याद दिलाता है, जब मनुष्य प्रकृति से विलगित नहीं हुआ था, जहाँ मनुष्य और मनुष्येतर के बीच वह खाई नहीं खुली थी, जिसके अँधेरे में मनुष्य की आत्मा अपने को इतना अनाथ पाती है—और प्रकृति अपने को इतना आत्मशून्य। प्रकृति का यह मौन और भाषा की वासना, जो इस मौन को शब्द देती हुई भी उसकी प्रकृति को अक्षुण्ण रखती है—वह अतिमानवीय सत्य है, जो कलाकृति के भीतर एक लौ की तरह जलता रहता है। कला का यह अतिमानवीय सत्य ही उसे समाज में इतना सन्दिग्ध बनाता है—इतना सन्दिग्ध कि प्लेटो-जैसे मनीषी उसे अपनी आदर्श राज्य-व्यवस्था से बहिष्कृत करना चाहते थे।

यह अकारण नहीं है कि एक सर्वसत्तावादी समाज में कला को अतिरिक्त सन्देह से देखा जाता है। उस सन्देह के पीछे कहीं न कहीं यह त्रास छिपा रहता है कि कलाकृति मनुष्य द्वारा सृजित होने के बावजूद किसी गहरे अर्थ में 'मानवीय' नहीं है—वह अपने सत्य में उन समस्त विचारधाराओं का खंडन करती है, जो मनुष्य की प्रकृति को केवल मानवीय सन्दर्भ में परिभाषित करती है। उन सब मूल्यों और सिद्धान्तों का विरोध करती है, जिन्हें हर समाज अपने लिए निर्धारित करता है। हर ऐतिहासिक विचारधारा का अभीष्ट मनुष्य को एक सामाजिक, आर्थिक, सांस्कृतिक प्राणी में परिशोधित करना होता है, जहाँ वह अपनी मूल जैविक और नैसर्गिक प्रकृति की मर्यादाओं को भूलकर एक ऐतिहासिक चौखटे में फिट हो सके। दूसरे शब्दों में, मानव-जीवन की आत्म-विस्मृति में ही ऐतिहासिक मनुष्य का आविर्भाव सम्भव हो सकता है। हम जिसे मनुष्य का विकास मानते हैं, वह एक तरह से आत्मनिर्वासन का इतिहास है। अपने प्रति आँखें मूँदकर ही मनुष्य इतिहास के प्रति आँखें खोल सकता है। कितनी बड़ी विडम्बना है कि जिसे हम मनुष्य की चेतना का विकास मानते हैं, वहीं से मनुष्य की आत्मविस्मृति का अन्धकार भी शुरू होता है!

कलाकृति का सत्य—यदि उसका कोई सत्य हो सकता है—तो वह मनुष्य को उसकी स्मृति में लौटना है। स्मृति का यह लोक कोई 'स्वप्नलोक' नहीं है, जहाँ पहुँचकर मनुष्य अपनी स्थिति को भूल जाता है। उलटे यह उस खोई हुई आत्म-चेतना को प्राप्त करना है, जिसे इतिहास ने धूमिल कर दिया था—जहाँ पहुँचकर ही वह अपनी वर्तमान मानवीय अवस्था की घोर दीन-दरिद्रता, उसके झूठ-प्रपंच, उसकी छलनाओं को देख सकता है। हर महान साहित्यिक कृति मनुष्य को आत्मविस्मृति से उबारती है, ताकि वह अपने से साक्षात् करने का साहस बटोर सके। इसके विपरीत इतिहास की हर विचारधारा मनुष्य को उस अँधेरे में धकेलने का प्रयास है, जहाँ वह अपने अतीत को भूल सके—तभी वह उसे अपने 'चौखटों' के भीतर ढालने में सफल हो सकती है। चेक लेखक मिलान कुंडेरा ने अपने दुःखद अनुभवों के आधार पर ही कहा था कि एक तानाशाही व्यवस्था की सबसे बड़ी आकांक्षा यह होती है कि वह किसी तरह मनुष्य की स्मृति को मिटा सके, क्योंकि उसे मिटाकर ही वर्तमान के झूठ को स्वीकार किया जा सकता है।

यह विडम्बना ही है कि जिस व्यवस्था में मनुष्य के भविष्य को बदलने का दावा किया जाता है, वहाँ उसका भविष्य नहीं—उसका अतीत बदला जाता है। ज़रा कल्पना कीजिए—जहाँ इतिहास के 'आइडियोलॉग' स्वयं अपने इतिहास को परिवर्तित और विकृत करने का दुस्साहस करते हैं, वहाँ वे उस 'कला' को क्यों नहीं सन्देह की दृष्टि से देखेंगे, जिसमें मनुष्य सिर्फ़ अपना इतिहास और अतीत ही नहीं, बल्कि समय की धूल में दबा अपना समूचा स्मृति-लोक पुनर्जाग्रत करता है...जब वह मनुष्य के रूप में मनुष्य था—सम्पूर्ण और अखंडित, स्वयं अपनी मर्यादाओं द्वारा अनुशासित? विश्व-साहित्य के सबसे मार्मिक और सम्भवत: सबसे अधिक मूल्यवान स्थल वे हैं, जब उपन्यास का, नाटक का कोई पात्र घोर संकट और यातना के क्षणों में सहसा उन खोई हुई मर्यादाओं और विस्मृत संस्कारों से साक्षात् करता है, जिसे राज्य, धर्म और सत्ता ने अपने स्वार्थों के कारण नष्ट कर दिया था। मनुष्य की मूल मर्यादा का यह खोया हुआ लोक सहसा वह कठघरा बन जाता है, जिसमें समाज और राज्यसत्ता की लौकिक मर्यादाएँ छोटी, बौनी, क्षुद्र और झूठी जान पड़ने लगती हैं। प्रेमचन्द का 'पंच परमेश्वर' यह नहीं तो और कौन है, जिसकी शरण में जाकर सीता अपने पति की सामाजिक मर्यादाओं को चुनौती देती हुई अपने मूल सतीत्व की गरिमा को उजागर करती है?

यह वही मर्यादा है, जिसके बल पर सोफ़ोक्लीज़ की नायिका एंटीगोने राज्य-नियमों को चुनौती देती हुई अपने भाई के दाह-संस्कार का जोखिम उठाती है। ऐसे ही क्षणों में कोई कलाकृति अपने भीतर उन आदि मिथकों की शक्ति जगाती है, जिनसे मनुष्य एक स्वप्न की तरह अपने खोए हुए सत्य से पुनः साक्षात् करता है।

यदि हम चाहें तो इसे कला का 'नैतिक कर्म' भी मान सकते हैं किन्तु कलाकृति यह कर्म किसी सूक्ति, किसी सन्देश, किसी नीति-सिद्धान्त के द्वारा सम्पन्न नहीं करती। कलाकृति की नैतिकता उसके होने में है, हमें कुछ देने में नहीं—कुछ वैसे ही, जैसे वृक्ष पर लगा हुआ फल—हम चाहें तो उससे अपनी क्षुधा शान्त कर सकते हैं। किन्तु वृक्ष का धर्म फल उगाना है, हमारी क्षुधा मिटाना नहीं। इस सम्बन्ध में गोएटे का कथन आज भी उतना ही प्रासंगिक है, जितना दो सौ वर्ष पहले था। वह एक जगह कहते हैं :

> कलाकार का धर्म अपनी कला में सम्पूर्णत्व प्राप्त करना है—यही एक कलाकृति का लक्ष्य है। नीतिशास्त्र के प्रवक्ता इस बात से चिन्तित रहते हैं कि कला दूसरों पर क्या प्रभाव छोड़ती है, जिसके बारे में कलाकार उतना ही उदासीन रहता है, जैसे प्रकृति इस बात में कि वह शेर की रचना करती है—या किसी गानेवाले पक्षी की।

यहाँ कला की प्रकृति और प्रकृति की लीला में कितना कम अन्तर रह जाता है! कितना अजीब है, बाइबल की कथा में यदि ज्ञान का फल चखकर मनुष्य अपनी स्वर्ग-वाटिका से निष्कासित होता है तो वही मनुष्य कला का फल चखकर उसमें दुबारा लौटता है—प्रकृति की उसी आदिम और निष्पाप अवस्था में, जहाँ वह अपने से वंचित नहीं हुआ था।

किन्तु यह 'लौटना' कलाकृति में होता है, जबकि मनुष्य जीता है, उस पाप की दुनिया में जहाँ उसका पतन हुआ था। यह दुनिया का यथार्थ है। जीवन का अनुभव बार-बार इस यथार्थ से टकराता है—मनुष्य को क्षत-विक्षत करता हुआ, बार-बार उसे खंडित करता हुआ। कीट्स ने कहा था, जो सुन्दर है, वही सत्य है। जो सत्य है, वही सुन्दर हो सकता है। क्या 20वीं शती का मनुष्य यह कह सकता है? दो महायुद्धों के नरसंहार, यातना-शिविरों, लेबर-कैम्पों, विचारधारा के नाम पर अमानुषिक बर्बरता का भीषण अनुभव क्या हमें नहीं बताता कि जो सत्य है,

वह कितना भयानक, कितना बीभत्स, कितना क्रूर हो सकता है? क्या इसी असहनीय, दारुण सत्य से बचने के लिए मनुष्य कला में नहीं जाता? 'Man possesses art lest he should perish by the truth.' यह नीत्शे का वाक्य है—हम कला में इसलिए जाते हैं कि कहीं सत्य हमें तबाह न कर डाले! मुझे एक जापानी लेखक की बात याद आती है, जिन्होंने मुझसे कहा था कि हिरोशिमा का सत्य किसी भी कविता या उपन्यास में व्यक्त नहीं किया जा सकता। क्या यह वही बात नहीं जिसे जर्मन चिन्तक एडोर्नो ने कहा था कि ऑशवित्स यातना-शिविर के बाद जर्मन भाषा में कविता लिखना असम्भव है? शायद कला के सम्बन्ध में यह शंका कभी पहले नहीं उठी कि कुछ ऐसे अँधेरे अतिमानवीय, असाधारण सत्य हैं, जो मनुष्य के 'कला का संकट' कहलाते हैं। क्या वह यही अँधेरी खाई है, जो कला की सामर्थ्य और जीवन के सत्य के बीच ख़ुद गई है, जिसे पाटना असम्भव है? क्या अनुभव के इस अँधेरे कगार पर पहुँचकर ही नीत्शे को लगा था कि हम जीवन से मुँह मोड़कर ही अपने को कला में सुरक्षित रख सकते हैं?

किन्तु क्या इस तरह की कोई भी 'सुरक्षा' कलाकृति हमें दे सकती है—और यदि उसे पाकर हम जीवन के सत्य से विमुख हो जाते हैं, तो क्या सुरक्षा का यह भाव स्वयं में एक मोहग्रस्त आत्म-छलना नहीं होगी? कोई भी अनुभव—वह चाहे कितना ही बीहड़ और भयानक क्यों न हो—भाषाहीन नहीं होता। एक भाषाहीन अनुभव अपने में अन्तर्विरोध है—वह अभाषित भले ही हो, भाषातीत नहीं होता। जब हम कहते हैं—यह मैं महसूस तो करता हूँ, किन्तु व्यक्त नहीं कर सकता, तो इससे केवल हम अपनी असमर्थता जताते हैं—भाषा की सीमा नहीं। किसी अनुभव का महसूस होना ही इस बात को साबित करता है कि वह भाषा के घेरे में आ गया है, जिसमें मनुष्य की असमर्थ और असहाय चुप्पी भी शामिल है शायद हर युग में आदमी ने यह महसूस किया हो कि उसके जीवन के अनुभव इतने असाधारण, इतने विशिष्ट, इतने अतिमानवीय हैं कि वे भाषा में व्यक्त नहीं हो सकते। विडम्बना यह है कि अनुभवों की यह अभाषित यातना ही जितनी शक्ति और सच्चाई से एक कलाकृति में अभिव्यक्त होती है, इतनी अन्यत्र कहीं नहीं।

धृतराष्ट्र के दरबार में द्रौपदी की मर्मांतक यातना, आत्म-लांछना की वह चरम स्थिति जहाँ वह अपने को इतना निस्सहाय पाती है कि मर्यादावान पतियों और पिता-पितामहों के बीच स्वयं अपनी मर्यादा नहीं बचा पाती, क्या द्रौपदी का

यह दारुण अनुभव शब्दातीत नहीं है? किन्तु जो शब्दातीत है, क्या वही 'महाभारत' के शब्दों द्वारा हम तक सम्प्रेषित नहीं हो जाता है? सिर्फ़ सम्प्रेषित होकर चुक नहीं जाता, बल्कि उस अनुभव द्वारा—'महाभारत' का कवि हमें उस आदि-सत्य का स्मरण भी करवाता है जिसे द्रौपदी उन प्रश्नों द्वारा उजागर करती है कि धर्म क्या है और मर्यादा कहाँ है—ये प्रश्न जिनके सामने सिर्फ़ द्रोण और भीष्म जैसे अनुभव-सम्पन्न आचार्य ही नहीं, स्वयं धर्मराज अपने को निरुत्तर पाते हैं। क्या उनके मौन, उनकी असहाय चुप्पी द्वारा ही महाकाव्य का केन्द्रीय सत्य हमारे सामने प्रकट नहीं होता कि हर मानवीय अनुभव इतना विशिष्ट और वैयक्तिक होता है कि धर्म और नैतिकता की किसी बनी-बनाई कसौटी पर उसे परिभाषित नहीं किया जा सकता? क्या यही वह विस्मृत सत्य नहीं है, जिसे एक कलाकृति हर युग में बार-बार स्मृति की भाषा में जाग्रत करती है?

इसी अर्थ में एक कलाकृति का सत्य हर युग के लिए प्रासंगिक हो जाता है। यदि ऐसा न होता तो दो हज़ार वर्ष पूर्व रचे महाकाव्य—'महाभारत' हो या 'इलियड'—हमें आज इतने समकालीन नहीं जान पड़ते। एक संस्कृति में रचा महाकाव्य—अपना सत्य, अपनी देशीय और जातीय सीमाओं को लाँघकर—किस तरह दूसरी संस्कृति में ध्वनित होता है, यह स्वयं उसकी सार्वभौमिक प्रासंगिकता का द्योतक है। यह सही है कि हमारे संस्कार हमारी संस्कृति बिम्बों और काव्य-रूपकों में ही उजागर होते हैं, किन्तु इसके साथ यह भी एक सच्चाई है कि कहीं हमारे अनुभव-क्षेत्र का एक हिस्सा सत्य होता हुआ भी इन संस्कारित बिम्बों द्वारा अनावृत नहीं हो पाता—वह सूखा, अतृप्त और अछूता पड़ा रहता है। किन्तु चमत्कार तब होता है, जबकि अचानक किसी दूसरी संस्कृति की काव्य-रचना के सम्पर्क में आते ही अनुभव के ये अँधेरे कोने आलोकित हो जाते हैं। यह काव्यकृति कहीं हमारी अपूर्णता में अपना सत्य जोड़कर उसे सम्पूर्ण नहीं करती, बल्कि वह सम्पूर्णता-बोध जो हमारे भीतर पहले से ही मौजूद था, अब एक नई ऐन्द्रीय मांसलता ग्रहण कर लेता है—सम्पूर्ण का वह हिस्सा, जिसे मैं अपनी संस्कृति के भीतर सिर्फ़ एक अस्पष्ट सिग्नल और प्रच्छन्न संकेत के रूप में ही अनुमानित करता था, अब एक फड़फड़ाते, स्पन्दनशील, तात्कालिक अनुभव का ही जीवन्त अंग जान पड़ने लगता है। सम्पूर्ण का बोध अब सम्पूर्ण 'होने' के अनुभव में बदल जाता है...।

मैंने ऊपर 'महाभारत' का उल्लेख किया था। उसमें भारतीय संस्कृति का रूपक 'धर्म' एक केन्द्रीय सत्य के रूप में विद्यमान है...किन्तु यह भी सच है—जैसा कि मैंने द्रौपदी के प्रसंग में संकेत किया था—कि अनुभव के उन क्षणों में, जब व्यक्ति अपने को 'धर्म-संकट' में पाता है, यह भी पता चलता है कि यह व्यक्ति का ही नहीं, स्वंय 'धर्म' का संकट भी है। ठीक इस बिन्दु पर जब हम ग्रीक महाकाव्य के सम्पर्क में आते हैं तो हम एक नितान्त नये सत्य से साक्षात् करते हैं, या यूँ कहें, सत्य के नये आयाम से अवगत होते हैं—और वह है—मनुष्य की नियति, जिसके सामने उसके सारे मनोरथ और महत्त्वाकांक्षाएँ अकारथ हो जाते हैं। मनुष्य का धर्म उसे अपनी प्रकृति का अतिक्रमण करने के लिए उत्प्रेरित करता है, ताकि वह अपने कर्तव्य को पूरा कर सके, जिसका उपदेश श्रीकृष्ण अर्जुन को कुरुक्षेत्र में देते हैं—नियति मनुष्य को धर्म-मर्यादा का उल्लंघन करने के लिए विवश करती है जहाँ प्रकृति की लौहवत् शक्ति के सामने वह अपने को बिलकुल निरीह, नपुंसक पाता है। ग्रीक महाकाव्य 'इलियड' में शक्ति—अंग्रेज़ी शब्द इस्तेमाल करूँ, तो 'फोर्स'—की उतनी ही केन्द्रीय भूमिका है, जितनी 'महाभारत' में धर्म की, किन्तु ये दोनों एक-दूसरे के पूरक नहीं, बल्कि एक-दूसरे में अन्तर्निहित हैं—दो अलग-अलग सत्य नहीं, बल्कि मानव-जीवन का एक सार्वभौमिक सत्य, जिसका एक पक्ष भारतीय संस्कृति के महाकाव्य में प्रकट होता है, दूसरा पक्ष ग्रीक एपिक-गाथा में उजागर होता है।

किसी महान कलाकृति का सत्य केवल विभिन्न संस्कृतियों की सीमाओं का ही अतिक्रमण नहीं करता, वह हमारे काल-बोध के ऐतिहासिक कठघरों को भी भंग कर देता है। अतीत और भविष्य का कृत्रिम वर्गीकरण इतिहास करता है, एक कलाकृति का सत्य दोनों को मनुष्य के अखंडित सातत्य में ही देख सकता है, जहाँ काल को विभाजित करना उतना ही असम्भव है, जितना समुद्र के अथाह जल को छड़ी से बाँटकर अलग करना। जिस तरह एक व्यक्ति का अतीत उसके वर्तमान में बसा होता है—और वर्तमान में उन समस्त सम्भावनाओं के संकेत मिलते हैं, जो उसके भविष्य में होनेवाला है—ठीक उसी तरह से एक साहित्यिक कृति में काल का सम्पूर्ण बोध सिनेमा के स्क्रीन की तरह लगा रहता है, जिसके रहते ही मनुष्य का हर बीता अनुभव और आनेवाली हर सम्भाव्य घटना एक सुसंगत, और व्यवस्थित पैटर्न उद्घाटित करती है। अन्तर केवल इतना है कि सिनेमा-स्क्रीन

पर एक छवि हटते ही दूसरी छवि आती है, फिर तीसरी जबकि कलाकृति में ये समस्त फिसलती हुई क्षणभंगुर तसवीरें एक साथ अपने स्थायित्व में क़ायम रहती हैं—रेत पर स्मृति-संकेतों की छाप की तरह—जिसे न अतीत अपने में तिरोहित कर सकता है, न भविष्य अपने थपेड़ों से मिटा सकता है। फॉकनर ने एक बार अपने इंटरव्यू में कहा था :

> उपन्यास में समय बर्फ़ की तरह जमा रहता है, किन्तु ज्योंही हम उसे बुक शेल्फ़ से निकालकर पढ़ना शुरू करते हैं, वह दुबारा से पाठक के जीवन में बहना शुरू कर देता है।

मैंने ऊपर कहा था कि मनुष्य का कोई अनुभव भाषातीत नहीं होता, ठीक उसी तरह समय में भोगा हुआ कोई अनुभव समयाश्रित नहीं होता—वह कभी नहीं मरता और बार-बार अपने को दुहराता है।

इसीलिए एडोर्नो का यह कथन कि 'ऑशवित्स के बाद कोई कविता नहीं लिखी जा सकती', मार्मिक होता हुआ भी न मनुष्य की यातना के बारे में सत्य बताता है, न कला के सत्य के बारे में सही जान पड़ता है। जर्मन फ़ासिज़्म का उदय भी नहीं हुआ था, जब उससे वर्षों पहले प्राग के एक अज्ञात यहूदी लेखक ने अपने लेखन में उस यातना को पूरी विभीषिका के साथ व्यक्त किया था, जिसे यूरोपीय मनुष्य ने वर्षों बाद हिटलर के यातना-गृहों में भोगा था। काफ़्का ने अपने उपन्यास ऑशवित्स की घटना से बहुत पहले लिखे थे—किन्तु वही घटना, जिसे हमारे युग के मानववादी, मार्क्सवादी चिन्तक असम्भव और अकल्पनीय मानते आए थे, काफ़्का के साहित्य में जीवन का सत्य उद्घाटित करती है—एक फ़ैंटेसी के रूप में नहीं, बल्कि एक स्वाभाविक यथार्थ के रूप में जिसे हर व्यक्ति अपने भीतर के यातना-गृह में भोगता है। 19वीं शती में जब दोस्तोएव्स्की ने अपना उपन्यास 'डेविल्स' लिखा था, तो क्या कोई कल्पना भी कर सकता था कि सौ साल बाद ये डेविल्स, ये शैतानात्माएँ उपन्यास के पन्नों से निकलकर रूस की सोवियत व्यवस्था में जीते-जागते, हाड़-मांस के जीवन्त 'क्रान्तिकारियों' के रूप में प्रकट होंगी? कला का यह कैसा अद्भुत सत्य है, जो न केवल हज़ारों वर्ष पहले भुगते हुए मनुष्य के अनुभव को हमारे लिए प्रासंगिक बनाता है, बल्कि हमें उस अज्ञात नियति का भी साक्षी बनाता है, जो अभी मनुष्य के अनुभव का सत्य नहीं बनी,

किन्तु जो उसके भविष्य में पहले घट चुकी है? क्या यही वह बिन्दु नहीं है, जहाँ मनुष्य का समूचा अतीत काल और भविष्य का असीम, दोनों ही कलाकृति के सत्य में शाश्वत, और अपनी शाश्वतता में हमारे समकालीन हो जाते हैं?

इसके बाद यदि हम पुनः नीत्शे के कथन को याद करें कि 'हम कला के पास इसलिए जाते हैं, ताकि सत्य हमें नष्ट न कर डाले', तो अजीब क़िस्म का आश्चर्य होता है। क्या यह वह व्यक्ति कह सकता है, जो अपने को दोस्तोएव्स्की का शिष्य मानता था? व्यास के महाकाव्य में फैला मानव-विषाद और सोफ़ोक्लीज़ के पात्रों को आच्छादित करती नियति की अभिशप्त छायाओं से गुज़रकर क्या हम अपने को 'सत्य' से बचा सकते हैं? क्या सच्चाई इसके विपरीत तो नहीं है कि हम कला से आतंकित होकर उन सत्यों में शरण लेते हैं, जो फ़िलॉसफ़ी, दुनिया की धार्मिक आस्था और समाजशास्त्रों की मानवीय विचारधाराएँ हमें देती हैं। हम उनमें अपने को जितना सुरक्षित पाते हैं, उतना कला के सत्य में कभी नहीं क्योंकि कला का सत्य सिर्फ़ एक सम्भावना है—मनुष्य के पशुवत् अस्तित्व और उसकी अपरिभाषित मानवीयता के बीच एक शाश्वत प्रश्न—जबकि बाक़ी सब धर्म, संस्कृतियाँ और विचारधाराएँ उसके 'मनुष्यत्व' को स्वीकार करके चलती हैं, जिनमें सन्देह और शंका की कोई गुंजाइश नहीं। इसीलिए जब कला को संस्कृति का अंग माना जाता है, तो सिर्फ़ इस अर्थ में कि संस्कृति ने अपने बने-बनाए 'उत्तरों' की व्यवस्था के बीच इतनी ख़ाली जगह छोड़ दी है, जहाँ उन प्रश्नों और शंकाओं को भी समाया जा सके, जो हर महत्त्वपूर्ण कलाकृति अपने समय में जीवन की अर्थवत्ता के बारे में उठाती है। कला के सत्य इसी अर्थ में सार्वभौम और शाश्वत होते हैं क्योंकि वे 'मनुष्य' के बारे में किसी अन्तिम और अखंडनीय अवधारणा पर आधारित नहीं होते। हर संस्कृति के आत्म-बिम्ब इन्हीं अवधारणाओं को लेकर बनते हैं, जबकि कलाकृति का सत्य बार-बार इन आत्मबिम्बों की माया और छलना को भेदता है। क्या अन्ना कैरेनिना का चरित्र अपनी संस्कृति द्वारा निर्मित उन सब छवियों और बिम्बों को नहीं खंडित करता, जो छद्म नैतिकता में डूबा एक मध्यवर्गीय समाज 'नारी' के बारे में सँजोकर चलता है? सोल्ज़ेनित्सिन के उपन्यास यदि सोवियत-शासकों को इतना आतंकित करते थे तो इसलिए कि उनमें मनुष्य का जो विकृत और भयावह सत्य प्रकट होता है, वह उन सब हवाई आकृतियों को ढहा देता है, जो सोवियत-संस्कृति ने 'आदर्श मनुष्य' के रूप में खड़ी की थीं।

कला का यह सत्य कि वह एक मानव-सत्य के साथ अपने को नत्थी नहीं करता—यदि हम चाहें तो कह सकते हैं—कला का 'सत्यहीन सत्य' ही टॉल्स्टॉय-जैसे मनीषियों को अपने अन्तिम वर्षों में इतना त्रस्त करता था, जबकि विडम्बना यह है कि स्वयं टॉल्स्टॉय ने अपने अद्वितीय उपन्यासों में इस सत्य को जितनी निर्ममता और तटस्थता से उजागर किया है, उतना शायद किसी अन्य लेखक ने नहीं। उन्हीं ने इस सत्य को इतने प्रभावपूर्ण शब्दों में व्यक्त भी किया है। वह एक जगह कहते हैं :

> कितना अच्छा हो, अगर आदमी हमेशा फ़ैसला देने की हड़बड़ी न करे। उन प्रश्नों का उत्तर देने की कोशिश न करे, जो हमेशा प्रश्न बने रहते हैं। काश, वह यह जान सके कि हर विचार एक साथ झूठा भी होता है, सच्चा भी! मनुष्य ने इस अथाह, हिलोरें मारते अराजक यथार्थ को 'अच्छे' और 'बुरे' में बाँटना चाहा है, समुद्र में काल्पनिक विभाजन-रेखाएँ खींचनी चाही हैं और आशा की है कि समुद्र इन रेखाओं के अनुसार बँट जाएगा—बिना यह जाने कि इस तरह के लाखों विभाजन किये जा सकते हैं, विभिन्न दृष्टियों से, विभिन्न स्तरों पर और इन विभाजनों के आधार पर वह कहता है—सभ्यता अच्छी है, वहशीपन बुरा है, स्वतंत्रता अच्छी है, पराधीनता बुरी है...। यह हवाई ज्ञान ही मानव-प्रकृति में उस मौलिक, उल्लासमय और आदिम प्रकृति को नष्ट कर देता है, जो हमेशा 'सत्' की ओर प्रयत्नशील रहती है...।

प्रकृति, जो सत् की ओर प्रयत्नशील रहती है? और सत्, जो 'अच्छे' और 'बुरे' के परे है—समुद्र की लहरों की तरह अथाह, असीम और उल्लासमय। क्या टॉल्स्टॉय मनुष्य की प्रकृति को परिभाषित करते हुए अनजाने में उस 'सच्चिदानन्द' की ओर संकेत नहीं कर दिया, जिसमें कला का मूल, आदिम सत्य वास करता है? इस धरती पर मनुष्य एक बहुत ही कमज़ोर और निरीह प्राणी है—अधूरा, अनाथ, आत्मखंडित—किन्तु कलाकृति के इसी सत्य के कारण वह अपने भीतर उस सम्पूर्णत्व की झलक पा लेता है, जिसे जीवन और इतिहास की लहरों ने उससे अलग कर दिया था। जब मैं कला के सम्पूर्ण बोध की बात करता हूँ, तो उसमें वह समूचा अन्धकार भी छिपा है, मनुष्य के आत्मखंडित जीवन की यातना,

जिसे नकारकर कोई कलाकृति सुन्दर नहीं हो सकती। कलाकृति का यह सौन्दर्य ही वह सत्य है, जिसकी ओर कीट्स ने संकेत किया था, किन्तु अब यह सौन्दर्य रोमांटिक बोध से निकलकर हमारे युग में उस आतंक को समेटता है, रिल्के के शब्दों में—वह, जो आतंक की शुरुआत है। एक ऐसा सत्य, जिसमें जीवन के सब झूठ, सच, अच्छा, बुरा, नैतिक, अनैतिक समा जाते हैं। बीभत्स, भयानक और विनाशकारी को समेटता हुआ सौन्दर्य शिव के नीलकंठ की तरह, जिसमें यदि विष को समोने की शक्ति नहीं होती, तो अमृत देने की सामर्थ्य भी नहीं रहती।

•

क्या साहित्य समाज से कट चुका है?

आज का साहित्य क्या उस समाज से कट गया है, जिसमें हम रहते हैं? इस प्रश्न के सामने कुछ लेखक असमंजस और संकोच में चुप रह जाते हैं, उन्हें स्पष्ट रूप से वे तिथियाँ याद नहीं आतीं, कब साहित्य समाज से 'जुड़ा' था और कब अचानक ऐसा झंझावात आया कि सुबह उठते ही देखा कि वह समाज से कटकर अलग जा पड़ा है। और जब वह अपने लेखन के बारे में सोचता है—उन कहानियों अथवा कविताओं के बारे में—जो उसने सांसारिक परेशानियों से बचकर—अकेले कमरे में मुश्किल से अर्जित अवकाश की घड़ियों में लिखी थीं—तो स्थिति और भी दुर्गम हो जाती है। ठीक लिखने के क्षणों में उसने किससे 'जुड़ने' और किससे 'टूटने' की कोशिश की थी, यह उसे साफ़-साफ़ याद नहीं आता। यदि वह हिचकते, अचकचाते स्वर में 'सृजनात्मक कर्म' की उदात्त सार्थकता और प्रयोजनशीलता की बात शुरू करता है, तो उसे अपने शब्द ही झूठे, कुछ कृत्रिम, कुछ निरर्थक जान पड़ने लगते हैं—क्योंकि कहीं उसके भीतर यह अपराध-बोध छिपा है कि जिस सार्थकता और सौन्दर्य की बात वह इतने गर्व से कर रहा है, उसे ऐसे समाज में कितने पाठक अनुभूत कर पाते हैं, जहाँ अधिकांश लोग निरक्षर और अशिक्षित हैं, जहाँ ग़रीब लोगों के पास इतने साधन नहीं कि वे पुस्तकें ख़रीदकर पढ़ सकें और

साधन-सम्पन्न वर्ग के लोगों के पास इतनी फ़ुरसत और धैर्य नहीं कि वे टी.वी. सीरियल और अंग्रेज़ी पुस्तकों से समय निकालकर हिन्दी किताबें पढ़ने की कोई भावात्मक ज़रूरत महसूस कर सकें।

क्या इससे यह साबित हो जाता है—जैसा कुछ लोग सचमुच सोचते हैं कि आज के समय में—कम-से-कम हिन्दी समाज में—साहित्यिक रचना एक 'हाशिए की चीज़' बनकर रह गई है, जिसका हमारे समाज के तात्कालिक भीषण दबावों और सरोकारों से कोई लेना-देना नहीं? हम उपन्यास और कविताएँ अब भी पढ़ते हैं—कभी-कभी सुन्दर रचना पढ़कर बहुत उद्वेलित भी होते हैं, किन्तु अक्सर ऐसा लगता है कि जिस यथार्थ को हम अपने अनुभव-संसार में अनेक स्तरों और विविध रूपों में झेलते हैं, जो हमें दिन की दैनिक दुनिया और रात की अकेली नींद में सतत अभिभूत और आक्रान्त करता है—एक गूँगे, अपरिभाषित जगत् की विराट अपरिचित दृश्य-लीला और अदृश्य वास्तविकता—उसका एक बहुत छोटा-सा अंश ही हमें अपने रचना साहित्य में दिख पाता है—और वह अंश भी हमें उस 'सम्पूर्ण' की झलक नहीं दिखलाता, जो लिखे शब्दों के बीच अनलिखे सत्य का साक्षी होता है।

क्या एक कलाकृति अपने समाज और समय के भीतर चलनेवाले असंख्य अन्तर्द्वंद्वों, उसकी आकांक्षाओं और निराशाओं की 'साक्षी' बनने का दावा कर सकती है? क्या यह उसकी सामर्थ्य के भीतर है? यह संयोग नहीं कि 'साक्षी' शब्द उसी धातु से उपजा है, जिससे 'साक्षात्' की ध्वनि आती है—अर्थात किसी चीज़ या शक्ति से रूबरू होना, देखना, आमना-सामना होना। जब तक हम किसी चीज़ को देखते नहीं, तब तक हमें उसकी गवाही देने का नैतिक अधिकार प्राप्त नहीं होता। हम जितना कम देखते हैं, उसी अनुपात में हमारी गवाही कमज़ोर और अविश्वसनीय बन जाती है। साक्षात् उसी का होता है, जिसके पास दृष्टि होती है, क्या आज एक भारतीय लेखक उस दृष्टि से सम्पन्न है, जो उसे एक साथ साक्षी बनने का पात्र और साक्षात्कार करने के योग्य बनाती है? जब तक हम इस प्रश्न का उत्तर नहीं देते,

तब तक हम भारतीय समाज में साहित्य के स्थान को निर्धारित नहीं कर सकते, न ही हम साहित्य और समाज के बीच सान्निध्य अथवा दूरी को माप सकते हैं।

ज़रूरी नहीं, जो व्यक्ति देखता है, वह दृष्टिसम्पन्न भी हो—वह देखकर भी अनदेखा कर सकता है—या वही देख सकता है, जो सामने हो, दृश्य हो, बाक़ी सब कुछ उसकी आँखों के घेरे में न आता हो! वह एक तरफ़ देखता है—तो उसे जो दिखता है, वही सत्य जान पड़ता है; दूसरी तरफ़ देखता है तो एक दूसरा सत्य दिखाई देता है, किन्तु वह इन दो सत्यों के बीच अथवा सत्य के इन दो पहलुओं के बीच कोई अर्थपूर्ण संगति नहीं बिठा सकता। दूसरे छोर पर ऐसे ज्ञानी महात्मा भी होते हैं, जिन्हें दिव्य दृष्टि प्राप्त होती है—जो सब कुछ देख सकते हैं—आगे भी, पीछे भी, वर्तमान और अतीत का कोई तथ्य, कोई घटना, कोई ब्योरा उनकी आँखों से ओझल नहीं होता। 'महाभारत' में संजय ऐसे ही व्यक्ति थे। वह जो कुछ देखते थे, नेत्रहीन धृतराष्ट्र और आँखों पर पट्टी बाँधे गान्धारी को रिपोर्ट करते थे। एक आदर्श रिपोर्टर—जो तटस्थ, निष्पक्ष दृष्टि से पांडवों-कौरवों के बीच वैमनस्य, ईर्ष्या, द्वंद्व सबका विवरण देते हैं, किसी के साथ पक्षपात नहीं करते। किन्तु सब कुछ देखनेवाले संजय और अपने सीमित आंशिक सत्यों को देखनेवाले कौरव-पांडवों के बीच एक और विचित्र व्यक्ति है—कृष्ण—जो सब कुछ देखने की क्षमता रखते हैं—संजय की तरह, किन्तु संजय की तरह वह निस्संग होते हुए भी तटस्थ नहीं हैं, क्योंकि उनकी दृष्टि केवल यथार्थ को 'यथार्थ' के रूप में नहीं देखती, हर यथार्थ को सत्य के रूप में ढालती है। यदि वह अर्जुन के सीमित अनुभव को एक विराट सत्य में परिभाषित करती है, तो संजय के समतुल्य निरपेक्ष कोरे, कच्चे यथार्थ को वह छोटे-छोटे सापेक्ष, मानवीय सत्यों में अनूदित करती है। वह न सिर्फ़ रिपोर्टर है, न महज़ एक भोक्ता, बल्कि एक ऐसा द्रष्टा है, जिसमें सत्यों को मूल्यांकित करने का विवेक निहित है। क्या एक लेखक भी अपने सृजनात्मक क्षणों में यही नहीं करता—जीवन के सीमित, अधूरे स्वार्थग्रस्त अनुभवों को एक ऐसे व्यापक और विराट यथार्थ में ढालना, जिसे हम जीने की हड़बड़ी और घटनाओं के घटाटोप में अनदेखा कर देते हैं—किन्तु कविता या उपन्यास पढ़ते हुए वह हमें अपने अकेले और एकान्त क्षणों में एक अजीब सम्पूर्णता का बोध करा देता है—बोध न भी सही, तो भी उसकी एक उड़ती-सी झलक मिल जाती है? कुछ देर के लिए हमारे बिखरे विशृंखलित अनुभव एक अनहोनी-सी संगति

और अर्थवत्ता पा लेते हैं, जिसके बारे में किताब उठाने से पहले हमने कभी सोचा भी न था। थोड़ी देर के लिए हम गान्धारी की पट्टी और धृतराष्ट्र की अन्धता से मुक्ति पा लेते हैं और यथार्थ का वह विराट रूप देख लेते हैं, जिसमें हमें अपनी आकुलता, संशय, शंकाओं और भ्रान्तियों का एक अधिक सम्पन्न और निस्संग दृष्टि से पुनरावलोकन करने का अवकाश मिल जाता है।

यह अवकाश महत्त्वपूर्ण है, क्योंकि इसके बिना न तो समाज का कोई प्राणी साहित्य की दुनिया में पैठ सकता है—न ही साहित्य किसी अर्थपूर्ण ढंग से समाज के दुनियावी कार्यकलाप में हस्तक्षेप कर सकता है। हम प्राय: लेखक के अकेले क्षणों की चर्चा तो करते हैं, कभी पाठक के एकान्त की बात नहीं करते, जिसके बिना वह कभी साहित्यिक कृति से साक्षात् नहीं कर सकता। यदि हम बस में बैठे या ट्रेन की प्रतीक्षा करते हुए किसी व्यक्ति को पुस्तक पढ़ते हुए देखें, तो अजीब-सा अनुभव होता है। हमें लगता है, वह आसपास की हलचल, शोर, कोलाहल सबसे निर्लिप्त एक दूसरी दुनिया में चला गया है—जिसका उसकी मौजूदा दुनिया से कोई सम्बन्ध नहीं। वह कुछ देर के लिए अपने वर्तमान को स्थगित कर देता है। पढ़ना एक तरह का स्थगित समय है, जैसे लिखना एक ऐसे स्पेस को निर्मित करना है, जिसमें पुस्तक का समय संचारित हो सके। उसी समाज में साहित्य एक महत्त्वपूर्ण भूमिका अदा कर सकता है, जहाँ पढ़ने के समय को निरन्तर मुक्त रूप से रचना के स्पेस में प्रवाहित होने का अवसर मिलता रहे। उन समाज-व्यवस्थाओं में, जहाँ यह सम्भव नहीं होता, वहाँ यदि पाठक पुस्तक ख़रीदने के लिए सक्षम भी हो और हर व्यक्ति साक्षर हो तो भी साहित्य की गरिमा उजागर नहीं हो सकेगी।

यह बात मुझे सीधे-सीधे भारतीय समाज की वर्तमान अवस्था की ओर ले जाती। प्राय: यह शंका प्रकट की जाती है कि एक ऐसे समाज में, जहाँ अधिकांश लोग निरक्षर और अशिक्षित हों—वहाँ लिखे हुए साहित्य का ज़्यादा महत्त्व नहीं। हम भूल जाते हैं कि यूरोप और अमेरिका के सम्पन्न और शिक्षित समाजों में भी 'रचनात्मक साहित्य' को पढ़नेवाले पाठक बहुत कम होते हैं—एक अल्पसंख्यक वर्ग के प्रबुद्ध पाठक ही उसे ख़रीदते-पढ़ते हैं—क्या सिर्फ़ इस कारण से इन देशों के लेखक अपने समाज से भारतीय लेखक की तरह अपने को कटा हुआ नहीं पाते? शायद कुछ ज़्यादा ही, क्योंकि वहाँ टेलीविज़न और लोक-मनोरंजन के साधनों ने लेखक को सचमुच एक भीषण असुरक्षित अलगाव में धकेल दिया है।

इसलिए हमें यह मानकर चलना होगा कि किसी भी समय और किसी भी समाज में लेखक और समाज—कलाकृति और सामान्य व्यक्ति के बीच दूरी या अलगाव हमेशा बना रहता है। इसका सीधा-सा कारण यह है कि किसी कविता, पेंटिंग या उपन्यास का उपयोग उसी तरह तात्कालिक रूप में नहीं होता, जितना दूसरी वस्तुओं का होता है। कलाकृति और वस्तु में यह मूलभूत अन्तर है—कला का अपना स्वायत्त यथार्थ है, जबकि वस्तुएँ सिर्फ़ माध्यम और साधन हैं—कलाकृति की तरह अपने में साध्य नहीं। कलाकृति किसी विशिष्ट आवश्यकता की पूर्ति के लिए नहीं होती—इस दृष्टि से वह उपादेयता, उपयोग अथवा किसी भी फ़ंक्शन के घेरे के बाहर होती है।

क्या इसी कारण से वह प्रयोजनहीन भी होती है? इस प्रश्न के उत्तर पर बहुत कुछ निर्भर करता कि हम सामान्य जनों के समूह-समाज से कलाकृति के संसार का रिश्ता कैसे जोड़ पाते हैं। अगर यह रिश्ता केवल कलाकृति की स्वायत्तता को स्वीकार करने में चुक जाता है—तो समाज अप्रासंगिक हो जाता है और यदि कलाकृति का अर्थ केवल उसकी प्रयोजनशीलता में चूक जाता है, तो स्वयं कला के विशिष्ट संसार का मूल्य अर्थहीन हो जाता है...दोनों के बीच वह क्या कड़ी है, जो कला की विशिष्ट सत्ता को एक सामाजिक और सामान्य अनुभव में ढालती है?

वह कलाकृति की भाषा है—ऐसा मैं सोचता हूँ। अगर कुछ देर के लिए हम अपने को केवल साहित्यिक कृतियों तक सीमित रखें, तो हम पाएँगे कि कोई कविता या कहानी शब्दों के विशिष्ट संयोजन से अपना निजी संसार ज़रूर रचती है। शब्द वही रहेंगे, जिन्हें हम दैनिक कारोबार के लिए इस्तेमाल करते हैं—अख़बारों में पढ़ते हैं, राजनीतिक नेताओं के भाषणों में सुनते हैं। एक कवि अपनी रचना के लिए नये शब्दों का आविष्कार नहीं करता। हर शब्द की अपनी स्मृति है और इस स्मृति में उस समाज के सब लोग साझा करते हैं। यह अकारण नहीं है कि एक तानाशाही व्यवस्था में जातीय स्मृति को नष्ट करने के लिए उसके वाहक शब्दों को सबसे अधिक निर्ममता और सनकीपन से भ्रष्ट किया जाता है।

एक लेखक का रचना-कर्म समाज के लिए नहीं होता, किन्तु उसकी कृति जिस भाषा में अपनी सत्ता रूपायित करती है, उसके शब्द और संकेत, स्मृति और संस्कार कविता और उपन्यास को केवल एक लेखक की 'वैयक्तिक सम्पत्ति' न बनाकर उसे एक ऐसी संवाद-प्रक्रिया का अंग बना देते हैं, जो एक समाज स्वयं अपने से, अपने अतीत और वर्तमान से करता है। जिस तरह एक नये यथार्थ के जन्म से बाक़ी सब यथार्थों का आपसी सम्बन्ध बदल जाता है, उसी तरह एक कलाकृति महज़ अपने होने से उन सब छवियों को एक नया और अप्रत्याशित आयाम देती है, जो समाज आज तक अपने बारे में बनाता आया है। शब्द वही रहते हैं, किन्तु उनके द्वारा एक व्यास, एक होमर, एक तुलसीदास अपनी कृतियों में जिस 'सत्य' का उद्घाटन करते हैं, वह उस समाज को उन कृतियों के बाहर कहीं और उपलब्ध नहीं हो सकता।

इसलिए असली प्रश्न यह नहीं है कि रचनात्मक साहित्य को कितने लोग पढ़ते हैं, अथवा समाज में उसकी भूमिका कितनी महत्त्वपूर्ण है, बल्कि यह कि "एक रचना क्या अपनी भाषा में उस संवाद में दख़ल दे सकती है, जो एक समाज अपनी भाषा में आज तक अपने सदस्यों के बीच करता आया है?" अगर यह संवाद किसी मिथ्या अथवा भ्रामक मान्यताओं द्वारा अनुशासित होता है—और उनके आधार पर मनुष्य को अपने में एक छद्म छवि गढ़ने में विवश करता है—तो क्या एक कलाकृति अपने होने मात्र से उस छवि का असली सत्य और यथार्थ उघाड़ पाने में समर्थ होती है, जिसके परिणामस्वरूप संवाद की समूची प्रकृति और दिशा अचानक एक नया मोड़ ले लेती है? जहाँ कहीं समाज इस 'मोड़' के लिए तैयार नहीं, अथवा उसे सम्पूर्णतया ठुकरा देता है—तो भी इससे कलाकृति का सत्य अप्रासंगिक नहीं हो पाता। वे उसकी अन्तरात्मा को बराबर विचलित और बेचैन किये रहते हैं। जब तक समाज स्वयं अपनी भाषा को नष्ट नहीं कर देता, कलाकृति अनन्तकाल तक अपने को सम्प्रेषित करती रहती है। इससे हम एक अनोखे निष्कर्ष पर पहुँचते हैं, वही कृति 'कालजयी' हो पाती है, जिसे कोई समाज पूर्ण रूप से अपने में जज़्ब, आत्मसात नहीं कर पाता। वह कृति महत्त्वपूर्ण नहीं होती, जिसे सामज तुरन्त अपना लेता है, उसे पूरी तरह से 'भोग' लेता है—उसे अन्य उपभोग्य वस्तुओं की तरह अपनी तृप्ति का साधन बना लेता है। इस साल के 'बेस्ट सेलर' दूसरे साल किसी को याद

भी नहीं रहते—जबकि 'दुर्लभ' और 'दुरूह' समझी जानेवाली पुस्तकें हर नई पीढ़ी में अपने नये पाठक ढूँढ़ लाती हैं।

एक महान कृति वह 'लालसा' है, जो बची रहती है, कभी तृप्त नहीं होती। वह एक मीडिया का प्रलोभन नहीं है, जिसे एक बार टी.वी. पर देखकर अथवा कंसर्ट में सुनकर हम छुटकारा पा लेते हैं। क्या हम 'गीता' में कृष्ण के स्वप्न अथवा उपन्यासों में काफ़्का और दोस्तोएव्स्की के दुःस्वप्नों को आत्मसात कर पाते हैं? नहीं कर पाते—इसलिए हर पीढ़ी का पाठक बार-बार उनकी ओर लौटता है। यह क्षोभ की बात नहीं कि समाज और साहित्य में एक अन्तराल, एक दूरी, एक कटाव हमेशा मौजूद रहता है—हम बीच की अँधेरी खाई को जिस दिन पाट लेंगे, उस दिन साहित्य समाप्त हो जाएगा और लेखक अपनी क़लम तोड़कर किसी दूसरे पेशे की खोज में निकल पड़ेगा।

कलाकृति और आलोचना की मर्यादा

एक अच्छी आलोचना हमें क्यों उद्वेलित करती है? इस प्रश्न को थोड़ा बदलकर इस तरह भी पूछ सकते हैं कि एक कलाकृति जिस तरह हमें उद्वेलित करती है, आलोचना द्वारा उत्प्रेरित उद्वेलन क्या वैसा ही होता है? एक क्षण के लिए अगर हम शास्त्रीय बहस में न पड़ें कि आलोचना और कला के उद्वेलन-स्रोत कहाँ एक-दूसरे से भिन्न हैं तो फिर इस जिज्ञासा का समाधान कैसे करें कि कभी-कभी कोई आलोचना हमें उतनी ही गहराई से मथने लगती है जितनी कोई कलाकृति—या शायद उससे भी ज़्यादा? एक समीक्षा के द्वारा हम उस समीक्षित-कृति का कोई विराट सत्य पा लेते हैं, जैसे किसी उपन्यास को पढ़कर हम जीवन के एक अभेद्य रहस्य की कुंजी पा लेते हैं। अगर कलाकृति का सम्बन्ध उस चीज़ से है जिसे हम 'जीवन' कहते हैं, तो क्या उस जीवन का महत्त्व कम है, जो एक कलाकृति में संचारित होता है जिसे आलोचना एक चकाचौंध की तरह आलोकित कर देती है? इस अर्थ में दोनों ही अनुवादक हैं। लेखक अपने संसार का टेक्स्ट अपनी रचना में अनुवादित करता है, आलोचक उसी रचना को टेक्स्ट बनाकर वापस मुड़ता है। वापस उस संसार में जो अब कलाकार की व्यक्तिगत सम्पत्ति न रहकर एक सार्वजनिक अनुभव बन गया है—कला का अनुभव—जिसमें सब साझा कर सकते हैं।

यह वापस मुड़ना महत्त्वपूर्ण है, क्योंकि महत्त्वपूर्ण आलोचना इसी 'मुड़ने' की प्रक्रिया में जन्म लेती है। यही चीज़ एक आलोचक को एक पाठक से भी अलग करती है। जब एक समीक्षक किसी कलाकृति का रसास्वादन करता है, वह स्वयं एक पाठक है, बल्कि एक अच्छे आलोचक की प्राथमिक शर्त यही है कि वह कितना भाव-प्रवण, कितना चौकन्ना, कितना उत्सुक पाठक है; किन्तु जब यही उत्सुकता पाठक को उस कृति का पुनरावलोकन करने को उत्प्रेरित करती है, जिसने उसे झिंझोड़ा है तो यहाँ रसास्वादन के साथ एक और चीज़ जुड़ जाती है—आलोचनात्मक जिज्ञासा—जो सिर्फ़ कृति का ही मूल्यांकन नहीं करती बल्कि पाठक को अपनी प्रतिक्रियाओं की पड़ताल करने को भी बाध्य करती है। अब वह कलाकृति का निस्संग भावक मात्र नहीं रहता, सिर्फ़ इसी से सन्तोष नहीं कर लेता कि किसी कविता या कहानी में वह कितना डूबा है; वह डूबते-डबते ऊपर आता है, उत्सुक और जिज्ञासु निगाहों से देखता है, कौन-सी वह लहर थी जिसने उसे इतने गहरे तल में डुबो दिया था, जहाँ से आई थी? उसने जो डूबकर तल की गहराई में देखा था, अब वही अनुभव उसे तल के ऊपर 'सतह' को देखने के लिए विवश करता है। एक कलाकृति की सतह—उसकी भाषा के दृश्य-संकेत—उतना ही बड़ा सत्य हैं जितनी उसके अर्थ की गहराई; दोनों अभिन्न रूप से कला के सम्पूर्ण सत्य के साथ जुड़े हैं; बिना एक को जाने दूसरे को जानना असम्भव है; दरअसल कला का रहस्य दोनों के अन्तर्निहित रिश्ते में वास करता है।

लेकिन रहस्य की एक अजीब विशेषता है; अगर वह पूरी तरह अभेद्य और अज्ञात हो, तो वह कभी 'रहस्य' नहीं रहेगा, क्योंकि तब वह अपने प्रति हमारी कोई जिज्ञासा नहीं जगा सकेगा। वे सब सत्य—और ऐसे लाखों सत्य होंगे—हमारे लिए कभी रहस्यमय नहीं हो सकेंगे क्योंकि वे हमेशा हमारे बोध के परे रहेंगे। ईश्वर का रहस्य उसके होने या न होने में नहीं है; उसका रहस्य 'ईश्वर' शब्द के बोध में है, जो उसके होने या न होने के बारे में जिज्ञासा जगाता है। दूसरी तरफ़ वह सत्य भी कभी रहस्य का दर्जा नहीं प्राप्त करता, जिसके अर्थ को मनुष्य पूरी तरह उपलब्ध और हासिल कर लेता है, appropriate कर लेता है—क्योंकि तब उस अर्थ के परे कुछ भी जानना शेष नहीं रहता। उदाहरण के तौर पर अख़बार की रपट जिस सत्य को सम्प्रेषित करती है, एक बार उसे जान लेने के बाद वह हमारे लिए कोई 'रहस्य' नहीं; रपट जिस स्थिति का वर्णन करती है, वह रहस्यमय भले ही हो,

किन्तु स्वयं रपट का कथ्य नहीं। एक कलाकृति का सत्य यदि रहस्यमय होता है तो इसलिए कि वह न तो पूरी तरह बोध के परे है, न पूरी तरह से मनुष्य उसे हासिल कर पाता है; वह कहीं इन दो चरमों के बीच में है; वह कुछ कहती है, कुछ नहीं कहती, इसलिए नहीं कि वह कहना नहीं जानती, बल्कि जो कलाकृति कहती है, उसमें वे अकथनीय सत्य भी शामिल होते हैं, जो अपनी चुप्पी के बावजूद उसमें मौजूद रहते हैं; आलोचना की यह एक बड़ी चुनौती है कि क्या वह कलाकृति के कथ्य से उसके अकथ्य को—उसकी भाषा से उसके मौन को—दो शब्दों में कहें तो उसकी सतह से उसकी गहराई को उजागर कर पाती है या नहीं?

हिन्दी आलोचना में हमें प्राय: ऐसे वाक्य दिखाई दे जाते हैं...अमुक उपन्यास की भाषा बहुत सुन्दर और संवेदनशील है, किन्तु उपन्यास अपने में बहुत 'सफल' नहीं माना जा सकता। सफल शायद इसलिए नहीं है कि वह किसी गहरे, महत्त्वपूर्ण सत्य को सम्प्रेषित नहीं कर पाता। किन्तु उपन्यास का सत्य अनिवार्यत: उसकी भाषा में संवेदित होता है। और यदि वह सत्य अनुपस्थित या आलोचना की कसौटी पर महत्त्वहीन और अप्रासंगिक है, तो उसकी भाषा को सशक्त या संवेदनशील माननेवाली कसौटी कौन-सी है? क्या भाषा की सामर्थ्य को कलाकृति की अर्थवत्ता से अलग किया जा सकता है? संवेदनहीन भाषा जिस तरह कलाकृति का अर्थ उद्घाटित नहीं कर पाती, उसी तरह उस कलाकृति की भाषा कभी संवेदनशील नहीं मानी जा सकती, जो किसी महत्त्वपूर्ण सत्य से शून्य है। दिलचस्प बात यह है कि ऐसी आलोचना में भाषा के प्रति 'सौन्दर्यवादी' सम्मोहन और कलाकृति के प्रति समाजशास्त्रीय आग्रह—दोनों साथ-साथ चलते हैं—और आलोचक इसमें कहीं भी कोई आत्म-विरोध नहीं देख पाता। वह इस सत्य को अनदेखा कर देता है कि कलाकृति का रहस्य उसके अलग-अलग तत्त्वों या तन्तुओं में नहीं, उसके समूचे संघटन-विधान में जीवित रहता है और ज्योंही हम एक तत्त्व को दूसरे से अलगाते हैं, कलाकृति का सत्य और सौन्दर्य, दोनों ही बिखर जाते हैं, मुरझाने लगते हैं।

कला के इस स्वायत्त धर्म पर विश्वास करना कहाँ तक उचित है—यदि उचित है—तो इस विश्वास का स्रोत कहाँ है? हम यह मानकर चलते हैं कि शब्दों के अर्थ होते हैं और ये अर्थ किसी-न-किसी रूप में बाह्य यथार्थ के अनुभवों से सम्बन्ध रखते जब हम हरे रंग का शब्द उच्चारित करते हैं, तो कहीं-न-कहीं

घास का है; स्मरण हो आता है। अर्थ और अनुभव का यह साम्य (Correspondance) सिर्फ़ बाहरी यथार्थ की ठोस चीज़ों पर ही नहीं, बल्कि हमारे अन्तर्मन की सूक्ष्म और अमूर्त अनुभूतियों पर भी लागू होता है। हर शब्द किसी अनुभव की याद है, किसी जाने-पहचाने यथार्थ की स्मृति जगाता है—किन्तु अजीब बात यह है कि शब्दों में संयोजित कविता अपने में एक ऐसे यथार्थ का सृजन करती है, जो शब्दों के अलग-अलग अर्थों में नहीं चुक जाता, बल्कि एक ऐसे अर्थ की सृष्टि करती है, जो कविता के बाहर कहीं उपलब्ध नहीं है। शब्दों के अर्थ परिचित हैं, किन्तु कविता में उनका रहस्यमय संयोजन एक ऐसे सत्य से साक्षात्कार कराता है, जो अब तक अपरिचित था—एक ऐसा अनूठा और स्वायत्त सत्य, जो हमारे समस्त परिचित अनुभवों से अलग है और चूँकि सत्य का यह चमत्कार शब्दों के भीतर संयोजित है—वह किसी दूसरी विधा में सम्प्रेषित नहीं हो सकता।

किन्तु यदि कलाकृति का सत्य अपने में बिलकुल स्वायत्त और विशिष्ट है, तब उसके मूल्यांकन की कसौटी क्या हो? क्या यह ज़रूरी है कि कलाकृति का स्वायत्त अर्थ अपने में महत्त्वपूर्ण, जीवनदर्शी और मूल्यवान सत्य भी हो?

एक कलाकृति जो सत्य हमें सम्प्रेषित करती है, वह अपने में चाहे कितना अद्वितीय और अनूठा क्यों न हो—उसका मूल्य अन्ततः उन रिश्तों में उद्घाटित होता है जो वह अब तक के हमारे अर्जित किये, अनुभूत सत्यों के साथ जोड़ पाती हैं। जब हम कोई महान उपन्यास या कविता पढ़ते हैं, किसी संगीत-रचना को सुनते हैं, किसी मूर्ति या पेंटिंग को देखते हैं तो वह उन सब अनुभवों की याद दिलाती है, जो न हमें सिर्फ़ दूसरी कलाकृतियों से प्राप्त हुए हैं बल्कि जो कला से बाहर हमारे अपने जीवन-अनुभव भी सत्य हैं। एक कलाकृति का अनुभव अब तक के अर्जित हमारे समूचे अनुभव-संसार को झिंझोड़ जाता है। वह एक टूरिस्ट का निष्क्रिय अनुभव नहीं है जिसे वह अपनी नोटबुक में अंकित करके सन्तोष कर लेता है। वह एक जीवन्त, सक्रिय अनुभव है जो हमारे अनुभव-संसार में प्रवेश करता है, उसमें अजीब क़िस्म की हलचल उत्पन्न कर देता है, अपने मात्र अस्तित्व से उसके समूचे स्वरूप और पैटर्न को बदल देता है और अन्ततः हमें विवश करता है कि उस कलाकृति के आलोक में अपने समस्त अनुभव-सत्यों की मर्यादा का पुनर्मूल्यांकन कर सकें। एक महान कलाकृति मनुष्य को नहीं बदलती, न उसके संसार को बदलती है, वह सिर्फ़ उस रिश्ते को बदलती है जो अब तक

मनुष्य अपने संसार से बनाता आया था; लेकिन एक बार रिश्ता बदल जाने के बाद न तो वह मनुष्य ही वैसा मनुष्य रह पाता है, जैसा वह कलाकृति के सम्पर्क में आने से पहले था, न उसका संसार वैसा संसार रह जाता है। जो उसे कलाकृति के अनुभव के बाद दिखाई देता है। एक आलोचक जितनी सूक्ष्म दृष्टि से इस बदलाव को परिभाषित कर सकेगा, उतनी ही अधिक प्रामाणिकता के साथ वह उस कलाकृति के मूल्य और अर्थवत्ता को भी रेखांकित कर सकेगा।

अतः यदि समर्थ आलोचना की पहली शर्त यह है कि वह कलाकृति के अखंडित और स्वायत्त यथार्थ को पहचान सके; तो दूसरी शर्त यह भी है कि वह कलाकृति के बाहर फैले यथार्थ को भी एक सम्पूर्ण और अविभाज्य के रूप में स्वीकार सके; एक ऐसा यथार्थ जिसकी अर्थवत्ता सिर्फ़ इतिहास और समाज के अनुभवों में ही समाप्त नहीं हो जाती—जो बिना मनुष्य के भी जीवित था और तब भी जीवित रहेगा जब मनुष्य नहीं होगा। जब तक वह यथार्थ के इस सार्वभौमिक अनुभव को अपनी आलोचना का सन्दर्भ-बिन्दु (Reference point) नहीं बनाता, तब तक वह कलाकार की इस अदम्य लालसा को नहीं समझ पाएगा जो इस नामहीन यथार्थ को नाम, आकारहीन यथार्थ को बिन्दु, अराजक यथार्थ को एक अर्थ देना चाहती है। यदि कला का मूल रहस्य मनुष्य की इस सृजनात्मकता में निहित है कि वह यथार्थ के नामहीन अनुभव को रूपायित कर सके, तो क्या सृजनात्मक आलोचना की प्रतिज्ञा यह नहीं होगी कि वह इसी यथार्थ को कसौटी मानकर कलाकार के शब्द, रूप और नामों की सचाई और सार्थकता का परीक्षण कर सके? किन्तु इस अनुभव का मूल्यांकन मनुष्य की समूची संस्कृति के सन्दर्भ में ही हो सकता है। इसी अर्थ में एक महान आलोचक अपनी संस्कृति का भी आलोचक होता है; वह कलाकृति के स्वायत्त अनुभव को मानवीय संस्कृति की निरन्तरता में—जिसे हम परम्परा कहते हैं—उसके भीतर परिभाषित करता है। वह एक साथ दो प्रश्नों का सामना करता है—क्या दुनिया का बाह्य यथार्थ कला के अन्तर्निहित यथार्थ का साक्षी हो सकता है? इससे जुड़ा दूसरा प्रश्न है—क्या कला का अन्तर्निहित सत्य दुनिया के यथार्थ का साक्षी हो सकता है?

ऊपर से देखने पर भ्रम हो सकता है कि कला का यथार्थ और दुनिया का यथार्थ दो स्वतंत्र इकाइयाँ हैं;—एक यदि इतिहास के द्वारा अनुशासित होती है तो दूसरी के नियम कहीं मनुष्य के भीतर परिचालित होनेवाले मिथक और स्मृतियों—

एक कालातीत स्वप्न-भाषा—में बसते हैं। यह अकारण नहीं है कि अनेक यूरोपीय भाषाओं में उपन्यास को 'रोमान' या रोमांस की संज्ञा दी जाती है, जिसका अनुभव मनुष्य के दैनिक और दुनियावी यथार्थ से बाहर और परे की चीज़ है। जब उपन्यास जैसी समाजोन्मुख विधा को काल्पनिक रोमांस माना जाता है तो कविता या संगीत जैसी विधाओं की लौकिक मर्यादा कितनी सन्दिग्ध हो सकती है, इसका अनुमान लगाना मुश्किल नहीं है। हम एक ऐसी सभ्यता में रहते हैं जहाँ दुनिया के यथार्थ को कला के सत्य से विलगित कर दिया गया है—पानी में खड़ी दो चट्टानों की मानिन्द—जिनकी छाया एक-दूसरे को भले ही छूती हो—किन्तु जिनका मूल तत्त्व और आधारभूमि एक-दूसरे से बिलकुल अलग हैं। कहना न होगा कि इस अलगाव के रहते न केवल हमारा जीवन-यथार्थ सत्त्वहीन हो गया है, बल्कि स्वयं कल्पनाशीलता की गरिमा—जो हर कलाकृति का ऊर्जा-स्रोत है—धीरे-धीरे सूखने लगी है।

यथार्थ के प्रति यह खंडित दृष्टिकोण हमारी आधुनिक सभ्यता की विलक्षण देन है, जो शायद पहले किसी समाज में मौजूद नहीं था। इस दृष्टिकोण के कारण स्वयं मार्क्सवादी आलोचना—जो एक समय में यथार्थ की समग्रता को प्रतिपादित करने का दावा करती थी—आज अविश्वास के उस बिन्दु पर आ खड़ी हुई है, जहाँ 20वीं शती के शुरू में प्रतीकवादी एस्थेरिक आलोचना थी। यदि एक का अविश्वास उस 'यथार्थ' से है, जो कलाकृति में जीवित रहता है, तो दूसरे का सन्देह उस कल्पनाशीलता से है, जो यथार्थ की अन्तहीन सम्भावनाओं को उजागर करती है। हम एक ऐसे विकट समय में रह रहे हैं जहाँ हमने यथार्थ के बहुमुखी स्वरूपों को इतिहास की एक-आयामी धारा में ढालकर सर्वथा श्रीहीन बना दिया है, वहाँ कला को सिर्फ़ व्यक्ति के अन्तर्मन की छाया में संकुचित कर एक ऐसी विपन्न 'मिनिमल' अवस्था में डाल दिया है, जहाँ उसका दूसरे की स्मृति और संस्कार में कोई साझा नहीं। दोनों ही स्थितियों में यथार्थ का अनुभव और कला की क्षमता अपने को एक खंडित, और अवमूल्यित अवस्था में पाते हैं।

संकट के ऐसे बिन्दु पर आलोचना का हस्तक्षेप गहरे और व्यापी अर्थों में एक नैतिक हस्तक्षेप होगा, ऐसा मैं मानता हूँ। नैतिक केवल कलाकृति के मूल्यों के निर्धारण में नहीं, बल्कि समूची सभ्यता की मर्यादाओं के मूल्यांकन में, जिसके बिना किसी भी कलाकृति की प्रासंगिकता या सार्थकता को नापना असम्भव है। कलाकृति की मूल्यवत्ता आँकने की तब एक ही विश्वसनीय और प्रामाणिक

कसौटी रह जाती है—क्या वह अपने युग के सन्देह और अविश्वास के कुहरे को भेदकर एक ऐसे सत्य से साक्षात् कराती है, जहाँ मनुष्य के मन और बाहर की सृष्टि में कोई विभाजन नहीं रहता? एक कलाकृति में यह साक्षात्कार एक स्वप्न की तरह होता है लेकिन यह स्वप्न मायावी नहीं है, आत्म-छलना नहीं है; यह एक खोया हुआ सत्य है, जो एक समय में मनुष्य के अनुभव-संसार के केन्द्र में था, जिसे आधुनिक व्यक्ति—अपनी खंडित अवस्था के बावजूद या शायद उसी के कारण—एक स्मृति की तरह सँभाले और सँजोए रहता है। आदमी उसी चीज़ का स्वप्न देखता है, जो कभी पहले था। जो आज भी कहीं छिपा है, हम उसकी छिपी हुई मौजूदगी को एक गुज़री हुई याद की तरह महसूस करते हैं—नॉस्टेल्जिया की तरह नहीं, बल्कि एक छिपे हुए ज़ख़्म की तरह। चूँकि हमने इस स्मृति को नहीं खो दिया है, इसलिए वह कभी भी हमारे यथार्थ में प्रवेश कर सकती है, उसका हिस्सा बनकर उसे सम्पूर्ण रूप से बदल सकती है। हर सृजनात्मक आलोचना इस विश्वास को केन्द्रबिन्दु बनाकर कलाकृति का मूल्य आँकती है—कलाकृति जो ख़ुद अपने में ज़ख़्म है और ज़ख़्मी विभाजित जीवन का अतिक्रमण करने का प्रयास भी!

आज तक हम कला को सभ्यता का अंग मानते आए थे, किन्तु पिछले चार सौ वर्षों के दौरान—विशेष कर यूरोपीय रेनासाँ के बाद—सभ्यता के सब प्रतीक—वे चाहे विज्ञान के हों या दर्शन के—मनुष्य को उसके सम्पूर्णत्व, उसके आत्यन्तिक और अखंडित 'आत्म' को विभाजित करते आए हैं। यह एक ऐसी प्रक्रिया है, जिसमें मनुष्य की बुद्धि का उसकी संवेदना से, उसकी देह का उसकी आत्मा से, उसके अस्तित्व का उसकी दृष्टि से कोई सम्बन्ध नहीं रह गया है। आज हमें इस अद्‌भुत विडम्बना का सामना करना पड़ता है कि कला जो क्लासिक और मध्यकालीन युग में मानव की सम्पूर्ण चेतना की सबसे समर्थ अभिव्यक्ति मानी जाती थी, हमारे युग में आते-आते उसकी सार्थकता संस्कृति का अंग बनने में नहीं, बल्कि उन मूल्यों और मर्यादाओं को अस्वीकृति करने में निहित हो जाती है, जिसके रहते मनुष्य का यथार्थ उत्तरोत्तर एकांगी, पंगु और विशृंखलित होता गया है। संस्कृति जो एक समय में कला की संरक्षित पीठिका थी, उसे पोषित करती थी—जिसके रहते दांते और तुलसीदास-जैसे कवियों को सहज रूप से ही अपने काव्य-संसार के भरे-पूरे रूपक और प्रतीक मिलते थे, अब उस संस्कृति ने अपनी परम्परागत भूमिका छोड़ दी है। आज का सुसंस्कृत मनुष्य कोई भी हो,

कलाकार नहीं है; उसका ऐसी 'संस्कृति' से कोई सरोकार नहीं जिसने व्यक्ति की स्वायत्तता के नाम पर उसे 'आत्म-शून्य' बना दिया है और समूह के नाम पर लोक-स्वभाव की सहज धारा और स्मृति को सुखा दिया है। सबसे उल्लेखनीय बात यह है कि व्यक्ति-ग्रस्त और समूह-ग्रस्त, दोनों ही व्यवस्थाओं ने एक ही समानधर्मा संस्कृति को जन्म दिया है—इतिहास, प्रगति और विज्ञान की आक्रामक मर्यादाओं से मंडित, जिसमें कला समाज के केन्द्र में नहीं, बल्कि मानवीय अनुभव के हाशिए पर ठेल दी गई है—एक उपभोग्य कलावस्तु (art-object), फिर चाहे उसे मनोरंजन का मात्र साधन माना जाए या समाज के लिए उपयोगी वस्तु, उससे कोई अन्तर नहीं पड़ता।

यहीं पर एक कलाकृति का मूल्यांकन एक व्यापक सन्दर्भ में एक पूरी संस्कृति का मूल्यांकन हो जाता है; एक आलोचक आधुनिक मानसिकता की उस विश्लेषणात्मक शैली को नहीं स्वीकार करता जहाँ कलाकृति के सौन्दर्य को एस्थेटिक्स के हवाले कर दिया जाता है और उसकी प्रासंगिकता को इतिहास के फ़ॉर्मूलों द्वारा मूल्यांकित किया जाता है। वह आधुनिक संस्कृति के इस छद्म वर्गीकरण से ऊपर उठकर कलाकृति के मूल सत्य पर अपना ध्यान केन्द्रित करता है। यह सत्य फ़िलॉसफ़ी या तर्कशास्त्र की बौद्धिक अवधारणाओं का सत्य नहीं है, बल्कि वह कहानी, कविता या उपन्यास रचने की प्रक्रिया में एक ऐसे संसार में उद्घाटित होता है, जिसके मिथक और प्रतीक आधुनिक संस्कृति की मर्यादाओं से बिलकुल अलग हैं। हर महत्त्वपूर्ण कलाकृति का सत्य उसके विकल्पीय संसार में निहित रहता है। यह विकल्पीय संसार कोई ऐसा संसार नहीं है, जिसका यथार्थ से कोई नाता नहीं, बल्कि वह उस यथार्थ का सत्य है, जिससे मनुष्य का नाता टूट गया है; एक स्वायत्त संसार, किन्तु आत्मकेन्द्रित संसार नहीं, वह एक खुली स्पेस का संसार है, एक कलावस्तु का सीमित, सुन्दर संसार नहीं, जिसे दर्शक बाहर से देखता है बल्कि एक सक्रिय और सम्पूर्ण सत्य का वाहक—जो बार-बार हमारी दुनिया में प्रवेश करता है, उसे भंग करता है, झिंझोड़ता है; सम्पूर्ति और सम्पूर्णता की स्मृति जगाता है। इसी अर्थ में कलाकृति की अनुभूति हमारी संस्कृति के विभाजित अनुभवों की सबसे सटीक और प्रखर आलोचना हो जाती है। "व्यावहारिक आलोचना की मर्यादा यह है कि वह उस 'भाषा' का मूल्य पहचान सके, जिसमें एक कलाकृति हमारे युग की संस्कृति पर आलोचना करती है।"

कलाकृति की भाषा—मैं इस प्रश्न पर दुबारा लौटना चाहूँगा। इस निबन्ध के आरम्भ में मैंने कहा था कि किसी कलाकृति का विशिष्ट सत्य उसकी भाषा में ही गुम्फित रहता है, उसके बाहर नहीं। किन्तु यह एकतरफ़ा व्यापार नहीं है। जहाँ यह सच है कि एक कलाकृति का सत्य शब्दों के विशिष्ट संयोजन में ही उद्घाटित होता है, वहाँ यह भी उतना ही सच है कि वह सत्य कला की भाषा को भी अपनी विशिष्ट गुणात्मकता में उजागर करता है। दूसरे शब्दों में, एक कलाकृति की भाषा सम्प्रेषण का महज़ माध्यम मात्र नहीं है बल्कि कलाकृति में ही वह अपना आत्मीय और आत्यन्तिक चरित्र उद्घाटित करती है। यहीं पर कलाकृति की भाषा और संसारी-उपयोग की भाषा में पहली बार मूलभूत अन्तर दिखाई पड़ता है। हाइडेगर ने इस सत्य को बहुत सुन्दर ढंग से परिभाषित किया है। एक कारीगर जब औज़ार बनाने के लिए पत्थर का इस्तेमाल करता है तो औज़ार बनने पर पत्थर की उपयोगिता भी ख़त्म हो जाती है; किन्तु जब एक मूर्तिकार उसी पत्थर को मूर्ति बनाने में इस्तेमाल करता है तो वहाँ पत्थर माध्यम या साधन नहीं रहता, जिसकी उपयोगिता मूर्ति बनने के बाद चुक जाती है; उलटे स्वयं मूर्ति का सत्य पहली बार पत्थर के सहज आत्मीय गुण—उसके पत्थरपन—को उजागर करता है। एक अख़बारी रिपोर्ट में शब्दों की उपयोगिता रिपोर्ट के कथ्य को सम्प्रेषित कर देने के बाद समाप्त हो जाती है किन्तु एक कविता को एक बार पढ़ लेने के बाद शब्दों का महत्त्व ख़त्म नहीं हो जाता—यहाँ शब्द सिर्फ़ माध्यम नहीं है, इसीलिए हम बार-बार उसके पास लौटते हैं क्योंकि यदि शब्दों के बीच कविता ने अपना सत्य पाया है, तो इसी सत्य ने पहली बार कविता के शब्दों को 'शब्द' होने की मर्यादा से पुष्ट किया है। कविता में शब्द असली अर्थ में शब्द बनते हैं, जैसे मूर्ति में पत्थर असली अर्थ में पत्थर बनता है।

यदि एक आलोचक भाषा के इस प्राकृतिक आयाम को नहीं समझ पाता, वह कला के एक अत्यन्त मूल्यवान सत्य को अनदेखा कर देता है जो उसे संस्कृति से नहीं—प्रकृति के विराट परिवेश से मिलता है, जहाँ मनुष्य का कोई दख़ल नहीं, किन्तु जो बार-बार मनुष्य के संसार को खटखटाता है। "कुछ शब्द जादुई होते हैं, अपने अर्थों में नहीं; बल्कि उनके परे; दैहिक रूप से जादुई, जिनका जादू उनकी ध्वनि में निहित होता है, ऐसे शब्द जो कोई सन्देश देने से पहले भी अपना अर्थ रखते हैं, शब्द जो अपने में ही अर्थ और संकेत हैं, जिन्हें समझना नहीं,

सुनना होता है, एक जानवर के शब्द, एक बच्चे की स्वप्न-भाषा..." मारिना स्वेतायोवा ने यह बात पुश्किन के सन्दर्भ में कही थी, किन्तु क्या वह कलाकृति पर लागू नहीं होती? इसी अर्थ में एक कलाकृति मानवीय भी होती है, और ग़ैर-मानवीय भी। मिट्टी, पत्थर, स्वर, शब्द—शब्द जो सबसे शुरू में था—एक ऐसी भाषा की सृष्टि करते हैं, जिसे समझना नहीं, सुनना होता है, देखना होता है, अनुभूत करना होता है। किन्तु जो सभ्यता प्रकृति पर विजय पाने में ही अपना गौरव प्राप्त करती है, वह सुनने, देखने और अनुभूत करने की क्षमता को ही नष्ट कर देती है। उसका सम्बन्ध प्रकृति के प्रति उतना ही आक्रामक है, जितना कलाकृति के प्रति लोलुप—समझना एक तरह से यह हासिल करने का पर्याय हो जाता है, जो गर्वीली स्पर्धा से उत्पन्न होता है, अनुभूत करने की विनयशील आत्मीयता से नहीं। कितना अजीब है कि जिस आक्रामक रिश्ते से प्रकृति का प्रदूषण होता है, कला की भाषा का दूषण भी ठीक उसी रास्ते से होता है। इसीलिए कुछ आश्चर्य होता है, जब लीविस और ऑरवेल जैसे आलोचक कला-भाषा के अवमूल्यन पर तो विक्षोभ करते हैं और ठीक ही करते हैं—किन्तु उसके कारण केवल राजनीति, पत्रकारिता या शिक्षा-पद्धति में ही टटोलकर सन्तोष कर लेते हैं। वे कला की भाषा को मात्र माध्यम मानकर चलते हैं, मानवीय संस्कृति का मात्र एक उपादान—इसीलिए वे उस वैषम्य को नहीं देखते जो स्वयं मनुष्य की संस्कृति और कलाकृति की प्रकृति, शब्द और सत्य के बीच आ खड़ा हुआ है।

किन्तु यदि कलाकृति की भाषा अपनी 'गूँज' की प्रकृति से लाती है, जो मनुष्येतर है, उसका सत्य बराबर उस स्वप्न में ध्वनित होता है, जो मनुष्य के भीतर है, जब वह प्रकृति से अलग नहीं हुआ था। इसीलिए एक कलाकृति से साक्षात् कभी-कभी एक गहरा आध्यात्मिक अनुभव भी होता है। क्या आज की आलोचना ने कभी ऐसे अनुभव को परिभाषित करने का प्रयास किया है, जो किसी दार्शनिक धर्मशास्त्र के घेरे में नहीं आता, जो परम्परागत अर्थ में 'आध्यात्मिक' नहीं है, जो मनुष्य को किसी धार्मिक सन्देश देने का दावा नहीं करता—लेकिन वह अपने में इतना सम्पूर्ण है कि एक कौंध में हमें अपनी 'स्थिति के समूचे सत्य' से साक्षात् करा देता है। यह तभी हो पाता है जब एक कलाकृति विभाजित मानस की पीड़ा और अन्तर्द्वंद्व से जन्म लेकर भी महज़ उसकी प्रतिच्छाया नहीं रहती, वह पीड़ा एक दूसरा दरवाज़ा भी खोलती है, जहाँ हर खंडित अनुभव के बाक़ी अवशेष दिखाई देते हैं—

जीवन की कुहेलिका में उपेक्षित, दबे हुए, तिरस्कृत—किन्तु कलाकृति के आलोक में—उसी अनुभव को पूरा करते हुए, अर्थ देते हुए—जिसके कारण एक अद्भुत आनन्द की अनुभूति होती है। महत्त्वपूर्ण बात यह है कि ऐसी कृति में आनन्द का अनुभव पीड़ा को काटता नहीं, न ही पीड़ा का घटाटोप आनन्द को ओझल करता है, बल्कि दोनों अनुभव एक साथ होते हैं। गोएटे का नायक वर्थर अपने खंडित अनुभवों के बीच पहली बार प्रेम की सम्पूर्णता—उसके अलौकिक आनन्द—को अनुभूत करता है। बिना उस आनन्द के क्या वह अपनी पीड़ा को छू पाता जिसने उसे आत्महत्या करने को विवश किया? किन्तु बिना उस पीड़ा को भोगे क्या हम प्रेम के उस सम्पूर्ण अनुभव को देख पाते, जिसे कोई दूसरा उपयुक्त शब्द न मिलने के कारण मैंने 'आध्यात्मिक अनुभव' कहा है?

यदि मैंने आलोचना के सन्दर्भ में वर्थर का उदाहरण दिया है, तो इसलिए कि हमारी आज की आलोचना ने अपने को ऐसे संकीर्ण दायरे में बाँध लिया है जिसके बाहर कला के अनेक अनुभव उपेक्षित और अपरिभाषित पड़े रहते हैं जिन्हें आसानी से रोमांटिक या आध्यामिक कहकर ख़ारिज कर दिया जाता है। यही नहीं, हमारे विज्ञ आलोचक एक ही लेखक के अनुभव-संसार को विभाजित करने की शल्य-क्रिया करने में नहीं हिचकते—हम उन अनुभव-खंडों को स्वीकार लेते हैं जो आज के हमारे सामाजिक-ऐतिहासिक आग्रहों से मेल खाते हैं, किन्तु उसी लेखक के उन पक्षों के बारे में चुप रहते हैं—जो उसकी बनी-बनाई इमेज को किसी रूप में भंग करते हैं, उसमें असंगति उत्पन्न करते हैं। यही कारण है कि हम टॉल्स्टॉय के चिन्तनशील निबन्धों को 'धार्मिक प्रोपेगैंडा' मानकर उपेक्षित करते हैं, जबकि उनके उपन्यासों को यथार्थवादी मानकर उनकी पूजा करते हैं—मानो टॉल्स्टॉय के आध्यात्मिक अन्तर्द्वंद्वों और विश्वासों का उनके कला के यथार्थ से कोई सम्बन्ध न हो। वे यह भूल जाते हैं कि इसी सम्बन्ध के रहते 'इवान इल्यीच की मृत्यु' जैसी महान रचना का जन्म हुआ था। आलोचना की सबसे मूल्यवान मर्यादा यह है कि वह कलाकृति के समूचे तन्तुजाल के रेशों को विश्लेषित करे, जिसमें संसारी यथार्थ और आध्यात्मिक लोक के अनुभव एक-दूसरे से गुँथे रहते हैं—जिनके भीतर एक ऐसा सत्य जन्म लेता है, जहाँ यथार्थ का अनुभव दूसरे यथार्थ के अनुभव का निषेध नहीं करता, बल्कि वह एक खुली भूमि तैयार करता है, जहाँ यथार्थ की अनेक परतें खुलती हैं, एक-दूसरे से टकराती हैं, एक साथ अनेक अर्थों को उद्घाटित करती हैं।

"यदि यथार्थ के विभिन्न अर्थों का कोई लोकतंत्र है, जो वह केवल उस स्वतंत्रता में ही उपलब्ध होता है, जिसे हर कलाकृति अपने भीतर लेकर चलती है, जो न किसी एक अर्थ से अपने को नत्थी करती है, न किसी दूसरे अर्थ की तानाशाही स्वीकार करती है।"

किन्तु सब अर्थ एक तरह से ही मूल्यवान नहीं होते। किसी कलाकृति का कोई भी अनुभव नगण्य नहीं है—लेकिन वह है, इसीलिए मूल्यवान नहीं बन जाता। समर्थ आलोचना—जहाँ अर्थों के लोकतंत्र को स्वीकार करती है, वहाँ वह मूल्यों की वर्ण-व्यवस्था को भी गहरा सम्मान देती है, जिसके बिना किसी भी कलाकृति की गुणवत्ता या—गुणहीनता को पहचानना असम्भव है।

पिछले वर्षों में यदि हिन्दी अलोचना का परिदृश्य कुछ अधिक उत्साहवर्द्धक नहीं दिखाई देता तो इसका एक कारण शायद यह है कि स्वयं आलोचना ने अपनी मूल्य-व्यवस्था का निर्माण करने की कोई विशेष चेष्टा नहीं की। किसी रचना की समीक्षा पढ़ते हुए हमें आलोचक के सामाजिक आग्रह ज़रूर दिखाई देते हैं, किन्तु उन आग्रहों की मूल्यवत्ता जो परम्परा, संस्कृति और कलात्मक अनुभवों के सम्बन्धों के बीच निर्मित होती है, वह कहीं दिखाई नहीं देती। किसी कृति की आलोचना पढ़ते समय हम आलोचना की राजनीतिक-सामाजिक विचारधारा से तो परिचित होते हैं—उस सांस्कृतिक परिवेश की आबोहवा से नहीं—जहाँ बहुत-सी धाराएँ एक साथ चलती हैं—जिनके बीच कलाकृति अपना विशिष्ट चरित्र बनाती है। चूँकि आलोचक का अपनी संस्कृति की व्यापक अर्थसत्ता से कोई लगाव नहीं, इसीलिए उसमें कलाकृति की अन्तर्निहित समग्रता को जाँचने का भी ज़्यादा उत्साह नहीं। इसीलिए हमारे यहाँ संस्कृति के विचारक एक वर्ग में आते हैं—कला के आलोचक दूसरे वर्ग में—दोनों में कहीं आदान-प्रदान नहीं होता। यदि हम हजारीप्रसाद जी को अपवाद मानकर छोड़ दें—तो किसी एक आलोचक में दोनों लगाव लगभग साथ नहीं दिखाई देते।

हिन्दी आलोचना का यह दुर्भाग्य रहा है—और शायद सिर्फ़ हिन्दी आलोचना का नहीं—कि वह कलाकृति की बहुआयामी भूल-भुलैयों में जाने से कतराती है—कोई कृति नितान्त वैयक्तिक पीड़ा में सामाजिक सन्दर्भों को खोल सकती है और सामाजिक यथार्थ के बीच व्यक्ति का रहस्यमय मनोसंसार उद्घाटित कर सकती है—कला के इस अन्तर्विरोधी चरित्र में उसे ज़्यादा विश्वास नहीं। वह एक सीधा-सादा रास्ता अपनाना पसन्द करती है, जहाँ एक ख़ास अर्थ को चुना जा सके—और फिर उस एकांगी अर्थ की सूली पर कलाकृति के समूचे चरित्र को टाँगा जा सके। मुश्किल यह है कि खूँटे से उतारकर जो चीज़ हाथ आती है, वह कलाकृति नहीं, उसकी मुर्दा देह है, जिसकी प्राणवत्ता को आलोचक न जाने किस अँधेरी गली में फेंककर फरार हो जाता है! ऐसी आलोचना ने ही हमारे यहाँ प्रसाद को 'हिन्दू आध्यात्मिकता' और प्रेमचन्द को 'यथार्थवादिता' की सूली पर चढ़ाकर अपने कर्तव्य से मुक्ति पा ली है। यदि आज तक निराला और मुक्तिबोध ठीक-ठीक किसी एक सैद्धान्तिक कठघरे में फिट नहीं होते, तो उसका श्रेय हमारी आलोचना को नहीं, इन कवियों के उस विराट, संश्लिष्ट और अन्तर्विरोधी धाराओं में विस्फोटित होती हुई ऊर्जा को जाता है जिसे किसी एक सामाजिक और रूपवादी व्याख्या में रिड्यूस करना असम्भव है। हमारी आलोचना का अभिशाप यह नहीं है कि वह किसी मार्क्सवादी या कलावादी दृष्टि के बोध से आक्रान्त है—काश, ऐसी कोई विवेकशील दृष्टि अपनी सम्पन्न प्रखरता में हमारे पास होती—उसका अभिशाप यह है कि वह कला के प्रति बहुत ही सँकरा और सिकुड़ा हुआ—अंग्रेज़ी शब्द का इस्तेमाल करूँ—तो निरा रिडक्टिव रुख़ अपनाती है; उससे कलाकृति का अवमूल्यन तो होता ही है, उस दृष्टि या विचारधारा की विपन्नता भी ज़ाहिर होती है, जिसकी कसौटी पर कलाकृति को आँका गया है।

आशा की बात यह है कि समय-समय पर अवमूल्यन की इस प्रक्रिया का विरोध किया गया है, व्यवस्थित रूप से नहीं, लेकिन गहरी संस्कार-सम्पन्न व्यक्तिगत प्रतिक्रियाओं के आधार पर। विजयदेव नारायण साही और कुँवर नारायण के अनेक निबन्ध इस प्रतिक्रिया का सर्वोत्तम उदाहरण है। स्वयं डॉ. नामवर सिंह ने बरसों पहले कहानी के क्षेत्र में सामान्याकृति धारणाओं का खंडन करते हुए एक समर्थ और सृजनात्मक हस्तक्षेप किया था। अज्ञेय द्वारा 'नई कविता' का आकलन, नेमिचन्द्र जैन की उपन्यास-आलोचना इसी कोटि में आती है।

किन्तु कला के प्रति जिस 'रिडक्टिव' रुख़ का उल्लेख मैंने ऊपर किया है, यदि उसका कोई निरन्तर, मूल्यवान और सब बाधाओं और अभियोगों के बावजूद एक सुचिन्तित और साहसी आलोचनात्मक विरोध हुआ है—उन युवा आलोचकों द्वारा—जिन्हें पूर्वग्रह की 'बदनाम मंडली' का सदस्य माना गया है। पिछले वर्षों में आलोचना के क्षेत्र में यदि मलयज, रमेशचन्द्र शाह और अशोक वाजपेयी का योगदान इतना महत्त्वपूर्ण रहा है तो इसलिए कि उन्होंने आलोचना की मूल्यहीनता के कुहासे से निकलकर एक सांस्कृतिक पीठिका प्रदान की है, जिसमें आलोचक की दृष्टि उतनी ही महत्त्वपूर्ण है, जितनी कलाकृति की स्वायत्तता। दोनों के टकराव से ही ऐसी बिजली पैदा होती है, जो हमारी चिन्ताओं और सरोकारों के समूचे परिवेश को आलोकित कर पाती है।

हर महत्त्वपूर्ण आलोचक के पास अपनी दृष्टि या दर्शन होना चाहिए—सिर्फ़ कला के सम्बन्ध में नहीं, बल्कि समूची संस्कृति के बारे में उसे आप उसकी 'आइडियोलॉजी' कहें, तो भी इस प्रसंग में कोई अन्तर नहीं पड़ता। कोई आलोचक ख़ाली हाथ किसी कलाकृति के पास नहीं जाता; जो आलोचक ख़ाली हाथ जाते हैं, मुझे डर है, वे ख़ाली हाथ लौट भी आते हैं। एक आलोचक नंगा और निरीह होकर नहीं, अपने सब विश्वासों, पूर्वग्रहों, अस्त्र-शस्त्रों से लैस होकर एक कलाकृति का सामना करता है। ये अस्त्र और औज़ार वह अपने अध्ययन, सूझ-बूझ और अनुभव-संसार से अर्जित करता है। इसी अनुभव-संसार के भीतर वह उन मूल्यों की व्यवस्था बनाता है जो उसे कलाकृति के अनुभव को आलोकित करने के बजाय धुँधलाते हैं, खंडित करते हैं, तो मूल्यांकन के वे सब अस्त्र-औज़ार बेकार और निरर्थक पड़े रहेंगे, जो वह अपने साथ लाया है। एक आलोचक इन्हीं औज़ारों से कलाकृति के मूल्यों को परखता है; किन्तु ऐसा भी होता है कि कोई कलाकृति एक ऐसी विकल्पीय संसार के मूल्यों की रचना करे, जिसके सम्पर्क में आते ही आलोचक को अपनी मूल्य-व्यवस्था के सब औज़ार और कसौटियाँ अपर्याप्त, एकांगी और असन्तोषजनक जान पड़ें। यह उसके सामने गहरी चुनौती का प्रश्न है : क्या वह अपनी मूल्य-व्यवस्था से चिपका रहेगा, और किसी दर्शन, विश्वास और विचारधारा को अपनी बैसाखी बनाकर कलाकृति की वैकल्पिक सत्ता को ख़ारिज कर देगा—अथवा उसमें इतना नैतिक साहस और आलोचनात्मक विवेक होगा कि वह अपने अस्त्रों और विश्वासों को अनुपयुक्त मानकर छोड़ दे,

और आलोचना के ऐसे औज़ारों का निर्माण करे, जो उस कलाकृति के अपरिचित संसार की अर्थवत्ता को नये सिरे से परिभाषित करने में सक्षम हो सके। यदि आलोचना की मर्यादा इसमें है कि तटस्थ होकर नहीं, अपने विश्वासों और आग्रहों के साथ कलाकृति से मुठभेड़ करती है, तो उससे कहीं ऊँची मर्यादा यह है कि ज़रूरत पड़ने पर वह अपनी उन सब कसौटियों और मापदंडों को त्याग सकती है, जो उस कलाकृति के सामने झूठी और अप्रासंगिक बन गई हों। किन्तु यह वही आलोचक कर सकेगा, जिसके पास छोड़ने को कुछ है। जो ख़ाली है, वह क्या कुछ छोड़गा?

उपन्यास की मृत्यु और उसका पुनर्जन्म

अरसे से हम यह अफ़वाह सुनते आए हैं कि उपन्यास ने अपना चोला छोड़ दिया है, लेकिन हज़ारों की संख्या में उपन्यास अब भी लिखे जाते हैं। शायद ही किसी विधा को मरने में इतना समय लगा हो जितना उपन्यास को! यद्यपि उसकी मृत्यु की भविष्यवाणियाँ समय-समय पर होती रहती हैं, फ़ीनिक्स की मानिंद हर बार वह अपनी मृत्यु की राख झाड़कर पुनः उठ खड़ा होता है। लेकिन यह भी हो सकता है कि शायद अफ़वाह सच है और उपन्यास सचमुच मर गया है, जैसा हम उसे अभी तक जानते आए थे। डिकेंस, फ्लॉबेयर, टॉल्स्टॉय, दोस्तोएव्स्की की रक्त-मांस मंडित प्रेम, घृणा, ईर्ष्या, सांसारिक महत्त्वाकांक्षाओं में लिथड़ी गाथाएँ जिन्हें आज तक हम उपन्यास की संज्ञा देते आए थे, हमारे समय तक आते-आते वे एक अन्धी गली में गुम हो गई हैं, अपने पीछे एक भी ऐसा सुराग़ नहीं छोड़ गई हैं, जिन्हें पकड़कर उपन्यास की पुरानी गौरव-गरिमा को उजागर किया जा सके। अब हम जिन पुस्तकों को उपन्यास के बहाने पढ़ते हैं, क्या वे उसकी मृत काया की महज़ प्रेत-छायाएँ हैं?

देखा जाए तो उपन्यास हमेशा से तकलीफ़ में था और जितना अधिक वह फलता-फूलता गया, उसके भीतर की अदृश्य तकलीफ़ भी बढ़ती गई।

वह आत्म-चेतना की तकलीफ़ थी, जिसने 18वीं-19वीं शताब्दी के यूरोपीय मानस को एक विशिष्ट और असाधारण मन:स्थिति में ढाला था। ऐसा पहले कभी नहीं हुआ था कि मनुष्य सिर्फ़ एक व्यक्ति में बदल जाए और समाज एक ऐसी भीड़ में, जिसका अपना कोई चेहरा नहीं। मनुष्य का एक व्यक्ति में सिकुड़ जाना और दूसरी तरफ़ समाज का इस हद तक फैल जाना, जहाँ व्यक्तित्वहीनता ही उसका संस्कार हो—उपन्यास की तकलीफ़ इन दो पाटों के बीच फँसे मनुष्य की बदहवासी, लक्ष्यहीनता और अकेलेपन को प्रतिबिम्बित करती थी।

मनुष्य क्या है?—यह सनातन प्रश्न है और एपिक, कविता, नाटक जैसी सनातन (क्लासिक) विधाओं में इस प्रश्न को अनेकानेक स्तरों पर उघाड़ा गया था; किन्तु व्यक्ति क्या है, इस प्रश्न के साथ सीधी-सीधी पहली मुठभेड़ उपन्यास ने की थी। व्यक्ति जो चाहे किसी भी वर्ग, सम्प्रदाय, धर्म या परिवार का सदस्य क्यों न हो, किन्तु जिसकी प्रामाणिकता उसकी सदस्यता (belonging) में नहीं, उसके होने (being) में निहित होती है। व्यक्ति जो अपने को 'व्यक्त' करता है और व्यक्त करने के दौरान ही अपने होने का प्रमाण देता है। पहले उसके प्रमाण-पत्र में दूसरों के हस्ताक्षर होते थे, वे उसके होने के साक्षी थे। माता-पिता, वर्ग-जाति और सबसे ऊपर ईश्वर; वे थे इसलिए वह था, उनके बिना वह कुछ नहीं था—महज़ शून्य। समाज में व्यक्ति की अवधारणा ही एक अभूतपूर्व घटना या चाहें तो कहें, दुर्घटना थी—क्योंकि उसके होने के सबूत में सिर्फ़ उसका मैं था और ईश्वर और न्याय और नियम की अदालत में मैं की शिनाख़्त स्वयं 'मैं' कैसे कर सकता है? इसलिए व्यक्ति के अस्तित्व पर शुरू से ही सन्देह की छाया पड़ चुकी थी। उपन्यास ने पहली बार ऐसे व्यक्ति की गवाही लेने का प्रयास किया था जो अपने लिए इस दुनिया में किसी को साक्षी नहीं बना सकता था। नंगा और निरीह व्यक्ति, सम्पूर्ण रूप से स्वतंत्र और सम्पूर्ण रूप से सन्दिग्ध, असंख्य सम्भावनाओं में खुला हुआ और हर सम्भावना को अन्तिम परिणति तक पहुँचाने की ज़िम्मेदारी ढोता हुआ। वह कुछ भी हो सकता था—संत, हत्यारा, शैतान। दोस्तोएव्स्की का यह कथन कि यदि ईश्वर नहीं है तो मनुष्य कुछ भी कर सकता है—न केवल व्यक्ति के जोखिम भरे संसार को उद्घाटित करता है, बल्कि उस संसार की अन्तहीन अराजकता को भी रेखांकित करता है, जिसे उपन्यास ने अपनी विधा के घेरे में पहली बार समेटा था। उपन्यास की तकलीफ़ बहुत कुछ व्यक्ति के जन्म होने की प्रसव-पीड़ा से जुड़ी हुई थी।

व्यक्ति की जिस अन्तरात्मा को उपन्यास ने अपना केन्द्रबिन्दु बनाया था, उसी चीज़ ने उपन्यास को कथ्यात्मक बिरादरी की अन्य समस्त विधाओं से अलग भी कर दिया। एपिक, आख्यायिका दंतकथा, फेबल, लोककथाएँ, क़िस्से-कहानियाँ—ऊपर से देखने पर लगता है कि उपन्यास इन्हीं प्राचीन कथ्यात्मक शैलियों की आधुनिक और परिष्कृत उत्पत्ति है। इस भ्रम का कारण शायद यह है कि उपन्यास और इन कथ्यात्मक शैलियों में यदि एक चीज़ समान रहती है तो वह है—कहानी। ये समस्त कथ्यात्मक विधाएँ किसी-न-किसी रूप में कोई क़िस्सा-कहानी सुनाते हैं; लेकिन क्या उपन्यास सिर्फ़ कहानी सुनाने का माध्यम है? यदि ऐसा होता तो उपन्यास जैसे विशिष्ट फ़ॉर्म को अन्वेषित करने की क्या आवश्यकता थी—मनुष्य की कहानी को अभिव्यक्त करने के लिए क्या पुरातन काल से चलती आई कथ्यात्मक शैलियाँ काफ़ी नही थीं? काफ़ी नहीं थीं, क्योंकि क़िस्सागो के सुरक्षित संसार में जो मनुष्य बसता था, उपन्यास का व्यक्ति उस संसार की हदों से कहीं दूर जा पड़ा था। पुरातन कथा-शैलियों में हमें कितने पात्र याद रहते हैं? 'एक राजा था'—कहानी यहाँ से शुरू होती है; कौन-सा राजा? यह अप्रासंगिक क्योंकि राजा और रानी और राक्षस और पक्षी हमारे पुरातन—लैंडस्केप की आर्कीटाइप स्मृतियों को उघाड़ते हैं—वे सार्वभौमिक हैं, अटल हैं; कहानी शुरू होते ही वे कठपुतलियों की तरह नाचने लगते हैं।

लेकिन मदाम बॉवेरी? हम उसके बारे में क्या जानते हैं? उपन्यास पढ़ने के बाद जो याद रह जाता है, वह मदाम बॉवेरी की कहानी नहीं, जो हज़ार औरतों की कहानी हो सकती है, बल्कि वे हज़ार घटनाएँ जिनके अद्भुत और अप्रत्याशित सम्मिश्रण से एक मदाम बॉवेरी का जन्म हुआ था, एक स्वतंत्र स्त्री, जिसके अपने संकल्प और अपने स्वप्न थे। उपन्यास से पहले की कथ्यात्मक विधाओं में पात्रों पर घटनाएँ घटती हैं, किन्तु उपन्यास में व्यक्ति-पात्र अपनी इच्छाओं और संकल्पों से किसी-न-किसी रूप में इस घटनाचक्र में अपना हस्तक्षेप करना चाहते हैं, इसमें वे असफल हों, पराजित हों, घटनाओं के रथ-तले कुचले जाएँ, यह बात दूसरी है—बल्कि यही बात उपन्यास को कहानी-क़िस्सों से अलग करती है; उपन्यास भी कथ्यात्मक विधा है किन्तु वह कहानी कहने का शुद्ध माध्यम नहीं है। डॉन क्विग्हॉते और मदाम बॉवेरी के स्वप्नों और सांसारिक घटनाचक्र की अनिवार्य लौहवत्ता के बीच एक तनाव-भरा द्वंद्व बराबर चलता रहता है।

एक द्वंद्वात्मक टकराव—इसीलिए उपन्यास का फ़ॉर्म पुरानी कथा-विधाओं से इतना अलग है। इसीलिए वे आलोचक, जो उपन्यास को विदेशी विधा मानकर भारतीय उपन्यास का उद्धार पुरानी आख्यायिका, लोककथाओं और क़िस्सों की शैली को पुनर्जीवित करने में देखते हैं, शायद समस्या का सीधा-साधा सामना नहीं करते; उपन्यास विदेशी विधा है ज़रूर, किन्तु भारतीय समाज के उलटफेर में जो व्यक्ति आज आकार ग्रहण कर रहा है, क्या पुरानी कथ्यात्मक शैलियाँ उसके विकट, संघर्षमय संसार के बीहड़ अन्तर्द्वंद्वों को अपने में समेट पाएँगी, मुझे इसमें सन्देह है। क्या यह महज़ संयोग था कि हजारीप्रसाद जी अपनी क़िस्सागोई गप्प शैली में आधुनिक जीवन पर कोई उपन्यास लिखते हुए हमेशा झिझकते रहे? विदेशी बोझ से छुटकारा दुर्भाग्यवश हमेशा परम्परा में ही नहीं मिलता, जब तक स्वयं परम्परागत शैलियों को आधुनिक दबाव-तले पुनर्निर्मित और परिवर्तित नहीं किया जाता। उपन्यास के 'भारतीयकरण' की समस्या को उपन्यास से पहले की सहज और भोली और अपेक्षाकृत सरल स्थिति में लौटकर नहीं सुलझाया जा सकता।

लेकिन एपिक? वह तो सबसे प्राचीन कथ्यात्मक विधा है; कुछ उपन्यासों को पढ़ते हुए हमें क्यों बार-बार होमर या वाल्मीकि याद आते हैं? शायद इसीलिए हेगेल ने उपन्यास को 'आधुनिक मध्यवर्ग के महाकाव्य' के रूप में परिभाषित किया था।* जॉयस का 'यूलिसिस' तो अपनी संरचना में 'ओडिसी' के समानान्तर ही चलता है। दोनों विधाओं की यह समानता अस्वाभाविक भी नहीं है; ऐसे उपन्यास हैं,

* हेगेल की इस परिभाषा का अनुकरण करते हुए—किन्तु दुर्भाग्यवश उनके प्रति आभार न प्रकट करते हुए—डॉ. नामवर सिंह ने भारतीय उपन्यास को 'किसान-जीवन का महाकाव्य' माना है। यह परिभाषा कितनी भ्रामक है, मैं उस बहस में यहाँ नहीं जाना चाहूँगा। सिर्फ़ इतना कह देना काफ़ी है कि जबकि हेगेल के सामने बुर्ज़ुआ वर्ग के विकास का समूचा भविष्य फैला था, वहाँ भारतीय किसान का वह अन्धकारमय—मार्क्स के शब्द में कहें, तो मैलनकोलिक भविष्य डॉ. नामवर सिंह नहीं देख पाते, जहाँ भूमि से उन्मूलित होकर भारतीय किसान का वर्ग-संस्कार = उसका 'किसानत्व' ही संकट में पड़ गया है। प्रेमचन्द ने अपने अन्तिम उपन्यास और कहानियों में किसान की 'मैलनकाली'—औपनिवेशिक विषाद को अभिव्यक्त किया था किन्तु आज की स्थिति में इस 'विषाद' के लिए भी कोई गुंजाइश नहीं बची रही है। यदि व्यावसायिक औद्योगिकीकरण की मार भारतीय किसान पर उतनी ही निर्ममता से पड़ती रही, जिसका दुःस्वप्न मार्क्स ने देखा था, तो अगले कुछ वर्षों में हमें अपने गाँवों में पूँजीवादी फ़ार्मर / जो किसान या peasant नहीं है / या खेतिहर मज़दूर मिलेंगे—किसान नहीं।

जो महाकाव्य के पैमाने पर विभिन्न व्यक्तियों के समग्र जीवन को एक विराट् भित्तिचित्र की तरह अपने पन्नों पर अंकित करते हैं। यह अकारण नहीं है कि 'ब्रदर्स कारामाजोव' या 'युद्ध और शान्ति' या अगर 20वीं सदी में रचे गए प्रूस्त के 'रिमेंब्रेंस ऑव थिंग्स पास्ट' को ही लें, उन्हें पढ़ते हुए हमें अनायास—क्लासिक युग में रचे महाकाव्यों या आइसलैंडी सागा-ग्रंथों की याद हो आती है—जन्म से मृत्यु तक मनुष्य के सम्पूर्ण जीवन की गाथाएँ, ज़िन्दगी का विराट् समन्दर, जिसमें हर उठती लहर और मरते हुए ज्वार के भवसागर को नापा जाता है।

ये उपन्यास एपिक की याद ज़रूर दिलाते हैं, किन्तु असल में एपिक की सम्भावनाओं को छूते-छूते रुक जाते हैं, कुछ छोटे पड़ जाते हैं—इसलिए नहीं कि टॉल्स्टॉय या प्रूस्त की यथार्थ की पकड़ कहीं ढीली हो जाती है या उनकी अथक सृजन-ऊर्जा कहीं बीच में मन्द पड़ जाती है, बल्कि इसलिए कि जिस समूचे मनुष्य की विराट् सृष्टि को एपिक एक समय में चित्रित करते थे, वह आधुनिक समाज तक आते-आते खंडित व्यक्तित्वों में ही इतने भयानक ढंग से बिखर गया है कि उपन्यास उसे केवल नॉस्टेल्जिया के क्षणों में याद कर सकता है या कभी दुर्लभ क्षणों में पकड़ पाता है—बाक़ी समय उसे अपना माथा उन दीवारों से फोड़ना पड़ता है, जो न केवल हर व्यक्ति को अपने समाज से अलग करती हैं, बल्कि स्वयं उसकी अन्तरात्मा में एक फाँक की तरह खिंची रहती है। ऑल्डस हक्सले ने अपने एक बहुत दिलचस्प निबन्ध 'एपिक और सम्पूर्ण सत्य' में इस बात को रेखांकित किया था—होमर के महाकाव्यों में कैसे मनुष्य का हर क्षण उसके जीवन की निरन्तरता में सम्पूर्ण बन जाता है। कोई घटना आकस्मिक नहीं है, वह एक समूचे पैटर्न में अर्थ ग्रहण करती है; वह एक तरह का दैवी, पूर्व निर्धारित पैटर्न है, हर चीज़ वैसे ही होगी, जैसे उसे होना है—प्राकृतिक नियमों की तरह अनिवार्य और अर्थसंगत जिसमें पवित्र और सांसारिक, धार्मिक और संसारी सीमाएँ एक-दूसरे में घुल जाती हैं।

उपन्यास में क्यों नहीं ऐसा सम्भव हो पाता? शायद इसका एक कारण यह है कि उपन्यास शुद्ध रूप से सेक्यूलर विधा है, जिसमें से समस्त देवी, देवताओं, प्रकृति के अलौकिक चमत्कारों और नियति की भविष्यवाणियों को बहिष्कृत कर दिया गया है। वहाँ सब कुछ व्यक्ति के स्वायत्त स्वेच्छाचारी निर्णयों पर निर्भर है, इसलिए सब कुछ आकस्मिक और सांयोगिक है। बड़े-से-बड़े उपन्यास को पढ़ते हुए क्यों यह तकलीफ़ मन को कोंचती रहती है कि घटनाएँ नितान्त दूसरी तरह से

घट सकती थीं कि उनके पीछे ऐसा कोई दैवी या प्राकृतिक सेंक्शन नहीं, जो उन्हें किसी दूसरे क्रम में सँजोने से रोक सकता हो। क्यों यह सन्देह मन को सालता रहता है कि यदि अन्ना कैरेनिना चाहती, तो अपने जीवन की घटनाओं के पहिए विपरीत दिशा में मोड़ सकती थीं, उनके क्रम को बदल सकती थीं और इस तरह अपने को आत्महत्या के भयावह अन्त से बचा सकती थीं? यह नहीं कि उपन्यास में उसकी मृत्यु विश्वसनीय और अनिवार्य नहीं जान पड़ती—यही तो सबसे बड़ी विडम्बना है—उपन्यास में जो चीज़ सबसे अधिक अनिवार्य और स्वाभाविक जान पड़ती है—जीवन के सम्पूर्ण प्रवाह में वही चीज़ अचानक सांयोगिक (Contingent) और सन्दिग्ध-सी बन जाती है। मेरी मैकार्थी ने अपने एक निबन्ध में लिखा था कि यदि अन्ना कैरेनिना व्रान्स्की से स्टेशन पर न मिलती—जो निरा संयोग था—तो उसकी ज़िन्दगी पूर्ववत् अपनी लगी-बँधी पटरी पर चलती रहती। यह भीषण सत्य है। एक आकस्मिक घटना समूचे जीवन की नियति को बदल सकती है। यह बात मदाम बॉवेरी पर लागू नहीं होती, जो अपनी स्थिति से छुटकारा पाने के लिए किसी भी प्रेमी के साथ भाग सकती थीं; इस दृष्टि से अन्ना का चरित्र मदाम बॉवेरी से कहीं ज़्यादा स्वतंत्र है और उसका प्रेम जितना सांयोगिक है, उतना ही संहारकारी। एपिक की घटनाओं और पात्रों की नियति की अनिवार्यता में कहीं प्रकृति का समर्थन और साधुवाद है जो उसे निश्चित और नियामक बनाता है। किन्तु उपन्यास की अनिवार्यता एक व्यक्ति एक के ठिठुरते अरक्षित निर्णयों पर निर्भर है, जिसे बाहर की कोई शक्ति—समाज, प्रकृति, ईश्वर—अपना संरक्षण देकर वैध नहीं करार कर सकती। उपन्यास की घटनाएँ कलात्मक रूप से अनिवार्य होने के बावजूद किसी तरह की नैतिक वैधता (legitimacy) या प्राकृतिक क्रमबद्धता प्राप्त नहीं कर पातीं। क्या औपन्यासिक जगत् की इस अराजक अवैधता को देखकर ही टॉल्स्टॉय ने अन्तिम वर्षों में अपने महान् उपन्यासों को इतनी निर्ममता से अस्वीकार नहीं कर दिया था?

व्यक्ति के इस स्वेच्छाचारी और अराजक संसार के भयावह तर्क को काफ़्का अन्तिम परिणति तक ले गए, जहाँ मनुष्य को अपराधी तो घोषित किया जाता है किन्तु कोई ऐसा नियम या न्यायालय नहीं, जिसके सामने हम यह पता चला सकें कि आख़िर उसने कौन-सा ऐसा काम किया है, जिसका अपराध उस पर मढ़ा जा रहा है? दोस्तोएव्स्की की अराजक नियमहीनता का संसार—जिसमें व्यक्ति सब कुछ कर सकता है—काफ़्का तक आते-आते अपना पूरा एक चक्र समाप्त कर लेता है,

जिसमें व्यक्ति की यही सब कुछ करने की स्वाधीनता ही उसका सबसे बड़ा पाप और अपराध बन जाती है। उनका अन्तिम उपन्यास 'कासल' एक दुर्गम अन्तहीन, यातनामय खोज है, किसी ऐसे सर्वोच्च अधिकारी (ईश्वर?) को पाने की तलाश, जिसके लॉ, नियम या आदेश के अन्तर्गत मनुष्य अपने जीवन की अर्थवत्ता को उपलब्ध कर सके—एक ऐसा ईश्वरीय सन्देश जो हमें अन्तिम और स्पष्ट रूप से बता सके कि इस धरती पर मनुष्य का दायित्व-धर्म, वोकेशन क्या है? काफ़्का अन्तिम उपन्यासकार थे जो उपन्यास की इतरनैतिक और सेक्यूलर सीमाओं को लाँघकर नियम और धर्म की वैध दुनिया में जाना चाहते थे और लाँघने के इस असम्भव प्रयास में, दोनों दुनियाओं के बॉर्डर पर ही ख़त्म हो गए थे। क्या उनका अन्त एक अजीब ढंग से हमें वॉल्टर बेन्यामिन की मृत्यु की याद नहीं दिलाता जो नात्सी यूरोप के अधर्म से छुटकारा पाने के लिए लोकतंत्र की धर्म-सम्पन्न व्यवस्था में जाना चाहते थे और जिन्होंने घोर हताशा में धर्म और अधर्म की अन्तिम सीमा पर ही आत्महत्या कर ली थी?

यह वह क्षण था, जब पहले-पहल यूरोप में उपन्यास—या ज़्यादा सच्चाई से कहें तो यूरोपीय उपन्यास की मृत्यु की अफ़वाह सुनाई देने लगी थी। ध्यान से देखें तो पश्चिमी संस्कृति का यह क्षण ठीक वही था जब पहली बार यूरोपीय समाज में व्यक्ति की मृत्यु की चर्चा भी शुरू होने लगी थी—एक ऐसा व्यक्ति, जो अकेला और आरक्षित होने के बावजूद अपनी भावनाओं और विचारों में स्वायत्त था; राज-सत्ता और जनसमूह से अलग अपनी विशिष्ट इकाई पहचानता था : आत्म-केन्द्रित लेकिन स्वाभिमानी व्यक्ति जिसकी छवि को यूरोप के रोमांटिक-साहित्य में अनेक लेखकों ने उकेरा था। किन्तु 19वीं शती के अन्तिम चरण में जिस औद्योगिक, नगर सभ्यता का अभ्युदय हुआ, उसने एक ऐसी भीड़ को जन्म दिया, जिसकी क्षुद्र बाज़ारू रुचियों को देखकर फ्लॉबेयर इतना आतंकित हुए थे; जन के नाम पर जिस चेहराहीन, दृष्टिहीन, रुचिहीन व्यक्तियों की भीड़ ने भेड़ों की तरह यूरोपीय नगर को घेरा था, उससे बचने के लिए फ्लॉबेयर ने अपने एकान्त कमरे में शुद्ध कला की साधना में ही जीवन की अर्थवत्ता खोजनी चाही थी; पहली बार कलाकार के स्वतंत्र और स्वायत्त व्यक्तित्व पर संकट की छाया मँडराने लगी थी; स्वयं व्यक्ति का रोमांटिक उज्ज्वल चरित्र एक औसत आदमी की सपाट और सतही और यंत्रचालित, दुनिया में अपनी वैयक्तिक विशिष्टता खोने लगा था।

पहले महायुद्ध के बाद व्यक्ति का यह संकट इतना गहरा हो चुका था कि स्पेनिश चिन्तक और दार्शनिक जोंस ऑर्तेगाई गास्से ने अपनी पुस्तक 'द रिवोल्ट ऑव द मासेज़' में पहली बार यूरोप के व्यक्ति को 'भीड़ के मनुष्य' (mass man) में कायाकल्पित होते देखा था, और यह भयावह कायाकल्प था—क्योंकि भीड़ का मनुष्य रेनासाँ के विलक्षण और विशिष्ट गरिमा सम्पन्न मनुष्य और 19वीं शती के रोमांटिक हीरो की अनोखी विशिष्टता से स्खलित होकर व्यक्ति के सबसे औसत, निम्नतम आत्मसंहारी और संवेदन-शून्य संस्करण में बदल गया था—एक आत्महीन मनुष्य, जिसने अपने व्यक्तित्व को एक असहाय बोझ मानकर भीड़ की अमानवीय सत्ता के हवाले कर दिया था। स्वतंत्रता का दर्द और सोच अब उसे नहीं मथता था : एक सोचहीन मनुष्य, जो अपनी अन्तिम परिणति में हमें कामू के आउटसाइडर की याद दिलाता है; खाने-पीनेवाला व्यक्ति, जो अपनी माँ की मृत्यु के दूसरे दिन ही स्विमिंग पूल में तैरने जाता है, अपनी प्रेमिका के साथ सोता है और जिसे ठीक-ठीक याद भी नहीं रहता कि उसकी माँ की मृत्यु कब हुई थी—कल या परसों? ज़रा कल्पना कीजिए दोस्तोएव्स्की के 'नोट्स फ्रॉम अंडरग्राउंड' के विक्षिप्त, बदहवास, घृणा, प्रेम, आत्म-जुगुप्सा और नैतिक-अनैतिक प्रश्नों की दलदल में कलपता आउटसाइडर कामू के अजनबी तक आते-आते कैसे एक उदासीन, दैनिक कार्य-कलापों में डूबे भावशून्य रोबो में बदल गया है? कामू का नायक इसलिए अजनबी नहीं है कि समाज से अलग अपनी भावनाओं या आदर्शों में विशिष्ट है—19वीं शती के निहिलिस्ट, विद्रोही आउटसाइडर की तरह—बल्कि इसलिए कि उसका व्यवहार शुद्ध रूप से आज के 'भीड़ मनुष्य' का स्वाभाविक चरित्र है—हम सबका चरित्र—किन्तु जहाँ हम अपनी—भावशून्यता और आध्यात्मिक दिवालिएपन को अपने छद्म सरोकारों और संसारी नैतिकता की काई तले छिपाए रहते हैं, कामू का हीरो हमें इसलिए अजनबी लगता है क्योंकि उसने इस काई को अपने ऊपर से उतारकर अपने को जस का तस प्रस्तुत कर दिया है; एक औसत, दैनिक और आयामहीन पुरुष; दोस्तोएव्स्की का नायक अपनी आत्मा के अंडरग्राउंड अँधेरे में आउटसाइडर था, कामू का अजनबी ऊपर सतह की रोशनी में घूमता-फिरता नगर की भीड़ का एक ऐसा टिपिकल प्राणी है जो अपने औसतपन की चरमावस्था के कारण भयावह-सा जान पड़ता है; पहला दूसरों के औसत संसार से अलग छिटककर अपनी आत्मा की अनन्त परतों को छीलता है,

दूसरा भीड़ के अनंत समूह के बीच एक औसत इकाई है, जिसकी आत्मा शून्य की अथाह परतों के नीचे दबी है। लगता है, जैसे इन दो उपन्यासों के बीच यूरोपीय मनुष्य ने व्यक्तित्व के चरम बोझ से व्यक्तित्वहीनता के चरम हल्केपन तक की पीड़ित यात्रा तय की है। उपन्यास विधा, जिसका जन्म ही व्यक्ति की विशिष्ट अवधारणा से जुड़ा था, यदि हमारे समय की घोर व्यक्तित्वहीनता तक आते-आते अपने को इतना थका और क्लांत और सम्भावना-शून्य पाए, तो क्या यह आश्चर्य की बात होगी?

यूरोप में व्यक्ति की यह परिणति, 'सब कुछ' से 'कुछ नहीं' तक की यात्रा क्या अनिवार्य थी? इस प्रश्न को थोड़ा-सा बदलकर ऐसे भी पूछ सकते हैं कि जिस समाज में व्यक्ति की अवधारणा मनुष्य के सर्व-सत्ता सम्पन्न और आत्म-केन्द्रित अहं (ईगो) से शुरू होती है, उसका अन्त यदि इस अहं के आत्मसंहार में हो, एक खंडित और खोखला अहं, तो यह क्या अस्वाभाविक बात होगी? एक ऐसी संस्कृति में, जहाँ आत्मा और अहं, ईगो और सेल्फ़ के बीच कोई स्पष्ट अन्तर न हो, जहाँ एक को दूसरे के साथ उलझाया जाता रहा हो, वहाँ मनुष्य अपने अहं अतिक्रमण करके अपनी आत्मा के साक्षात्कार करने का जोखिम नहीं उठाता बल्कि अहं के बोझ से छुटकारा पाने के लिए स्वयं अपने सेल्फ़ को ही नष्ट कर डालना चाहता है। 20वीं शती के उत्कृष्ट उपन्यासों में इस खोए हुए सेल्फ़, इस लुप्त आत्मा को पाने की छटपटाहट ज़रूर दिखाई देती है, जिसके बिना कोई भी व्यक्ति अपनी अस्मिता, अपनी पहचान, धरती पर अपने होने का अर्थ परिभाषित नहीं कर सकता; सॉल बैलो के पात्र हरजोग का कॉमिक ट्रैजिक संघर्ष यही है कि 20वीं शती औद्योगिक दुनिया में अपनी असली पहचान, अपने सही रोल अपनी आत्मा के नक़्शे को निर्धारित कर सके क्योंकि वह जिस दुनिया में रहता है, वहाँ लोगों की अथाह भीड़ तो है, असंख्य अहमों का कुलबुलाता समूह, किन्तु स्वयं व्यक्ति का सेल्फ़, उसका अपनी आत्मा से सम्बन्ध इतना धूमिल और सन्दिग्ध

बन गया है कि यह पता लगाना भी असम्भव बन गया है कि उसका अपना स्वयं कितना उसका अपना है, कितना दूसरों से उधार लिया हुआ, दूसरों द्वारा अनुशासित। हरजौग अन्धी गली के जिस अन्तिम मोड़ पर पहुँच गए हैं, वहाँ यदि एक तरफ़ हमें यूरोपीय उपन्यास का डेड एंड दिखाई देता है, तो दूसरी तरफ़ वह कुंजी भी मिल जाती है, जो मनुष्य के अँधियारे मन, अहं की परतों तले दबे आत्मन् का ताला खोल सके, जिसके दरवाज़े एक दूसरी दुनिया की तरफ़ खुलते हैं।

कैसी है यह दुनिया, जो यूरोपीय उपन्यास के अहं-केन्द्रित संसार से मुड़कर हमें एक ऐसे मन से साक्षात् कराती है, जहाँ अहं के भयभीत आक्रामक साम्राज्य की सीमाएँ ख़त्म हो जाती हैं, एक ऐसे सेल्फ़ के दरवाज़े खोलती है, जिसके भीतर व्यक्ति का मन इड, ईगो, सुपर-ईगो जैसे अँधेरे तहख़ानों में बँटा नहीं है, बल्कि जहाँ मन, आत्मा और देह एक सम्पूर्ण सृष्टि के मिनिएचरों में स्वयं मनुष्य के भीतर अखंडित रूप से मौजूद है। क्या हम इसे 'भारतीय मन' की दुनिया कह सकते हैं? मुझे नहीं मालूम, किन्तु अवश्य ही यह वह दुनिया नहीं है, जिसका चित्र हमें आज तक यूरोपीय उपन्यासों में उपलब्ध होता रहा है। फिर कैसा है यह संसार, जिसके भीतर इस मन का संस्कार बसा है, जिसके तन्तुओं से स्वयं इस मन का टेक्स्चर बना है? यूरोपीय उपन्यास की अहं-आक्रान्त दुनिया से निकलकर यदि हमें इस अनोखे मन, मनुष्य के आत्मन्-संस्कार में प्रवेश करने का अवसर मिल सके तो हमें सहसा लगेगा, मानो हम इकाइयों की दुनिया से निकलकर सम्बन्धों की दुनिया में चले आए हैं। यहाँ सब जीव और प्राणी एक-दूसरे में अन्तर्गुंफित हैं, अन्योन्याश्रित हैं, न केवल वे प्राणी जो प्राणवान हैं, बल्कि वे चीज़ें भी जो ऊपर से निष्प्राण (inanimate) दिखाई देती हैं। इस अन्तर्गुंफित दुनिया में चीज़ें आदमियों से जुड़ी हैं, आदमी पेड़ों से, पेड़ जानवरों से, जानवर वनस्पति से, और वनस्पति आकाश से, बारिश से, हवा से। एक जीवन्त, प्राणवान, प्रतिपल साँस लेती, स्पन्दित होती हुई सृष्टि—अपने में सम्पूर्ण सृष्टि जिसके भीतर मनुष्य भी है किन्तु महत्त्वपूर्ण बात यह है कि मनुष्य सृष्टि के केन्द्र में नहीं है, सर्वोपरि नहीं है, सब चीज़ों का मापदंड नहीं है; वह सिर्फ़ सम्बन्धित है और अपने सम्बन्ध में वह स्वायत्त इकाई नहीं है, जिसे अब तक हम व्यक्ति मानते आए थे, बल्कि वह वैसे ही सम्पूर्ण है, जैसे दूसरे जीव अपने सम्बन्धों में सम्पूर्ण हैं, जिस तरह मनुष्य सृष्टि का ध्येय नहीं है, उसी तरह मनुष्य का ध्येय व्यक्ति होना नहीं है,

हम साधन और साध्यों की दुनिया से निकलकर सम्पूर्णता की दुनिया में आ जाते हैं। मनुष्य की समग्रता का यह अद्भुत साक्षात् हमें मार्केस के उपन्यास 'One hundred years of solitude' में मिलता है, इसलिए वह यूरोप के व्यक्ति-केन्द्रित या व्यक्तिहीन उपन्यास से इतना अलग जान पड़ता है। यूरोपीय मनुष्य का ज्वर, जो व्यक्ति के अलगाव और अकेलेपन के कारण उपन्यास की मर्मांतक तकलीफ़ बनकर प्रकट हुआ था, सम्बन्धों की इस परिकल्पना में अपने-आप नष्ट हो जाता है, घुल जाता है। हेगेल ने जहाँ व्यक्ति की अस्मिता दूसरों के विरुद्ध—अन्य के ख़िलाफ़—परिभाषित की थी, वहाँ उसके विपरीत सम्बन्धों की दुनिया में विवेकानन्द बिलकुल दूसरे कोण से व्यक्ति को आँकते हैं :

> व्यक्ति का जीवन सम्पूर्ण के जीवन में बसा है, उसका सुख सम्पूर्ण के सुख में निहित है, सम्पूर्ण के बिना व्यक्ति की परिकल्पना असम्भव है। यह ऐसा शाश्वत सत्य है, जिसकी आधार शिला पर समूचा विश्व टिका है। इस अनन्त सम्पूर्ण की ओर धीरे-धीरे अग्रसर होना, उसके प्रति अगाध सहानुभूति और समानता महसूस करना, उसके सुख में सुखी और उसकी यातना में दुखी अनुभव करना—यही व्यक्ति का एकमात्र कर्तव्य है। यह केवल उसका कर्तव्य ही नहीं है, बल्कि उसके उल्लंघन में उसकी मृत्यु है। (रेखांकित : लेखक)

विवेकानन्द ने व्यक्ति की मृत्यु के बारे में जो चेतावनी 19वीं शती के अन्त में दी थी, हमारी शती की ढलती घड़ियों में वह एक साक्षात् और एक क्रूर सत्य बनकर हमारे सामने खड़ी हो गई है। आज के उपन्यास को इस मृत्यु का सामना करना है और वह यह किसी सरलीकृत शॉर्ट-कट से नहीं कर सकता, न भारत की पुरानी कथ्यात्मक शैलियों में जाकर उसे चित्रित किया जा सकता है, न ही उसे 19वीं शती में रचित उपन्यास के चौखटों में ही बन्द किया जा सकता है, व्यक्ति जहाँ सर्वोपरि था। उसका सामना केवल मनुष्य के आत्मन्-व्यक्तित्व, उसके सेल्फ़ को पुन:भाषित करने की दुर्गम और बीहड़ प्रक्रिया में ही सम्भव हो सकेगा। दूसरे शब्दों में, हम जिस नये उपन्यास की परिकल्पना करते हैं, वह पश्चिम के यथार्थवादी, विक्टोरियन उपन्यास से तो भिन्न होगा ही, किन्तु वह परम्परागत अर्थों में भारतीय मन का उपन्यास ही होगा, यह कहना असम्भव है, जबकि हम इस मन

को ही संस्कारगत संस्कृति के संकट के सन्दर्भ में पुन:परीक्षित नहीं करते। ज़ाहिर है, उपन्यास की यह परिकल्पना व्यक्ति के खंडित ईगो का अतिक्रमण करके, उसे वैसी सम्पूर्ण स्थिति में देखने से शुरू होगी, जिसमें वह समानता और सहानुभूति के संवेदात्मक स्तर पर पुन: अपना रिश्ता आसपास फैली सृष्टि से जोड़ सके—स्वयं उसके बीच जीवित रहने की भूली हुई मर्यादा को याद रख सके, इस याद को एक ऐसी कलात्मक स्पेस में अभिव्यक्त कर सके, जो स्मृति भी है, इतिहास भी, जादू भी, माया और यथार्थ की लीला भी, पुरुष और प्रकृति के बीच एक नये पुराण की रचना जो हमें एक तरफ़ बार-बार अपनी पुरानी कथ्यात्मक विधाओं की याद दिलाएगी—महाकाव्य लोककथाएँ, परी कथा, इंद्रजाल, तो दूसरी तरफ़ उसमें हमें पश्चिमी उपन्यास के वे सर्वोत्तम, दुर्लभ क्षण भी याद आते रहेंगे, जब व्यक्ति ने अपने अन्तर्मन की अँधेरी गुहा से बाहर सम्पूर्ण से साक्षात्कार किया था। वह स्वप्न जो ब्रदर्स कारामोजोव में दिमित्री ने मानसिक यंत्रणा के असहनीय क्षण में देखा था, दोस्तो, मैंने एक स्वप्न देखा है, एक वाक्य जो एक कौंध में मनुष्य का समूचा, पीड़ित इतिहास आलोकित कर जाता है या फिर उस सीधे-सादे किसान की आत्मा में जिसके भीतर टॉल्स्टॉय और प्रेमचन्द ने सम्पूर्ण सत्य से साक्षात् किया था, या भीतर का वह अँधेरा सूरज, जिसकी रोशनी में लॉरेंस ने 20वीं शती की मशीनी सभ्यता की समस्त छद्‌म बौद्धिक अवधारणाओं को भेदकर समूचे ब्रह्मांड से ख़ून का रिश्ता जोड़ा था। पश्चिमी उपन्यास में सम्पूर्णता की ये झलकें बहुत दुर्लभ हैं, किन्तु उनसे साक्षात् किये बिना न तो हम व्यक्ति की पीड़ा समझ पाएँगे, न उसका अतिक्रमण करके नये उपन्यास की राह खोज पाएँगे।

उपन्यास पश्चिम की विधा अवश्य हो, व्यक्ति की पीड़ा—एक व्यक्ति की हैसियत से—हर जगह एक जैसी है। यूरोपीय उपन्यास के चौखटों से मुक्त होकर हम जिस उपन्यास के पुनर्जन्म की परिकल्पना करते हैं, उसमें मनुष्य की देह पर उन सब घावों के निशान होंगे, जिसे व्यक्ति ने अपने पूर्वजन्म में झेला है; किन्तु अब उनकी पीड़ा किसी अन्य के द्वारा या विरुद्ध न हो, सृष्टि के उस समूचे अस्तित्व से जुड़ी होगी, जिसके सुख में सुखी और जिसकी यातना में दुखी हुआ जाता है। यहाँ देखना, होना, महसूस करना अलग-अलग खंडों में विभाजित नहीं है, जो हमें फ्रांस के नये उपन्यास में मिलता है, जिसकी व्याख्या रॉब्ब ग्रिये ने की है। रॉब्ब ग्रिये के लिए 'नया उपन्यासकार' वह है जो चीज़ों को सिर्फ़ देखता-भर है—

एक तटस्थ दर्शक की तरह, जिसमें वह अपनी भावनाओं द्वारा कोई हस्तक्षेप नहीं करता। उसके विपरीत जिस उपन्यास की परिकल्पना हम कर रहे हैं, वहाँ हस्तक्षेप का प्रश्न ही नहीं उठता। क्योंकि वहाँ लेखक देखनेवाला सब्जेक्ट नहीं है और दुनिया दिखाई देनेवाली ऑब्जेक्ट नहीं है बल्कि दोनों एक-दूसरे के बीच में हैं; मनुष्य दुनिया के बीच में है, प्राणियों में एक प्राणी, जीवों में एक जीव, वह दूसरों को देखता है, तो दूसरे भी उसे देखते हैं, कुछ उसी भाव में जैसे कभी पॉल क्ले ने कहा था, "जब कभी मैं जंगल में घूमता हूँ तो मुझे लगता है कि जहाँ मैं पेड़ों को देख रहा हूँ, वहाँ पेड़ मुझे देख रहे हैं।"

यह बिलकुल दूसरा संसार है, जहाँ कोई केन्द्र नहीं है, क्योंकि सब केन्द्र में हैं—एक चमत्कारी, जादुई दुनिया, जिसका जादू सिर्फ़ इस छोटे-से सत्य में है कि जीवन की प्राणवत्ता को सेक्यूलर और धार्मिक में विभाजित नहीं किया जा सकता; जो है, वह पवित्र है। दोस्तोएव्स्की ने कहा था कि अगर ईश्वर नहीं है, तो मनुष्य सब कुछ कर सकता है, आज हम कह सकते हैं कि अगर व्यक्ति नहीं है, तो मनुष्य सब कुछ हो सकता है—पेड़ और पत्थर और धूप और जन्तुओं के जैविक उज्ज्वल संसार में एक जीव—सार्वभौमिक पवित्रता के बीच पवित्रता का प्राण-पुंज। उपन्यास, ए ब्राइट बुक ऑव लाइफ़?* हाँ, क्यों नहीं, किन्तु भारतीय या यूरोपीय किताब नहीं—बल्कि जीवन की एक सम्पूर्ण किताब।

* डी.एच. लॉरेंस—Novel is a bright book of life.

कहानी : एक शुद्ध विधा?

पिछले वर्षों में साहित्यिक विधाओं के भीतर एक अभूतपूर्व परिवर्तन हुआ है। पहले जो विधाएँ अपने को आत्म-केन्द्रित दायरों में सुरक्षित रखती थीं, अब वे धीरे-धीरे अपनी हदों का अतिक्रमण करके दूसरी विधाओं में प्रवेश करने लगी हैं। उन्होंने अपने बन्द दरवाज़ों को खोलकर न केवल बाहर झाँका है, बल्कि अपनी देहरी को लाँघकर दूसरी विधाओं के संसार में विचरने की उन्मुक्तता दिखाई है। अब वे मुक्त रूप से एक-दूसरे से घुलती-मिलती हैं। पत्रकारिता का प्रवेश साहित्य में होता है। आँखों-देखी रिपोर्ताज कहानी की विधा में स्फूर्त होती है और जब कभी इन 'सम्भोगी' प्रयासों से किसी नई किन्तु अशुद्ध और मिश्रित विधा का जन्म होता है (जैसे—नोबोकोव का उपन्यास 'पेलफायर' या मेलर का आत्मपरक रिपोर्ताज 'आर्मीज़ ऑव द नाइट') तो उन्हें पढ़कर हमारे भीतर जो प्रतिक्रिया होती है, उसे हम आसानी से अब तक की परम्परागत, साहित्यिक विधाओं में परिभाषित या विभाजित नहीं कर सकते। कोई साहित्यिक विधा अखंडित रूप से शुद्ध और पवित्र हो सकती है, इस बात में एक ऐसी धार्मिक शुद्धता का धूप-कपूर में रसा-बसा वातावरण याद हो आता है जिसके भीतर मलार्मे जैसे कवि तो फल-फूल सकते हैं, लेकिन मेलर जैसे बहुमुखी कथाकार ज़रूर मुरझा जाएँगे।

जहाँ तक गद्य का प्रश्न है, हम उत्तरोत्तर एक ऐसी स्थिति में पहुँच गए हैं जहाँ साहित्यिक विधाएँ अपनी संकीर्ण लक्ष्मण रेखाओं से उठकर खुली हवा में एक-दूसरे के साथ मिलने-जुलने लगी हैं।

किन्तु यह भी सच है कि यदि विधाओं की सीमाएँ धुँधली पड़ गई हैं तो भी इसके बावजूद कहानी, कविता और उपन्यास के बीच अन्तर अब भी क़ायम है। विभिन्न विधाओं के ढाँचे ज़रूर ढीले पड़ गए हों, लेकिन वे विघटित नहीं हुए हैं। कहानी सिर्फ़ इसीलिए कम कहानी या अकहानी नहीं हो जाती, यदि उसने कथा कहने की अपनी पुरानी विधि को त्याग दिया है। एक काव्यात्मक रूपक कथा के समूचे लैंडस्केप को अपनी नोक से बींध सकता है और कोई बिम्ब बार-बार हांट करता हुआ, अपने को दोहराता हुआ कथा की परम्परागत शैली को तोड़कर घटना के क्रम को एक नया अर्थ दे सकता है। किन्तु कहानी का बिम्ब या रूपक अपनी अर्थवत्ता किसी देह के भीतर ही उपलब्ध कर सकते हैं—गद्य की देह के भीतर। किन्तु इसका उलटा भी हो सकता है—कोई कविता किसी कहानी में आकार ले सकती है—पुश्किन की लम्बी कविता 'यूजिन ऑनेगिन' इसकी मिसाल है—किन्तु यहाँ कहानी की घटनाएँ केवल उस देह में स्फूर्त होती हैं, जो कविता ने उन्हें दी है, इसलिए यहाँ रचना का अन्तिम और चरम अनुभव कहानी की घटनाओं के बावजूद केवल कविता में ही अनावृत होता है। अत: साहित्यिक विधाओं का चयन स्वेच्छाचारी ढंग से नहीं हो सकता, वह अनुभव की प्रकृति में ही निहित होता है। कोई लेखक अपने अनुभव को एक विधा से दूसरी विधा में अपनी मनमर्ज़ी से स्थानान्तरित नहीं कर सकता, क्योंकि ऐसा करने से अनुभव का जीवन्त स्फुरण ही नष्ट हो जाएगा। यह बात दूसरी है कि एक बार मर जाने के बाद कोई भी अनुभव किसी भी विधा में रूपायित किया जा सकता है—नाटक में, कविता में या कहानी में; किन्तु तब वह एक मृत नाटक होगा, एक मृत कविता और एक मृतक कहानी। ऐसा कभी नहीं होता कि लेखक कुछ अनुभव करे और फिर उस अनुभव को किसी कलात्मक फ़ॉर्म में रूपायित करे, उलटे होता यह है कि स्वयं अनुभव अपने फ़ॉर्म के साथ उपस्थित होता है। लेखक अपने अनुभव का फ़ॉर्म नहीं चुनता, अनुभव एक ख़ास फ़ॉर्म में ही लेखक के भीतर उदित होता है, इसलिए हम यह नहीं कह सकते कि किसी अनुभव को कहानी में पकड़ा गया है—कला में 'पकड़ा' कुछ भी नहीं जाता—यह ज़्यादा सही होगा कि अमुक

अनुभव केवल कहानी में ही, कहानी के फ़ॉर्म में ही रूपायित हो सकता था—अन्य किसी फ़ॉर्म में नहीं।

हम कहानी को शब्दों में पढ़ते हैं, किन्तु क्या ये वही शब्द हैं जो हम किसी कविता या अख़बारी रपट में पढ़ते हैं? अख़बारी रपट के शब्द सिर्फ़ माध्यम हैं, वे हमें दुनिया और लोगों के बारे में सूचना देते हैं। एक बार सूचना पढ़ लेने के बाद उसके शब्द अपना समूचा अर्थ ख़र्च कर देते हैं, ख़ाली हो जाते हैं। कविता में शब्द अपेक्षाकृत अधिक स्वायत्त होते हैं, शब्द के अर्थ किसी बाहरी माध्यम को पूरा नहीं करते, वे शब्द की आत्म-केन्द्रित इकाइयों में ही अन्तर्निहित होते हैं; किन्तु कहानी में शब्द न सिर्फ़ रपट की तरह माध्यम होते हैं, न कविता की तरह स्वायत्त होते हैं। उनके भीतर तनाव भरी चमक रहती है। एक कहानी बाहर की दुनिया की रपट को अपने सत्य की भाषा में परिणत करती है। ज़िन्दगी और कला के बीच मँडराते हुए कहानी का सत्य शब्द में बिंधा रहता है और यही शब्द वाक्यों में बिंधे रहते हैं, और एक वाक्य दूसरे वाक्य की तरफ़ जाता हुआ एक ऐसा जाल बुनता है जिसमें जीवन की धड़कन को फाँस लिया जाता है, किन्तु एक लेखक मकड़ी नहीं है जो ज़िन्दगी को मक्खी की तरह बाहर से पकड़कर भीतर लाता है, बल्कि वाक्यों के बनने के साथ-साथ कहानी का सत्य उद्घाटित होता रहता है और जाले में जो जीवन पकड़ा जाता है, वह उन रेशों से अलग नहीं होता जिनसे जाला बुना जाता है। कहानी की कला में हम मक्खी को जाले से अलग नहीं कर सकते, जिस तरह हम उसकी फ़ॉर्म को उसके कथ्य से अलग नहीं कर सकते; दोनों अविच्छिन्न हैं।

अत: किसी कला-विधा की पवित्रता वास्तव में वह फ़ॉर्म या रूप है जिसमें लेखक का समूचा दर्शन, स्वप्न-जगत् और कथ्य समाहित हो जाता है। कहानी का कथ्य छोटा या बड़ा किया जा सकता है, किन्तु जिस फ़ॉर्म में कहानी ने अपना रूप और सत्य ग्रहण किया है, वह अपनी विशिष्टता में अद्वितीय है और किसी

भी हेर-फेर की अपेक्षा नहीं करता। चेख़ॅव की कहानी का अन्दरूनी और अन्तिम अनुभव इसमें निहित नहीं है कि कहानी क्या कहती है, क्योंकि कहानी में जो कहा गया है, वह कमोबेश अलग-अलग ढंग से चेख़ॅव के अनेक समकालीन लेखकों ने व्यक्त किया था; अगर चेख़ॅव की कहानियाँ एक अनोखे ढंग से अपनी स्मृति की छाप हम पर छोड़ जाती हैं, तो अपनी सघन प्रज्वलता के कारण, जिसके होते लगता है कि हम उनकी कहानियों में जीवन के हाड़-मांस को छू रहे हैं, जबकि वास्तव में हम छू रहे होते हैं सिर्फ़—उनके गद्य की देह-मज्जा को। यहाँ शब्दों का इस्तेमाल न आत्मकेन्द्रित इकाइयों के रूप में होता है और न ही सूचना देने के माध्यम के रूप में; वे केवल एक विस्तार रचते हैं जिसमें होता सब कुछ है लेकिन व्याख्यायित कुछ भी नहीं किया जाता।

कथ्यात्मक गद्य की यह विशुद्धता उस समय प्रकट हुई थी जब कहानी का विकास एक स्वायत्त सत्ता के रूप में हो चुका था। कहानी को अपने आधुनिक रूप में विकसित होने के लिए छापेख़ाने की प्रतीक्षा करनी पड़ी ताकि पत्र-पत्रिकाओं में उसे एक के बाद स्वतंत्र रूप में प्रकाशित किया जा सके। यह नहीं कि कहानियाँ पहले नहीं लिखी जाती थीं, किन्तु पहले वे नीति-कथाओं (पंचतंत्र) या रोमांचकारी क़िस्सों (अरेबियन नाइट्स) या पौराणिक कथाओं की हैसियत से प्रचलित थीं। कमोबेश वे एक मौखिक परम्परा के भीतर आती थीं जहाँ कहानी-क़िस्सों को किसी सम्प्रदाय के सदस्यों को सुनाया जाता था, जिनके अनुभवों और स्मृतियों का एक सामान्य केन्द्रबिन्दु (पॉइंट ऑव रेफ़रेंस) हुआ करता था। शायद कथा-वाचक का नाम भी कोई नहीं जानता था, कम-से-कम महत्त्वपूर्ण नहीं था, क्योंकि वह श्रोता-समूह का ही अभिन्न अंग था और जो कहानियाँ वह उन्हें सुनाता था, वे कथा-वाचक और श्रोताओं, दोनों की ही स्मृतियों में साझा करती थीं। किन्तु आज हम जिस विधा को आधुनिक कहानी के रूप में जानते हैं, वह पुरानी कथाओं से केवल इसलिए भिन्न नहीं है कि वह अब मुद्रित होती है, सुनी नहीं जाती, किन्तु एक दूसरे बुनियादी अर्थ में भी वह उनसे अलग है : आधुनिक युग तक आते-आते कहानी अपनी सामूहिक स्मृतियों के परिवार से बाहर निकलकर धीरे-धीरे एक व्यक्ति की निजी और प्राइवेट कल्पना को उद्घाटित करने लगी। अब उसकी जड़ें एक लेखक की निजी चेतना में रहती हैं और इस वैयक्तिक चेतना के हस्ताक्षर कहानी पर अंकित रहते हैं। कहानी के विकास में यह एक महत्त्वपूर्ण मंज़िल

मानी जाएगी कि जिस दिन कहानी स्वायत्त रूप से प्रौढ़ बनी, उस दिन उसने अपने-आपको स्थानीय विचित्रताओं से भी मुक्त कर लिया; कहानी की आधुनिकता ही उसकी सार्वभौमिकता भी बन गई। यह महज़ एक संयोग नहीं था कि पेरिस में बैठे हुए कवि बॉदलेयर, एक सुदूर अमेरिकी लेखक, एडगर ऐलन पो की अद्भुत, दुःस्वप्नीय कहानियों से इतना अभिभूत हो गए थे। आज हम जिसे 'तीसरी दुनिया' कहते हैं, स्वयं उसके लेखक भी आधुनिक कहानी के इस सार्वभौमिक प्रभाव से अछूते नहीं रह सके। हमारी शताब्दी के दूसरे शतक में स्वयं प्रेमचन्द यूरोप के कथा-साहित्य को, विशेष कर रूस के 19वीं शताब्दी के कहानीकारों, लेखकों को बड़ी तृष्णा और लालसा से पढ़ते थे।

इसमें कोई सन्देह नहीं कि आधुनिक कहानी को स्वायत्त और सार्वभौमिक बनाने का श्रेय सीधा-सीधा उपन्यास को जाता है, जिसने अपने विकास के आरम्भिक चरण में कथ्यात्मक विधाओं की आत्मनिर्भर स्वतंत्रता के लिए धरती तैयार की थी। इस धरती पर एक ऐसी नई कथ्यात्मक विधा ने जन्म लिया जो अपने स्वर और परिवेश में पूर्णरूप से सेक्यूलर थी; उसने अपने-आपको एकबारगी समस्त पौराणिक और धार्मिक संस्कारों से मुक्त कर लिया था। दूसरी तरफ़ उपन्यास ने अपनी जवानी की उत्कर्ष घड़ियों में मध्यवर्ग की बुर्ज़ुआ नैतिकता के सर्वव्यापी बंधन से भी मुक्त होकर अपनी स्वतंत्र कलात्मक सत्ता को प्रतिष्ठित किया था। आज जब हम 'कला कला के लिए' के नारे के सौन्दर्यशास्त्र की भर्त्सना करते हैं तो यह भूल जाते हैं कि यही नारा अपने समय में कितना क्रान्तिकारी था। उसमें वास्तविकता से पलायन का भाव नहीं था, बल्कि उसने कला के प्रभुत्व को उस यथार्थ के विरुद्ध स्थापित किया था, जिसे बुर्ज़ुआ वर्ग ने अपनी ओछी और क्षुद्र मान्यताओं से इतना दूषित कर दिया था। आज के तथाकथित क्रान्तिकारी युग में जहाँ कला के मूल धर्म को 'कलावाद' कहकर तिरस्कृत किया जाता है, जो हमें याद रखना चाहिए कि 19वीं सदी के अन्तिम चरण में यही 'कलावादी' लेखक थे जिन्होंने मध्यवर्ग के सब मूल्यों को अस्वीकार करके समाज में एक विद्रोही 'आउट साइडर' की हैसियत से रहना पसन्द किया था। उन्होंने कला की पवित्रता और स्वायत्तता को ढाल बनाकर समाज की उस छद्म चेतना का सामना किया था जो आज हमारे युग का चरम अभिशाप बन चुकी है। यह वह क्षण था जब कला की स्वतंत्रता छद्म सामाजिक मूल्यों के विरुद्ध एक नैतिक चुनौती का प्रतीक बन गई थी।

इसे जाने बिना हम फ्लॉबेयर जैसे लेखक की पीड़ा नहीं समझ सकते, जो एक तरफ़ अपने उपन्यास लिखते जाते थे और दूसरी तरफ़ उस पब्लिक से घोर घृणा करते थे जो उनके उपन्यास पढ़ती थी।

यह विडम्बना ही मानी जाएगी कि 19वीं सदी के अन्तिम और अवसादपूर्ण शतकों के दौरान ही कहानी को अपनी विश्वसनीय आवाज़ मिली थी। हम जब टॉल्स्टॉय, चेख़ॅव और मोपासाँ की कहानियाँ पढ़ते हैं तो हमें कुछ हैरानी-सी होती है कि उनके हाथों कहानी जैसी संक्षिप्त और सुकुमार विधा ने व्यक्ति की घोर पीड़ा और अन्तर्द्वंद्व को तो व्यक्त किया ही था किन्तु उसके साथ उस समय की दमघोटती और विषादजनक सामाजिक परिस्थितियों पर भी इतनी साफ़ और संयत टिप्पणी की थी। अब कहानी उपन्यास की ग़रीब बिरादर नहीं थी, उसने स्वयं अपने पैरों पर खड़े होने का जोखिम उठाया था। यह सही है कि उसमें अब भी पुराने क़िस्सों का भावनात्मक लिरिसिज़्म बचा रह गया था, किन्तु उसने अनुभव क्षेत्र के लिए जो दायरा चुना था, वह उपन्यास से बहुत अलग था।

क्या उपन्यास और कहानी का अन्तर इसी में निहित है कि कहानी अपने आकार में छोटी और संक्षिप्त होती है? और क्या इस लाघव्य के कारण कहानी मानवीय स्थिति को उतने सजीव विस्तार और गहनता से अभिव्यक्त नहीं कर पाती जितना एक उपन्यास करता है? अंग्रेज़ी साहित्यकार और समीक्षक मि. प्रिशेट दोनों के बीच अन्तर समझाते हुए कहते हैं : "उपन्यास हमें सब कुछ बताता है जबकि कहानी सिर्फ़ एक बात बताती है—पूरी सघनता के साथ।" क्या सचमुच ऐसा है? एक चीज़ का क्या मतलब है और जिसे मि. प्रिशेट सब कुछ कहते हैं, क्या उपन्यास सचमुच जन्म से लेकर मृत्यु तक मनुष्य के समस्त अनुभवों को अपने में समेट पाने की शक्ति रखता है? सच तो यह है कि इस तरह की कसौटियाँ बिलकुल फेल हो जाती हैं जब हम उन्हें किसी महत्त्वपूर्ण कलाकृति पर लागू करते हैं। टॉल्स्टॉय की कहानी 'इवान इल्यीच की मृत्यु' सिर्फ़ एक चीज़ के बारे में है—मरने के बारे में, किन्तु क्या यह एक चीज़ उन समस्त अनुभवों को अपने में नहीं समेटती जिसे इवान इल्यीच ने अपनी समूची ज़िन्दगी में भोगा है? यह कहानी जीवन के एक ऐसे नैतिक किन्तु निर्णायक क्षण पर केन्द्रित है, जो पिछले गुज़रे हुए वर्षों की घोर निराशा और अँधेरे को सहसा आलोकित कर जाता है और इस तरह उन सब कृत्रिम विभाजनों को नष्ट कर देता है,

जिसे आलोचक 'एक और समस्त' के बीच खींचते हैं। और फिर मिसेज़ डेलोवे का क्या कहेंगे? यह कहानी नहीं, पूरा उपन्यास है, किन्तु इसकी लेखिका वर्जीनिया वुल्फ़ को इसमें कोई दिलचस्पी नहीं थी कि उसकी नायिका के समूचे जीवन में क्या बीता-गुज़रा है। वह केवल उसके कुछ चुने हुए क्षणों को ही उद्घाटित करती है (मिसेज़ वुल्फ़ शायद उन क्षणों को 'मोमेंट्स ऑव विज़न' कहेंगे) किन्तु बाक़ी ज़िन्दगी एक बन्द किताब की तरह हमेशा बन्द रहती है, उस अतीत के ताले की तरह बन्द, जिसे हम कभी नहीं खोल पाएँगे, इसलिए कहानी और उपन्यास के बीच 'एक और अनेक' का विभाजन निरर्थक है। यहाँ शायद हमारे लिए उपनिषद् दर्शन ज़्यादा कारगर होगा जिसने एक में अनेक और अनेक में एक खोजने का सत्य बताया था और शायद यही सत्य हमें विधाओं को एक-दूसरे से अलग करते समय भी ध्यान में रखना चाहिए।

यह कह देने के बाद मैं तुरन्त यह जोड़ना चाहूँगा कि कहानी और उपन्यास के बीच गहरा अन्तर है किन्तु वह अन्तर नहीं जिसकी कसौटी मि. प्रिशेट ने निर्धारित की है। दोनों में अन्तर एक या अनेक ब्योरों के बीच नहीं है, बल्कि इन ब्योरों के प्रति ख़ुद लेखक का क्या रुख़ है, उनसे वह किस तरह का सम्बन्ध बिठाता है, कथा-विधा का फ़ॉर्म इस रुख़ और सम्बन्ध द्वारा अनुशासित होता है। ज़रूरी नहीं, एक कहानी का दर्शन एक उपन्यास की अपेक्षा कम सम्पूर्ण या कम व्यापक हो—किन्तु इस दर्शन के भीतर कहानी का हर डिटेल एक भिन्न क़िस्म का तनाव और तापमान ग्रहण करता है। उपन्यास की तरह कहानी के ब्योरे केवल माध्यम मात्र ही नहीं हैं, जो एक-दूसरे से जुड़ते हुए अन्त में एक समग्र प्रभाव छोड़ते हैं, बल्कि कहानी में हर डिटेल अपनी ही ज़िन्दगी से स्पन्दित होता हुआ एक स्नायुतंत्र है और जब कहानी ख़त्म होती है तो कुछ भी पूरा नहीं होता, क्योंकि उसमें कभी कुछ भी शुरू नहीं होता। बेशक छपे हुए पन्ने पर कहानी एक बिन्दु से शुरू होती है और दूसरे बिन्दु पर समाप्त होती जाती है, किन्तु चेतना की सतह पर कहानी के जीवन का एक अंश ही दिखाई देता है, अपनी रोशनी में चमकता हुआ। कहानी समय के दरिया में नहीं बहती, जहाँ उपन्यास बहता है, बल्कि वह एक तालाब-सी जमी रहती है जो स्थिर है; स्मृति का स्थिर समय, जिसमें याद करना ही उसकी सतह को थोड़ा-सा हिलाना है। उपन्यास के माध्यम से स्मृति समय की शक्ति के ख़िलाफ़ संघर्ष करती है, किन्तु कहानी में ऐसा पुरातन तत्त्व क़ायम रहता है,

जिसमें चीज़ें समय के ख़िलाफ़ नहीं, बल्कि उसके सन्दर्भ में याद की जाती हैं। यही कारण है कि कहानी उपन्यास की अपेक्षा शब्दों पर ज़्यादा निर्भर रहती है। क्योंकि यहाँ शब्द उन घटनाओं के समानान्तर चलते हैं जो हम याद करते हैं, वे महज़ स्मृति को उजागर करने का साधन नहीं हैं, जो व्यतीत हो गई हैं!

यही तथ्य हमें एक महत्त्वपूर्ण बिन्दु की ओर ले जाता है। व्यक्ति की चेतना के बारे में यह एक विचित्र चीज़ है कि जब वह समय के पैमाने में रूपायित होती है तो अनिवार्यत: उपन्यास की विधा में ही ढलकर आती है, किन्तु दूसरे छोर पर जब वह अपने को शब्दों के कालातीत-तंत्र में समेट लेती है तो हमेशा कविता बनकर बाहर निकलती है। किन्तु उस चेतना का क्या होता है जो समय की गति को रोकने की तो कोशिश करती है किन्तु शब्दों के स्वायत्त तंत्र में डूबना नहीं चाहती? ऐसे क्षण में एक ऐसी साहित्यिक विधा का जन्म होता है जो उपन्यास और कविता के बीच की जगह को समेटती है जिसे अगर हम चाहें तो कहानी का नाम दे सकते हैं, जिसका एकमात्र प्रेरणास्रोत यही एक लालसा है कि वह किसी तरह कविता के जमे हुए समय को पिघलाकर उस कथ्यात्मक क्षेत्र में बहा सके जो असल में उपन्यास की ज़मीन है। कहानी अपनी छोटी-सी जीवन-यात्रा में उस अजानी और ख़ाली ज़मीन को पार करती है जो भाषा और समय, कविता और इतिहास के बीच फैली है।

क्या यह एक दुर्लभ करतब है कि कहानी अपनी संरचना में काव्यात्मक हो किन्तु अपने उद्‌देश्य में कथ्यात्मक? किन्तु यही दुर्लभ चमत्कार तो हमें ईसाक बाबेल, हेमिंग्वे, केथरीन मेंसफील्ड और डी.एच. लॉरेंस की कुछ कहानियों में मिलता है जिनमें उन्होंने असाधारण पवित्रता और उज्ज्वल सात्त्विक संयम के साथ कथ्यात्मक ब्योरों को साधने का दुस्साहस किया और उसमें सफल भी हुए। ख़ुद हमारे देश में माणिक वंद्योपाध्याय, जैनेन्द्र और प्रेमचन्द की कुछ कहानियों में उनके उपन्यासों की अपेक्षा यही संकेन्द्रित शक्ति और तन्मयता दिखाई देती है। ये सब लेखक जो एक-दूसरे से इतने भिन्न हैं, कम-से-कम एक बात में, बिलकुल समान दिखाई देते हैं, जिसे टॉमस मान ने 'पैशन और पवित्रता' का अद्‌भुत समन्वय माना था। यह बात हमें बाबेल में दिखाई देती है जिन्होंने अपनी कहानियों में अपने समय के इतिहास को इतनी पैनी नोक से भेदा था—तथ्यों और घटनाओं का विवरण देकर नहीं बल्कि एक नंगी और नक़ली इमेज के द्वारा

जिसमें एक सिपाही द्वारा बतख़ का गला मरोड़ने से जो ख़ून फ़व्वारे की तरह फूटता है और अँतड़ियाँ बदबदाकर बाहर निकलती हैं—यह एक इमेज कम शब्दों में युद्ध की रक्तिम विभीषिका को जिस भयावह आवेग के द्वारा व्यक्त करती है, उसे शायद भारी-भरकम युद्ध-सम्बन्धी उपन्यास भी व्यक्त नहीं कर पाते। यह चेख़ॅव ही तो थे जिन्होंने एक बार गोर्की को सलाह दी थी कि चाँदनी को व्यक्त करने के लिए एक टूटी हुई बोतल के काँच में चाँदनी के अक्स को दिखाना ही काफ़ी है। यदि बाबेल ने इतिहास को एक काव्यात्मक बिम्ब में परिणत किया था तो चेख़ॅव ने दूसरे छोर पर काव्यात्मक बिम्ब को अपने कथ्यात्मक गद्य के शान्त प्रवाह में पिरोया था। गद्य में यह चमत्कार—बिना कविता की काव्यात्मकता और उपन्यास के ऐतिहासिक समय का सहारा लिये उपलब्ध कर पाना—एक तरह से कहानी द्वारा उस चुनौती को स्वीकार करना था जो हमारे भीतर उपन्यास और कविता से अलग एक नया भावनात्मक संसार रचा पाती है।

यही चुनौती हिन्दी कहानी ने स्वीकार की थी, किन्तु सन्दर्भ और परिवेश यूरोप से बिलकुल भिन्न था। भारत जैसे परम्पराग्रस्त समाज में अक्सर साहित्य, धर्म या सामाजिक विचारधाराओं का अनुचर होता है जिसके कारण उसकी स्वायत्त सत्ता हमेशा ख़तरे में पड़ी रहती है। यदि साहित्य समाज के विभिन्न सरोकारों के दलदल में धँसा रहे तो वह धर्मशास्त्र या सामाजिक-राजनीति का परजीवी बन जाता है, एक जोंक की तरह उनका ख़ून खींचकर जीवित रहता है और इस तरह आत्मा की आवाज़ बनने का नैतिक अधिकार खो देता है। यही कारण है कि 20वीं शताब्दी के आरम्भ में हिन्दी कहानी ने अपने को विभिन्न सामाजिक, धार्मिक आग्रहों और पूर्वग्रहों से मुक्त करके एक स्वतंत्र साहित्यिक फ़ॉर्म में विकसित होने का सतत और साहसपूर्ण संघर्ष किया था। यह सम्भव नहीं हो पाता, यदि हिन्दी कहानी सेक्यूलर होने की लम्बी और पीड़ायुक्त यात्रा तय न करती। सेक्यूलर सबसे अधिक व्यापक अर्थ में—केवल धर्मनिरपेक्षता के अर्थ में नहीं। यदि प्रेमचन्द के साथ हिन्दी कहानी एक कला-विधा के रूप में इतनी प्रौढ़ हुई तो इसलिए कि वे अपने समय के सबसे अधिक सेक्यूलर लेखक थे।

किन्तु यही शायद प्रेमचन्द और उनके अन्य समकालीन लेखकों की सबसे बड़ी सीमा भी थी, क्योंकि भारतीय सन्दर्भ में महज़ सेक्यूलर होना काफ़ी नहीं है। अपने को धार्मिक रूढ़ियों से मुक्त करना स्वतंत्रता का चिह्न है किन्तु आधुनिकता

की झोंक में अपने को धर्मनिरपेक्ष बनाना, यह स्वतंत्र नहीं, आत्म-उन्मूलन की बीमारी का शिकार होना है। कहानी में जो सेक्यूलरिज़्म एक स्वच्छंद हल्कापन देता है वही उपन्यास में दृष्टि को सीमित कर देता है। हमारे समाज में धर्मनिरपेक्षता का आधुनिक आन्दोलन दरअसल मुक्ति का आन्दोलन न होकर उन धार्मिक विश्वासों के विघटन को व्यक्त करता है, जो एक समय में भारतीय जनता को इस धरती पर रहने का आश्वासन देते थे। धार्मिक विश्वासों की इस धरती से निष्कासित होकर हिन्दुस्तान का मध्यवर्ग अब एक ऐसे सेक्यूलर युग के खुले रेगिस्तान में फेंक दिया गया है जहाँ उसके संस्कारगत मिथक और प्रतीक उसकी मदद नहीं कर सकते। अतीत से मुक्त होकर वह वर्तमान में अपने को अजनबी और आत्म-निर्वासित पाता है। हिन्दी कहानी ने भारतीय मध्यवर्ग की इस आध्यात्मिक उदासीनता और विषाद को बहुत सशक्त ढंग से व्यक्त किया है, किन्तु भारतीय उपन्यास कुछ अपवादों को छोड़कर नैतिक आदर्शों की खोई हुई पवित्रता से चिपटा रहा है। (रवीन्द्रनाथ ठाकुर का 'गोरा' एक उदाहरण है, जो न विश्वास की गरिमा दे पाता है, न सन्देह की पीड़ा को व्यक्त कर पाता है।) इसके विपरीत हिन्दी कहानी ने उस कीचड़ में धँसने का थोड़ा-बहुत प्रयास किया, जिसकी गंदगी और गलाजत से आज समूचा भारतीय जीवन ग्रस्त है।

भारतीय मनुष्य सिर्फ़ आर्थिक मनुष्य नहीं है, न ही उसका औपनिवेशिक-त्रास केवल उसकी आर्थिक पीड़ा को व्यक्त करके चुक जाता है। भारतीय मनुष्य का आधुनिक संकट समस्त औपनिवेशिक अपवित्रताओं से ग्रस्त है जो उसकी संस्कृति का संकट है। यहीं कथ्यात्मक कला की सबसे बड़ी विडम्बना दिखाई देती है। हम जिसे अभी तक फ़ॉर्म की पवित्रता मानते आए थे, वह अनुभव के उस कूड़े-करकट की अपवित्रताओं से बनती है, जिसे जीवन हमारे पास छोड़ जाता है। हम प्रेम करते हैं और घृणा करते हैं और दुःख भोगते हैं और सारे समय हम अनुभवों के घटाटोप में घिरे रहते हैं—एक ऐसा घटाटोप, जिसकी कोई तार्किक संगति नहीं, जिसका कोई पैटर्न, कोई अर्थ समझ में नहीं आता। हमारे अनुभव-क्षेत्र की अराजकता जितनी ही बढ़ती है, उतना ही हमारे ऊपर विचारधाराओं के विभिन्न मठाधीशों का आतंक बढ़ता जाता है, जो हमारी असंगत स्थिति को किसी-न-किसी ऐतिहासिक या मनोवैज्ञानिक शास्त्र द्वारा सुलझा देना चाहते हैं। जितना ही संकट गहन होता है, उतनी ही मसीहों और मठाधीशों की आवाज़ें ज़्यादा ऊँची और

कर्णभेदी होने लगती हैं, स्वयं कला इन आवाज़ों द्वारा आच्छादित होने लगती है। यदि कला इन सत्ताधारी मसीहाओं की भाषा बोलने से इनकार कर देती है तो उसे चुप रहने के लिए बाध्य किया जाता है और सचमुच दुनिया के उन देशों में उसे चुप कर दिया गया है, जहाँ सत्ता ने भाषा की जड़ों को ही भ्रष्ट और निष्प्राण कर दिया है। एक बार फिर ईसाक बाबेल की याद आती है, जो शायद हमारे युग के सबसे असाधारण कहानी लेखक थे; उन्होंने बहुत पहले सोवियत लेखक सम्मेलन में एक भाषण देते हुए कहा था : "मैं एक नई साहित्यिक विधा का इस्तेमाल करने जा रहा हूँ और वह है—मौन की विधा;" किन्तु गूँगे नारों के कोलाहल के बीच मौन भी विरोध का प्रतीक हो जाता है। ईसाक बाबेल को अपने मौन के लिए लेबर कैम्प में मरना पड़ा।

इससे हमें एक शिक्षा तो मिलती ही है—आज के युग में जहाँ हर तरह की चालबाज़ी और आतंक द्वारा मनुष्य की नैतिक चेतना को संत्रस्त किया जाता है, कला ही एक ऐसी चीज़ बची रह गई है जो सत्य की भाषा के प्रति सम्पूर्ण रूप से प्रतिबद्ध है एक ऐसी प्रतिबद्धता, जिसके बिना समस्त सामाजिक प्रतिबद्धताएँ मूल्यहीन हो जाती हैं। मनुष्य को नष्ट करने से पहले उसकी भाषा को नष्ट किया जाता है, किन्तु उसे नष्ट करने की ज़रूरत ही नहीं। आदमी जीवित ही नहीं रहता यदि उसकी भाषा मृत हो जाती है। इसलिए जब हम कहानी की विधागत पवित्रता की बात करते हैं तो हम कला के रहस्यवादी सौन्दर्य की बात नहीं कर रहे हैं, बल्कि भाषा की अन्त:शक्ति और कल्पना की अन्तहीन ऊर्जा की बात कर रहे हैं, जो अपने सत्य को बाहरी आवाज़ों से भ्रष्ट नहीं होने देती। हम उसकी फुसफुसाहट में अपने सत्य को सुनते हैं। कलात्मक विधाएँ सार्वभौमिक हो सकती हैं किन्तु कलात्मक सत्य नहीं। वे अनिवार्यत: उस भाषा में लिपटे होते हैं, जिसमें वे सम्प्रेषित किये जाते हैं। यदि यह भाषा जीवित नहीं रहती तो हम अपने समय में कला और मानवीय गरिमा को भी नहीं बचा सकते।

संस्कृति, समय और भारतीय उपन्यास

हम भारतीय लेखक उस विधा के बारे में बहुत कम सोचते हैं, जिसे स्वयं अपने सृजन के लिए चुनते हैं। हमारे लिए 'विधा' महज़ माध्यम है, लक्ष्य कुछ और है; साहित्य, समाज, दर्शन। इसलिए 'साहित्यिक' साहित्य की रचना करते हैं। हम यह नहीं सोचते कि लेखक की नैतिकता उसके विचारों में या उनकी अभिव्यक्ति की विभिन्न शैलियों में निहित नहीं होती, उसकी नैतिकता इस बात में निहित होती है कि उसका अपनी विधा, अपनी भाषा के प्रति क्या रुख़ है। दो शब्दों में कहें कि जिस 'चीज़' को हम समाज की आलोचना का औज़ार मानते हैं, ख़ुद उस औज़ार का परीक्षण ज़रूरी नहीं समझते।

ज़रूरी नहीं, आत्म-परीक्षण के अभाव में सृजन-शक्ति कुंठित हो, बल्कि अक्सर देखा गया है कि अपनी विधा के प्रति अत्यधिक बौद्धिक सतर्कता कभी-कभी मुक्त, सहज, निर्दोष प्रेरणा को बोझिल और बनावटी बना देती है। किन्तु इससे अगर कोई लेखक यह सुविधाजनक निष्कर्ष निकाल ले कि भाषा और विधाओं के बारे में माथापच्ची एक व्यावसायिक आलोचना का काम है, कलाकार का अपना कर्म नहीं, तो शायद स्वयं कला के लिए इससे आत्मघाती भ्रम कोई दूसरा नहीं। सृजनात्मक कल्पना अपने सर्वोत्तम क्षणों में उतनी ही आलोचनात्मक होती है,

जितनी व्यावसायिक आलोचना अपने गरिमापूर्ण क्षणों में सृजनात्मक। सृजन और आलोचना को अलग-अलग कठघरों में बाँटकर हम एक तरफ़ आलोचना को निर्जीव और पंगु बना देते हैं, दूसरी तरफ़ सृजन को महज़ एस्थेटिक सौन्दर्य का साधन मात्र। हम अक्सर भूल जाते हैं कि कल के आधुनिक आन्दोलन, जिसकी शुरुआत 20वीं शती के आरम्भ में हुई थी, की प्रमुख विशेषता यह प्रखर आलोचनात्मक दृष्टि ही थी।

यह आलोचना कोई बाहर की चीज़ न होकर ख़ुद लेखक के सृजनात्मक एडवेंचर से जुड़ी है—स्वयं 'लिखने' के कार्य में अन्तर्निहित है। इसलिए विचारों, सिद्धान्तों और दर्शन से अलग लेखक की आलोचना उसकी कल्पना के बीचोबीच केन्द्रित है। लेखक का 'शब्द' न यंत्र है, न माध्यम, न ही तर्कसंगत विचार-पद्धति, वह सिर्फ़ है—और उसका होना ही तीव्र ढंग से आलोचनात्मक हो जाता है। भाषा जिस चीज़ को व्यक्त करती है, स्वयं वह चीज़ भी है; जिस लक्ष्य का माध्यम है, ख़ुद वह लक्ष्य भी है; अगर वह समाज-परीक्षण का 'यंत्र' है तो स्वयं उस यंत्र को माँजने का स्वप्न भी है—साहित्य जो 'होता' है, उस 'है' से निकलकर बार-बार उसके पास लौटता है। अत: अन्तिम रूप में हर कला की लड़ाई अपने से लड़ाई है, अपना आत्म-मन्थन है। यह आत्म-मन्थन सृजन-कर्म को आलोचनात्मक करता है। शब्द किसी विचार का वाहक नहीं, जब शब्द पीछे मुड़कर अपनी तरफ़ देखता है, तो ख़ुद विचार बन जाता है। हम 'विचार' को बौद्धिकता और 'कल्पना' को सृजन के साथ नत्थी करने के इतने आदी हो चुके हैं कि यह सोचना असम्भव लगता है कि शब्द से जुड़कर हर कल्पना वैचारिक, हर सृजन-प्रक्रिया आलोचनात्मक हो सकती है। शब्द का यह चयन मनमाना, रहस्यमय, अलौकिक नहीं है, इस चयन के पीछे लेखक का समूचा नैतिक संघर्ष छिपा होता है, बल्कि यूँ कहें, अगर लेखक की प्रतिबद्धता जैसी कोई चीज़ है, तो वह लेखक और शब्द के बीच सम्बन्ध में ही प्रतिध्वनित हो सकती है।

इससे हम एक अनोखे निष्कर्ष पर पहुँचते हैं : कोई भी कलाकृति अपनी शुद्ध पवित्रता में ही सबसे अधिक आलोचनात्मक हो सकती है। जिस हद तक सृजन-शक्ति समाज के बाहरी खूँटों से, समाजशास्त्र और सैद्धान्तिक आग्रहों की 'छद्म चेतना' से मुक्त होती जाएगी, उस हद तक ही वह सार्थक आलोचनात्मक चेतना की वाहक बन सकेगी। दूसरे शब्दों में—वही कला, जो किसी विचार का यंत्र न हो,

सबसे अधिक प्रखर वैचारिक यंत्र बन जाती है। वह किसी 'सत्य' का माध्यम न बनकर ख़ुद अपने नंगे रूप में, बिना किसी समझौते का चिथड़ा ओढ़े, सत्य हो जाती है। यह न विचित्र है और न ही विरोधाभासपूर्ण, कि एक अधिनायक-सत्ता में शुद्ध कल्पना को सबसे अधिक सन्देह की दृष्टि से देखा जाता है। जहाँ कला को किसी बाहरी सत्य का माध्यम माना जाता रहा है, वहाँ वह कला सबसे अधिक ख़तरनाक बन जाती है जो ख़ुद अपने में सत्य उद्घाटित करती है। कितना बड़ा व्यंग्य है 'यथार्थवादी' कला पर, जिसका अपने यथार्थ पर विश्वास नहीं, इसलिए कितनी ख़तरनाक बन जाती है वह कला, जो किसी यथार्थ की ओट में नहीं, ख़ुद अपनी शर्तों पर, महज़ अपनी कल्पना को केन्द्र मानकर जीवित रहना चाहती है, सिर्फ़ बाहर के यथार्थ से ही नहीं बल्कि ख़ुद अपने सत्य से साक्षात्कार करना चाहती है। कला का यह आत्म-मन्थन, ख़ुद अपनी जड़ों को खोजने का यथार्थ ही उसे एक साथ आधुनिक, आलोचनात्मक और ख़तरनाक बना देता है। यह महत्त्वपूर्ण तथ्य है कि हिटलर और स्तालिन, दोनों ही 'आधुनिक कला' से भड़कते थे, क्योंकि एक समय में आधुनिक होने का मतलब ही आलोचनात्मक होना था, किसी विचार या सिद्धान्त या निज़ाम की बाहरी प्रचारात्मक आलोचना नहीं, बल्कि ऐसी आलोचना जो स्वतंत्र, सृजनात्मक, पवित्र कल्पना के केन्द्र में वास करती है, इसलिए स्वत: अपने अस्तित्व द्वारा ही एक चुनौती हो जाती है। आधुनिक कलाकृति का 'विषय' चाहे अमूर्त हो, अपने में वह सबसे अधिक मूर्त स्वतंत्रता का प्रतीक हो सकती है।

आधुनिक हिन्दी कविता में कल्पना को पुन:प्रतिष्ठित करने का संघर्ष काफ़ी लम्बे अरसे तक चलता रहा है—बहुत हद तक वह जीता भी जा चुका है। यह संघर्ष कविता का बाहर से नहीं, बल्कि अपने से, अपने बीच शब्दों की यथार्थता को खोजने का संघर्ष रहा है। मुक्तिबोध जैसे कवि को हमने उनकी 'कल्पना-लोक' की शर्तों पर स्वीकार किया है, अपनी शर्तों पर हम बरसों उन्हें उपेक्षित करते आए थे।

जिस ज़मीन पर आधुनिक हिन्दी कविता ने संघर्ष किया था, वह उसे लम्बी विरासत से उपलब्ध हुई थी—एक लम्बी परम्परा का रेफ़रेंस' उसके पास था, तोड़ने की प्रक्रिया में जुड़ने की तीव्र आकांक्षा निहित थी, इसीलिए 'नहीं' की चीख़ भी कहीं दूर अँधेरे में 'हाँ' की कौंध पैदा करती थी। यह संघर्ष बाहरी खूँटों पर न होकर ख़ुद कविता की भाषा और संस्कारों में गुँथा था। अतः आधुनिक हिन्दी कविता अपने सर्वोत्तम क्षणों में नये या पुराने पश्चिमी या जातीय प्रभावों का झगड़ा न होकर—स्वयं अपने को नये सन्दर्भ में परिभाषित करने की कोशिश थी। यही कारण है कि आज जिसे हम नई कविता कहते हैं, जिसमें पिछले तीस वर्षों का संघर्ष शामिल है, वह ख़ुद में आलोचनात्मक कविता है—आलोचनात्मक, महज़ यथार्थ या समाज के सन्दर्भ में नहीं, बल्कि गहनतम स्तर पर आत्मालोचनात्मक, जिसके बिना बाहर की आलोचना कोई मानी नहीं रखती। अगर आज रघुवीर सहाय इतने हल्के-फुल्के ढंग से, बिना किसी राजनीतिक मुद्रा या वाद का सहारा लिये, इतनी तीव्र व्यंग्यात्मक, राजनीतिक कविता लिख सकते हैं, तो इसलिए कि स्वयं हिन्दी कविता ने पिछले बरसों में गहरा आत्म-मन्थन, अपनी जड़ों और भाषा-संस्कारों की सही या ग़लत, लेकिन निर्भीक, बेलौस आलोचना की है। आज की कविता के पीछे आत्म-परीक्षण की यह सशक्त पीठिका न होती, तो शायद उसका वही हश्र होता जो बरसों पहले 'प्रगतिवादी' कविता का हुआ था।

एक समय था जब आधुनिक हिन्दी कहानी ने भी आत्म-परीक्षण की इस चुभन को एक 'फ़्लैश' में पकड़ने की कोशिश की थी। तब आत्म-जिज्ञासा का ज्वार आया था, जब हमने अपने से पूछा था कि गद्य में वह कौन-सी चीज़ है जो उसे कविता का संकेन्द्रित भाव, एकनिष्ठ सघनता (intensity) देती है, और इसके बावजूद उसका अपना कथ्यात्मक स्वरूप क़ायम रह सकता है। काव्यात्मक गद्य का प्रश्न नहीं, बल्कि गद्य में 'कल्पना' की जगह ढूँढ़ने का प्रश्न था, जो काव्य-सत्य को जन्म देता है। एक दूसरे स्तर पर प्रश्न यह था कि हमारे यहाँ द्विवेदी-काल से इतिवृत्तात्मक गद्य की जो परम्परा रही है, उसे कैसे किन सृजनात्मक विधाओं द्वारा नया मोड़ दिया जा सके। गद्य एक चीज़ है, उसके सामने सारा संसार फैला है—शब्दों द्वारा हम उसका निरूपण, व्याख्या कर सकते हैं। यदि इस व्याख्या के चौखटे में हम घटनाएँ, पात्र, स्थितियाँ जमा कर देते हैं तो इससे वह 'उपन्यास' नहीं बनती, इतिवृत्तात्मक चौखटे में कहानी शामिल करके

किसी सृजनात्मक विधा का जन्म नहीं होता; क्योंकि संसार या यथार्थ के प्रति दृष्टि वही रहती है, जो व्याख्या द्वारा निरूपित होती थी। हम चौखटों को बाहर से ले सकते हैं, उन पर उपन्यास और कहानी का लेबिल भी चिपका सकते हैं, किन्तु जो यथार्थ हमारे आसपास फैला है, हमारी स्मृतियों और संस्कारों में सन्निहित है, उसका इन चौखटों से कोई वास्ता नहीं। हम जब तक इस यथार्थ को नष्ट नहीं कर देते—उसे मुर्दा और निर्जीव नहीं बना देते—तब तक उसे इन चौखटों में फिट नहीं कर सकते। यह हमारी विडम्बना है। अगर हम पश्चिम से बनी-बनाई उपन्यास की विधा उधार लेने की सुविधा उठाना चाहते हैं, तो हमें अपने अनुभव और यथार्थ को नष्ट करना होगा। यदि हम इस यथार्थ को जीवित रखना चाहते हैं, तो हमें ख़ुद 'उपन्यास' जैसी विधा का परीक्षण करने का जोखिम उठाना होगा, जिससे आज तक हम बचते आए हैं।

कविता का समूचा रहस्य उसके 'बीजत्व' में है—एक ऐसा बीज, जिसमें 'क्षण' है, तो 'शाश्वत' भी। बीज में अतीत और भविष्य, दोनों हैं—दोनों का निषेध भी है। इस निषेध की स्वीकृति भी उसमें शामिल है। इसी में उसका रहस्य है। इसमें उसका जादू भी है—ऐसा जादू, जो एक बीहड़, प्रागैतिहासिक मिथक की तरह भाषा की अँधेरी जड़ों में बैठा रहता है। हम जिस तरह बीज को खोल नहीं सकते, बिना उसे नष्ट किये, उसी तरह बिना उसका जादू नष्ट किये, हम कविता की व्याख्या नहीं कर सकते। किन्तु गद्य की 'काव्यात्मकता', वृक्ष के विस्तार की तरह, केवल समय में ही प्रस्फुटित हो सकती है। समय का विस्तार ही वह आबोहवा है, जिसमें एक शब्द दूसरे शब्द से जुड़ता है, एक का अर्थ दूसरे में खुलता है। कविता में अकेला एक शब्द, महज़ अपने सघनत्व और अप्रत्याशित रूप से प्रकट होने की प्रक्रिया में, एक अनोखा अर्थ दे सकता है—अपने आसपास के शब्दों को फोड़ आकाश की तरफ़ एक मीनार की तरह उठता हुआ। किन्तु गद्य में शब्दों का अर्थ अन्योन्याश्रित है; horizontal है। वह समय की लय में एक शृंखला बनाता है—एक 'कथ्यात्मक' धागे में, जो 'है' उसे 'होने' में पिरोता है। यदि उपन्यास की विधा अन्य विधाओं की अपेक्षा अधिक नई है, तो इसलिए कि पहले कभी 'समय' ने इतने प्रत्यक्ष और प्रमुख ढंग से मनुष्य के जीवन में दख़ल नहीं दिया था।

समय के इन चौखटों में ही यूरोपीय उपन्यास का विकास हुआ था। कहानी कहने की परम्परा बहुत पुरानी रही हो, किन्तु जिस विशिष्ट विधा में मनुष्य और

उसकी नियति के बीच सम्बन्ध जोड़ा गया, वह 'कहानी' बहुत पुरानी नहीं है। उसमें आपको एक खोए हुए सुरक्षित समय को पाने का 'नॉस्टेल्जिया' मिलेगा, तो आनेवाले समय के प्रति अदम्य विश्वास भी; तथ्यों के प्रति वस्तुपरक दृष्टि मिलेगी, तो स्वयं इन तथ्यों के लौह-चक्र से पलायन करने का स्वप्न, फ़ैंटेसी, मोह भी दिखाई देंगे। इसमें बुर्ज़ुआ वर्ग के वे सब तत्त्व दिखाई देंगे जिनका विश्लेषण बाल्ज़ाक ने इतनी निर्मम अन्तर्दृष्टि से किया है। शहर की भीड़ में आदमी का अकेलापन और उस अकेलेपन की व्यर्थता जिसे एंगेल्स ने मैनचेस्टर में और बॉदलेयर ने पेरिस की भीड़ में देखा था। इस भीड़ के बाहर भी शान्ति नहीं थी—बाहर सिर्फ़ ऊब थी, जिसके पिंजरे में छटपटाते हुए मदाम बॉवेरी ने दम तोड़ा था। शायद ही कोई साहित्यिक विधा इतने भयानक और नंगे ढंग से समय-सापेक्ष, वर्ग-सापेक्ष रही हो, जितनी उपन्यास की विधा थी। वह एक आईना थी, जिसमें पहली बार बुर्ज़ुआ संस्कृति ने अपने दर्पपूर्ण गौरव और घिनौनी विकृति, दोनों को एक साथ देखा था।

यहाँ मेरी मंशा यूरोपीय उपन्यास का विश्लेषण करने की नहीं है। मेरा संकेत सिर्फ़ एक ख़ास संस्कृति की तरफ़ है, जिसमें यूरोपीय उपन्यास का ढाँचा तैयार हुआ था। इस ढाँचे के भीतर समय का अपना निश्चित, नियोजित संघटन था। घटनाओं द्वारा व्यक्ति-चेतना का विकास होता था और अपनी बारी आने पर ख़ुद यह चेतना घटनाओं को परिभाषित, आलोकित करती थी। यह चेतना आत्मनिर्भर थी—तीव्र रूप से सजग और स्वायत्त, और इसी में उसकी यातना, द्वंद्व, आत्म-मन्थन शामिल थे। बुर्ज़ुआ व्यक्ति की अपने प्रति यह उम्मीद और निराशा, विश्वास और सन्देह के अजीब मिश्रण से ही उस आत्मघाती द्विविधा का जन्म हुआ था, जो फ्लॉबेयर से काफ़्का तक के उपन्यासों में चली आती है।

ताज्जुब की बात यह है कि हमने अपने कथ्यात्मक गद्य के लिए 'उपन्यास' जैसी विधा को चुना, जो नितान्त भिन्न सांस्कृतिक अनुभव-क्षेत्र में पनपी और विकसित हुई थी। यह कुछ ऐसा था कि हम एक ऐसे बने-बनाए मकान में रहने लगें जो दूसरों ने अपनी ज़रूरतों, संस्कारों, स्मृतियों—एक शब्द में कहें तो अपनी 'जलवायु' के अनुसार बनाया था। हम न केवल उसमें रहने लगे, बल्कि कभी उसमें अपने अनुकूल परिवर्तन करने की ज़रूरत भी महसूस न की। प्रेमचन्द से लेकर अधुनातन उपन्यासकार ने कभी 'उपन्यास' की विधा पर शंका प्रकट नहीं की,

अपने अनुभव के सन्दर्भ में उसका पुनःपरीक्षण तो दूर की बात थी। बरसों से हमने जिस विधा को 'सामाजिक यथार्थ' के विश्लेषण का सबसे महत्त्वपूर्ण औज़ार माना, कभी उस औज़ार की सक्षमता की जाँच-पड़ताल करने की ज़रूरत का सामना नहीं किया।

यहाँ प्रश्न यह नहीं है कि हिन्दी में कितने अच्छे 'उपन्यास' लिखे गए हैं। अमृतराय ने उनकी एक लम्बी फ़ेहरिस्त हाल में अपने एक लेख में दी है। इस फ़ेहरिस्त को और भी लम्बा किया जा सकता है। मूल प्रश्न यह है कि हम हिन्दी उपन्यासों का मूल्यांकन कौन-सी कसौटी पर करते हैं। जब तक हम इस कसौटी के लिए खरी कसौटी नहीं ढूँढ़ते—ख़ुद उपन्यास की विधा और अपने अनुभवों के बीच अन्तराल को नहीं परखते—तब तक 'अच्छे' उपन्यासों की गिनती करवाकर हम मन-ही-मन ख़ुश अवश्य हो लें—हम वहीं रहेंगे, जहाँ आज हैं। इस कसौटी के अभाव में हम विश्वसनीय रूप से यह भी तय नहीं कर सकते कि जिस फ़ेहरिस्त में भगवती बाबू और अमृतलाल नागर हैं, उसमें गुलशन नन्दा को क्यों छोड़ा जाए? यही नहीं, हम आगे बढ़कर एक अजीब, मनमानी 'कसौटी' तैयार करते हैं, जिसे लेकर 'अन्तर्मुख' और 'वस्तुपरक' उपन्यासों के बीच भेद भी करते हैं—और 'वस्तुपरक' को यथार्थवादी उपन्यास मानते हैं—मानो ख़ुद व्यक्ति की अपेक्षा 'वस्तु' यथार्थ के अधिक नज़दीक हो!

यह कसौटी कहीं बाहर न होकर ख़ुद उपन्यास-विधा की संरचना के भीतर है। हम यह कहकर उपन्यास की आलोचना नहीं कर सकते कि वह 'ज़िन्दगी के कितने पास है' (कौन-सी ज़िन्दगी, कैसी ज़िन्दगी?), उसकी घटनाएँ कितनी 'विश्वसनीय' हैं ('विश्वसनीयता' कभी साहित्य की कसौटी नहीं रही, वरना शेक्सपियर सबसे अधिक असफल लेखक होते), या उपन्यास के पात्र कितने 'यथार्थपूर्ण' हैं ('यथार्थ' बिजली का कोई बल्ब नहीं जिसके पास जाकर कोई साहित्य-विधा चमक जाती हो और दूर जाकर धुँधला जाती हो)। उपन्यास की अर्थवत्ता 'यथार्थ' में नहीं, उसे समेटने की प्रक्रिया, उसके संघटन की अन्दरूनी चालक शक्ति में निहित है। तभी किसी विधा के भीतर एक विशिष्ट 'फ़ॉर्म' का आविर्भाव होता है, जो 'समेटने' की हर लय, स्तर और स्पन्दन को अनुशासित करती है; ऐसे 'स्पेस, का उद्घाटन करती है, जहाँ अनुभव का औपन्यासिक जीवन शुरू होता है। हम अक्सर साहित्यिक विधा और फ़ॉर्म को आपस में उलझा देते हैं—एक रूढ़ प्रणाली है,

दूसरी उसे तोड़कर अपनी धारा को खोजने की कोशिश—यदि इनमें हम भेद कर पाते तो यूरोप की संस्कृति-सापेक्ष विधा को अपनाते समय उसके 'फ़ॉर्म' को भी ज्यों-का-त्यों अपनाना ज़रूरी न समझते।

फ़ॉर्म की यह खोज कोई हवाई, एस्थेटिक खोज नहीं है, इसका सीधा सम्बन्ध सांस्कृतिक अनुभव की उस धारा से है, जिसमें हमारे संस्कार, स्मृतियाँ, समय, जीवन और मृत्यु का बोध शामिल हैं। यदि इन सब बिन्दुओं के प्रति हमारा रुख़, हमारी दृष्टि यूरोपीय मनुष्य से अलग रही है, यदि 'समय' के प्रति हमारा बोध उस ऐतिहासिक समय से बिलकुल अलग रहा है, जिसे 19वीं शती के यूरोपीय उपन्यास ने अपना केन्द्रबिन्दु माना था, यदि व्यक्ति के प्रति हमारा दृष्टिकोण उस यूरोपीय 'व्यक्ति' से बिलकुल भिन्न हो जो आत्म-सजग है, स्वायत्त है, स्वयं अपनी 'स्वतंत्रता में खंडित' (हेगेल) है—एक ऐसा व्यक्ति जो अपनी 'प्राइवेसी' में ही अपनी स्वतंत्रता को हासिल करता हो—यदि हम भिन्नता के इन सब बिन्दुओं को नज़रअन्दाज़ नहीं करते, तो हम एक ऐसे 'फ़ॉर्म' को खोज सकते थे जो ऊपरी कथ्यात्मक विधा के तौर पर शायद 'उपन्यास' की तरह होती, किन्तु जिसकी मूल चालक-शक्ति पश्चिम की उपन्यास-विधा से बिलकुल भिन्न होती।

भिन्न इसलिए नहीं कि चूँकि 'भारतीय अनुभव' यूरोप के अनुभव से अलग है तो भारतीय उपन्यास भी यूरोपीय उपन्यास से अलग होगा। केवल अनुभव की भिन्नता से अलग-अलग साहित्य-विधाएँ उत्पन्न नहीं हो जातीं, वरना फ़्रेंच उपन्यास और अंग्रेज़ी उपन्यास महज़ अनुभवों के आधार पर बिलकुल अलग होते। यदि इन भिन्न अनुभवों के बावजूद उपन्यास के विशिष्ट यूरोपीय फ़ॉर्म का आविर्भाव हुआ तो इसलिए कि इन देशों की सांस्कृतिक समानता, धर्म और इतिहास के प्रति व्यक्ति का जुड़ाव, ख़ुद 'व्यक्ति' की आत्मकेन्द्रित इकाई बहुत कुछ एक सूत्र में बँधी है। इस सन्दर्भ में यह कहना अप्रासंगिक न होगा कि यूरोप की इस परम्परा में ही 'संस्कृति', 'समाज', 'डेमोक्रेसी'-जैसे शब्द कोई मानी रखते हैं—भारतीय सन्दर्भ में और तो और, 'संस्कृति'-जैसा शब्द भी अजनबी जान पड़ता है। यूरोप में संस्कृति का अहसास ही एक आत्म-सजग, विकसित आत्म-चेतना से जुड़ा है—एक ऐसे समाज में ही 'संस्कृति' का बोध होता है, जहाँ मनुष्य का धार्मिक अनुभव उसके सेक्यूलर अनुभव से स्पष्ट रेखा द्वारा विभाजित हो। किन्तु 'भारतीय सन्दर्भ' में इस तरह का कोई विभाजन न था, धर्म की धारा में संस्कृति का उतना

ही समावेश था, जितना अध्यात्म का। शेक्सपियर और वीथोवन अवश्य यूरोपीय संस्कृति की गौरवपूर्ण परम्परा में आते हैं, किन्तु आज भी हम किसी साधारण, यूरोपीय शिक्षा से अनभिज्ञ किन्तु अपने संस्कारों में संवेदनशील, हिन्दू से कहें कि तुलसीदास की 'रामायण' हमारी संस्कृति का अंश है, तो अवश्य उसे कुछ आश्चर्य और संकोच का अनुभव होगा। वह 'संस्कृति' को अलग से एक विशिष्ट भाव-बोध के अर्थ में अपनी समूची जीवन-मर्यादा से अलहदा नहीं देख सकता; जबकि यूरोप में इससे बिलकुल विपरीत 'संस्कृति' का आविर्भाव ही ऐसे समय में हुआ था, जब व्यक्ति ने 'अपनी शर्तों पर' जीवन-मर्यादा के प्रति शंका प्रकट की थी। उपन्यास की विधा स्वयं इस शंका की अभिव्यक्ति के रूप में यूरोप के सांस्कृतिक अनुभव का एक हिस्सा बनी थी।

किन्तु मुझे दुबारा बहस के उस बिन्दु पर लौटना चाहिए जहाँ से मैं भटक गया था। जातीय अनुभव की भिन्नता महत्त्वपूर्ण है, किन्तु हमें उसके महत्त्व को ज़रूरत से ज़्यादा बढ़ा-चढ़ाकर नहीं देखना चाहिए—ख़ास कर जब बहस साहित्यिक विधाओं को लेकर हो। हम जिस युग में रहते हैं, उसमें वैसे भी देर-सबेर एक देश और दूसरे देश के लोगों के बीच अनुभवों का अन्तर सिकुड़ता जाएगा। साहित्य में प्रश्न अनुभव के विषय (कॉन्टेंट) का नहीं है, बल्कि उस रूप और रास्ते का है, जिसके द्वारा वह अनुभव एक विशिष्ट सांस्कृतिक चेतना में परिलक्षित होता है। दूसरे शब्दों में अनुभव का 'कॉन्टेंट' चाहे जैसा हो, महत्त्व इस चीज़ का है कि वह चेतना के किस धरातल और रूप में एक व्यक्ति से जुड़ता है। उदाहरण के तौर पर मनुष्य का अतीत एक सार्वभौमिक अनुभव है; पश्चिम में वैसा ही, जैसा भारत में; किन्तु व्यक्ति और अतीत के बीच एक विशिष्ट जुड़ाव, एक सांस्कारिक सम्बन्ध जिससे 'स्मृति' का जन्म होता है—यह इतिहास का विषय नहीं, संस्कृति का प्रश्न है। आश्चर्य नहीं, एक भारतीय उपन्यासकार इस प्रश्न के दबाव को बहुत तीव्रता से महसूस करे, एक कवि से कहीं अधिक, क्योंकि उपन्यास की कथ्यात्मक गति सीधी समय और कृति के साथ जुड़ी है। आश्चर्य यही है कि उपन्यास ही वह क्षेत्र है, जहाँ हमने इस दबाव की सबसे अधिक अवहेलना की है। भारत में अनेक उपन्यास लिखे गए हैं; हर साल लिखे जाते हैं—मनोवैज्ञानिक उपन्यास, यथार्थवादी उपन्यास, आंचलिक उपन्यास—लेकिन स्वयं 'उपन्यास' की समस्या पर विचार, उसके जातीय फ़ॉर्म का अन्वेषण, हमने नहीं के बराबर किया है।

इस स्तर पर उपन्यास की समस्या हमारी समूची संस्कृति के विश्लेषण से जुड़ी है। यहाँ हमें मनुष्य और मनुष्य के बीच सम्बन्धों के अदृश्य, संश्लिष्ट, परम्परा और स्मृति में उलझे असंख्य सूत्रों को टटोलना होगा, जो पश्चिम के बुर्ज़ुआ, द्वंद्वात्मक, ऐतिहासिक सम्बन्धों से बहुत अलग हैं। उपन्यास समय के भीतर बहता है; किन्तु घटनाओं में बहता समय—जो पात्रों को एक स्तर से दूसरे स्तर पर विकसित और परिवर्तित करता है—क्या हमारा 'समय' है? क्या यह ज़रूरी है कि पहले पन्ने पर जो व्यक्ति दिखाई दे, उसकी नियति, बीच की घटनाओं के घात-प्रतिघात द्वारा, अन्तिम पृष्ठ पर उद्‌घाटित हो? क्या ऐसा नहीं है कि मनुष्य की नियति कहीं दूर समय-बिन्दु पर न होकर उसके भीतर अन्तर्निहित है—'एपिक' के पात्रों की तरह और बीच की घटनाएँ उस नियति को महज़ धीरे-धीरे आलोकित करती जाती हैं? हर पात्र समय के दौरान उस नियति पर पहुँचता नहीं, बल्कि बार-बार एक वृत्त में घूमता हुआ उसी के पास लौटता है, जहाँ से शुरू होता है?

ये सब प्रश्न एक दूसरा रास्ता दिखाते हैं, जो यूरोप की 19वीं शती तक की उपन्यास-विधा से बिलकुल भिन्न है। प्रूस्त और जॉयस ने पश्चिमी उपन्यास की शिल्प-विधा को अन्धी गली मानकर छोड़ दिया था। वे एक ऐसी आत्म-सजग ऐतिहासिक चेतना की चरम सीमा पर पहुँचकर अपनी स्मृति के शाश्वत समय की तरफ़ मुड़े थे—19वीं शती की बुर्ज़ुआ, ऐतिहासिक क्रम को छोड़कर उन्होंने उपन्यास की विधा को तोड़ा था। कितना बड़ा व्यंग्य है कि जिस विधा को छोड़कर वे अतीत और स्मृति की तरफ़ आए थे, हम ख़ुद आज उस ज़मीन को छोड़कर बरसों से एक ऐसी विधा से चिपके हैं, जो शुरू से ही हमारे सांस्कृतिक अनुभव, हमारी स्मृति और संस्कार, समय और विकास के प्रति हमारी विशिष्ट मर्यादा के प्रतिकूल और अयोग्य रही है।

हम अक्सर 'गोदान' के बारे में कहते हैं कि 'वह एक उत्कृष्ट उपन्यास है, लेकिन...' बरसों से हम इस 'लेकिन' के आगे अपने धुँधले असन्तोष के कारण ढूँढ़ते हैं। यहाँ तक कि 'गोदान' के अंग्रेज़ी संस्करण तैयार करते समय हम अनेक ऐसे प्रसंग, पात्र, घटनाएँ छोड़ देना उचित समझते हैं, जो उपन्यास की 'मूल कथा' को कमज़ोर बनाते हैं, उसके नैसर्गिक प्रवाह को अवरुद्ध करते हैं। किन्तु इस तरह की काट-छाँट से उपन्यास की मूल कमज़ोरी दूर नहीं हो जाती; क्योंकि वह कमज़ोरी अनावश्यक घटनाओं या पात्रों में न होकर स्वयं 'गोदान' की समूची

औपन्यासिक संरचना के केन्द्र में विराजमान है। यह कमज़ोरी उस फ़ॉर्म में निहित है, जो प्रेमचन्द ने होरी जैसे जीवन्त, अपनी सुख-पीड़ा में सतत प्रवहमान जैसे पात्र पर आरोपित की है। एक तरफ़ प्रेमचन्द की गहन अन्तर्दृष्टि है जो 'गोदान' के पात्रों ने उन्हें दी है, दूसरी तरफ़ 'एक ऐसी बनी-बनाई विधा' को अपनाने की मोहजनक सुविधा है, जिसका इन पात्रों के संस्कारों, व्यक्तित्व, जातीय अनुभवों—उनकी जीवनधारा से कोई सम्बन्ध नहीं। यह एक सृजनात्मक चुनौती थी जब प्रेमचन्द रूसी उपन्यासकारों की तरह 19वीं शती के 'परम्परागत' औपन्यासिक ढाँचे को छोड़कर या उसे परिवर्तित करके एक ऐसी कथ्यात्मक, नैरेटिव विधा का अन्वेषण करते, जो होरी की नियति और मर्यादा, उसकी हताशा और नैतिकता के अनुकूल अपना निजी 'कलात्मक स्पेस' निर्धारित कर सकती। यह इसलिए भी ज़रूरी था, क्योंकि घटनाओं के प्रति होरी का सम्बन्ध वैसा द्वंद्वात्मक, समय-अनुशासित नहीं है, जैसा पश्चिम के उपन्यास-पात्रों का साधारणत: होता है। जब हम पहली बार उपन्यास में होरी को देखते हैं, तो हमें एक झलक में उसकी अन्तिम नियति का आभास मिल जाता है—एक एपिक-पात्र की तरह उसकी नियति एक वाक्य, एक संकेत, एक उड़ती हुई प्रतिक्रिया में अन्तर्निहित है। कितना भिन्न है होरी का चरित्र पश्चिम के क्लासिक उपन्यास-पात्रों से, जो एक घटना से दूसरी घटना की तरफ़ बढ़ते हुए अपने को उद्घाटित करते हैं! एक आयाम को छोड़कर नितान्त नया गुणात्मक रूप से भिन्न आयाम ग्रहण करते हैं! इसका यह मतलब नहीं कि समूचे उपन्यास में होरी बदलता नहीं, या अलग-अलग मौक़ों पर उसकी प्रतिक्रियाएँ नहीं बदलतीं; किन्तु यह बदलाव, ये अलग-अलग प्रतिक्रियाएँ वास्तव में एक स्थिर चरित्र की विभिन्न अभिव्यक्तियाँ हैं—वह चरित्र नहीं बदलता, उसके 'चित्र' बदलते हुए भी एक आयामी धुरी पर क़ायम रहते हैं—एक ऐसे वृक्ष की तरह, जो हवा के थपेड़ों से कभी झुकता है, कभी सिर उठाता है, लेकिन अपनी ज़मीन नहीं छोड़ता। वह पात्र, जिसका जीवन किसी पश्चिमी उपन्यास में नहीं मिलता, क्या उसी पश्चिमी उपन्यास की विधा उसके जीवन के लिए अनुकूल थी? क्या यही कारण नहीं है कि बरसों से हम 'गोदान' को एक मिश्रित प्रतिक्रिया में प्रस्तुत और महसूस करते आए हैं—गर्व और संकोच के मिले-जुले भाव में—एक उत्कृष्ट उपन्यास—लेकिन...?

इस 'लेकिन' के आगे हम पुन: उस बिन्दु पर लौट आते हैं जहाँ से हर विधा का सृजनात्मकपूर्ण परीक्षण शुरू होता है। यह एक जोखिमपूर्ण एडवेंचर है,

क्योंकि एक ऐसा क्षण आता है, जब अनुभव और विधा के बीच अन्तर्विरोध किसी सुविधाजनक समझौते से नहीं सुलझाया जा सकता। उपन्यास के क्षेत्र में यह जोखिम और भी बढ़ जाता है; क्योंकि वह इतिहास और कविता के बीच एक ऐसे स्थल की खोज है, जहाँ तर्कशील, आत्म-सजग चेतना, विचारों और विश्वासों द्वारा नहीं बल्कि स्मृति और सांस्कृतिक अनुभवों में साँस लेती है। कविता की तरह वह भाषा और बिम्बों में उतनी ही डूबी है, जितनी डूबने के बाद बाहर समय में अपने अनुभवों को परिभाषित करने को आतुर।

एक आधुनिक भारतीय लेखक के लिए यह जोखिम और भी अधिक विकट है। उपन्यास जैसी विधा के लिए उसे एक पश्चिमी लेखक की ही तरह आत्म-सजग और तर्कशील होना होगा, किन्तु इस विधा की सीमाओं पर उसे एक निर्वैयक्तिक, ग़ैर-ऐतिहासिक, 'मिथक-सम्पन्न अँधेरी' स्मृतियों को उजागर करना होगा। उन्हें उजागर करने के लिए ख़ुद इस 'अँधेरे' में डूबना होगा। यह समूचा कार्यकलाप, यह एडवेंचर किसी आलोचनात्मक, बौद्धिक योजना द्वारा नहीं, शुद्ध कल्पनाशील अनुभवों के बीच होगा। फ़ॉर्म का निर्माण नहीं, सृजन होता है। इसी 'कल्पनाशीलता' के आधार पर टॉल्स्टॉय 'रूसी समाज का दर्पण' बने थे, अपने ऐतिहासिक, बौद्धिक ज्ञान के कारण नहीं।

इतिहास और मिथक, समय और स्मृति—इन दो उजले-अँधेरे छोरों के बीच भारतीय उपन्यास जिस ज़मीन को समेटेगा, उसके लिए जिस 'फ़ॉर्म' को ढूँढ़ना होगा, वहाँ उस ज़मीन पर भारतीय लेखक न शुद्ध रूप के दर्शक रहेगा—एक विदेशी, उपन्यासकार की तरह—न पूर्ण रूप से भोक्ता, एक औसत भारतीय की तरह। वह न तो इस अर्थ में एक अलगावग्रस्त (alienated) बुर्ज़ुआ लेखक बन पाया है जो अपने अलग आत्मसजग व्यक्तित्व के बाहर अपने अतीत, स्मृतियों और संस्कारों से अलग रह सके, न इन संस्कारों और स्मृतियों से इतना अविच्छिन्न रूप से जुड़ा है कि बाहर के अलगाव, अपने दो सौ वर्षों के यूरोपीय अनुभव से अर्जित आत्म-चेतना की उपेक्षा कर सके। वह बाहर भी है, भीतर भी, वैयक्तिक है तो निर्वैयक्तिक भी, समय से आक्रान्त है तो इतिहास का अतिक्रमण करने का मिथक-बोध भी उसमें है। इन दोनों पाटों के बीच अन्तर्द्वंद्व और इतिहास की इस जातीय विडम्बना का दबाव हम जितनी तीव्रता से महसूस कर पाएँगे, उतना ही हमारा यह एडवेंचर प्रामाणिक और अर्थपूर्ण हो सकेगा।

साहित्य और लेखक की आस्था

अभी भी हम युद्धोत्तर विश्व के भयभीत वातावरण में रह रहे हैं, पर साथ ही हम अपने भयभीत होने पर किंचित् शर्मिन्दा भी हैं; क्योंकि युद्ध समाप्त हुए एक लम्बा अरसा बीत चुका है और मृतक दफ़न हो चुके हैं। उन दिनों लेखकों को उद्वेलित करने वाले कुछेक साहित्यिक मसले भी, मसलन विशुद्ध कला, साहित्य की अपनी कलापरक स्वायत्तता, व्यक्तिगत सम्बन्धों की पवित्रता के बारे में ब्लूम्सबरी की-सी आस्था जैसे सवाल, हम इन सभी को छोड़ चुके हैं। हम मृतकों के बीच जीवित बचे हुए लोग हैं, इसलिए हमारी अचकचाहट में एक तरह का नादान आत्मविश्वास भी जुड़ा है कि जो कुछ 'मृतक' के रूप में दफ़न हो चुका है, वह हमारे ज़माने के लिए स्वयमेव अप्रासंगिक हो जाता है।

लेकिन उन 'प्रेतों' से कैसे जान छुड़ाई जाए जो हमें सताते रहते हैं? वे हमें इसलिए सताते हैं कि साहित्य में 'कला के लिए कला' जैसे तिरस्कृत सवाल भी विज्ञान की स्थापनाओं की तरह एक बार 'ग़लत' साबित हो जाने पर हमेशा-हमेशा के लिए छोड़े नहीं जा सकते, क्योंकि साहित्य में ऐसा कुछ भी अन्तिम रूप से सही या ग़लत प्रमाणित नहीं किया जा सकता। एक पीढ़ी जिस सवाल को दफ़न कर चुकी है, वही दूसरी पीढ़ी में भिन्न परिस्थितियों में नये सिरे से

प्रासंगिक नहीं हो जाएगा, ऐसा नहीं कहा जा सकता। जो कुछ भी साहित्य में एक बार जीवन्त रूप में रहा है, वह साहित्य में कभी मरता नहीं; और जब हम किसी चीज़ को मुर्दा घोषित कर दफ़ना देते हैं, तो उसके भीतर बची रह गई ज़िन्दगी की धुकधुकी चारों तरफ़ ख़ुद हमारी बनाई हुई दीवारों पर दस्तकें देने लगती है, और तब तक शान्त नहीं होती जब तक हम उसे स्वीकृत अथवा विमोचित न कर लें।

हर युग में हर लेखक इस 'दरवाज़े पर दस्तक' को, पिछले युग की अवशिष्ट आत्माओं की गुहार को सुनता है, लेकिन सुनकर भी प्राय: चुप बैठा रहता है; क्योंकि द्वार खोलने का अर्थ होगा इन सवालों को पुन: जीवित मान लेना, इनके औचित्य की तलाश में लगना—'मैं लिखता क्यों हूँ?'...'मैं क्या रचता हूँ?' दूसरे शब्दों में, रचना-कर्म में लेखक की आस्था कोई पूर्वनिश्चित या स्वत:प्राप्त चीज़ नहीं है, बल्कि उसकी पुष्टि और औचित्य की संसिद्धि साहित्य की चौहद्दी के बाहर अपेक्षित होती है।

विरोधाभास यह है कि यह 'बाहर की गुहार' ऐन उन्हीं लेखकों की प्रतिबद्धताओं को सप्राण करती है जो इस आह्वान पर बाहर निकलने की ख़ातिर ख़ुद अपनी साहित्यिक प्रतिबद्धताओं का बलिदान करने को तत्पर हैं। काफ़्का अपनी कृतियों को नष्ट करवा देना चाहते थे; क्योंकि अन्त तक उन्हें यह भरोसा नहीं हो सका कि साहित्यिक मूल्यवत्ता के अलावा भी इन कृतियों का कोई और मूल्य है भी या नहीं; दरअसल उनके साहित्यिक गुण-दोष का सवाल इस पर निर्भर था कि उन्हें साहित्यिक क्षेत्र के बाहर के मूल्यों से भी 'वैध' ठहराया जा सकेगा या नहीं? और चूँकि उनकी मूल तलाश कुछ और थी, साहित्य 'रचने' की नहीं, इसलिए उन्होंने जो साहित्य रचा, वह हमारे युग का सबसे विश्वसनीय और महत्त्वपूर्ण साक्षी सिद्ध हुआ।

अक्सर कला और मूल्यों के तनाव का समाधान करने में समझौतापरक और रूढ़ तरीक़ा अपना लिया जाता है। कला के अन्तर्निहित मूल्यों को इस हद तक दुर्बल कर दिया जाता है कि साहित्य ख़ुद अपने मूल स्वरूप में विद्रूप बन जाता है। उदाहरण के तौर पर लेनिन का यह कथन कि 'साहित्य महज़ जनता की सेवा करने का उपकरण है', या सार्त्र की यह स्थापना कि 'साहित्य-रचना स्वयं ही एक नैतिक कर्म है'—ये दोनों रुख़ साहित्य और मूल्यों की समस्या को सुलझाते नहीं, उससे कतराकर निकल जाते हैं। निश्चय ही ये दोनों रुख़ वे लोग

अपनाते हैं जो कला में कलात्मक आग्रहों के अलावा भी कुछ देखना चाहते हैं। पर ये रुख़ मूल समस्या का सीधे-सीधे सामना करने की बजाय उससे पलायन करते हुए दीखते हैं—एक, रचना-कर्म को किसी अन्य लक्ष्य का साधन मात्र मानकर; दूसरा, स्वयं रचना-कर्म और लक्ष्य को एक मानकर। इनमें से किसी ने भी कला और मूल्यों के तनाव को इनकी शर्तों पर हल करने की कोशिश नहीं की, जैसी किसी समय टॉल्स्टॉय ने की थी।

समय के साथ-साथ कला और नैतिक विश्वासों के रूढ़ मुहावरों की चमक ख़त्म होती गई, और बौद्धिक समझौतेबाज़ी का तिरस्कार हुआ, लेकिन मूल समस्या का महत्त्व कभी नहीं घटा। वस्तुतः दरवाज़े पर दस्तक और तेज़ तथा ज़्यादा आग्रही होती गई। सरल समाधानों से असन्तुष्ट आधुनिक लेखक को स्वयं अपना अनुभव ही अपनी कला की एकमात्र सच्ची कसौटी प्रतीत हुआ। इसका एक दुष्परिणाम यह हुआ कि साहित्य शुद्ध अनुभवों के छोटे-से क्षेत्र में सिकुड़ गया, जहाँ वह बाहरी दुनिया की विकृतियों से अक्षुण्ण रह सके। लेकिन 'बाहरी दुनिया' मौजूद थी और उसे नकारा नहीं जा सकता था। इस चेतना ने नववाम कहे जानेवाले उस वैकल्पिक दृष्टिकोण को जन्म दिया जिसने साहित्य में अनुभव की सार्थकता से इनकार नहीं किया, लेकिन मात्र उसे ही महत्त्वपूर्ण कला की कसौटी मानने से इनकार किया। इसकी बजाय इसने आज की 'प्रतिबद्ध' प्रवृत्ति के अनुसार अनुभव की परख एक विचारधारा की शर्तों पर करनी चाही, जो कला की अपनी अर्थवत्ता या प्रासंगिकता को सिद्ध करे।

ऊपरी तौर पर ये दोनों दृष्टिकोण—निजी अनुभव की प्रामाणिकता एक तरफ़ और साहित्य के प्रति रेडिकल सैद्धान्तिक रुख़ दूसरी तरफ़—निरापद और स्वतःपूर्ण प्रतीत हुए, लेकिन इन दोनों के बीच मौजूद बंजर दायरे पर मँडराती अपूर्णता की भावना स्पष्ट देखी जा सकती थी। यह दायरा शुद्ध अनुभव द्वारा नहीं उबारा गया और तार्किक विचारधारा भी इससे कतराकर निकल गई; यह था : 'आस्था (या विश्वास) का दायरा।' अनुभव के ताने-बाने में आस्था अपरिहार्य रूप से बुनी हुई होती है, मगर फिर भी वह उससे परे, उसके पार जाती है। पर यह 'उस पार' या 'परे' न तो अनुभव की कुंजी देता है, न उसके रहस्य को भेदने या उसकी जाँच करने की कसौटी, जबकि विचारधारा यह करने का दावा करती है; आस्था अनुभव के बाहर का उत्तर नहीं है, हालाँकि वह खंड-खंड, अलहदा

अनुभवों में से एक सुसंगत अर्थ निकालने के लिए उनके बीच सम्बन्ध-सूत्रों की जी-तोड़ तलाश करती है। इसकी कोशिश वह कर सकती है; क्योंकि वह अनुभव के परे 'देख' सकती है, लेकिन इसमें समर्थ नहीं होती, क्योंकि वह ख़ुद लेखक के अनुभवों का अंग है और उनसे कभी भी पूर्णत: विलग नहीं हो सकती। केवल एक आत्मसंशयी आस्था, सन्देह में अधडूबी आस्था कुछ हद तक किसी लेखक को अपने अनुभवों का अर्थ मापने में समर्थ बना सकती है; जैसा कि दोस्तोएव्स्की ने ईश्वर में स्वयं अपनी आस्था पुष्ट करने की कोशिश में, ईश्वर के अस्तित्व में सन्देह करनेवाले पात्र किरिलोव की रचना की थी। यह ऐसा है, जैसे किरिलोव के अनुभवों के ज़रिये दोस्तोएव्स्की अपनी सन्देह में डूबी 'आस्था' के 'उस पार' जाकर ईश्वर में विश्वास करना चाह रहे थे।

अत: आस्था विश्वास करने की इच्छा है। किसी चीज़ में विश्वास करने का अर्थ है : यह विश्वास करने की इच्छा करना कि उस चीज़ का अस्तित्व है और यह इच्छा मान्यता से नहीं, सन्देह से निकलती है। इस कारण कोई कलाकृति अपने-आपमें नैतिक कर्म नहीं है, जैसा कि सार्त्र का आशय प्रतीत होता है, बल्कि उसकी नैतिकता सन्देह और विश्वास के घात-प्रतिघात में, उसकी परम द्वैधता में निहित होती है। यह विश्वास एक धार्मिक विश्वास से बहुत भिन्न है। वहाँ ईश्वर के अस्तित्व में विश्वास की इच्छा स्वयं आस्था से इतने घनिष्ठ रूप में जुड़ी है कि एक को दूसरे से अलग नहीं किया जा सकता। ऐसा कोई विश्वास वास्तविक है या काल्पनिक, यह प्रश्न अप्रासंगिक है। अर्थ को पुष्टि की आवश्यकता नहीं होती। ("यदि आप मुझसे पूछें कि मैं 'क़यामत' में उस अर्थ में विश्वास करता हूँ या नहीं, जिस अर्थ में धार्मिक व्यक्ति क़यामत में विश्वास करता है, तो मैं उस व्यक्ति का प्रतिवाद नहीं कर सकता।" —विटगेंस्टाइन)

इस प्रकार धार्मिक मनुष्य को विश्वास का कवच प्राप्त रहता है। यह कवच कुछ वैसा ही है, जैसा एक सिद्धान्तकार 'युक्तिपरक विश्व-दृष्टि' के ज़रिये प्राप्त करता है। वह 'हाँ' भी करता है, 'नहीं' भी, और हालाँकि चुनाव करने में काफ़ी पीड़ा और यंत्रणा हो सकती है, लेकिन वह जानता है कि कब वह अपने विश्वास से भटक रहा है। स्वयं यह ज्ञान ही एक तरह का उद्धार है, जिस अर्थ में समस्त ज्ञान 'उद्धार' होता है। विश्वास करने के पहले, इर्द-गिर्द के 'केऑस' में अर्थ खोजने की अभिलाषा में जो चीज़ इतनी नाजुक या असुरक्षित लगती थी,

वही इस ज्ञान या विश्वास के बाद जैसे ठोस और अन्तिम रूप ले लेती है, एक ऐसी चौकन्नी आँख बन जाती है जो चौकसी करती है और चुन सकती है; और यह उद्धारक साधन का भी काम करती है, क्योंकि एक बार जब कोई व्यक्ति एक निर्णायक अथवा ईश्वर के आगे नत होने की अन्तिम यंत्रणा झेल चुकता है, वह उस तमाम यंत्रणा से मुक्त हो जाता है। जो बहुविध, परस्पर विरोधी विकल्पों के चयन में उसे होती है, वह उस ज़मीन को जान लेता है जहाँ वह खड़ा है और जब वह नाकाम होता है, तब भी वह किसी शून्य में नहीं, बल्कि अपने को सँभालनेवाली ज़मीन पर गिरता है।

अब जब हम साहित्य, या व्यापक रूप में कला को लेते हैं तो प्रक्रिया ठीक इसकी उलटी हो जाती है। लेखक अपने निजी अनुभवों, शिक्षा या सम्बन्धों के ज़रिये एक ख़ास विश्वास-समुच्चय अर्जित कर सकता है और उनसे वह एक काफ़ी सुसंगत एवं एकीकृत मूल्य-निर्णय-संहिता भी बना सकता है। लेकिन इसकी कोई गारंटी नहीं है कि रचना की प्रक्रिया में ये मूल्य-निर्णय नितान्त झूठे और नक़ली नहीं साबित हो जाएँगे। अत: धार्मिक आस्था जहाँ जीने की प्रक्रिया में चरितार्थ और पुष्ट होती है, लेखक की आस्था उसके कल्पना-मंच पर अपनी सारी वैधता खो दे सकती है, बल्कि बिलकुल सन्देहास्पद और झूठी हो जा सकती है। ऐसा इसलिए नहीं होता कि उसके विश्वास (या आस्थाएँ) विभ्रमित अथवा असत्य हैं, बल्कि इसलिए कि जब एक विश्वास लेखक की नीति-संहिता अथवा विचारधारा (जिसे हेगेल 'छद्म चेतना' कहते थे) के सुरक्षात्मक कवच से छिनगाया जाता है तो उसकी मुठभेड़ दूसरे अनुभवों, दूसरे विश्वासों से होती है जो उसे पूर्णत: निरस्त कर दे सकते हैं या इतना बदल दे सकते हैं कि वह पहचाना ही न जा सके। लेखक का विश्वास रचना की प्रक्रिया में ही कल्पना के ख़तरनाक ज्वार-भाटे में स्थानान्तरित हो जाता है, जहाँ वह तैर सकता है, अपने पूर्वग्रहों और छलों से विमुक्त हो सकता है, विभिन्न अनुभवों से उपजी विरोधी लहरों के असंख्य आघातों में पड़ सकता है और इसी प्रक्रिया में या तो वह विश्वास मर जा सकता है या उसका कायाकल्प होने पर वह वैसा ही असुरक्षित एवं द्वैधपूर्ण बन जा सकता है, जैसा कि वास्तव में वह पहले था—अपूर्ण, द्विधापूर्ण और पीड़ायुक्त।

सभी महत्त्वपूर्ण कलाकृतियाँ इस अन्तर्विरोध का अहसास कराती हैं—एक ओर लेखक की विश्वास करने की इच्छा, और दूसरी ओर 'छद्म चेतना' के

ख़िलाफ़ उसका संघर्ष जो विश्वासों को जन्म देती है। जितनी गहराई से कोई लेखक इस अन्तर्विरोध को जानता है, 'स्वयं अपने विश्वासों पर सन्देह' से शुरू करता है। उसकी कृति 'ज़िन्दगी के कारोबार' के उतने ही क़रीब होगी, वस्तुतः कला को जीवन से विलगानेवाली सीमाएँ घुलती प्रतीत होने लगती हैं, 'दरवाज़े पर दस्तक' सुनाई देने लगती है, कहीं बाहर से नहीं बल्कि ख़ुद कला के केन्द्रस्थल से।

कहा जाता है कि फ्लॉबेयर ने 'युद्ध और शान्ति' के कुछ शुरुआती अध्याय पढ़ने के बाद कहा कि 'यह तो कला नहीं, जीवन है'; यह बात उन्होंने तारीफ़ में नहीं कही थी, क्योंकि फ्लॉबेयर और उसके समकालीन फ्रांसीसियों के तईं 'कला' एक ऐसी चीज़ थी जिसे रचना पड़ता है, जो जीवन के अस्त-व्यस्त विसंगत तत्त्वों को दिया जानेवाला रूप है। टॉल्स्टॉय ठीक उलटी दिशा से कला की ओर गए—उस अराजकता (केऑस) की तरफ़ जो व्यवस्था के नीचे छाई रहती है, उन ऐतिहासिक निर्णयों की तरफ़ जो मनमाने और नियमहीन हैं, उन नैतिक विकल्पों की तरफ़ जो हमारे अन्दरूनी आवेगों द्वारा निर्धारित होते हैं।

जीवन की प्रतीयमान अर्थहीनता को देखकर ही लेविन ने कहा था कि हमारे नैतिक कार्यों के शायद कोई कारण नहीं होते और उनके परिणाम होने भी ज़रूरी नहीं। बाद के वर्षों में जब टॉल्स्टॉय 'कार्य-कारण' मानने लगे, वह लेविन के कष्टदायक संशयों को बहुत पीछे छोड़ चुके थे—लेकिन तब वह कला को भी छोड़ चुके थे। वह कभी यह नहीं मान पाए कि अन्ना कैरेनिना व्रोंस्की या लेविन की ज़िन्दगियों में जो 'सत्य' उन्होंने उद्घाटित किया था, वह उनकी ऐन्द्रिक अन्तर्दृष्टियों से अपरिहार्य रूप से जुड़ा था; कि वह कलापरक दृष्टि के नाते ही ऐसे अतीन्द्रियदर्शी यथार्थ के साथ अपने पात्रों के नैतिक संशयों को उघाड़ सके थे। वह इस नग्न तथ्य से भड़क उठते कि हम उनके परवर्ती दार्शनिक लेखों से अधिक उनकी शुरुआती 'कलापरकता' के ज़रिये ही नैतिकता के स्वरूप और पाप व मृत्यु का अन्तःसत्य बेहतर रूप में जान पाते हैं। जब मैं 'कलापरक' शब्द (जिससे टॉल्स्टॉय घृणा करते थे) इस्तेमाल करता हूँ तो मैक्स रैफ़ेल की परिभाषा के अर्थ में ही, जो टॉल्स्टॉय पर पूरी तरह लागू होती है। मैक्स रैफ़ेल के अनुसार कलापरक दृष्टिकोण निर्लिप्त होता है अर्थात् उसका अपनी इन्द्रियों या अन्तर्दृष्टि के ज़रिये संसार को आत्मसात् करने और उससे एकाकार होने के अलावा और कोई उद्देश्य नहीं होता। महत्त्वपूर्ण यह नहीं है कि हमारी कलादृष्टि को जागृत

करनेवाला संसार का वह ख़ास अंश कैसा दीखता है, महत्त्वपूर्ण है सम्पूर्ण को देखना। इस तरह से कि हम अपने समस्त क्षणिक, व्यक्तिगत लगावों को और आसपास की चीज़ों के हक़ीक़तपन को भी भूल जाएँ, ऐसा अनुभव हमें तुष्टि और पवित्रता देता है; क्योंकि उसमें हमारे अपने-आपके साथ या दुनिया के साथ संघर्षों का समाहार होता है।

मैंने टॉल्स्टॉय का इतना लम्बा तज़किरा इसीलिए किया है कि मेरी राय में, टॉल्स्टॉय की द्विविधा उस समस्या की तह तक जाती है जो कलात्मक कल्पना को विश्वास करने की इच्छा से जोड़ती है। इसियाह बर्लिन की नज़र में टॉल्स्टॉय के व्यक्तित्व का विचित्र गुण ऐन्द्रिक अहसासों तथा सर्वग्राही समीकृत दृष्टि पाने की इच्छा के बीच का संघर्ष है, लेकिन यह संघर्ष टॉल्स्टॉय तक ही सीमित नहीं है, यह एक बुनियादी तनाव है जो सभी कलाकृतियों में अन्तर्निहित है। हर लेखक कमोबेश अपने भीतर इस अन्तर्द्वंद्व से मथित होता है। प्राय: ही हम टॉल्स्टॉय की तरह अपने विश्वासों को अपने अनुभवों पर हावी होने देकर, या फिर अनेक आधुनिक लेखकों की तरह अनुभव को ही अपनी कल्पना पर पूर्णत: आरूढ़ होने देकर इस तनाव को ढीला करने के लोभ में पड़ जाते हैं, दोनों दशाओं में कलाकृति की 'हमारे अपने साथ अथवा संसार के साथ' संघर्षों का समाहार करने की क्षमता की गम्भीर क्षति होती है।

टॉमस इलियट ने एक बार कहा था कि 'हम क्या हैं'—यह हम तभी जान सकते हैं, जब हम यह जान लें कि हमें क्या होना चाहिए, लेकिन हमें क्या होना चाहिए, यह तभी जाना जा सकता है जब हमें ज्ञात हो कि हम क्या हैं। 'कला की हर महत्त्वपूर्ण कृति' मनुष्य जैसा है, वह स्पष्ट करके 'उसे कैसा होना चाहिए' के दायरे को आलोकित करती है; लेकिन ज्योंही हम 'वह क्या है' के केन्द्रबिन्दु तक पहुँचते हैं, 'कैसा होना चाहिए'—यह समझने में समर्थ होने लगते हैं। इस तरह जिसे हमने पहले 'विश्वास' (या आस्था) का दायरा कहा है, वह लेखक के कलात्मक अनुभव से अलग नहीं रह जाता, उसी में अदृश्य रूप से विलय हो जाता है।

यहाँ तक पहुँचते-पहुँचते हम 'धार्मिक विश्वास की अकाट्यता' से मुड़कर कुछ अधिक तरल और द्वैध धरातल पर आ गए हैं, जो एक साथ अधिक धुँधला भी है और अस्थायी भी, जहाँ विश्वास के केन्द्र में सन्देह का कीटाणु रहता है, जिसे विटगेंस्टाइन ने 'आधा चाक्षुष अनुभव, आधा ख़याल' कहा है।

लेखक के ऐसे प्रवहमान, अस्त-व्यस्त और आत्म-संशयी उपकरण—'आधा अनुभव और आधा ख़याल'—को लेखक की विश्व-दृष्टि या उसकी विचारधारा कहना भ्रामक होगा। दुर्भाग्य से लूकाच यही करते दीखते हैं। उनके अनुसार लेखक के विश्वास (विश्वास को विचारधारा मानने की ग़लती में) प्रतिक्रियावादी हो सकते हैं, पर वह अपने कलात्मक यथार्थवाद के ज़रिये उन पर विजय पा सकता है। लेकिन सन्देह में डूबा विश्वास (जैसे दोस्तोएव्स्की का ईश्वर में विश्वास) ख़ुद आलोचनात्मक चेतना की ओर क़दम अगर ऐसा विश्वास उसे वह अन्तर्दृष्टि पाने में मदद दे जिससे महान कला जन्म लेती है तो यह अप्रासंगिक हो जाता है कि वह प्रतिक्रियावादी है या प्रगतिशील। जैसा कि मैंने पहले संकेत किया, नक़ली विश्वास रचना-प्रक्रिया में नष्ट हो जा सकते हैं, लेकिन उनके नष्ट होने में कला की अर्थवत्ता नहीं है, यदि वैसा होता तो उन सोवियत लेखकों की वे सारी किताबें, जिनमें झूठी विचारधाराओं को 'सकारात्मक' नायक इतनी आसानी से निरस्त कर देते हैं, हमारे समय की सबसे यथार्थपरक कृतियाँ होतीं। लूकाच उनकी अवहेलना करके व्यंग्यात्मक और द्वैधपूर्ण आस्थावाले टॉमस मान जैसे बुर्ज़ुआ लेखक की कलात्मक यथार्थवाद की ऊँचाइयाँ मापने में लगते हैं। इससे लूकाच की विचारधारा का अन्तर्विरोध स्पष्ट हो जाता है।

मेरी मंशा कलात्मक सर्जन की प्रक्रिया में विचारधारा की भूमिका को कम करना नहीं है। दुर्भाग्य से न केवल 'प्रतिबद्ध' आलोचकों ने, जिन्होंने 'विचारधारा' शब्द को इसके मार्क्सवादी अर्थ के विपरीत मात्र दुराग्रह बना दिया है, बल्कि उन 'अनुभव पंथ' अनुयायियों ने भी इसे विकृत किया है जो मान बैठे हैं कि साहित्य मात्र का जन्म ऐन्द्रिय जाल (सोलर-प्लेक्सस) से होता है, जिसका विचार से कोई नाता नहीं है। दरअसल विचारधारा की भूमिका को इन दो अतिसरलीकृत दृष्टिकोणों में घटा देना ज़रूरी नहीं। साहित्य और विचारधारा, दोनों का आपसी रिश्ता अधिक जटिल और अप्रत्यक्ष है, क्योंकि विचारधारा में प्रविष्ट होनेवाली सामाजिक चेतना के तत्त्व लेखक की कल्पना के लिए सर्वथा अपरिचित हो सकते हैं, लेकिन वे इतने सशक्त भी हो सकते हैं कि उसके निजी विश्वासों को प्रभावित कर दें। दूसरे शब्दों में, निर्णायक ऐतिहासिक क्षणों में लेखक का विश्वास (या आस्था) समकालीन विचारधाराओं और लेखक की भीतरी दुनिया के बीच एक पुल और उनके घात-प्रतिघात का दर्पण, दोनों हो जा सकते हैं।

स्तान्द्हाल के लेखन में विश्वास आत्मपरक अनुभव का अंग तो है लेकिन पूरी तरह नहीं है, वहाँ यह घात-प्रतिघात अपने चरम रूप में देखा जा सकता है।

हाल के वर्षों में विचारधाराओं का मोह टूटने से लेखक किसी भी तरह की आस्थाओं (या विश्वासों) से ही डर गया है, जैसे विश्वास किसी अजीब तरीक़े से उसकी रचनात्मक आज़ादी को क़ैद कर देंगे या उसके अनुभव की पवित्रता को नष्ट कर देंगे। विचारधारावादी और अनुभववादी, दोनों एक ही तरह आस्था से आतंकित जान पड़ते हैं। दोनों को ही मनुष्य के विवेक या उसकी नैतिक मान्यताओं पर गहरा सन्देह है। हमारे समय के प्रमुख कवि बोरिस पास्तरनाक का उदाहरण लें तो आसानी से स्पष्ट हो जाएगा कि उनकी कविता उनकी नैतिक चेतना से परिप्लावित थी और इस स्तर पर एक दोहरी चुनौती देती थी—एक तो उनके अपने देश की विचारधाराओं को जिन्होंने अनुभव की तीक्ष्णता को एक कठमुल्लेपन में अवमूल्यित कर दिया था, दूसरी ओर पश्चिम के उन बीटनिक कवियों को जिन्होंने हरेक अनुभव को अपनी क्षुद्र उत्तेजनाओं का रूप दे दिया था। यह उचित चुनौती थी; क्योंकि नैतिक चेतना से रहित कोई भी विचारधारा साहित्य पर उसी तरह बोझ है जिस तरह वह 'अनुभव पंथ', जो मादक द्रव्यसेवित सपने ही उकसा सकता है, महान कविता को जन्म नहीं दे सकता।

दरअसल हम ऐसे अजीब ज़माने में रह रहे हैं जब लेखक और कलाकार संत्रस्त प्राणी-से लगते हैं। गोया हम किसी कट्टर सिद्धान्त के या अनुभव के या टेक्नोलॉजी के अलग-अलग उपवनों में अधिक सुरक्षित महसूस करते हैं। कभी-कभार ही हरज़ोग (सॉल बैलो का उपन्यास 'नायक') जैसा कोई पात्र सावधानी को ताक पर रखकर तमाम चौहद्दियाँ तोड़ने लायक़ ताक़त बटोरता है और अँधेरे में छलाँग लगाता है, जिसके 'हाँ' के पीछे 'नहीं' का अँधेरा है लेकिन हरेक 'नहीं' में 'हाँ' का अपना प्रकाश भी है। 'हाँ' और 'नहीं' के विश्वास और सन्देह का यह द्वंद्व यूलिसिस में माली के अन्तिम, उन्मत्त एकालाप के सम्पूर्ण अनुभव-जगत् में व्याप्त है, और जब वह अपने जिये हुए सब कुछ के लिए 'हाँ' कहती है, तो वह विश्वास करने की अदम्य पिपासा की अभिव्यक्ति ही है जो एक धर्मावतार की तरह, जन्म से मृत्यु तक के सम्पूर्ण वृत्त को परिशुद्ध, पुष्ट स्वीकृत करती है। इस बिन्दु पर लॉरेंस की तरह अपने अनुभव को चेतना के ख़िलाफ़ हथियार की तरह इस्तेमाल करना अनावश्यक हो जाता है।

बल्कि यहाँ अनुभव स्वयं एक सचेत कर्म और साथ ही एक तरह की प्रार्थना बन जाता है।

इस विवेचन के बाद हम आधुनिक भारतीय लेखन के केन्द्रबिन्दु पर ही नहीं, बल्कि उसमें बैठे उस कीड़े तक पहुँच जाते हैं जिसने पिछले पचास वर्षों में हमारे साहित्य की सारी जीवनी-शक्ति सोख ली है। कोई भी हम भारतीयों पर यह आरोप नहीं लगा सकता कि हम विश्वास करनेवाले लोग नहीं हैं। हम दरअसल लगभग हर चीज़ पर विश्वास करते हैं, सिर्फ़ साहित्य को छोड़कर। अपने विश्वासों के ज़रिये साहित्य-'सेवा' की हमारी एक परम्परा रही है, पर साहित्य स्वयं स्वतंत्र रूप में विश्वासों का वाहक हो, इसमें हमारी ज़्यादा आस्था नहीं है। यही कारण है कि हमारा साहित्य शासन-सत्ता को कभी सशक्त चुनौती नहीं दे सका; जैसी चुनौती 19वीं सदी में और एक हद तक आज भी रूसी साहित्य देता रहा है। अतिसरलीकरण का ख़तरा उठाकर भी यह कहा जा सकता है कि जहाँ पश्चिम की टेक्नोलॉजिकल संस्कृति में साहित्य कमोबेश रूप में नैतिक दबाव और सन्दर्शों से प्राय: विलग एक स्वायत्त गतिविधि बन चुका है, वहाँ दूसरी ओर भारतीय साहित्य उन सब चीज़ों का अनुचर बना हुआ है जिनमें हम विश्वास करते हैं—एक स्वतंत्र संवाहक नहीं, बल्कि अधिकतर उन अन्य विषयों का उपजीव्य जो हमारे दैनिक जीवन में पहले से धँसे हुए हैं। हमारे देश में साहित्य ऐसी संकोचजनक स्थिति में है, एक भीड़-भरे कमरे में घुसने की स्थिति में, जहाँ उसके लिए कोई जगह नहीं है और उसे या तो धर्म या समाजशास्त्र या हमारी रूढ़ नैतिकता के साथ, बारी-बारी से उनकी सेवा करते हुए, आधी कुर्सी पर बैठना होता है।

पश्चिम में यदि साहित्य अन्य दूसरे पेशों की तरह ही एक 'पेशा' बनकर रह गया है—जैसा कि सॉल बैलो ने सखेद स्वीकार किया है—जीवन और मनुष्य की नियति से मूलभूत लगाव जिसके ख़त्म हो गए हैं, तो भारत में यह हमारे बहुविध लगावों में इतना डूबा हुआ है कि एक स्वतंत्र कल्पनापरक कर्म के रूप में इसका अलग स्थान ही सन्दिग्ध है।

समस्या 'कलात्मक भावना' को अलग-थलग करके फिर उदात्त बनाने और उसका कायाकल्प करके कलाकृति का रूप देने की नहीं है, न ही हमें ऐसी कोई प्रक्रिया अपनानी चाहिए जो साहित्य को एक तरह की स्वायत्त गतिविधि के रूप में वर्गीकृत कर दे और हमें उसी अन्तर्विरोध में ले जाए जिसने आज

के टेक्नोलॉजिकल समाज के साहित्य को संत्रस्त कर रखा है। समस्या यह है कि एक सम्पूर्ण समाज में सृजन-कल्पना की भूमिका का पुनराविष्कार किस तरह किया जाए!

लूकाच ने एक भारतीय लेखक से इंटरव्यू के दौरान यह आशा व्यक्त की थी कि आधुनिक भारतीय साहित्य को, अपनी सामाजिक स्थिति के सन्दर्भ में, कमोबेश उन्हीं समस्याओं से जूझना पड़ सकता है जिनकी छाप 19वीं सदी के रूसी साहित्य की आत्मा में है। यह नहीं कि वे हमारे साहित्य में टॉल्स्टॉय या दोस्तोएव्स्की की खोज कर रहे थे; बल्कि वे साहित्य की केन्द्रीय भूमिका पर बल दे रहे थे ताकि वह मनुष्य के विवेक को वाणी दे सके।

लेकिन मनुष्य का विवेक बनने के पूर्व साहित्य को स्वयं अपने विवेक की छानबीन करनी पड़ेगी। विचारधाराओं (वे कितनी ही क्रान्तिकारी क्यों न हो), या कि परिपाटीगत विश्वासों (वे हमारे समाज में कितने ही गहरे क्यों न धँसे हों) की रखैल बनने की बजाय स्वतंत्र संवाहक बनना होगा। यदि पश्चिम में आज समस्या कलात्मक कल्पना के मूल्य और प्रासंगिकता को ढूँढ़ने की है, जो कि इस हद तक 'स्वायत्त' हो गई है कि अपनी जड़ों से कट गई है, तो भारतीय साहित्य की समस्या इसकी ठीक उलटी है—बने-बनाए मूल्यों, वैचारिक रहस्यीकरणों और नैतिक पूर्वग्रहों के सारे बोझ से मुक्त होने की, जिसने कि कलात्मक कल्पना को प्राणवान बनानेवाली मूल प्रेरणा को ही कुंठित कर दिया है।

सृजन में सौन्दर्य और नैतिकता

अपनी लिखी हुई चीज़ों के बारे में ही लिखना एक हताश और दूभर क़िस्म का धंधा है, एक हद तक परजीवी काम, क्योंकि वह 'काम' न होकर उन गड़े मुर्दों को उखाड़ना है, जिनका रस और जीवन हम आख़िरी बूँद तक अपनी रचनाओं में पहले से ही निचोड़ चुके होते हैं। उन्हें दुबारा रोशनी में लाना कुछ इसी तरह असम्भव है, जैसे एक ख़ास लम्हे के पीछे उन औसत अनुभवों की तलाश करना जो एक बार किसी विशेष तरतीब में केन्द्रित होकर दूसरे लम्हे तक जाते-जाते बिखर जाते हैं। कविता या कहानी केन्द्रित होने का क्षण है, और बिखरकर एक बेलौस धारा में खो जाना जीने की मजबूर शर्त। यदि अपने 'रचना-संसार' को परिभाषित करने का मतलब इन दो प्रक्रियाओं को जोड़ना है, तो वह लगभग नाकाम कोशिश है, क्योंकि जैसे ही हम केन्द्रित होते क्षण को उघाड़ना चाहेंगे, बहती हुई ज़िन्दगी के औसत अनुभव (जिनकी सूखी हड्डियों से केन्द्रित क्षण की आत्मा बनती है) आँखों से ओझल हो जाएँगे। दूसरी तरफ़ इन बहते अनुभवों का विश्लेषण करने की कोशिश में एक जगह ठहरे हुए वे सूत्र और संकेत हाथ से फिसल जाएँगे, जो इन अनुभवों को तरतीब देते हैं, जिनके सहारे हम किसी रचना की जन्मकुंडली बनाते हैं।

अतः मैं अपनी कहानियों को अपने निजी अनुभवों से जोड़ भी लूँ, तो भी उनके माध्यम से उन कहानियों के मर्म, उनकी पहचान, उनकी शुरुआत और अन्त के बीच फैली भूल-भुलैया—एक शब्द में कहूँ, तो कहानी की हैसियत से कहानी की नियति को नहीं खोल सकता। आलोचना अपने सर्वोत्तम सृजनात्मक क्षणों में किसी रचना के सत्य को खोल सकती है, लेकिन यह 'सत्य पर्दे को उघाड़ना नहीं है जिससे भेद नष्ट हो जाता है, बल्कि इस भेद की रक्षा करना है।' वॉल्टर बेन्यामिन ने यह बात धार्मिक सत्य के बारे में कही थी, किन्तु मुझे लगता है, वह रचना के अन्तर्निहित मर्म को उजागर करने के लिए भी उतनी ही अनिवार्य है।

कहानी का सत्य मेरे जीवन-अनुभवों से ऊपर है, अलग है, हालाँकि जिस ख़ास तरतीब में वे कहानी में पिरोए जाते हैं, जिस लय में मुखरित होते हैं—उसके कारण वह अनुभव की तात्कालिकता, खंडित और धुँधली झलकियों, अधूरे हिचकिचाते क़दमों की सीमाओं का अतिक्रमण कर लेता है, लेकिन उन्हें छोड़ता नहीं, छोड़कर किसी दार्शनिक या धार्मिक सत्य के शाश्वत लोक में नहीं चला जाता। वह केवल हमारे अनुभव को उसकी चरम नियति तक ढो लाता है और इस ढोने की यात्रा में ख़ुद कविता, या कहानी इतनी बदल जाती है, कि वह ख़ुद एक अनुभव, सौन्दर्य की स्वतंत्र सत्ता, एक सम्पूर्ण आत्मकेन्द्रित इकाई जान पड़ती है।

जान पड़ती है, सचमुच में होती नहीं। लेखक का यह विश्वास कि उसकी रचना अपनी इकाई में स्वतंत्र है, एक बार लिखी जाने पर उसके व्यक्तित्व के कोटरों, उसके अनुभव-खंडों से सर्वथा मुक्त हो गई है, उतना ही भ्रामक है जितना दूसरे सिरे पर जाकर यह सोचना कि वह महज़ उसके अनुभव-खंडों की ही परिमार्जित उपज है—उसके ऊपर, उससे अलग, उसकी अपनी कोई निजी सत्ता नहीं।

कोई भी रचना न पूर्ण रूप से स्वतंत्र है, न पूर्ण रूप से उपज, बल्कि जिस सँकरे दरवाज़े से लेखक ख़ुद नहीं गुज़र सकता, उसकी रचना अपने को एक अदृश्य छाया-सी उस दरवाज़े के अनुकूल समेटकर रास्ता बना लेती है। समेटने की प्रक्रिया में उस अदृश्य ईश्वर का जन्म होता है जिसे हम रूप कहते हैं, उस छाया को गति और प्राण देता और एक मांसल प्रवाह देता हुआ।

यह सँकरा दरवाज़ा क्या है, जिसके सामने हर बार कुछ भी लिखते समय ठिठक जाना पड़ता है? मुझे हमेशा वह अपना अतीत, अपनी भूली हुई स्मृतियाँ, उन स्मृतियों में गुम्फित लीकों का जाल जान पड़ता है—समय की धारा में ठहरे हुए संकेत और सूत्र, जिनका ज़िक्र मैंने ऊपर किया था। वे अन्तहीन प्रतीक्षा में दरवाज़े पर ताले की तरह पड़े रहते हैं—और जब कोई अनुभव, कोई तनाव, कोई तर्क और उस तर्क को दिवालिया बनानेवाली असह्य चुनौती सामने आकर 'खुल सम-सम' का जादू मंत्र कह डालती है, तब ताला हिलता है, दरवाज़ा खुल जाता है और कच्चे-पक्के अनुभव, धूल और पसीने में लथपथ हमारी दैनिक, औसत अनुभूतियाँ अपने को समेट देहरी लाँघकर उस 'गुफा' में दाख़िल हो जाती हैं, जिसे हम लेखक का 'रचना-लोक' कहते हैं।

इसलिए महत्त्वपूर्ण मेरे लिए अनुभव नहीं, स्मृति का वह झरोखा है जिसमें से गुज़रकर वे कहानियाँ बनते हैं। हर रचना एक तरह से सिंहावलोकन है। 'हवा' में उड़ते, आसपास मँडराते, अनुभव-खंडों में किसको पकड़ पाता हूँ, किसको जानबूझकर छोड़ देता हूँ, किसको सहज गुज़र जाने देता हूँ, यह महज़ संयोग पर निर्भर नहीं करता, न ही यह मेरी कलात्मक दक्षता, या चालाक पकड़ पर निर्भर करता है, बल्कि जब तक उन अनुभव-खंडों को मेरे भीतर का जादू-मंत्र, शून्य पर गड़े स्मृति-संकेत अपने पास नहीं बुलाते, मैं उनका कोई फ़ायदा नहीं उठा सकता। उनकी कभी कोई कहानी नहीं बनती।

ज़रूरी नहीं कि अगर कोई अनुभव स्मृति के इस घेरे में आ जाता है, तो वह सचमुच सार्थक, अच्छी या सफल कहानी में परिणत हो सकेगा (यहाँ, और सिर्फ़ यहाँ, उस दक्षता, उस चालकी, उस 'कनिंग' की ज़रूरत है, जिसका उल्लेख जॉयस ने किया था), किन्तु हर कहानी की शुरुआत, या उसे शुरू करने की लिप्सा इसी बुलावे के आग्रह—स्मृति द्वारा अनुभव को आमंत्रित करने और अनुभव द्वारा स्मृति का दरवाज़ा खटखटाने की प्रार्थना से शुरू होती है।

इस दोतरफ़ा प्रार्थना को फ्रांज काफ़्का ने आह्वान या बुलावे की संज्ञा दी थी। वह एक जगह अपनी डायरी में लिखते हैं :

> ऐसा बिलकुल सोचा जा सकता है कि ज़िन्दगी का गौरव अपनी समूची सम्पूर्णता में हममें से प्रत्येक व्यक्ति की प्रतीक्षा कर रहा है, लेकिन वह कहीं बहुत गहरे में, अदृश्य, आँखों से ओझल है। वह ज़रूर वहाँ है और वह सहानुभूतिशून्य नहीं है, अनिच्छुक नहीं है, बधिर नहीं है। अगर तुम उसे सही शब्द, सही नाम से बुलाते हो, तो वह आएगा। यह जादू का मर्म है कि वह बनाता नहीं, बुलाता है।

मुझे यह लगता है कि जिस 'गौरव' को बुलाने के लिए काफ़्का ने सही शब्द, सही नाम की कुंजी निर्देशित की है, एक लेखक के लिए वह अन्य कुछ न होकर उस रूपाकार की खोज है, जो अदृश्य, दूर, आँखों से ओझल होने के बावजूद हमारी प्रतीक्षा कर रही है—और यह कुंजी ठीक बैठती है या नहीं, यह नाम और शब्द ग़लत है या सही, इसका निर्णय स्वयं हमारी जीवन की विषय-वस्तु, उसकी घटनाओं और उन घटनाओं के साथ हमारी मुठभेड़ में छिपा रहता है। हम इस अजीब नतीजे पर पहुँचते हैं—जो ऊपर से विरोधाभास जान पड़ता है लेकिन है नहीं—कि हम जो कुछ जैसा भी जीते हैं, हर मोड़ पर जो निर्णय लेते हैं, या निर्णय लेने से कतराते हैं, हमारा साहस, ऊहापोह और हमारी कायरता के सब क्षण वे अदृश्य कसौटी हैं, जिसके द्वारा हम किसी रचना के भीतर छिपे ईश्वर—उसके रूपाकार, उसके गौरव को बुलाते हैं, उससे साक्षात्कार करते हैं। हर रचना का रूपाकार लेखक के जीवन की विषय-वस्तु द्वारा निर्धारित होता है और चूँकि यह विषय वस्तु समय के तक़ाज़ों, चुनौतियों और निर्णयों के तन्तुजाल से बनी है, स्वयं रूपाकार की खोज अपने जीवन में नैतिकता, सही शब्द, सही नाम की खोज से जुड़ जाती है।

क्या यह वह बिन्दु नहीं है जहाँ एक लेखक सौन्दर्य की रचना एक अभिजात 'एस्थीट' की तरह नहीं करता है, बल्कि स्वयं रचना-सौन्दर्य को एक नैतिक संघर्ष की यातना के असीम गौरव में बदल देता है?

यहाँ मैं अन्ना आख़्मातोवा की एक कविता का उदाहरण देना चाहूँगा, जिसे उन्होंने अपने देश के आतंक-काल में लिखा था :

ख़ामोश दोन ख़ामोशी से बहती है
पीला चाँद घर में चला जाता है
वह टोपी तिरछी किये जाता है
पीला चाँद छाया को देखता है
यह औरत बीमार है
यह औरत अकेली है
क़ब्र में पति
पुत्र कारागृह में
मेरे लिए प्रार्थना करो।

इस कविता के बिम्ब अपने भीतर से खोदकर निकाले गए हैं। लेकिन जिस मिट्टी से उन्हें तराशा गया है, वह और कुछ नहीं, बाहर का यथार्थ है, जो चारों तरफ़ फैला है—आकारहीन, भीमकाय, तर्क की दुनिया से परे। कौन-सी चीज़ उसे आकार देती है, उसे अपनी निजी पीड़ा से परे खींचकर एक सामूहिक स्मृति की ओर ले जाती है, जहाँ यह यथार्थ तर्कहीन, आकारहीन नहीं रहता, बल्कि एक ऐतिहासिक दस्तावेज़ में बदल जाता है? यह चीज़ और कुछ नहीं, वह संघर्ष है, जिसका ज़िक्र मैंने ऊपर किया है—अपने व्यक्तिगत, अकेले अनुभव को एक ऐसी स्मृति में बदलने का संघर्ष, जिसमें सबका साझा है, जो अदृश्य होते हुए भी सबकी चीज़ है, जिससे कोई भी रचना 'मिथ' की सार्वलौकिकता ग्रहण कर पाती है।

वे लोग, जो कलाकार से प्रतिबद्धता की माँग करते हैं, अक्सर यह आशा करते हैं कि वह अपने को 'सामूहिक अनुभव' के साथ जोड़ेगा—जबकि यह असम्भव है; क्योंकि हर लेखक अपने अनुभव में नितान्त अकेला है, लेकिन दूसरी तरफ़ वे 'एस्थीट' आलोचक, जो कलाकार की प्रतिबद्धता का विरोध करते हैं—उसे महज़ एक राजनीतिक मतवाद समझकर टाल देते हैं—अक्सर भूल जाते हैं कि लेखक चाहे अपने अनुभव में अकेला हो, अपनी स्मृति में नहीं, जो अनुभव को 'बुलाती' है,

उसे रचना में बदलती है—जिसकी सामूहिकता के घेरे में हर कलाकार दूसरों से जुड़ा है। अकेले अनुभव से सामूहिक स्मृति की तरफ़ जाने की यह यात्रा है, जो न केवल अन्ना आख़्मातोवा के रचना-लोक को आलोकित करती है, बल्कि उस व्यवस्था को भी, जिससे वह रचना-लोक बँधा है। महत्त्वपूर्ण चीज़ यह है कि स्वयं इस कविता को सौन्दर्य व्यक्तिगत यातना और नैतिकता के उस नक़्श को तैयार करता है, जिसके केन्द्र में दोनों—कवि और सामाजिक यथार्थ—आमने-सामने खड़े हैं। एक को दूसरे से अलग करते ही समूची कविता का संघटन, उसके रूप की पवित्रता, बिम्बों की प्रासंगिकता—एक शब्द में यदि कोई ऐसा शब्द है तो—कविता का नैतिक सौन्दर्य छिन्न-भिन्न हो जाएगा।

यह अद्‌भुत चीज़ है कि पिछले वर्षों में साहित्य से ये दोनों शब्द—नैतिकता एक तरफ़, सौन्दर्य दूसरी तरफ़—धीरे-धीरे लुप्त होते गए हैं; जबकि कला का मूल आधार जिसे हम भाव-आवेग, 'पैशन' कहते हैं, हमेशा इन दो तत्त्वों के तनाव भरे सन्तुलन से उत्पन्न होता है। क्या किसी लेखक के रचना-कर्म और संघर्ष को इन दो तत्त्वों से अलग करके देखने की चेष्टा उस बौद्धिक विलासिता का लक्षण ही नहीं है जो हमें बुद्धिजीवी लेखक बनने का 'गौरव' तो देता है, लेकिन कलाकार के अनिवार्य जोखिम से छुटकारा दिला देता है?

साहित्य में प्रासंगिकता का प्रश्न

पिछले दिनों प्रेमचन्द की प्रासंगिकता पर जो धुआँधार बहस हुई है, उससे जो भी निष्कर्ष निकले, एक बात जो स्पष्ट होकर आई है, वह यह कि प्रेमचन्द प्रासंगिक हों या नहीं, स्वयं 'प्रासंगिकता' के बारे में हमारे यहाँ कोई स्पष्ट नहीं है। प्रेमचन्द अब पुराने पड़ गए हैं, प्रेमचन्द कभी पुराने नहीं पड़ सकते—इन दो चरम विरोधी मतों के पीछे मूल्यांकन के कोई अलग-अलग निकष नहीं दिखाई देते (यदि ऐसा होता तो बहस अधिक जीवन्त और मूल्यवान हो पाती)। खुले-छिपे शब्दों में मूल्यांकन की एक ही कसौटी मान ली गई है—साहित्य की सामाजिक उपादेयता—और चूँकि इस शब्द उपादेयता में कुछ पुराने फ़ैशन की, 'कुत्सित समाजशास्त्रीयता' की गंध आती है, इसलिए उसे प्रयोग करने में हम थोड़ा-सा हिचकते हैं, उसके बदले प्रासंगिकता या सार्थकता-जैसे आधुनिक शब्द इस्तेमाल करते हैं, किन्तु मूल्यांकन के पीछे आग्रह वही है, प्रेमचन्द क्या आज हमारे लिए 'उपयोगी' हैं? यदि हैं, तो वह प्रासंगिक हैं, नहीं हैं, तो नहीं। यह बात किसी को अजीब या आश्चर्यजनक नहीं लगती कि समूची बहस प्रेमचन्द के लेखन से हटकर साहित्य के प्रति हमारी सामाजिक धारणाओं पर आकर अटक गई है।

यहाँ मेरी मंशा प्रेमचन्द की प्रासंगिकता पर बहस करने की नहीं है, उनके बहाने स्वयं 'प्रासंगिकता' जैसे प्रश्न पर विचार करने की है। इसका बड़ा श्रेय भी शायद प्रेमचन्द को जाता है कि स्वयं उनके लेखन ने इस प्रश्न को इतना विवादास्पद बना दिया है, जो ऊपर से इतना सरल और सीधा जान पड़ता है। तुलसीदास या शेक्सपियर को हम आज भी इतना चाव से पढ़ते हैं, किन्तु उनके बारे में यह जिज्ञासा नहीं उठती कि वे आज भी क्यों हमारे लिए इतने प्रासंगिक हैं? प्रेमचन्द के बारे में तो हम यह कहकर छुट्टी पा सकते हैं (जैसा एक विज्ञ आलोचक ने एक टेलीविज़न-वार्ता में कहा था) कि वह आज भी हमारे लिए प्रासंगिक हैं, क्योंकि उनके समय की समस्याएँ कमोबेश वही हैं, जिनसे हम आज जूझ रहे हैं—हालाँकि इस पर विश्वास करना ज़रा कठिन है। क्या सचमुच ऐसा है कि हमारे समाज की स्थिति, किसान का अन्दरूनी अन्तर्द्वंद्व, सामाजिक रिश्तों का स्वरूप यथावत् वैसा है, जैसा प्रेमचन्द के समय में था? किन्तु यदि एक क्षण के लिए हम इस अद्‌भुत धारणा को स्वीकार भी कर लें तो हमें एक दूसरे अद्‌भुत निष्कर्ष को भी स्वीकार करना होगा, कि यदि हमारे समाज की स्थिति बदल जाती, प्रेमचन्द के ज़माने से थोड़ा भिन्न हो जाती, तो प्रेमचन्द हमारे लिए अप्रासंगिक हो जाते। शायद विज्ञ आलोचक इस निष्कर्ष को स्वीकार न करना चाहेंगे, किन्तु यदि वह प्रेमचन्द की प्रासंगिकता को समाज के बाहरी खूँटों से बाँधेंगे तो उनका तर्क उन्हें घसीटता हुआ इसी निष्कर्ष पर लाकर छोड़ेगा! इस तर्क की भयावह परिणति यह होगी कि आज हमारे लिए तुलसीदास, इंग्लैंड के लिए शेक्सपियर और सोवियत समाज के लिए टॉल्स्टॉय अप्रासंगिक हो जाने चाहिए, क्योंकि जिन स्थितियों और 'समस्याओं' की अभिव्यक्ति उनके साहित्य में मिलती है, उनका हमारे युग की स्थितियों और समस्याओं से कोई लेना-देना नहीं।

यदि यह निष्कर्ष निगलना असम्भव जान पड़े, तो हमें अपना तर्क बदलना होगा। साहित्य में प्रासंगिकता की कसौटी बाह्य 'सामाजिक परिस्थितियों' में नहीं, कहीं अन्यत्र ढूँढ़नी होगी। यही नहीं, हमें आगे जाकर स्वयं कला में 'उपादेयता' या 'उपयोगिता' जैसे शब्दों को छोड़ना होगा, न छोड़ना चाहें तो उनका पुन:परीक्षण करना होगा—इस प्रश्न का उत्तर देना होगा कि कैसे एक कलाकृति नितान्त विभिन्न सामाजिक व्यवस्थाओं, अलग-अलग युगों की प्रतिकूल नैतिकताओं और विश्वासों के बावजूद और उनके बीच अपनी प्रासंगिकता क़ायम रख पाती है।

एक शब्द में कहें तो हमें कम-से-कम कला के क्षेत्र में स्वयं 'प्रासंगिकता' के बारे में नये सिरे से सोचना होगा।

ज़रा ध्यान से देखें, तो हम पाएँगे कि 'प्रासंगिकता' शब्द से ही समय की गंध आती है। समय जो आज है, आज जो हम हैं, हम जो आज हैं—आप कुछ भी कह लें, कोई भी कलाकृति, चाहे वह कितनी ही पुरानी क्यों न हो, समय की अनन्त धारा में इस क्षण अटके हुए 'मैं' को कितना आलोकित कर पाती है, उसकी प्रासंगिकता इस कसौटी पर आँकी जाती है। दूसरे शब्दों में कहें, तो प्रासंगिकता के मूल में यह प्रश्न पूछा जाता है कि क्या कोई कलाकृति अपने में इतनी शक्ति, इतनी सामर्थ्य, इतनी सर्वांगीण सम्पन्नता रखती है कि अपने समय की विशिष्ट परिस्थितियों से उठकर 'छलाँग लगाकर' हमारे समय तक पहुँच पाती है? समय बहता है। अतीत कहीं बहुत पीछे छूट गया है। इतिहास के इस सतत प्रवहमान, सतत परिवर्तनशील सन्दर्भ में एक कलाकृति आज मेरे लिए सिर्फ़ एक अर्थ में (दूसरा कोई अर्थ नहीं है) प्रासंगिक हो सकती है कि वह समूचे इतिहास की नोक पर एक बार फिर—अपनी पूरी तात्कालिकता, तन्मयता और तीव्रता के साथ मेरे आज के चेहरे को स्वयं मेरे लिए अपने भीतर जगाकर पूछ सके—मैं कौन हूँ? महर्षि रमण जो प्रश्न अपने साधकों से पूछते थे, वही प्रश्न एक प्रासंगिक कलाकृति हर युग के पाठक या श्रोता से स्वयं उसकी भाषा में पूछती है। वाल्मीकि का काव्य या एलोरा की मूर्तियाँ हमारी दुनिया को भेदती हैं, उनके साक्षात् से हम एक क्षण के लिए भूल जाते हैं, किन सामाजिक परिस्थितियों, किस ऐतिहासिक क्षण में उनका सृजन हुआ था; देश और काल की सीमाओं का उल्लंघन करते हुए हम अपने को एक ऐसी दुनिया में पाते हैं, जो आत्मलीन है, पूर्ण रूप से स्वायत्त है। वह हमें उद्वेलित करती है, किन्तु हमारे ऐतिहासिक पूर्वग्रहों, मर्यादाओं, नैतिक विश्वासों द्वारा अनुशासित नहीं होती। कला की यह अद्भुत विडम्बना है कि विशिष्ट सामाजिक स्थिति में जन्म लेने पर भी मनुष्य द्वारा सृजित होने के बावजूद वह मानवीय स्थिति की बन्दी या ऐतिहासिक सीमाओं की ग़ुलाम बनकर नहीं रह जाती।

कला की इस रहस्यमय विडम्बना को कुरेदने का प्रयास अनेक आलोचकों ने किया है। उनमें से कुछ का यह विचार कि कला की शाश्वत प्रकृति ही उसे हर समय और युग के लिए प्रासंगिक बनाती है, मुझे बहुत अविश्वसनीय और भ्रामक जान पड़ता है। यदि एक कलाकृति अपने में ऐतिहासिक समय का अतिक्रमण

करती है, तो इसका मतलब यह नहीं कि वह समय की चिरन्तनता को—किसी अपरिवर्तनशील शाश्वत सत्य को—उपलब्ध कर लेती है। सच पूछा जाए, तो कला में शाश्वत कुछ भी नहीं होता, क्योंकि उसमें कुछ भी सम्पूर्ण रूप से अन्तिम (फ़ाइनल) नहीं होता। अन्तिम सम्पूर्णता का प्रतीक ईश्वर हो सकता है, कला नहीं। यह नहीं कि कोई पेंटिंग, कविता या कहानी अपनी संरचना (फ़ॉर्म) में सम्पूर्ण नहीं होती, उसकी सम्पूर्णता ही हमें एक अनोखे क़िस्म की संकेन्द्रित तन्मयता देती है, जो हमें किसी अन्य स्रोत से प्राप्त नहीं होती। किन्तु इसका अभिप्राय यह नहीं कि उसने किसी अन्तिम सत्य, किसी समाधान को प्राप्त कर लिया है। कला में फ़ॉर्म का सम्बन्ध मनुष्य के सत्य से नहीं, कलाकार की आकांक्षा से जुड़ा रहता है। कोई कविता इसलिए समाप्त नहीं होती कि कवि ने सत्य उपलब्ध कर लिया है, बल्कि इसलिए कि उसने उसके भीतर अपनी आकांक्षा को समेट लिया है। शायद इसी अर्थ में वॉल्टर बेन्यामिन ने लिखा था कि 'सत्य आकांक्षा की मृत्यु है'। एक बार सत्य पा लेने के बाद कविता जीवित नहीं रहती, क्योंकि उसमें प्राण स्फुरित करनेवाली आकांक्षा ही मुरझा जाती है। यह संयोग नहीं है कि जो लेखक अपनी रचनाओं में 'शाश्वत सत्य' से कम कुछ भी स्थापित नहीं करना चाहते, वे अपनी रचनाओं की तात्कालिक प्रासंगिकता भी खो देते हैं।

अत: कला में यदि कोई चीज़ 'शाश्वत' है, तो यही आकांक्षा—समय और व्यक्ति से बँधी हुई, अधूरी और अनिश्चित, इतिहास की गर्द और आत्मा की गर्दिश में लिपटी हुई—जो कलाकृति में अचानक एक सम्पूर्णता, एक अर्थ, एक्सटेसी का आलोक, एक निर्वैयक्तिक तटस्थता, एक समयहीनता प्राप्त कर लेती है। चूँकि कोई कलाकृति अपने सत्य में सम्पूर्ण नहीं है, इसलिए हर युग का मनुष्य उसके भीतर अपने सत्य की प्रासंगिकता खोज निकालता है। यह इसलिए कि इस धरती पर, समूचे सौरमंडल में मनुष्य सबसे ज़्यादा अधूरा प्राणी है—इसलिए 'पूरा होने' की आकांक्षा उसके भीतर एक चिरन्तन ज़ख़्म की तरह खुली रहती है। पशुओं को जो ग्रेस प्रकृति के सान्निध्य से प्राप्त होता है और देवदूतों (एंजल्स) को जो उज्ज्वलता ईश्वर के पास होने से मिलती है, मनुष्य इतना अभागा है कि दोनों से वंचित होकर वह एक अभिशप्त अलगाव में ठिठुरता रहता है। मनुष्य का लावारिस अलगाव और अधूरापन कोई आधुनिक, पश्चिम-बोध की देन नहीं है—वह मनुष्य के मनुष्यत्व के बीच एक कीड़े की तरह विद्यमान है, धरती पर उसके महज़ 'होने' के बोध में निहित है।

उसकी समूची मिथक संरचना, धर्म-विधान, ईश्वर-कल्पना और—हमारे समय में सम्पूर्ण क्रान्ति का स्वप्न इसी अभिशप्त अनाथावस्था छुटकारा पाने का गौरवपूर्ण, ट्रैजिक और बीहड़ प्रयास है। कला यदि इनसे अलग है, तो इसलिए नहीं कि वह इस अधूरेपन के पाप से मुक्ति पाने का स्वप्न नहीं देखती—यह स्वप्न और आकांक्षा ही तो उसकी सतत प्रासंगिकता के केन्द्र में है—फ़र्क़ केवल इतना है (और यह बुनियादी अन्तर है)—कि यह स्वप्न कहीं बाहर और परे न होकर स्वयं उसकी सृष्टि, उसकी फ़ॉर्म, उसकी संरचना में सन्निहित है। वह चाहे हज़ार पृष्ठों का ऐपिक हो, या चार पंक्तियों की कविता—वह अपने भीतर अर्थ के जिस स्पेस को घेरती है, उसी में हम अपने अधूरेपन का अतिक्रमण कर लेते हैं। उसके भीतर ही—शब्दों के विशिष्ट तन्तुजाल में वह गरमाई है, जहाँ पहुँचते ही हम एक क्षण के लिए अकेलेपन की ठिठुरन से छुटकारा पा जाते हैं।

कला की यह द्विविधात्मक प्रकृति—किसी शाश्वत सत्य को न अभिव्यक्त करते हुए भी अपने में सम्पूर्ण आत्मलीन और स्वयंसिद्ध होना बहुत महत्त्वपूर्ण है। वह सम्पूर्ण है, किन्तु चारों तरफ़ से खुली हुई है, किसी अन्तिम सत्य के ताले में बन्द नहीं है, यह एक ऐसी चीज़ है, जो कला को इतनी शक्ति देती है कि वह हर तानाशाही आइडियोलॉजी को चुनौती दे सके। आइडियोलॉजी से आक्रान्त जिस युग में हम रहते हैं—वहाँ हमेशा यह कोशिश की जाती है कि सत्य को किसी मत, किसी वाद, किसी झूठे-सच्चे आदर्श, किसी यूटोपिया की मरीचिका से नत्थी किया जा सके। इसके विपरीत कला अपने असीम खुलेपन के द्वारा हर आइडियोलॉजी के बने-बनाए 'सत्य' को खटखटाती है, हमें बाध्य करती है कि हम ऐतिहासिक भ्रमों की कुहेलिका से मुक्त होकर अपनी स्थिति को अतीत और आज और भविष्य के समूचे प्रवाह के भीतर आँक सकें। 'इलियड' और 'महाभारत' में हम मनुष्य की नियति को—उचित और अनुचित, धर्म और अधर्म, सम्भव और असम्भव को—इसी अनन्त प्रवाह में देख पाते हैं। किन्तु इस प्रकार की झलक अलग-अलग रूपों में हमें क्या हर महत्त्वपूर्ण कलाकृतियों में नहीं दिख जाती? 'महाभारत' पढ़ते हुए हम यह निर्णय नहीं कर पाते कि सत्य युधिष्ठिर के पास है या कर्ण के पास—क्योंकि यह महत्त्वपूर्ण नहीं है कि सत्य किसके पास है! महत्त्वपूर्ण वह समूची बहस है जो 'महाभारत' के भीतर बहती हुई हमें एक ऐसे चमकदार बिन्दु पर पहुँचा देती है, जहाँ सत्य और अत्सत्य, धर्म और अधर्म का निर्णय स्वयं हमारे सार्थक जीने

की अनिवार्य शर्त बन जाता है; चूँकि 'महाभारत' कोई शाश्वत सत्य निर्धारित नहीं करता, इसलिए हर युग के लिए वह शाश्वत-रूप से एक प्रासंगिक जिज्ञासा का स्रोत बन जाता है। यही एक कलाकृति की प्रासंगिकता की सबसे कठोर परीक्षा और सबसे विश्वसनीय कसौटी है कि वह हमें इतिहास के सतत प्रवाह से एक क्षण के लिए बहार ले आती है ताकि हम स्वयं अपने को उसमें बहता हुआ देख सकें—एक योगी की तरह नहीं, जो धारा को असम्पृक्त भाव से देखता है; एक मार्क्सवादी चिन्तक की तरह नहीं, जो मनुष्य को धारा के भीतर ही डुबो देता है—बल्कि एक ऐसी अन्तर्दृष्टि, जिसमें मनुष्य एक साथ ही धारा का द्रष्टा भी है और उसका अंग भी—जहाँ वह समय के सतत प्रवाह के भीतर स्वयं अपनी जीवनधारा की दिशा, गहराई, उथलापन—दो शब्दों में कहें—अपनी माया और यथार्थ को चीन्हने की रोशनी पा लेता है।

कैसी रोशनी है यह जो एक कलाकृति से बाहर आती है? वह कोई सुख की रोशनी नहीं है—न सत्य की, न हमारी शंकाओं के उत्तर की। रेम्ब्राँ के चित्र में एक बूढ़ी औरत कोई जवाब नहीं है, बुढ़ापे के दुःख का—किन्तु बुढ़ापे की एक-एक झुर्री (जो सिर्फ़ रंग की रोशनी में है, कैनवस पर चिपकी हुई) हमारी—दर्शक की—गुज़रती हुई ज़िन्दगी पर कील ठोंक जाती है, प्रश्न-चिह्न की कील—और उसके दबाव-तले जब हम गैलरी या म्यूज़ियम से बाहर निकलते हैं, तब हर मनुष्य के चेहरे को एक दूसरी निगाह से देखने लगते हैं—एक ऐसी निगाह, जिसमें हमारा अनुभव रेम्ब्राँ के रंगों से जुड़ गया है, जिसमें बुढ़ापे का सत्य छिपा है, जो स्वयं मेरे सांसारिक यथार्थ को शंकालु, स्तब्ध, सन्दिग्ध बना देता है। प्रासंगिक कलाकृति वह नहीं होती है, जिसमें हर समय और स्थान में जीवित लोगों के लिए शाश्वत उत्तर या सत्य होते हैं, बल्कि, वह जो हर युग में बने-बनाए सत्यों और उत्तरों के पैटर्न को बिगाड़ देती है, भंग कर देती है, हर विश्वास को शंकालु बना देती है ताकि हम एक बार फिर अपने समय के द्वंद्वों, शंकाओं और पीड़ाओं का नया अर्थ खोज सकें। टॉल्स्टॉय के उपन्यास 'अन्ना कैरेनिना' में एक स्त्री अपने पति से विश्वासघात करती है, अपनी घर-गृहस्थी, मान-मर्यादा—यहाँ तक कि अपने बच्चे के स्नेह को ठुकराकर अपने प्रेमी के साथ भाग जाती है—फिर स्वयं प्रेम से भी हताश हो जाती है और कोई रास्ता न पाकर आत्महत्या कर लेती है। समाज की हर नैतिक कसौटी, परम्परागत मर्यादा के हर मापदंड पर वह स्त्री

व्यभिचारिणी नहीं—तो क्रूर, स्वार्थी और पुंश्चली मानी जाएगी। किन्तु उपन्यास में टॉल्स्टॉय हमारे समस्त नैतिक विश्वासों को खोखला, पंगु और पाखंडी बना देते हैं। उपन्यास पढ़ने के बाद कठघरे में अन्ना कैरेनिना नहीं, हम अपने को खड़ा पाते हैं, जहाँ प्रेम और विवाह और मानवीय रिश्तों की पवित्रता के सम्बन्ध में हमें अपने जड़ित विश्वासों को तोड़कर एकदम नये सिरे से सोचने के लिए विवश होना पड़ता है—यह उपन्यास यदि आज भी हमारे लिए घोर प्रासंगिक है तो इसलिए कि नैतिकता और सत्य और प्रेम के प्रश्न आज भी उतने ही खुले और सन्दिग्ध हैं, जितना कभी पहले थे।

रेम्ब्रॉ के चित्र? टॉल्स्टॉय का उपन्यास? मुझे डर है, इन विदेशी नामों को सुनते ही आपकी भौंहें कुछ तिरछी होंगी। मुझ पर इतनी बार 'विदेशीपन' का आरोप लगाया गया है कि इस बार जानबूझकर मैं इन विदेशी कलाकारों का उल्लेख करने का जोखिम उठा रहा हूँ। कैसे एक डच कलाकार और रूसी लेखक अपने समय की समूची परिस्थितियों, परम्पराओं, संस्कारों को लाँघकर आज मेरे लिए—20वीं शती में रहनेवाले एक भारतीय के लिए—प्रासंगिक हो सकते हैं, हम इस प्रश्न से मुँह नहीं मोड़ सकते। अब आप शायद समझ गए होंगे, क्यों मैंने इन दो विदेशी कलाकारों का उदाहरण देना ज़रूरी समझा। इसका एक उत्तर हमेशा से यह दिया जाता रहा है कि महान् कला सार्वभौमिक होती है, हर देश और समाज की सीमाओं से परे और ऊपर। मुझे यह उत्तर उतना ही असन्तोषजनक लगता है, जितना कला में शाश्वत ढूँढ़ना। क्रान्ति के फ़ॉर्मूले, मानव-मुक्ति के आदर्श, आध्यात्मिक शान्ति और सत्य पाने के सूत्र सार्वभौमिक हो सकते हैं, होते भी हैं, उनमें एक कालातीत सत्य होता है, जिसके कारण बुद्ध और ईसा और ताओ का सन्देश आज भी हमें इतना महत्त्वपूर्ण और मर्मस्पर्शी जान पड़ता है। किन्तु कला? एक कलाकृति का जादू और मर्म और रहस्य उसके सार्वभौमिक सन्देश में नहीं, उसकी नितान्त निजी, विशिष्ट बुनावट में निहित होता है, जिसमें भाषा, रंग और ध्वनियों के रेशे एक सर्वथा मौलिक, अद्वितीय सृष्टि की रचना करते हैं—और इस विशिष्ट रचना के भीतर ही एक कविता या चित्र अपना अनूठा सत्य सम्प्रेषित करते हैं। यह सत्य सार्वभौमिक नहीं है—किन्तु हर पीढ़ी का व्यक्ति इस रचना के भीतर अपने प्रासंगिक सत्य को ढूँढ़ निकालता है। कला के सत्य, और एक सामाजिक या दार्शनिक सन्देश में यह मूलभूत अन्तर है—सन्देश दूसरों की भाषा में दिया जाता है,

कला के सत्य को सिर्फ़ कलाकृति की भाषा के भीतर ही ग्रहण किया जा सकता है, उसके बाहर नहीं। 'अन्ना कैरेनिना' जैसा उपन्यास रूस की विशिष्ट, सर्वथा जातीय परिस्थिति से तो जुड़ा ही है, किन्तु जिस भाषा में वह लिखा गया, उसके संस्कार लेखक की अन्तर्दृष्टि को एक स्वायत्त क़िस्म का अनूठापन देते हैं, जो किसी अन्य परिस्थिति, अन्य भाषा, अन्य भूखंड पर असम्भव हो जाता। उपन्यास से कहीं अधिक कविता में भाषा दख़ल देती है, जहाँ कविता का अर्थ स्वयं शब्दों की विशिष्ट संरचना में साँस लेता है।

इस बिन्दु पर हम कला की प्रासंगिकता के सबसे पेचीदा, विडम्बनापूर्ण केन्द्र में पहुँच गए हैं। यदि एक कलाकृति का सत्य सिर्फ़ उसकी विशिष्ट रचना में है—यदि उसकी प्राणवत्ता उसके अनूठे वैशिष्ट्य में साँस लेती है, भाषा और जातीय स्मृतियों की धरती से अपना रूप और स्वभाव ग्रहण करती है, तो कैसे वह अलग समय में, एक विदेशी समाज में, परायी संस्कृति की अजनबी स्मृतियों में प्रवेश कर पाती है? प्रवेश ही नहीं करती, बल्कि एक विराट् रहस्योद्घाटन (रिवेलेशन)-सा करता जान पड़ती है—एक ऐसे प्रामाणिक स्तर पर—जहाँ हमें पराये विदेशी लेखक कभी-कभी अपने जातीय, भाषा के लेखकों से कहीं ज़्यादा प्रासंगिक और मूल्यवान जान पड़ने लगते हैं?

मेरी समझ में इसका एक ही उत्तर है—और वह कला की शाश्वतता या सार्वभौमिकता में नहीं—बल्कि मनुष्य की गहनतम अन्तर्चेतना के मूलभूत ढाँचे में है—जहाँ मनुष्य का समग्र अस्तित्व वास करता है। कला की अभिव्यक्ति चाहे किसी भी भाषा, रूप या जातीय स्मृति के बिम्बों में हो, वह हमेशा हमें 'अपने होने की स्थिति से साक्षात् कराती है'—और 'होने' की यह स्थिति हर समय, हर जगह एक जैसी है, जहाँ कहीं इस धरती पर मनुष्य जीवित है। यही कारण है, आज भी हम प्रागैतिहासिक मनुष्य द्वारा रचे गए गुहा-चित्रों से इतना प्रभावित होते हैं, उन्हें अपने भीतर इतना प्रासंगिक मानते हैं, यद्यपि उस गुहा-मनुष्य की भौतिक, सामाजिक अवस्था से हमारा कहीं मेल नहीं बैठता।

दूसरी तरफ़ अपनी भाषा में ही रची गई एक समकालीन रचना हमें नितान्त सूखी और ख़ाली लग सकती है—अख़बार की एक रिपोर्ट की तरह नई—जो कल बासी पड़ जाएगी। अन्ततः कला में प्रासंगिकता की समस्या ऐतिहासिक समय पर निर्भर नहीं करती, वह उन प्रश्नों से सम्बन्ध रखती है, जो समाज, संस्कृति, इतिहास

और परम्परा से जुड़कर भी कहीं सतह के नीचे समूचे मनुष्य की नियति को छूते हैं, जिन्हें न विज्ञान विश्लेषित कर सकता है, न कोई राजनीतिक सिद्धान्त अपने में समेट सकता है, क्या पाप है और क्या पवित्र, नैतिक और अनैतिक के बीच विभाजन-रेखा, हम क्या हैं और हमें क्या होना चाहिए, सुन्दर और असुन्दर—और सबसे बड़ा प्रश्न—प्रकृति और शून्य के बीच मनुष्य का अकेलापन, जिसे 'ईश्वर' की कल्पना भी दूर नहीं कर सकती, क्योंकि इस धरती पर मनुष्य ही ऐसा जीव है जो अपनी मृत्यु की अनिवार्यता से अवगत है।

ये प्रश्न महज़ 'दार्शनिक प्रश्न' कहकर नहीं टाले जा सकते, वे मनुष्य की उन बुनियादी, अन्तरतम अनुभूतियों के ढाँचे में गुँथे हैं, जो मनुष्य को दुनिया के समस्त प्राणियों से अलग करती है। जिस अँधेरे अनुभव से 'भाषा' जन्म लेती है, उसी स्रोत से इन प्रश्नों का जन्म होता है। यह नहीं, पहले भाषा जन्म लेती है—और फिर उस भाषा में इन प्रश्नों को पूछा जाता है—बल्कि भाषा का जन्म ही प्रश्नों की इस प्रसव-पीड़ा के द्वारा होता है और स्वयं ये प्रश्न मनुष्य की भाषा में ही रूपायित हो सकते हैं। एक कलाकृति सिर्फ़ मनुष्य की भाषा का सघन, एकात्म, सकेन्द्रित 'इशारा' है, वह चाहे दुनिया के किसी कोने से उठता हो, यदि वह हमारे इस ढाँचे में हलचल उत्पन्न करता है, तो वह हमारे लिए तुरन्त और तात्कालिक रूप में प्रासंगिक हो जाता है। आदि-मनुष्य से अधुनातन मनुष्य के भीतर प्रश्नों की जो ठंडी, बर्फ़ीली झील जमी रहती है, एक कलाकृति कुदाली की तरह इस पथराई, बर्फ़ को खोदकर नीचे दबी चेतना को पुनः प्रवाहित करने लगती है। हम न केवल इस प्रवाह को अपने भीतर महसूस करते हैं, बल्कि उस कविता, उपन्यास या चित्र के माध्यम से स्वयं वह प्रवाह बन जाते हैं, जो स्वयं कलाकृति की सत्ता में मौजूद है। फाकनर ने एक बार कहा था कि एक महान् उपन्यास बहते हुए समय को अपने पृष्ठों पर रोक लेता है और जब पचास-साठ साल बाद हम उस उपन्यास को पढ़ते हैं, तब रुका हुआ समय फिर बहने लगता है।

इससे हम एक अद्‌भुत निष्कर्ष पर पहुँचते हैं : एक कलाकृति अपने में आत्मलीन, स्वायत्त इकाई होने पर भी कोई स्थिर या ठहरी हुई सत्ता नहीं है—समय के चौखटों में बन्द नहीं है। वह हर पीढ़ी की आँखों में यहाँ तक कि एक ही पीढ़ी के अलग-अलग व्यक्तियों के लिए अपना अर्थ बदलती रहती है। हम किसी कलाकृति में क्या और कितना कुछ पाते हैं, यह उस कलाकृति की सर्वांगीण

अर्थवत्ता पर तो निर्भर करता ही है, किन्तु इस बात पर भी निर्भर करता है कि हर पीढ़ी का मनुष्य कितना और कैसा अनुभव लेकर उस कलाकृति के पास जाता है। हैमलेट की जो छवि एलिजाबेथ-युग के नाटक-दर्शकों के लिए थी, क्या वही छवि आज हमारे भीतर है? नाटक वही है, किन्तु उसकी प्रासंगिकता के स्थल और कोण बिलकुल बदल गए हैं। अर्जुन के संशय एक समय में केवल उसके 'मोहग्रस्त अज्ञान' को दर्शाते थे, किन्तु आज वही संशय आधुनिक मनुष्य के संकट का केन्द्रबिन्दु बन गए हैं। स्वयं कृष्ण के वचन हमारे लिए—आस्था और आस्तिकता से ऊपर उठकर—एक ऐसे नैतिक दायित्व का बोध कराते हैं, जिसे गांधीजी ने अपने ढंग से भारतीय स्थिति के सन्दर्भ में एक सर्वथा अनूठे अर्थ में विश्लेषित किया था, जिसके प्रति शायद पिछले युग का कोई भी भारतीय मनीषी सचेत नहीं था। शब्द वही हैं, उपदेश वही हैं, कृष्ण और अर्जुन भी वही हैं, सिर्फ़ वह 'कुरुक्षेत्र' बदल गया है, जिसमें आज हम सत्य और असत्य, धर्म और अधर्म के बीच संघर्ष कर रहे हैं—और उसके बदलने मात्र से स्वयं 'महाभारत' जैसी कलाकृति से हमारा सम्बन्ध एक सर्वथा नूतन धरातल पर पुनर्जीवित हो गया है। हम यह कह सकते हैं कि 'महाभारत' का काव्य हमारे लिए बदल गया है, किन्तु हम यह भी कह सकते हैं कि काव्य नहीं बदला है, बल्कि उसमें एक ऐसे समूचे मनुष्य की मूल (आर्कीटाइप) छवि है, जिसमें हर युग का प्राणी अपने अनुभव के दबाव-तले प्रासंगिक अर्थ खोज निकालता है—और ये दोनों ही बातें सच हैं।

मैंने ऊपर 'समूचे मनुष्य' की बात कही है। कौन यह समूचा मनुष्य? मेरे विचार में समूचा मनुष्य स्वाधीन मनुष्य है। या यों कहें, स्वाधीन मनुष्य ही समूचा बनने का स्वप्न देख सकता है। यह स्वप्न वही आकांक्षा है—पूरा बनने की आकांक्षा, जो हर कलाकृति के मूल में वास करती है। विधाता ने मनुष्य को अधूरा अवश्य बनाया है, किन्तु मुआवज़े में उसे एक ऐसी चीज़ दी है, जो न पशुओं को प्राप्त है, न देवदूतों को—स्वाधीनता का दुर्लभ वरदान—जिसका सबसे ठोस और साकार रूप हमें कला में मिलता है। आज यदि कला सबसे अधिक प्रासंगिक हो गई है तो इसलिए कि पहले किसी युग में मनुष्य की स्वतंत्रता इतने गहन संकट में नहीं पड़ी थी। आज मनुष्य न केवल प्रकृति और ईश्वर से विगलित हो गया है (और यहाँ मैं 'ईश्वर' का अर्थ व्यापक रूप में, दैवी पवित्रता के अर्थ में ले रहा हूँ, संकीर्ण आस्तिक या नास्तिक अर्थों में नहीं, बल्कि स्वयं अपने निजी

वैशिष्ट्य से—जिसमें उसकी देह और आत्मा, दोनों शामिल हैं—निर्वासित हो गया है। यह आकस्मिक नहीं है कि आधुनिक कला की अधिकांश रचनाएँ आज हमें सम्पूर्णता या कृतज्ञता का बोध नहीं करा पातीं क्योंकि कला ने अपनी स्वतंत्रता का गरिमामय वरदान भूलकर अपने को समय के फ़ॉर्मूलों, मंत्रों और फ़ैशनों (जिसमें आइडियोलॉजी का फ़ैशन सबसे आकर्षक और घातक है) में बाँध लिया है! यदि निर्वासित मनुष्य की कला स्वयं अपनी स्वतंत्र मेधा से निर्वासित हो गई हो, तो वह मनुष्य को अपनी स्वाधीनता से कैसे अवगत करा पाएगी? यह नहीं कि कला से हमें प्रकाश ही प्राप्त हो, किन्तु हम अपने अँधेरे से परिचित हो सकें—यह वही कलाकृति कर सकती है जो स्वयं प्रकाश और अँधेरे के बीच मँडराती छलनाओं से परिचित हो। इसलिए यह कहना कि एक ऐसे समाज में—जहाँ मनुष्य ग़रीबी और भूख और अन्याय से पीड़ित हो—कला सिर्फ़ भोग-विलास की वस्तु है, अप्रासंगिक है—वह न मनुष्य की भूख और पीड़ा को समझना है, बल्कि कला के मौलिक धर्म को भी अनदेखा कर देना है। कला बार-बार मनुष्य को उसके बाहरी बंधनों, ऐतिहासिक छलनाओं और स्वयं उसकी अन्दरूनी भ्रान्तियों से मुक्त करवा के उसे वर्तमान में ले आती है—शाश्वत वर्तमान को क्रूर, किन्तु शान्त रोशनी में, उसके समूचे नंगे अस्तित्व की ओर—और यह कलाकृति को किसी भी समाज-व्यवस्था में प्रासंगिक बनाने की सबसे प्रमुख और अनिवार्य शर्त है।

समाज, संस्कृति, आधुनिक युगबोध

भारतीय संस्कृति और राष्ट्र

पिछले दो महायुद्धों में 'जाति' और 'राष्ट्र' के नाम पर जो विकट नरसंहार हुआ, उसकी स्मृति आज भी एक दु:स्वप्न की तरह हमारी चेतना में जीवित है। यद्यपि इतिहास में उन्हें 'विश्वयुद्ध' कहा जाता है, किन्तु जिस भूमि-खंड में हिंसा का नाटक दोनों बार दुहराया गया, वह विश्व का एक छोटा-सा अंश ही था। यूरोप में—जहाँ राष्ट्रीय चेतना के बीज 'एक राज्य, एक राष्ट्र' के आधार पर पहली बार अंकुरित हुए, उसकी अँधेरी वट-छाया धीरे-धीरे बढ़ते हुए समूची मानवीय चेतना को अपने में ढक लेगी, यह आज भी एक अनहोनी घटना लगती है। अनहोनी इसलिए कि दो सौ साल पहले तक यूरोप के बाहर एशिया या अफ्रीका की कोई भी जाति यह कल्पना न कर सकती थी कि धरती पर उसके होने की पहचान अथवा उसकी अस्मिता की मर्यादा 'राष्ट्र' या 'जाति' या 'राज्यतंत्र' जैसी कसौटियों द्वारा आँकी जाएगी, जिनका उनकी सांस्कृतिक मनोभूमि में कोई स्थान नहीं है।

एक राज्य की बनावट के पीछे हमेशा एक संस्कृति की बुनावट छिपी रहती है, किन्तु स्वयं संस्कृति का आकार बहुत अंशों में उन बिम्बों द्वारा निर्धारित होता है, जो मनुष्य अपने बारे में सँजोता है। ईसाई धर्म में जिस तरह ईश्वर की कल्पना मनुष्य के रूप में की गई है, उसी तरह यूरोपीय मनुष्य ने अपने रूप में राज्यतंत्र

और समाज-व्यवस्था की परिकल्पना की है। दोनों में ही 'मनुष्य' केन्द्र में है जो उसे एक तरफ़ 'ईश्वर', दूसरी तरफ़ बाहरी जगत् से जोड़ता है। अत: पिछले तीन सौ वर्षों में—विशेष कर रेनासाँ के बाद—यूरोप में जिन राज्य-तंत्रों की स्थापना हुई, उसका सांस्कृतिक स्रोत वह 'छवि' थी, जो मनुष्य ने अपने बारे में बनाई थी। एक स्वायत्त, आत्मकेन्द्रित मनुष्य की छवि, जो अपने बाहर की दुनिया को भी स्वतंत्र, विशिष्ट राष्ट्रीय इकाइयों में विभाजित करके ही देख सकती थी। एक राज्यसत्ता और कुछ नहीं, अन्तत: एक व्यक्ति के आत्मनिष्ठ अहं का ही वृहत्तर रूप थी, जिसकी सत्ता और पहचान सिर्फ़ अन्य सत्ताओं के सन्दर्भ में ही बनती थी—कभी उनके साथ, कभी उनके विरुद्ध—किन्तु अपने में हमेशा स्वतंत्र, अलग और आत्मकेन्द्रित। यह ऐतिहासिक संयोग नहीं कि यूरोप में व्यक्तिनिष्ठ मनुष्य का अकेलापन और स्वतंत्र राष्ट्रों का आक्रामक आत्मबोध समय के एक बिन्दु पर ही विकसित हुआ था।

राष्ट्र और जाति की यह अहंकेन्द्रित अवधारणा यदि यूरोप तक सीमित रहती, तो शायद मानवता के लिए इतना बड़ा संकट उपस्थिति न होता। यूरोप दुनिया नहीं है और दुनिया में यूरोप के बाहर ऐसी जातियाँ, जनसमूह और जीवन-पद्धतियाँ रही हैं जो अपनी अस्मिता और अस्तित्व के लिए किसी भी केन्द्रीय आत्म-सीमित राज्य-सत्ता का मुँह नहीं जोहतीं। यदि ये जनसमूह हज़ारों वर्षों से जीवित रहे हैं, तो किसी राज्य-सत्ता के आतंक अथवा बल-प्रयोग पर नहीं, बल्कि उन सहज और जीवनदायी विश्वासों के कारण जो उन्हें भूमि के एक खंड पर एक साथ रहने की अर्थवत्ता और सुरक्षा प्रदान करते हैं। भूमि का यह खंड—देश—यदि पवित्र और महत्त्वपूर्ण है, तो इसलिए कि वह उसे बाक़ी विश्व से जोड़ता है, इसलिए नहीं कि वह उसे दूसरों से अलग करके भूगोल की राष्ट्रीय सीमाओं में आबद्ध करता है। इसीलिए इन 'विश्वासों' के घेरे में जिस चेतना का विकास होता है, वह न शुद्ध रूप से राष्ट्रीय है, न महज़ भौगोलिक—वह सीधे-सीधे अपनी प्राणवत्ता उन लगावों से प्राप्त करती है, जो व्यक्ति के अहं का विस्तार न होकर अपने और दूसरे के बीच एक साम्य की मर्यादा निर्धारित करती है। विश्वासों की इन मर्यादाओं के परिवेश में ही एक मानव-समूह की जीवनधारा, उसकी लय और लौ रूपायित होती है...यही उसकी सांस्कृतिक चेतना का मुख्य प्रेरणास्रोत भी है।

यही चीज़ भारत को—अगर सही और सटीक ढंग से कहें तो भारतीय सभ्यता को—आधुनिक दुनिया के राष्ट्रों और राज्य-तंत्रों से अलग कर देती है। स्वतंत्रता-प्राप्ति के बाद हम भारत को एक राष्ट्र, एक राज्य-तंत्र मानने के इतने अभ्यस्त हो चुके हैं कि यह विश्वास करना कुछ मुश्किल लगता है कि इन सबसे पहले वह ऐसी सभ्यता का परिवेश रहा है, जिसके भीतर मनुष्य अपने जीवन के कुछ मूलभूत और मूल्यवान सत्यों को मूर्तिमान कर सके। इसीलिए मैंने इस सन्दर्भ में 'संस्कृति' के बजाय 'सभ्यता' शब्द का इस्तेमाल करना अधिक उपयुक्त समझा। भारत एक तरफ़ हमें यूरोप की उस मध्यकालीन सभ्यता की याद दिलाता है, जब वह विभिन्न राष्ट्रीय इकाइयों में खंडित नहीं हुई थी, दूसरी तरफ़ वह हमें एशिया, अफ्रीका की उन जातियों की संस्कृति के निकट ले आता है, जिन्हें कभी एक ऐसी सुगठित सभ्यता का संरक्षण नहीं मिला, जो भारत को उपलब्ध थी। इस दृष्टि से जब भारत ने आधुनिक युग में प्रवेश किया तो वह न यूरोप की तरह आत्म-विभाजित था, न एशिया-अफ्रीका की जातियों की तरह संरक्षणहीन; एक सभ्यता की शैली सिर्फ़ लोगों के आचार-व्यवहार और विश्वासों द्वारा अनुशासित नहीं होती बल्कि उसमें इन व्यवहारों और विश्वासों को एकसूत्रित करनेवाला एक केन्द्रीय दर्शन, जीवन-दृष्टि का समग्रता-बोध हमेशा मौजूद रहता है, जो मनुष्य की जीवन-प्रणाली को परिपोषित भी करता है और परिभाषित भी। इस अर्थ में भारत की विभिन्न जातियाँ अपनी सांस्कृतिक विशिष्टताओं के बावजूद एक सामूहिक सभ्यता-बोध के भीतर जीवित रह सकी हैं।

अचरज की बात नहीं कि आधुनिक युग में 'भारतीय सभ्यता' का अस्तित्व पश्चिम के लिए एक विडम्बना, एक पहेली, एक विरोधाभास जान पड़ता रहा है। यदि वह यूनान या मिस्र की सभ्यता की तरह महज़ ऐतिहासिक स्मृति का अवशेष होती, तो वह एक मृत किन्तु मूल्यवान सत्य हो सकती थी। यदि वह एक अफ्रीकी या लातिन अमेरिकी क़बीले की तरह कुछ प्रागैतिहासिक प्रथाओं का पुंज मात्र होती, तो हज़ारों नृतत्त्वशास्त्री उसकी चीरफाड़ करने यहाँ पहुँच जाते; या फिर अगर वह अपने को किसी धर्म विशेष में सिकोड़कर एक असहिष्णु सम्प्रदाय-ग्रस्त 'राष्ट्र' में बदल देती, तो भी वह ईरान या पाकिस्तान की तरह स्वीकार्य हो सकती थी। कठिनाई यह है कि धर्म, या राष्ट्र या क़बीले की किसी बनी-बनाई श्रेणी में भारत का परम्परागत सभ्यता-बोध संकुचित नहीं हो सकता।

यह सभ्यता-बोध यदि इतिहास के असंख्य और असह्य प्रहारों के बावजूद जीवित रहा तो सिर्फ़ इसलिए कि भारत में आदि-जीवन के दर्शन-सूत्र महज़ पोथियों के भीतर नहीं—समकालीन भारतीय की स्मृति में प्रवहमान हैं। स्वप्न की तरह हर स्मृति की अपनी बिम्ब-भाषा होती है—वह कहीं से भी उत्प्रेरित हो सकती है, वैदिक ऋचाओं, पौराणिक कथाओं अथवा महाकाव्यों से। यह वैसी ऐतिहासिक स्मृति नहीं है, जैसी ग्रीस की सभ्यता एक आधुनिक यूरोपवासी के लिए स्मृति है, जिसे वह पुस्तकों अथवा संग्रहालयों में ही याद कर पाता है। भारतीय सभ्यता-बोध कोई बीती हुई याद न होकर आज भी मेहँदी की तरह हर व्यक्ति की जीवन-प्रणाली के कार्य-अनुष्ठानों में रची-बसी है। भारतीय सभ्यता की यह अद्‌भुत विशेषता रही है—जो उसके जीवन्त होने की मर्यादा है—कि वह 'अतीत' को व्यतीत न मानकर उसे समकालीन भारतीय जीवन की ऐसी प्रतीक-व्यवस्था में संयोजित कर पाई है, जो आज भी उतनी ही अर्थवान और संस्कार-सम्पन्न है, जितनी पहले कभी थी। यूरोप की इतिहास-चेतना वर्तमान और अतीत में जो सीधा-सीधा भेद करती है, वह भारतीय सभ्यता के परम्परा-बोध में एकदम बेमानी और अनावश्यक हो जाता है। पिछले दो हज़ार वर्षों के दौरान विदेशी आक्रमणों, ऐतिहासिक उथल-पुथल और राजकीय परिवर्तनों ने इस 'परम्परा-बोध' को धूमिल और कलुषित अवश्य किया हो, किन्तु इतना अवकाश अवश्य दिया है कि वह कहीं न कहीं, किसी न किसी रूप से जीवित रह सके। इसीलिए एक भारतीय का सभ्यता-बोध उसे एक ऐसी समग्रता देता है, जो धर्म, राजनीति और राष्ट्रीयता के लेबलों में परिभाषित नहीं हो पाती, न ही उसकी अस्मिता उन चौखटों में फिट हो सकती है, जो आज के भारतीय सत्तारूढ़ वर्ग ने पश्चिम की राज्य-व्यवस्थाओं से उधार लेकर अपने समाज पर आरोपित करने चाहे हैं।

एक सभ्यता का समग्रता-बोध—क्या मतलब है इसका? मेरा अभिप्राय अर्थों के उस तन्तुजाल, उस टेक्स्चर से है, जहाँ सब धागे एक समूचे जीवन की अर्थ-व्यवस्था के पैटर्न बुनते हैं; एक का अर्थ दूसरे से खुलता है, दूसरे का अर्थ तीसरे से जुड़ा है—अर्थों की अन्योन्याश्रित व्यवस्था—जिसमें भीतर और बाहर का मनुष्य की एकीकृत आत्मछवि और बाहरी जगत् की विविध अनन्त छवियाँ एक ही सूत्र में अन्तर्ग्रथित हैं। इस दृष्टि से एक भारतीय लेखक के लिए भारत का परिदृश्य आज भी उन पौराणिक प्रतीकों, मिथकों और स्मृतियों से उतना ही सघन,

अर्थपूर्ण और स्पन्दनशील है, जितना मध्यकालीन यूरोप दांते के लिए और यूनान का क्लासिक युग एस्काइलस और सोफ़ोक्लीज़ के लिए रहा होगा! यह सही है कि ये मनीषी और लेखक यूनान और रोमन राज्यों के 'नागरिक' थे, किन्तु यह उनके व्यक्तित्व का नगण्य पक्ष था। महत्त्वपूर्ण बात यह थी कि वे अपने चिन्तन और सृजन-कर्म में एक ऐसे व्यापक सभ्यता-बोध का प्रतिपादन करते थे, जो उन्हें अपनी अखंडित विश्व-दृष्टि के भाषा-संकेतों, प्रतीकों और मिथक-बिम्बों से प्राप्त हुई थी। जिस क्षण यूरोप में सभ्यता-बोध की यह समग्रता खंडित हुई, उस क्षण मनुष्य के भीतर की अर्थ-व्यवस्था भी छिन्न-भिन्न हो गई; गोएटे शायद यूरोप के अन्तिम मनीषी थे जिन्होंने अपने भीतर मनुष्य के सम्पूर्णता-बोध को बचाना चाहा था, किन्तु वह प्रथम साक्षी भी थे, जिन्होंने यूरोपीय सभ्यता-बोध को अपनी आँखों से विश्रृंखलित होते भी देखा था।

यह वह क्षण भी था, जब यूरोपीय मनुष्य अपने भीतर खंडित हुआ था; पहले जिन चीज़ों के मूल्य और अर्थ एक-दूसरे से अन्त:सम्बन्धित जान पड़ते थे, अब वे न केवल एक-दूसरे से अलग, बल्कि एक-दूसरे के विरोधी जान पड़ने लगे। सबसे विनाशकारी विभाजन तो मनुष्य के लौकिक जीवन और आध्यात्मिक अनुभवों के बीच हुआ—पहले जहाँ दोनों उसके भीतर एक सम्पूर्ण जीवन-दृष्टि में एकसूत्रित थे—वहाँ अब एक पक्ष की ज़िम्मेदारी राज्य ने और दूसरे पक्ष के दायित्व को चर्च ने आपस में अलग-अलग बाँट लिया। विज्ञान और दर्शन, ईश्वर और मनुष्य, लौकिक और अलौकिक के बीच जो दीवारें खड़ी हुईं, उन्होंने मनुष्य को भी एक आर्थिक प्राणी, एक धार्मिक प्राणी, एक राजनीतिक प्राणी जैसे अलग-अलग कठघरों में विभाजित कर दिया। संस्कृति के वे सब सेतु एक के बाद एक नष्ट होते गए जो मनुष्य के सेक्यूलर जीवन को उसके आध्यात्मिक अनुभवों से जोड़ते थे।

ठीक यही विभाजन एक-दूसरे स्तर पर भी शुरू हुआ, जब यूरोप में स्वायत्त राष्ट्र-सत्ताओं का विकास शुरू हुआ। यूरोपीय मानस में जहाँ पहले एक वृहत्तर संस्कृति का बोध था, जो जाति, भाषा और भौगोलिक सीमाओं का अतिक्रमण करता हुआ यूरोपीय मनुष्य को एक अखंडित परम्परा में ढालता था—वहाँ अब उसकी जगह राष्ट्रीय अस्मिता और स्वचेतना का भाव अधिक प्रमुख और महत्त्वपूर्ण था। 20वीं शती तक आते-आते अलग-अलग देशों की राष्ट्रीय भावना और यूरोप

के सांस्कृतिक बोध के बीच खाई इतनी चौड़ी हो गई कि पिछले दो महायुद्धों में लाखों जर्मन, अंग्रेज़ और फ्रांसीसी एक-दूसरे का विराट पैमाने पर संहार कर सकते थे—बिना एक क्षण यह महसूस किये कि वे सब एक ही यूरोपीय सभ्यता और सांस्कृतिक परम्परा के उत्तराधिकारी हैं। इतिहास की यह क्रूर विडम्बना ही है कि सबसे अधिक यातना एक ऐसी जाति—यहूदियों को भुगतनी पड़ी, जिसका अपना कोई राष्ट्रीय परिवेश नहीं था, किन्तु जो यूरोप की सबसे पुरातन और समृद्ध परम्परा का प्रतिनिधित्व करती थी। किन्तु यहूदियों की यह परम्परा उनको लाखों की संख्या में उन यातना-गृहों में मरने से नहीं बचा सकी, जिनका निर्माण यूरोप की राष्ट्रीय धारा के सबसे प्रमुख समर्थक ने किया था। क्या इसे केवल ऐतिहासिक संयोग माना जाए कि हिटलर ने समूची यहूदी-संस्कृति को नष्ट करने का इतना व्यापक अभियान चलाया था—अथवा उसे केवल उस ऐतिहासिक प्रक्रिया की अन्तिम तार्किक परिणति माना जाए, जो सभ्यता-बोध के विशृंखलित हो जाने के बाद यूरोपीय मानस के बीच एक काली दरार खींच गई थी?

यदि यूरोपीय इतिहास का यह दुःखद अध्याय मैंने खोलना ज़रूरी समझा तो इसलिए कि उसके पन्नों पर कहीं भारतीय जीवन की पीड़ा भी अंकित है। यूरोपीय सभ्यता के अन्तर्विरोध यदि यूरोपीय मानस तक सीमित रहते तो शायद उसमें हमारी दिलचस्पी बौद्धिक जिज्ञासा के परे नहीं जाती। किन्तु कटु सत्य यह है कि दो सौ वर्ष पूर्व इसी आत्म-खंडित और अहंग्रस्त यूरोपीय चेतना ने एक हिंसात्मक शक्तिधारा के रूप में अनेक ग़ैर-यूरोपीय समाजों और संस्कृतियों में हस्तक्षेप किया था। मैं यहाँ अपने को सिर्फ़ भारतीय समाज में होनेवाले परिवर्तनों तक सीमित रखूँगा—इसलिए नहीं कि मैं संयोग से भारतीय हूँ—बल्कि इसलिए कि ग़ैर-यूरोपीय दुनिया में भारतीय सभ्यता अपनी मूल दृष्टि और बुनियादी मर्यादाओं में यूरोप के लिए सबसे बड़ी चुनौती प्रस्तुत करती थी। सभ्यता की यह अवधारणा यदि विचार या दर्शन या बौद्धिक-आध्यात्मिक स्तर पर सीमित होती तो किसी भी प्राचीन, पुरातन 'स्मारक'

की तरह उसकी अवहेलना की जा सकती थी—जैसा कि यूरोपीय विजेताओं ने अनेक अमेरिकी, अफ़्रीकी जातियों के साथ किया था—किन्तु भारतीय संस्कृति सिर्फ़ अतीत का अवशेष न होकर एक जीवन्त समाज-व्यवस्था में प्रवहमान थी और यह प्रवाह विशिष्ट भौगोलिक परिवेश में दो हज़ार वर्ष की ऐतिहासिक निरन्तरता में विराजमान था। इतिहास के प्रहारों द्वारा क्षत-विक्षत, जगह-जगह रुँधा हुआ, भ्रष्ट, मैला, विकृत—फिर भी क्रियाशील, अपने बिम्बों और प्रतीकों में प्राणवान, लाखों लोगों के जीवन में रचा-बसा, उनके जीवन और उनकी मृत्यु को लगातार एक अर्थवत्ता देता हुआ—उसमें वे सब मैले और पवित्र तत्त्व मौजूद थे, जिससे एक जीवन्त सभ्यता का चरित्र बनता है।

इसी सभ्यता का सामना अंग्रेज़ शासकों ने दो सौ वर्ष पूर्व किया था—बराबरी के स्तर पर नहीं, बल्कि एक औपनिवेशिक सत्ता के रूप में, जहाँ भारतीयों के लिए उसे स्वीकारने या अस्वीकारने की कोई स्वतंत्रता नहीं थी। अंग्रेज़ चूँकि एक ऐसी यूरोपीय संस्कृति के प्रतिनिधि होकर आए थे, जहाँ ऐतिहासिक चेतना केन्द्र में थी—जिसके आधार पर 'पिछड़े' और 'विकसित' समाजों के भीतर अन्तर किया जाता था। यह स्वाभाविक ही था कि वे भारत को उसकी 'वहशी रूढ़ियों और अन्धविश्वासों' से मुक्त करवाने का अभियान शुरू करें; यह तभी हो सकता था, जब वे उसे परम्परागत परिवेश से उन्मूलित करके 'आधुनिक और पश्चिमी मनुष्य' की आदर्श इमेज में ढाल सकें। किन्तु इस सभ्यता की जड़ें इतनी गहरी थीं और उसकी मर्यादाएँ समूचे समाज को इतने व्यापक पैमाने पर परिचालित करती थीं कि वे उसे पूर्ण रूप से नष्ट नहीं कर सके, पर इस हद तक भ्रष्ट और विकृत ज़रूर कर सके—जहाँ एक सभ्यता के आत्मबिम्ब धूमिल पड़ जाते हैं; एक जाति की स्वतंत्र मेधा और विवेकशक्ति, जो उसे अपने परम्परागत संस्कारों से प्राप्त होती है, सहसा सन्दग्धि और भ्रान्तिपूर्ण बन जाती है। एक भारतवासी यूरोपीय मान्यताओं और जीवन-दृष्टि को स्वीकार न भी करे तो भी वह स्वयं अपनी मान्यताओं और जीवन-दृष्टि के प्रति शंकालु हो जाता है। दो शब्दों में कहें तो एक सभ्यता की परम्परागत चेतना पर एक ऐसी ऐतिहासिक चेतना आरोपित होने लगती है, जो अपने आग्रहों और अवधारणाओं में मूलभूत से अलग है। दोनों के अस्वाभाविक और अप्राकृतिक सम्मिश्रण से भारत में जिस 'छद्म चेतना' का विकास हुआ, उसे जाने बिना हम उन भ्रान्तियों और छलनाओं की तह में न जा पाएँगे,

जिनका शिकार 19वीं शती में बंगाल का बुद्धिजीवी वर्ग बना और जिन्हें—इतिहास की विडम्बना देखिए—आज का सत्तारूढ़ बुद्धिजीवी समूचे समाज पर आरोपित करने में चेष्टारत है।

मैं आपका ध्यान कुछ ऐसी भ्रान्तियों की ओर आकृष्ट करना चाहूँगा, जिनका सम्बन्ध सीधा-सीधा निबन्ध के इस शीर्षक से है। ज़रा ध्यान दीजिए—उसमें जाति, देश, राष्ट्र जैसे शब्द आते हैं। हमारे लिए आज जो इन शब्दों का प्रचलित अर्थ है—क्या उसका हमारी जातीय संस्कृति से कोई सम्बन्ध बैठ पाता है? यह कुछ विचित्र जान पड़ेगा कि अंग्रेज़ी भाषा और यूरोपीय राजनीतिशास्त्र के सम्पर्क में आने से पहले हमारे लिए जाति और राष्ट्र की परिभाषाएँ बिलकुल भिन्न थीं। भिन्न इसलिए थीं, क्योंकि उनके सन्दर्भ-बिन्दु यूरोपीय इतिहास के सन्दर्भ-बिन्दुओं से बिलकुल अलग थे। भारत में रहनेवाली एक जाति नहीं, बहुत-सी जातियों का सह-अस्तित्व किसी एक केन्द्रीकृत राज्य-सत्ता पर निर्भर नहीं था—न ही उनके अस्तित्व के स्रोत किसी एक राष्ट्रीय अवधारणा द्वारा अनुशासित होते थे। अक्सर कहा जाता है—और यह भ्रान्ति भी हमारे पश्चिमी शिक्षित वर्ग में व्यापक रूप से प्रचलित है—कि अंग्रेज़ी राज ने अपने प्रशासनतंत्र द्वारा भारत में बिखरी अनेकानेक जातियों, राज्यों, उपराज्यों को एक राजकीय, राष्ट्रीय इकाई में सुगठित किया था। क्या यह विदेशी सत्ता का चमत्कार था; अथवा जिसे अंग्रेज़ शासक 'जातियों का बिखराव' मानते थे, वह अपने में एक भ्रम था—क्योंकि वे इस तथाकथित बिखराव के पीछे उस संस्कृति के अन्तर्निहित स्मृति-संकेतों को नहीं देख सकते थे जो भारतीय सभ्यता को, उसकी समूची राजनीतिक विशृंखलता के बावजूद, एकसूत्रता प्रदान करते थे? एक पराये अजनबी को किसी शहर के वासी हमेशा एक 'भीड़' दिखाई देते हैं, उस भीड़ की लय और अन्तर्धारा का रहस्य सिर्फ़ उस नगर का वासी ही जानता है। अंग्रेज़ी शासक एक ऐसी सभ्यता से आए थे जो यूरोप की राष्ट्रीय सीमाओं में विभाजित हो चुकी थी इसीलिए भारत की सभ्यता उनके लिए पहेली बनी रही जो बाहर से अलग-अलग मतों, सम्प्रदायों और जातियों में विभाजित होने के बावजूद—अपने भीतर की समग्रता में अखंडित थी।

अंग्रेज़ी शासन सत्ता ने—पश्चिम के मॉडल पर—जिस प्रशासनिक ढाँचे का निर्माण किया, उसमें एक भारतीय का यह समग्रता-बोध सिर्फ़ खंडित और आत्म-विभाजित हो सकता था। सभ्यता के जिस समग्र बोध में जहाँ कभी सब मत

और सम्प्रदाय और धर्म समाहित होते थे, विदेशी शासन की सेक्यूलर और केन्द्रित राज्य-व्यवस्था के भीतर वे एक-दूसरे से अलग हो गए। अंग्रेज़ों ने इस आत्म-विभाजन की प्रक्रिया को जानबूझकर प्रोत्साहित किया, या अनजाने में, यह प्रश्न अप्रासंगिक है; सच्चाई यह है कि उनकी शासन-व्यवस्था ने भारत की समूची सभ्यता के तन्तुजाल को अलग-अलग धागों में बिखेर दिया; अब हम एक सांस्कृतिक परम्परा के उत्तराधिकारी नहीं रहे, उसकी जगह अब हम एक ऐसे 'इतिहास के नागरिक' बन गए, जहाँ एक तरफ़ हम प्रजा थे, दूसरी तरफ़ अलग-अलग सम्प्रदायों और जातियों में विभक्त आदिवासी, हिन्दू-मुसलमान और सिख। अंग्रेज़ों ने अपने प्रशासन-तंत्र द्वारा भारत में एकता स्थापित नहीं की, बल्कि उस समाज की उस अदृश्य एकता को खंडित किया जो उनके आक्रमण से पूर्व भारतीय सभ्यता में पहले से ही मौजूद थी।

विरोधाभास यह था कि इसी समय—19वीं शती के अन्तिम दशकों में—भारतीय मानस में एक नितान्त नई भावना का उन्मेष भी हुआ था—देश की स्वतंत्रता की भावना, अंग्रेज़ी शासन से मुक्ति पाने का स्वप्न, एक अखंडित राष्ट्रीय अस्मिता को पाने की आकांक्षा—इन समस्त अनुभूतियों ने भारतीय मानस को 20वीं शती के आरम्भ में आलोड़ित किया था। समय के साथ ये समस्त आकांक्षाएँ एक विराट राष्ट्रीय आन्दोलन में मुखरित हुई थीं। यह एक नियतिपूर्ण ऐतिहासिक क्षण था, जब प्रश्न सिर्फ़ यह नहीं था कि विदेशी सत्ता से छुटकारा कैसे पाया जाए—बल्कि यह कि स्वतंत्र भारत का भविष्य किन आदर्शों और मर्यादाओं द्वारा निर्धारित किया जाएगा?

यहाँ हम अपने को एक अजीब, उलझी हुई स्थिति में पाते हैं। राष्ट्रीय आन्दोलन का एक शक्तिशाली, मुखर पक्ष ऐसे लोगों के हाथ में था जिसकी शिक्षा-दीक्षा अंग्रेज़ी शासन-व्यवस्था के सेक्यूलर, यूरोपीय परिवेश में हुई थी। आज जिसे हम बंगाल का नवोत्थान-आन्दोलन कहते हैं, उसका मुख्य प्रेरणास्रोत यूरोप की ऐतिहासिक चेतना थी, जहाँ पुराने अतीत का गौरव भले ही वेद-उपनिषदों में निहित रहा हो किन्तु भविष्य का आदर्श यूरोप की वे मान्यताएँ और मर्यादाएँ थीं जिनके आधार पर स्वतंत्र व्यक्ति, स्वायत्त राष्ट्रीय सत्ता और सेक्यूलर केन्द्रीकृत शासन-तंत्र के आदर्श एक-दूसरे के साथ जुड़े थे। दिलचस्प बात यह थी कि यह बुद्धिजीवी वर्ग यूरोपीय ऐतिहासिक चेतना से आक्रान्त होने के बावजूद भारतीय

अतीत का भी उपासक था—यदि एक तरफ़ उनके गौरवपूर्ण नायक ग़ैरीबाल्डी और मैज़िनी थे जो यूरोप की नई, राष्ट्रीय, किन्तु धर्मनिरपेक्ष चेतना के प्रतिनिधि थे, तो दूसरी तरफ़ उन्हें राणा प्रताप और शिवाजी जैसे शूरवीर योद्धाओं की वीरगाथाएँ भी अपने गौरवपूर्ण अतीत की याद दिलाती थीं। भविष्य का आदर्श कहीं सुदूर यूरोप में था, भारत का आदर्श कहीं सुदूर अतीत में—एक साथ यूरोप—उपासक और अतीतोन्मुख—बीच में पश्चिम की इतिहास-चेतना थी—जो दोनों को एक जीवन्त सभ्यता-बोध से जोड़ने के बजाय अलग-अलग काल-खंडों में विभाजित करती थी।

आश्चर्य नहीं, भारतीय भविष्य के ये परस्पर-विरोधी आदर्श—जो 19वीं शती के बुद्धिजीवी में एक साथ रह सकते थे—20वीं शती तक आते-आते एक-दूसरे से बिलकुल अलग हो गए।

राष्ट्रीय आन्दोलन का दो धुरियों पर आत्म-विभाजन एक ऐसी दुर्भाग्यपूर्ण घटना थी, जिसके परिणाम हम आज भुगत रहे हैं। एक ध्रुव पर पश्चिम-शिक्षित, यूरोपीय चेतना में रँगा-ढला 'एलीट' वर्ग था, जो अपनी जातीय परम्परा की मौखिक दुहाई अवश्य देता हो किन्तु जिसका आदर्श एक ऐसी राष्ट्रीय केन्द्रीकृत, सेक्यूलर, राज्यसत्ता को स्थापित करना था जिसका मॉडल यूरोप के स्वायत्त राज्यतंत्र थे। दूसरी धुरी पर ऐसे सम्प्रदायग्रस्त संगठन थे, जो भारतीय भविष्य को किसी अतीत के आदर्श में पुनर्जीवित करना चाहते थे—मुगल राज्य या हिन्दू राष्ट्र की स्मृतियों पर आधारित। एक के लिए जाति और राष्ट्रीयता का बोध देश की सीमाओं में आबद्ध एक केन्द्रीय, धर्मनिरपेक्ष राज्य-सत्ता में समाहित होता था—जिसका प्रेरणास्रोत यूरोप के विभिन्न नेशन-स्टेट थे—दूसरे के लिए राष्ट्रीयता, भारतीयता, लोकतंत्र की भावनाएँ अमूर्त और अर्थहीन थीं, जब तक उन्हें किसी विशिष्ट धर्म या सम्प्रदाय की अतीतोन्मुख धारा में अनूदित न किया जाए। अंग्रेज़ी शासन से पहले जहाँ ये राष्ट्र, जाति और धर्म एवं देश की अवधारणाएँ एक-दूसरे से जुड़कर ही अपनी पवित्रता और सार्थकता ग्रहण करती थीं, वहाँ यूरोपीय औपनिवेशिक ढाँचे के भीतर वे एक-दूसरे से अलग परस्पर-विरोधी सत्ताओं के रूप में आने लगीं। यदि एक तरफ़ धर्म, जाति और सम्प्रदाय की अवधारणाएँ अतीत-बोध से प्रेरणा प्राप्त करती थीं तो राष्ट्र, केन्द्रीकृत राज्य-व्यवस्था, धर्मनिरपेक्ष लोकतंत्र की भावनाएँ यूरोप की ऐतिहासिक चेतना पर आधारित थीं। एक के लिए भारत का अतीत, दूसरे के लिए यूरोप का भविष्य ही सर्वोपरि था।

इन दोनों के बीच भारतीय संस्कृति का परम्परा-बोध ही—जो अतीत को प्रासंगिक बनाता है और भविष्य को अर्थपूर्ण दिशा देता है—धीरे-धीरे लुप्त होता गया। 20वीं शताब्दी के मध्य चरण में देश की इस अन्तर्विभाजित मन:स्थिति की यूरोपोन्मुख धारा का प्रतिनिधित्व यदि नेहरू करते थे तो उसके अतीतोन्मुख पक्ष के समर्थक जिन्ना और सावरकर थे। ऊपर से देखने पर दोनों ही धाराएँ एक-दूसरे के विपरीत जान पड़ती थीं, किन्तु दोनों में एक गहरी समानता थी; दोनों ही पश्चिम की आधुनिक आत्मखंडित चेतना के दो चरम छोरों को अपने में प्रतिबिम्बित करती थीं—एक यदि उसके सेक्यूलर जीवन की मर्यादाओं का प्रतिनिधित्व करती थी, तो दूसरी पर उसकी संकीर्ण अन्तर्मुखी प्रतिष्ठाननिष्ठ (इंस्टिट्यूशनल) धारा की छाप थी। दोनों में ही संस्कृति के उस सम्पूर्ण और सार्वभौमिक धार्मिक-बोध का अभाव था, जिसने भारतीय जीवन-व्यवस्था को एक जीवन्त इकाई के रूप में तीन हज़ार वर्षों से क़ायम रखा था। इसी कृत्रिम खंडित मानसिकता के परिणामस्वरूप जब वर्षों बाद देश का विभाजन हुआ तो यह संयोग नहीं था कि एक खंड में धर्म के नाम पर स्वायत्त राष्ट्र की स्थापना हुई तो दूसरे खंड में राष्ट्रीयता के आधार पर एक ऐसी शासन-व्यवस्था का निर्माण हुआ, जिसका प्रेरणास्त्रोत यूरोप के राज्य-तंत्र थे। क्या यह भौगोलिक विभाजन एक तरह से हमारी अभागी विभाजित अन्तरात्मा का ही तो लक्षण नहीं था, जिसने एक असाध्य रोग की तरह पिछले दो सौ वर्षों से हमारे जीवन को जकड़ रखा है?

यह रोग सचमुच असाध्य होता, यदि हमारे सामने इन दो परस्पर विरोधी धाराओं के बीच तीसरा विकल्प उभरकर न आता। यह विकल्प और कुछ नहीं—भारतीय सभ्यता के उन बिखरे हुए धागों को पुन: समेटने का प्रयत्न था, जिन्हें विदेशी शासन ने इतनी निर्दयता और नासमझी में एक-दूसरे से विशृंखलित कर दिया था। सौभाग्य से ये धागे अलग-अलग विखंडित होने के बावजूद भारतीय जीवन में मौजूद थे—इसीलिए यह तीसरा विकल्प एक चुनौती की तरह हमारे लिए सुलभ था।

इस विकल्प के सबसे समर्थ और सशक्त प्रतिनिधि गांधी थे, किन्तु सिर्फ़ गांधी ही नहीं, 19वीं शती के अन्त में भारतीय आत्मा को पश्चिमी सभ्यता के समक्ष परिभाषित करने में रामकृष्ण परमहंस, विवेकानन्द आदि साधकों ने जो अभियान शुरू किया था, उसे बाद में सांस्कृतिक-आध्यात्मिक चेतना के स्तर पर श्री अरविन्द, महर्षि रमण और सैकड़ों ऐसे लेखकों, साहित्यकारों, समाज-सुधारकों ने समृद्ध बनाया था जिनके लिए भारत की अवधारणा महज़ एक राष्ट्रीय अथवा रिलीजस (जिसका 'धर्म' से कोई सम्बन्ध नहीं था) अथवा केन्द्रीकृत राज्य-सत्ता से कहीं ज़्यादा व्यापक और समृद्ध थी। इस विकल्प का प्रेरणास्रोत न पश्चिम की संकीर्ण राष्ट्रीय भावना अथवा राज्य-व्यवस्था थी, न भारतीय इतिहास के किसी विशेष अतीत-खंड—हिन्दू या मुस्लिम राज्य की कपोल-कल्पना—बल्कि उसकी जड़ें सीधे-सीधे भारतीय परम्परा के अखंडित और समग्र आत्म-बोध में जाती थीं। इस आत्म-बोध की रचना में ही भारत की सभ्यता वास करती थी। यह इसी सभ्यता-बोध की विजय थी कि विभाजन की भयानक विभीषिका के बावजूद भारत ने पाकिस्तान की नक़ल में तथाकथित धर्म के आधार पर हिन्दू राष्ट्र की स्थापना नहीं की। इसलिए नहीं कि भारतीय परम्परा धर्म के प्रति निरपेक्ष थी, बल्कि इसलिए कि धर्म की हिन्दू अवधारणा समूची राष्ट्रीय परम्परा में गुँथी थी, जिसे बनाने में अन्य सम्प्रदायों का उतना ही गहरा योग था, जितना हिन्दुओं का। इस अर्थ में राष्ट्रीयता की अवधारणा यूरोप की संकीर्ण, सीमागत चेतना का अतिक्रमण कर लेती है। इसी भारतीय सभ्यता-बोध के भीतर राष्ट्र की परिकल्पना कभी राज्य की केन्द्रित सत्ता का पर्याय नहीं बनती, जैसा दुर्भाग्यवश स्वतंत्रता के बाद हमारे सत्ताधारी वर्ग ने पश्चिम की नक़ल में किया; राष्ट्र राज नहीं है, राज सिर्फ़ एक भौगोलिक इकाई में लाखों-करोड़ों भारतीयों की परम्परागत जीवन-पद्धति को सुरक्षित करता है और उसी से अपनी वैधता प्राप्त करता है।

इन्हीं अर्थों में यह भौगोलिक इकाई—जिसे हम भारत कहते हैं—पवित्र और सनातन है; गांधीजी अगर भारत की भौगोलिक अखंडता को महत्त्व देते थे तो सिर्फ़ अन्धे देश-प्रेम अथवा किसी ऐतिहासिक पूर्वग्रह के कारण नहीं, बल्कि इसलिए कि किसी सभ्यता के जीवन्त तत्त्व भूमि के एक ऐसे खंड में ही प्राणवान रह सकते हैं, जिसके पेड़ों और पहाड़ों ने, नदी-नालों और धरती के विस्तार ने सदियों से एक संस्कृति की स्मृतियों को सँजोया है। हर देश की धरती एक सभ्यता का घर होती है—

यदि घर के कुछ कमरे, कुछ आँगन—कोटर ढह जाते हैं, तो उनमें वास करती हुई पूर्वजों की स्मृतियाँ हमेशा के लिए नष्ट हो जाती हैं। इसीलिए देश की भौगोलिक अखंडता सनातन काल से एक सभ्यता के स्मृति-संकेतों से जुड़ी होती है। एक को चोट पहुँचते ही दूसरी भी आहत होती है। भारत के प्राकृतिक परिवेश को भारत के सभ्यता-बोध से अलग नहीं किया जा सकता। यूरोप ने जहाँ 'इकोलॉजी' के महत्त्व को आज समझा है, वह हमेशा से भारतीय संस्कृति का अविभाज्य अंग रहा है।

आप देखेंगे, सभ्यता-बोध के इस धर्म-मर्यादित, पारम्परिक ढाँचे में देश, राष्ट्र और धर्म की समस्त अवधारणाएँ अपना अर्थ बदल लेती हैं। हम उन भ्रान्तियों से छुटकारा पा लेते हैं, जिन्हें यूरोप के ऐतिहासिक, आधुनिक चौखटे में हमने दो सौ वर्षों तक अपनी चेतना पर कुहरे की तरह जमा कर रखा है। तक़ाज़ा तो यह था कि स्वतंत्रता के बाद हम इस कुहरे को बींधकर पुन: अतीत, परम्परा, धर्म, और जाति के अलग-अलग झूलते धागों को एक अन्तर्ग्रथित व्यवस्था में गठित कर पाते; तब हमारी राज्य-व्यवस्था का निर्माण किसी विदेशी यूरोपीय मॉडल पर नहीं, सभ्यता के इस आत्म-बोध पर आधारित होता जो सदियों से हमारे जनमानस को समस्त अवरोधों और ऐतिहासिक विसंगतियों के बावजूद—जीवन का अर्थ देता रहा है।

यह विकल्प आज भी हमारे सामने है—यह कोई नया विकल्प नहीं—बल्कि ऐसा जो पहले से ही हमारी संस्कृति की अन्तर्निहित धारा में निहित है; इतिहास की धूल में छिपा हुआ, किन्तु दबा हुआ खँडहर नहीं जिसे हम दुबारा से अपनी जीवन-व्यवस्था का आधार न बना सकें। अंग्रेजी शासन-सत्ता ने इसे भ्रष्ट अवश्य किया, नष्ट नहीं कर सकी। एक 'घायल सभ्यता' लेकिन मृत सभ्यता नहीं; यदि पिछले दो सौ वर्षों से हमने इसके घावों को अपनी आत्मा में झेला है तो इसलिए कि कहीं न कहीं यह आशा हमेशा जीवित रही है कि कभी न कभी हम अपने ज़ख़्मों को भर सकेंगे। इसी आशा के आधार पर हमारे राष्ट्रीय आन्दोलन का अभियान शुरू हुआ था। वह केवल स्वतंत्रता प्राप्त करने का नहीं, बल्कि अपने समूचे सभ्यता-बोध को अपनी जीवन-पद्धति में पुन:प्रतिष्ठित करने का अभियान था।

यह अभियान स्वतंत्रता के चालीस वर्ष बाद आज भी ज़ारी है... और तब तक चलता रहेगा जब तक हमारी सभ्यता साँस लेती रहेगी।

[यह निबन्ध साहित्य अकादेमी द्वारा कलकत्ता में आयोजित 'मैथिलीशरण गुप्त शताब्दी समारोह' में पढ़ा गया था।]

मानववाद : कुछ आत्म-छलनाएँ

ऐसी कोई चीज़ है क्या जिसे हम 'इतिहास की निद्रा' कह सकें, जहाँ हम एक लम्बे समय तक आत्मविस्मृति के स्वप्न में जीते हैं और अचानक ऐसा क्षण आता है जब नींद टूट जाती है और हम पाते हैं कि यथार्थ वैसा नहीं है, जो हमने स्वप्न में देखा था, किन्तु हम उसे स्वप्न से अलग करके भी नहीं देखना चाहते? जहाँ तक सम्भव हो, हम यथार्थ की कुरूपता और क्रूरता कहीं स्वप्न के झिलमिले में तिरोहित कर देना चाहते हैं। चूँकि हम बहुत अधिक यथार्थ बरदाश्त नहीं कर सकते, जैसा कभी इलियट ने कहा था : "हम उसे उतना ही देखना चाहते हैं, जितना वह हमारी बरदाश्त की सीमा के भीतर हो," इसीलिए सन्देह होता है कि क्या हम सचमुच जाग गए हैं? या यह भी स्वप्न में जागने का भ्रम है, जो कभी-कभी सोते हुए होता है?

इन भ्रमों में—'मानववाद' की पवित्रता, उसकी आध्यात्मिक सहिष्णुता, उसका विपुल बहुलतावादी स्वभाव—कुछ ऐसे भ्रम हैं, जिनमें संयोगवश न केवल पश्चिम के मार्क्सवादी बल्कि उनके विरोध में खड़े होनेवाले उदार, लिबरल प्रजातंत्रवादी, दोनों ही विश्वास करते हैं। दोनों ही परस्पर-विरोधी होने के बावजूद अपनी मूल प्रेरणा के स्रोत मनुष्य की उस एकनिष्ठ अवधारणा में पाते हैं, जिसका विकास

यूरोप में 16वीं-17वीं शताब्दियों के नवजागरण (रेनासाँ) के दौरान हुआ था और जिसे 19वीं शती की औद्योगिक क्रान्ति ने और अधिक पुष्ट किया था। आज जब पश्चिम में साम्यवाद की जड़ें इस बुरी तरह डगमगा रही हैं और हर जगह वे शासन-व्यवस्थाएँ ताश के पत्तों की तरह ढह रही हैं जो कभी मार्क्सवादी दर्शन से प्रेरणा प्राप्त करती थीं, तब हमें उन मूल अवधारणाओं का परीक्षण करना पड़ेगा, जिन्होंने आधुनिक यूरोपीय मनीषा को रूपायित किया था। हम यह कहकर छुट्टी नहीं पा सकते कि 'साम्यवाद का पतन' सिर्फ़ मानववादी दर्शन का स्खलन मात्र है। हमें उस स्खलन के पीछे स्वयं मानववादी दर्शन की सीमाओं को जाँचना होगा।

मनुष्य सृष्टि के केन्द्र में है और उसकी तर्कबुद्धि, विवेकबोध और स्वचेतना उसे इस सृष्टि में जीने-बसनेवाले प्राणियों से न केवल अलग करती है, बल्कि उनकी तुलना में उसे अधिक श्रेष्ठ, अधिक महत्त्वपूर्ण, अधिक स्वाधीन बनाती है। यूरोपीय मानववाद की 'मनुष्य' के बारे में यह बुनियादी अवधारणा रही है। लोकतंत्र में मनुष्य की यह प्रतिमा, यह इमेज उतनी ही असन्दिग्ध और अक्षुण्ण बनी रही है, जितनी किसी भी साम्यवादी विचारधारा में। मार्क्स का पश्चिमी लोकतंत्र से विरोध, मनुष्य की इस आत्मकेन्द्रित प्रतिमा से नहीं था। इस दृष्टि से वे यूरोप के मानववादी मनीषियों में से ही एक थे। उनका विरोध उस पूँजीवादी व्यवस्था से था जो मनुष्य की इस गौरवपूर्ण आत्मछवि को अपनी अमानवीय शोषण-वृत्ति से धूमिल और विकृत करती है। मार्क्सवाद ने पूँजीवादी लोकतंत्र की जो एक स्पष्ट, तर्कपूर्ण, ऐतिहासिक आलोचना प्रस्तुत की थी, उसका केन्द्रीय सन्दर्भ-बिन्दु वह मानववादी दर्शन था, जो यूरोपीय संस्कृति का आधार स्तंभ रहा है। उसने जिस मनुष्य-केन्द्रित सेक्यूलर समाज की परिकल्पना को जन्म दिया, उसमें यदि एक ओर प्रकृति को निष्कासित किया गया तो दूसरी ओर ईश्वर जैसी किसी अलौकिक सत्ता को भी अस्वीकार किया गया। मनुष्य की शक्ति अखंडित, सार्वभौमिक और सम्पूर्ण थी, जिस पर कोई अन्य नहीं स्वयं मनुष्य की मेधा ही कोई सीमा या अंकुश लागू कर सकती थी। लोकतंत्र और मार्क्सवाद चाहे एक-दूसरे से क्यों न भिन्न हों, मानववादी दर्शन द्वारा पोषित मनुष्य की इस आत्मछवि को दोनों ही एक समान स्वीकार करते थे।

कहना न होगा, मानववाद की इस आत्मदंभी और आक्रामक अवधारणा का विरोध पूर्व के विचारक हमेशा से करते आए हैं—उसके लोकतंत्री स्वरूप का

भी उतना ही, जितना उसके मार्क्सवादी रूपान्तरण का। क्या हम हिन्द स्वराज में गांधीजी की तीव्र और सर्वथा मौलिक आलोचना भूल सकते हैं, जो उन्होंने पश्चिमी देशों की तथाकथित लोकतांत्रिक संस्थाओं पर की थी—और वह भी 20वीं शती के आरम्भ में, जब लोकतंत्र का मानववादी उन्मेष अपने चरमोत्कर्ष पर था? किन्तु पूर्व में ही नहीं, स्वयं पश्चिम में कवियों, लेखकों और चिन्तकों की एक लम्बी क़तार रही है जिन्होंने यूरोप की तर्कमूलक मानववादी मुख्यधारा से हटकर मनुष्य की उन आत्म-छलनाओं की गहरी भर्त्सना की थी, जिन्हें मानववादी दर्शन ने प्रोत्साहित किया था। टॉल्स्टॉय, नीत्शे, इलियट, येट्स, ऑरवेल, लॉरेंस—ये कुछ नाम सहसा याद आते हैं, जिन्होंने समय-समय पर लोकतंत्र की आध्यात्मिक शून्यता (टॉल्स्टॉय), उसकी भेड़वृत्ति और भीड़शाही (लॉरेंस), उसकी औद्योगिक, यांत्रिक नृशंसता (ऑरवेल), उसकी धार्मिक अनास्था और मरुस्थली अकेलेपन (इलियट) पर अपना गहरा क्षोभ और असन्तोष प्रकट किया था। आज जब सेक्यूलर-औद्योगिक युग पर की गई समस्त भविष्यवाणियाँ चरितार्थ हो रही हैं, तब हमें ये चेतावनियाँ पुनः याद करनी चाहिए, इसलिए भी क्योंकि इसी समाज की विसंगतियों से विक्षुब्ध होकर अनेक मध्यवर्गीय संवेदनशील बुद्धिजीवी कम्यूनिज़्म के प्रति आकर्षित हुए थे।

यह कोई भावुक आकर्षण नहीं था। कम्यूनिज़्म ने जो विकल्प प्रस्तुत किया था, उसमें उस मध्यकालीन समाज को पुनर्जीवित करने का स्वप्न छिपा था, जहाँ 'जंगल के क़ानून' की हिंसात्मक प्रतियोगिता और स्वार्थपरक लोलुपता की जगह एक 'सामूहिक भाईचारे' पर आधारित समाज की परिकल्पना की गई थी, जिसमें व्यक्ति का आत्मनिर्वासित अकेलापन और असुरक्षा-भाव दूर हो सके। इस तरह के शोषणहीन, न्यायसंगत और सद्भावना-सम्पन्न समाजों की परिकल्पना पहले भी की गई थी, किन्तु मानव इतिहास में मार्क्सवाद पहला वैज्ञानिक प्रयोग था, जहाँ व्यक्ति और समाज, व्यक्ति और राज्यसत्ता और अन्ततः व्यक्ति और उसके

निजी व्यक्तित्व के बीच जो अँधेरी खाई फैली थी, उसे पाटने की आकांक्षा किसी भविष्य के 'यूटोपिया' में नहीं, स्वयं इतिहास के नियमों में खोजी गई थी। मार्क्सवाद यदि बुर्ज़ुआ लोकतंत्र की आलोचना करता था, तो इसलिए नहीं कि लोकतंत्र के मानववादी आदर्श से उसका विरोध था, बल्कि इसलिए कि पूँजीवादी व्यवस्था में, जो आदर्श सिर्फ़ एक भ्रम और छलना बनकर रह जाता है, मार्क्सवाद उसे यथार्थ में परिणत करना चाहता है। पश्चिमी समाज में मार्क्स पहले मनीषी थे जिन्होंने बुर्ज़ुआ लोकतंत्र के इस अन्दरूनी अन्तर्विरोध को उद्घाटित किया था, जहाँ लोकतंत्र यदि एक हाथ से स्वाधीनता और समता के अधिकार मनुष्य को देता है, तो पूँजीवादी तंत्र जादूगर के अदृश्य हाथ से उन्हीं अधिकारों को एक छाया, एक छलना में बदल देता है। माया और यथार्थ का भेद जहाँ जो होता है, वह दिखाई नहीं देता; जो दिखाई देता है, वह होता नहीं। मार्क्सवाद से प्रेरित समस्त कम्यूनिष्ट क्रान्तिकारी इसे एक मूलमंत्र की तरह स्वीकार करते थे कि पूँजीवाद के हटते ही वे समस्त विरोध स्वत: लुप्त हो जाएँगे, जो मनुष्य की स्वाधीनता और उसके सम्पूर्णत्व को सीमित या खंडित करते हैं। दूसरे शब्दों में—मार्क्सवादी क्रान्ति और कुछ नहीं, सिर्फ़ उस स्वप्न को पूरा करने का पवित्र और ऐतिहासिक मानववादी अभियान था, जो बुर्ज़ुआ लोकतंत्र में सिर्फ़ एक तृष्णा, एक तड़प, एक आकांक्षा तक ही सीमित होकर रह गया था। वर्गहीन समाज की स्थापना—एक ऐसा विकल्प था जो न केवल आदर्श के रूप में लोकतंत्र की अपेक्षा अधिक न्यायसंगत, शोषणहीन और मानवीय था, बल्कि ऐतिहासिक विकासक्रम में एक प्रगतिशील, उन्नत, अनिवार्य चरण भी था, जिसे टाला नहीं जा सकता। एक ऐसा आदर्श-बिन्दु, जहाँ मनुष्य की आकांक्षा इतिहास की अनिवार्यता में समाहित हो जाती है।

यह वह बिन्दु था, जहाँ से बोल्शेविक क्रान्ति की सबसे भयानक और संहारकारी आत्म-छलना भी शुरू होती है।

कम्यूनिस्ट क्रान्ति के बाद सोवियत रूस में जो असंख्य अत्याचार हुए—उनमें मनुष्य के अधिकारों का जो भीषण हनन हुआ, उसके पीछे हमेशा यह आत्मतुष्ट तर्क रहता था कि वे न केवल ऐतिहासिक रूप से अनिवार्य हैं बल्कि क्षम्य भी। यह तर्क केवल लेनिन-स्तालिन तक सीमित रहता तो आश्चर्य की बात नहीं थी। कौन तानाशाही अपने कुकृत्यों को न्यायोचित नहीं करार करती? आश्चर्य तो इस पर होता है कि 20वीं शती के अनेक उल्लेखनीय चिन्तक, लेखक, बुद्धिजीवियों की

एक लम्बी क़तार दीर्घकाल तक न केवल सोवियत क्रान्ति के यथार्थ के सम्बन्ध में आत्म-छलना का शिकार होती रही, बल्कि उन्हें भी अपनी कठोर आलोचना-निन्दा का शिकार बनाती रही—कोई ऑरवेल, कोई कामू, कोई सोल्जेनित्सिन—जिनमें इतना साहस था कि वे उस यथार्थ के भयावह सत्य को उद्घाटित कर सकें, यह कह सकें कि सब प्रशस्ति-गानों के बावजूद बादशाह नंगे हैं। आज हमें अपने से यह प्रश्न पूछना चाहिए कि कैसे कोई एक ऐसी विचारधारा से सम्मोहित होकर, जो अपने में मानव-मुक्ति के उदात्त आदर्श से उत्प्रेरित हुई थी, उसके क्रूर यथार्थ से आँखें मूँद सकता था जो स्वयं उस आदर्श को इतना सिनिकल ढंग से कलुषित करता था?

इसे सिर्फ़ 'आत्म-छलना' कहकर प्रश्न से कतराना होगा, क्योंकि यह छलना अज्ञान से नहीं, समूची जानकारी के बावजूद पाली गई थी। यदि पिछले पचास वर्षों से यूरोप और भारत के प्रगतिवादी सोवियत क्रान्ति की भयानक विकृतियों पर पर्दा डालते रहे हैं तो इसलिए नहीं कि उन्हें पर्दे के पीछे छिपी घिनौनी असलियत का पता नहीं था। लेनिन द्वारा अन्य विरोधी पार्टियों का दमन, स्तालिन के लेबरकैम्प, सैकड़ों सोवियत लेखकों-कवियों-चित्रकारों की हत्याएँ, सेंसरशिप, झूठे मुक़दमे, यूक्रेन का दुर्भिक्ष, घोर आर्थिक विपन्नता—ये तथ्य बराबर लौह पर्दे के बावजूद बाहर आते रहते थे, अख़बारों-पुस्तकों में छपते थे। यह कोई ऐसा गोपनीय भेद नहीं था, जिसका अचानक एक दिन गोर्बाचोव ने रहस्योद्घाटन कर दिया! मनुष्य की यातना को आँकड़ों में नहीं नापा जा सकता, किन्तु हाल ही में सोवियत संघ में जो आँकड़े प्रकाशित हुए हैं, उनसे पता चला है कि सोवियत शासन की अनीतियों द्वारा मरनेवाले नागरिकों की संख्या तीन-चार करोड़ लोगों से कम नहीं है, जिनमें वे लोग शामिल नहीं हैं जो दूसरे महायुद्ध के दौरान मारे गए थे। नात्सी कॉन्संट्रेशन कैम्पों में मरनेवाले यहूदियों की संख्या साठ लाख थी। दूसरे पक्षों को छोड़ दें, तो भी कम-से-कम आँकड़ों की दृष्टि से कम्यूनिज़्म का

रिकॉर्ड फ़ासिज़्म की तुलना में कुछ ज़्यादा ही वज़नदार रहा है। नवलकिशोर जी जब सोवियत संघ में होनेवाले अत्याचारों को स्वीकार करने के बावजूद उसे फ़ासिज़्म से अधिक मानवीय मानते हैं, तो लगता है, वे मनुष्य की यातना को भी विचारधारा की तराज़ू पर तौल रहे हैं, मानो कम्यूनिज़्म के नीचे गए अनाचार फ़ासिज़्म के अनाचारों की तुलना में अधिक मानवीय हैं।

इससे बड़ी विडम्बना और क्या हो सकती है कि जिस मार्क्स ने अपने क्रिटिकल, वैज्ञानिक चिन्तन के औज़ारों से पूँजीवादी छलनाओं का इतना सूक्ष्म और संवेदनात्मक विश्लेषण किया था, वे ही औज़ार अपने में छलना के यंत्र बन गए, जब उन्हें सोवियत साम्यवाद में पनपनेवाली आर्थिक विषमताओं और सामाजिक अन्याय का विश्लेषण करने के लिए प्रयोग में लाया गया। यदि यह विश्लेषण किया जाता (जैसा कि क्रान्ति के साठ साल बाद अब किया जा रहा है) तो शायद उसका असली चेहरा सामने आता जिसे नवलकिशोर जी अपने आलेख में बोल्शेविक क्रान्ति की उपलब्धियाँ मानते हैं। तब हमें पता चल पाता कि ज़ारशाही के सबसे अँधेरे युग में भी टॉल्स्टॉय अपने उपन्यास और कहानियाँ प्रकाशित कर सकते थे, जबकि कम्यूनिस्ट समाज में सोल्जेनित्सिन जैसे लेखक को देशनिकाला देने में ही साम्यवादी शासक अपने झूठ को सुरक्षित रख सकते थे। इस दृष्टि से ज़ारशाही व्यवस्था, अपनी समस्त सीमाओं के बावजूद, कम्यूनिज़्म की अपेक्षा कहीं अधिक सहिष्णु और लिबरल थी। सिर्फ़ ज़ारशाही ही नहीं, तब हमें यह भी पता चलता कि मार्क्सवाद जिस बुर्ज़ुआ तंत्र के काल्पनिक अधिकारों को यथार्थ में ढालना चाहता था, वहाँ सोवियत व्यवस्था में उन बुनियादी मानवीय स्वाधीनताओं को भी नष्ट कर दिया गया जो पूँजीवादी लोकतंत्र में हर नागरिक को उपलब्ध हैं। अमेरिका के विश्वविद्यालय में कार्यरत चोम्स्की निधड़क अमेरिकी सरकार की वियतनाम-नीति की निन्दा कर सकते थे, किन्तु जब सखारोव ने अफ़ग़ानिस्तान में सोवियत हस्तक्षेप का विरोध किया तो उन्हें अपने मॉस्को के अपार्टमेंट से निकालकर गोर्की शहर में अनेक वर्ष 'गृह-कारावास' में रहने को विवश किया गया। सोवियत व्यवस्था का 'फ़ासिज़्म' सिर्फ़ इसलिए कम निन्दनीय नहीं हो जाता, क्योंकि उसके कुकृत्य, 'समाजवाद और मानववाद' के आदर्शों-तले किये जाते रहे, उलटे वह फ़ासिज़्म से कहीं अधिक प्रपंचपूर्ण और छलनामय साबित होते हैं—क्योंकि वहाँ शब्द वही रहते हैं, जिन्हें हम पूजते आए हैं—समता, न्याय,

स्वाधीनता—जबकि उनके अर्थ कभी के नष्ट हो चुके होते हैं। फ़ासिज़्म झूठ को पहचानना मुश्किल नहीं, क्योंकि वह किसी आदर्श के वेश में हमें नहीं भरमाता, जबकि सोवियत कम्यूनिज़्म ने जिन मानववादी आदर्शों की ओट में अपने झूठ को छिपाया था, उसे पहचानने में देर लगती है। किसी राक्षस के राक्षसी चेहरे को पहचान लेना मुश्किल नहीं, किन्तु जब वही चेहरा संन्यासी के मुखौटे में आता है, तो उसे सीता जैसी स्त्री को छलना भी आसान हो जाता है।

किन्तु इससे अधिक घातक छलना तब उत्पन्न होती है जब हम स्वयं मानववाद की पश्चिमी दृष्टि को एक स्वयंसिद्ध मूल्य मानकर, उसे मूल्यांकन करने की कसौटी मान लेते हैं—और एक क्षण के लिए भी यह सन्देह नहीं करते कि स्वयं इस कसौटी में कोई दोष, कोई बुराई, कोई खोट हो सकता है। इतिहासपूजक मार्क्सवादी अक्सर इतिहास के इस अप्रिय सत्य को अनदेखा कर देते हैं कि 20वीं शती की समस्त सर्वसत्तावादी विचारधाराएँ—वह साम्यवाद हो या फ़ासिज़्म—यूरोपीय मानववाद की उस असहिष्णु, आत्मकेन्द्रित, आक्रामक दर्शन की तार्किक परिणति के रूप में प्रकट हुई थीं—जहाँ 'अन्य' को कुचलकर ही 'स्व' की सत्ता प्रतिष्ठित की जा सकती है। 16वीं-17वीं शताब्दियों में वह 'अन्य' प्रकृति की सत्ता थी, जिस पर विजय प्राप्त करके ही यूरोप का औद्योगिक प्रभुत्व स्थापित हो सकता था। फिर वही प्रभुत्व उस ग़ैर-यूरोपीय 'अन्य' को नष्ट करने में प्रयुक्त किया जा सकता था, जिसमें समस्त एशिया अफ्रीका की जातियाँ और अमेरिकी महाद्वीप के आदिवासी इंडियन थे। हमारे समय तक आते-आते यूरोप के उसी आत्मदर्प में पड़े अहं ने यदि जर्मनी में यहूदियों और सोवियत संघ में ग़ैर-कम्यूनिस्ट प्रतिगामियों के विनाश में अपने को अभिव्यक्त किया तो आश्चर्य नहीं होना चाहिए।

चूँकि इस मानव-केन्द्रित 'अहं' का अहंकार असीम है, इसलिए 'अन्य' का विनाश भी एक निरन्तर प्रक्रिया है—बल्कि यह कहना अधिक सटीक होगा कि 'अन्य' के विनाश में ही यह 'अहं' अपने अस्तित्व, अपने होने को प्रमाणित करता है।

नवलकिशोर जी अपने आलेख में मुझ पर आरोप लगाते हैं कि मैंने 'मनुष्यत्व के सत्य को अस्वीकार करके इतिहास के सत्य' को अस्वीकार कर दिया है। वे यह भूल जाते हैं—अथवा इस सत्य को नहीं देखना चाहते कि यूरोप में 'मनुष्य के सत्य' की जो अवधारणा विकसित हुई थी, उसकी तार्किक परिणति फ़ासिज़्म और कम्यूनिज़्म की उन विभीषिकाओं में हुई है, जिसे नवलकिशोर जी 'इतिहास का सत्य' कहते हैं। यह वही 'इतिहास का सत्य' है, जिससे विक्षुब्ध होकर आज यूरोप के साम्यवादी देश लोकतंत्र की ओर वापस मुड़ने की होड़ लगा रहे हैं।

किन्तु लोकतंत्र के प्रति नया सम्मोहन, एक छलना से टकराकर दूसरी छलना की भूल-भुलैया में भटकने का उपक्रम मात्र तो नहीं है? इसमें कोई सन्देह नहीं कि जहाँ तक मानव-अधिकारों का प्रश्न है, लोकतांत्रिक समाजों का रिकॉर्ड, उसकी 'पूँजीवादी घटनाओं' के बावजूद फ़ासिज़्म और कम्यूनिज़्म की अपेक्षा कहीं अधिक बेहतर रहा है। किन्तु यहाँ प्रश्न रिकॉर्ड जाँचने का नहीं है। आज हमें अपने से ही यह प्रश्न पूछना चाहिए कि यातना की इतनी लम्बी रात गुज़ारने के बाद क्या मनुष्य उस व्यवस्था में कोई आलोक, कोई अर्थ पा सकता है, जिसे हम लोकतंत्र कहते हैं? क्या वह उसके जीवन की शून्यता भर सकता है, जहाँ न किसी ईश्वर की छत्रच्छाया है, न किसी धर्म का आश्वासन—एक धर्मनिरपेक्ष, यांत्रिक, अर्थशून्य समाज, जहाँ मनुष्य स्वयं अपने आत्म से विगलित होकर अपने को इतना अकेला, अनाथ और असुरक्षित पाता है? मध्यकालीन समाज में आत्म-संरक्षण के जो उपकरण धर्म, परम्परा-बोध, ईश्वरीय आस्था जुटाते थे, जिनके भीतर वह अपने 'आत्म' और दूसरे के 'अन्य' के बीच एक अर्थपूर्ण सम्बन्ध बनाता था, वे आज सूख चले हैं, ख़ाली पड़ गए हैं। यूरोपीय लोकतंत्र के पास ऐसे कोई साधन नहीं जो अपने मानववादी दर्शन के भीतर ऐसे जीवनदायी अवलम्ब या प्रतीक आविष्कृत कर सके, जो मनुष्य के अन्तस्तल के इन रूखे, रिक्त स्थानों को भर सकें। यह अकारण नहीं था कि 20वीं शती का मनुष्य इस आत्मशून्यता, इस अलगाव से

घबड़ाकर ही उन सर्वसत्तावादी विचारधाराओं के प्रति सम्मोहित हुआ था, जो इन रिक्त स्थानों को भरने का भ्रम देती थीं—वह चाहे वर्गहीन समाज का प्रतीक हो अथवा जर्मन जाति के प्रभुत्व का स्वप्न! वे ऐसी छद्म सामूहिक संहिताएँ रचने का प्रयास करती थीं, जिनमें मनुष्य अपने अकेलेपन का अतिक्रमण कर सके। ये प्रतीक झूठे थे, किन्तु जिस प्यास को बुझाने का वे दावा करते थे, वह प्यास सच्ची थी। यह कैसा समय है कि मनुष्य की प्यास जितनी अधिक गहरी होती जाती है, उसे या तो लोकतंत्र के मरुस्थल में रहना पड़ता है, जहाँ कोई जल नहीं अथवा उन विचारधाराओं की शरण में जाना पड़ता है, जहाँ सिर्फ़ गँदले और विषैले जल के अलावा कुछ उपलब्ध नहीं। हमारे युग में जहाँ-जहाँ सर्वसत्तावादी व्यवस्थाएँ पनपी हैं, वे उन आध्यात्मिक तृष्णाओं को बुझाने का प्रयास थीं जिनके प्रति पश्चिम का लोकतंत्र इतना उदासीन और संवेदनशून्य रहा है। आज यदि साम्यवाद के आदर्श मरीचिका साबित हो गए हैं, तो इससे न मरुस्थल की भयावह वीरानी, न उससे उपजी तृष्णा झूठी पड़ जाती है। आधुनिक लोकतांत्रिक समाजों ने जो लोलुप, स्वार्थपरक, भौतिक सुविधाओं की व्यवस्था खड़ी की है, उसमें मनुष्य आत्मा की भूख नहीं मिटाता, सिर्फ़ आत्मविस्मृति का शिकार हो जाता है।

इस निबन्ध के शुरू में मैंने उन लेखकों, चिन्तकों और मनीषियों का उल्लेख किया था—टॉल्स्टॉय, गांधी, इलियट, लॉरेंस आदि—जिन्होंने पश्चिमी लोकतंत्र के इसी आध्यात्मिक मरुस्थल की आलोचना की थी। सोवियत क्रान्ति का सबसे बड़ा अभिशाप यह रहा कि उसने लोकतंत्र का एक छद्म विकल्प उपस्थित करके उन सब रेडिकल विकल्पों को धुँधलके में डाल दिया, जिनका यूरोपीय मानववाद से कोई लेना-देना नहीं था। यही नहीं, मार्क्सवाद के रूसी संस्करण ने स्वयं मार्क्सवाद के क्रिटिकल चिन्तन को इतना एकांगी, इतना सरलीकृत, इतना एकआयामी बना दिया कि सोवियत संघ के बाहर होनेवाले समस्त समाजवादी आन्दोलन अपना बहुल-वैविध्य, अपनी स्वायत्तता खो बैठे। आज हम उन खोए हुए विकल्पों की

ओर वापस लौट रहे हैं, तो हमें चेक लेखक वात्सलाव हावेल के शब्दों पर ध्यान देना होगा। हावेल ने अपने जीवन के सर्वश्रेष्ठ वर्ष साम्यवादी कारावास में गुज़ारे हैं। उनके शब्दों में केवल साम्यवाद की आलोचना नहीं, उस समूची आधुनिक सभ्यता पर पुनर्विचार करने का आग्रह है, जो यूरोप ने अपने आत्मदंभ के आधार पर खड़ी की है। पोलैंड की पार्लियामेंट में भाषण देते हुए हावेल ने कहा :

> मुझे यह लगता है कि कोई शक्ति हमसे ऊपर है, कि हम जो करते हैं—वह समय के सूराख़ में लोप नहीं हो जाता, किन्तु कहीं उसका लेखा-जोखा होता है, उस पर निर्णय लिया जाता है। हमारे पास यह सोचने का कोई अधिकार या तर्क नहीं है कि हम सब कुछ समझते हैं और जो चाहें, कर सकते हैं।

अतीत : एक आत्म-मन्थन

हम प्राय: अतीत के फ़ैसलों को अपने समय में निपटाते हैं। हमारा वर्तमान—एक ज़माने में—हमारे पूर्वजों का भविष्य रहा होगा। उन्होंने अपने भविष्य के बारे में जो स्वप्न देखे थे, हम आज उन स्वप्नों के भोक्ता हैं, शिकार हैं, उन्हें स्वीकार करते हैं, या उनसे जूझते हैं। इसलिए कोई भी जाति संकट की घड़ी में अपने अतीत, अपनी जड़ों को टटोलती है। संकट की घड़ी आत्म-मन्थन की घड़ी है। और सही आत्म-मन्थन हमेशा अतीत में लिये गए फ़ैसलों के आसपास होता है, क्योंकि ठीक उन फ़ैसलों के बीच हमारी नियति की धड़कन व्याप्त रहती है।

हम आज संकट के जिस भयावह दौर से गुज़र रहे हैं, वहाँ भावी समाज के समस्त आदर्श थोथे और अर्थहीन होंगे, यदि हम अपने अतीत और वर्तमान को नंगी आँखों से देखने का साहस नहीं बटोर पाते।

लेकिन 'देखना' कभी सपाट और बेलौस नहीं होता, देखने की प्रक्रिया में चुनने और आँकने का विवेक जुड़ा रहता है। जिस तरह एक व्यक्ति अपनी स्मृति में दुनिया को परखता है, उसी तरह एक जाति अपनी परम्परा की आँखों से यथार्थ को छानती है। परम्परा से मेरा मतलब उतना विश्वासों और अन्ध-विश्वासों से नहीं है, जितना उस अदृश्य लय से है, जो एक जाति के बहाव, उसकी धारा,

उसकी गति को निर्धारित करती है जिस तरह बहती हुई धारा अपने भीतर एक तरफ़ आदि-स्रोत की मौलिक पवित्रता और दूसरी तरफ़ अपने लक्ष्य की अन्तिम परिणति—दोनों को समाहित करती है, ठीक उसी तरह एक जातीय परम्परा अतीत और भविष्य दोनों को अपनी जीवन्त धड़कन में पिरोती है। "संकट की घड़ी में अपनी परम्परा का मूल्यांकन करना एक तरह से ख़ुद अपना मूल्यांकन करना है, अपनी अस्मिता की जड़ों को खोजना है। हम कौन हैं—यह एक दार्शनिक प्रश्न न रहकर ख़ुद अपनी नियति से मुठभेड़ करने का तात्कालिक प्रश्न बन जाता है।"

वह चीज़, जिसे हम परम्परा कहते हैं, कोई और चीज़ न होकर सिर्फ़ अपने भीतर इस धारा की निरन्तरता का बोध है—अपनी स्थिरता में वह मेरे भीतर आकर बहती है, मेरे भीतर आकर वह पुन: एक नया अनुभव ग्रहण करती है। वह अपनी तात्कालिकता में शाश्वत है, इसलिए इतिहास से संत्रस्त न होकर स्वयं हर ऐतिहासिक घटना का मूल्यांकन करने का साहस और सामर्थ्य रखती है। हम उसकी सम्पूर्णता में सम्पूर्ण हैं—उसे छोड़कर, उसके बाहर, हम कुछ भी नहीं।

इसलिए हमें इस भ्रम से छुटकारा पाना होगा कि परम्परा कोई 'अतीत की चीज़' है, जिसे हम जैसे-तैसे वर्तमान में ढोकर लाते हैं। वह हमारे भीतर है, इसलिए 'अतीत' का प्रश्न नहीं उठता, हम उसे सोच-समझकर चुनते नहीं, नैसर्गिक रूप से उसका अंग है—इसलिए ढोने के साथ जिस विवशता का बोध होता है, वह विवशता हमारी नहीं हो सकती। क्या एक देह अपने अंगों को ढोकर चलती है, या ख़ुद अंग देह को ढोते हैं? यह ग़लतफ़हमी तभी उत्पन्न होती है, जब हम पश्चिम की देखा-देखी में व्यक्ति और परम्परा के बीच भेद देखते हैं, अंगों की इकाई को देह की समग्रता से अलग करते हैं।

अत: हमें भारतीय सन्दर्भ में संस्कृति के प्रश्न पर बुनियादी तौर से पुनर्विचार करना पड़ेगा। हम संस्कृति को उन बिम्बों, प्रतीकों और मिथकों से अलग करके नहीं देख सकते, जो हमारे जीवन के साथ अन्तरंग रूप से जुड़े हैं। इनके माध्यम से न केवल हम अपने को पहचानते हैं, बल्कि ये वह आईना हैं, जिनके द्वारा हम बाहर की दुनिया को परखते हैं। ये बिम्ब और मिथक एक अदृश्य कसौटी हैं जिनसे हम धर्म और अधर्म, नैतिकता और अनैतिकता के बीच भेद करते हैं। संस्कृति मनुष्य की आत्मचेतना का प्रदर्शन नहीं, उस सामूहिक मनीषा की उत्पत्ति है, जो व्यक्ति को एक स्तर पर दूसरे व्यक्ति से और दूसरे स्तर पर विश्व से जोड़ती है।

संस्कृति का यह भारतीय स्वरूप पश्चिम की सांस्कृतिक धारा से नितान्त भिन्न है। यूरोपीय संस्कृति का आविर्भाव ही व्यक्ति की विकसित आत्मचेतना द्वारा सम्भव हो पाया। इस आधार पर अकेले व्यक्ति ने यथार्थ का एक निजी, स्वायत्त दर्शन सृजित किया है—एक ऐसा दर्शन जिसकी जड़ें, उसके व्यक्तिगत अनुभव में निहित हैं। दूसरे शब्दों में पश्चिमी संस्कृति का प्रादुर्भाव एक ऐसी खंडित चेतना में हुआ है, जहाँ मनुष्य अपने को प्रकृति, विश्व और दूसरे मनुष्य से बिलकुल अलग पाता है और उसे अनुभव होता है कि इस अलगाव और विभाजन को महज़ धार्मिक आस्था या परम्परा द्वारा नहीं पाटा जा सकता। मध्य युग के बाद यूरोपीय व्यक्ति को पहली बार यह महसूस हुआ कि धर्म और परम्परा उसे सहारा और सान्त्वना तो दे सकते हैं, किन्तु उसके अन्दरूनी मर्म की गहरी परतों में नहीं पैठ सकते, जहाँ वह सम्पूर्ण रूप से स्वतंत्र है और अपनी स्वतंत्रता में सम्पूर्ण रूप से अकेला है।

अतः यूरोप में वैयक्तिक चेतना और धार्मिक विश्वासों के बीच एक चौड़ी खाई खुलती गई, अपनी चेतना में मनुष्य अकेला और निस्सहाय पड़ता गया; जबकि दूसरी तरफ़ धर्म जीवनधारा से कटकर केवल चर्च की एकाधिकार 'सम्पत्ति' बनकर रह गया, जिसके सामने व्यक्ति घुटने टेककर अपनी पीड़ा से छुटकारा तो पा सकता था, किन्तु इस धरती पर सम्पूर्ण जीवन की उपलब्धि नहीं।

यूरोपीय संस्कृति का विकास एक तरह से मनुष्य की आत्मा में खिंची इस खाई को पाटने का गौरवपूर्ण प्रयास रहा है। एक ऐसा प्रयास, जिसके ज़रिये वह अपने अलगाव और अकेलेपन का अतिक्रमण कर सके। इस दृष्टि से समूची यूरोपीय संस्कृति ग़ैर-धार्मिक या सेक्यूलर है; क्योंकि मनुष्य समस्त मूल्यों और मान्यताओं का अन्तिम स्रोत ख़ुद अपनी चेतना में ढूँढ़ता है। धीरे-धीरे यूरोपीय मनुष्य ने अपने को विश्व का केन्द्रबिन्दु, समस्त चीज़ों का मापदंड मान लिया। इस दृष्टि से ईसाई कला भी धार्मिक बिम्बों के बावजूद अपनी मूल प्रेरणा में सेक्यूलर है; क्योंकि एक कलाकार ईसाई धर्म के संस्कारगत प्रतीकों में भी अपने व्यक्तिगत अनुभव ही ढालने की कोशिश करता था, (देखिए; रेनासाँ कलाकृतियों में मैडोना और शिशु के प्रतीक) और यह अनुभव प्रायः चर्च द्वारा दिये गए परम्परागत अर्थों से बिलकुल भिन्न होता था। वास्तव में यूरोपीय रेनासाँ के उदयकाल मनुष्य के सेक्यूलर और धार्मिक अनुभवों के बीच एक स्पष्ट विभाजन-रेखा खींच दी गई। यूरोपीय संस्कृति एक तरफ़ इस विभाजन का प्रतिबिम्ब थी, दूसरी तरफ़ इसका

अतिक्रमण करने की प्रक्रिया भी। बल्कि यूँ कहें, अतिक्रमण करने की प्रक्रिया में ही आधुनिक यूरोपीय संस्कृति का विकास हुआ था।

इसके विपरीत भारतीय चेतना में इस तरह का कोई विभाजन न था, यह तथ्य उल्लेखनीय है; क्योंकि इसी में भारतीय संस्कृति का विशिष्ट पहलू छिपा है। यहाँ किसी भी समय मनुष्य की धार्मिक अन्तर्दृष्टि और सांसारिक (सेक्यूलर) अनुभवों के बीच विभाजन-रेखा नहीं खींची गई। मनुष्य अपने सांसारिक कार्य-कलापों का अर्थ धार्मिक प्रतीकों द्वारा उद्घाटित करता था, दूसरी ओर उसके धार्मिक अनुष्ठान उसके दैनिक जीवन के आचार-व्यवहार से जुड़े थे। दूसरे शब्दों में, भारतीय संस्कृति एक समग्र, अखंडित और सम्पूर्ण चेतना पर आधारित थी। वह सतत रूप से समय में प्रवहमान थी, किन्तु अपने प्रवाह के लिए इतिहास पर निर्भर नहीं थी। पश्चिमी मनुष्य की तरह वह इतिहास से आतंकित नहीं थी; क्योंकि वह इतिहास को 'परिवर्तन का एजेंट' नहीं मानती थी। भारतीय मनीषा का निर्माण व्यक्ति के ऐतिहासिक बोध द्वारा नहीं, उन मिथकों, प्रतीकों और संस्कारों के संश्लिष्ट प्रवाह में लक्षित होता है, जो इतिहास को नकारते नहीं, केवल उसकी लहरों को अपनी मूल धारा में समाहित कर लेते हैं।

यहाँ यह महत्त्वपूर्ण है कि जिस विशिष्ट अर्थ में हम यूरोपीय सन्दर्भ के 'इतिहास' का उल्लेख करते हैं, जहाँ वह जीवन के विभिन्न मोड़ों को इंगित करता है, उस अर्थ में भारत का कोई इतिहास नहीं है। बाह्य परिवर्तनों के बावजूद भारत की मूल जीवनधारा में कोई बुनियादी अन्तर नहीं आया है। हम जिस दृष्टि से यथार्थ को देखते आए हैं, जिस ढंग से हमने अपने को काल और प्रकृति से जोड़ा है, मृत्यु के प्रति हमारा जो रुख़ रहा है, जिससे जीवन के प्रति हमारे रुख़ का पता चलता है—इन सबमें कोई मूलभूत परिवर्तन नहीं हुआ है, हालाँकि समय के घेरे में बाहरी यथार्थ बराबर बदलता रहा है। मैं यह बात कोई रहस्यवादी दार्शनिक की तरह नहीं कह रहा हूँ। मैं केवल एक तथ्य की ओर संकेत कर रहा हूँ, जो बिलकुल स्पष्ट हो जाएगा यदि हम भारत की तुलना में उन बुनियादी परिवर्तनों की ओर ध्यान दें जो पिछले एक हज़ार वर्षों में यूरोप के मानस और मनीषा में हुए हैं। यूनानी संस्कृति का ह्रास, रेनासाँ का उदयकाल, चर्च की प्रभुसत्ता का पतन, औद्योगिक क्रान्ति से आज तक टेक्नोलॉजी का अद्भुत विकास—ये सब इतिहास के वे मोड़ हैं जिन्होंने यूरोपीय मनीषा के 'टेक्स्चर' का आद्योपान्त बदल दिया है।

एक तरह से देखें तो जिस 'बौद्धिक वैभव' (रोज़न) की शुरुआत यूनानी दार्शनिकों ने की थी, मनुष्य की वर्तमान विभीषिका उसकी तार्किक परिणति है—किन्तु मनुष्य की यह विकृति और यूनानी दर्शन के महान गौरव के बीच कितना भयानक अन्तर आ पड़ा है!

यदि भारतीय चेतना उपर्युक्त परिवर्तनों से अपेक्षाकृत अछूती रही है तो इसका मतलब यह नहीं है कि इतिहास ने बराबर उस पर अपना दबाव नहीं डाला है। एक तरफ़ हमारी चेतना की अँधेरी मिथक-जड़ों ने ख़ुद अक्षुण्ण रहकर इतिहास के पानी को अपने ऊपर से बह जाने दिया और दूसरी तरफ़ व्यावहारिक स्तर पर हमें बराबर बदलते हुए ऐतिहासिक यथार्थ से समझौता भी करना पड़ा है। दरअसल भारतीय 'चरित्र' का निर्माण इन दो पाटों के बीच हुआ है : व्यावहारिक स्तर पर इतिहास को स्वीकार करना और मनीषा के स्तर पर उसके दबाव की नितान्त उपेक्षा करना। इस द्वंद्वात्मक प्रक्रिया के बीच हम एक असाधारण सन्तुलन बनाने में सफल हुए थे; क्योंकि इस सन्तुलन में ही हम अपनी मौलिक अस्मिता को जीवित रख सकते थे। अंग्रेज़ों के आगमन से पूर्व कभी यह ख़तरा उत्पन्न नहीं हुआ कि हमें जीने का मूल्य इस अस्मिता को समर्पित करने में चुकाना होगा।

भारत में अंग्रेज़ी राज की चुनौती जिन नियतिपूर्ण परिणामों से भरी थी, स्वतंत्रता के पिछले पच्चीस वर्षों के दौरान हम थोड़ा-बहुत उसका जायज़ा लगा सके हैं।

भारत में अंग्रेज़ी सत्ता महज़ साम्राज्यवादी शक्ति का ही प्रतीक न थी। वह शक्ति एक नितान्त भिन्न प्रकार की मान्यताओं का प्रतिनिधित्व करती थी। ये मान्यताएँ एक ऐसी जीवन-पद्धति में सन्निहित थीं (और आज भी हैं), जिसका सीधा सम्बन्ध एक ऐसी विकसित औद्योगिक समाज-व्यवस्था से था, जिसका मुख्य लक्ष्य प्रकृति पर विजय प्राप्त करना था। कहना न होगा, यूरोपीय देशों ने अफ्रीकी-एशियाई संस्कृतियों को ग़ुलाम बनाने से पहले ख़ुद प्रकृति को ग़ुलाम बनाना आरम्भ कर दिया था। मैंने ऊपर यूरोपीय मनीषा के जिस अन्दरूनी विभाजन का ज़िक्र किया था,

दरअसल प्रकृति और मनुष्य के बीच विरोध इसी 'खंडित आत्मा' का ही एक लक्षण है। यदि आज पश्चिम की टेक्नोलॉजी के आतंक और सर्वग्राही त्रास ने मनुष्य को इस तरह ग्रस्त कर दिया है, तो इसकी जड़ें हमें 18वीं-19वीं शती की 'औद्योगिक क्रान्ति' में देखनी होंगी, जब यूरोपीय मनुष्य ने 'प्रकृति पर विजय पाना' ही विकास का चरम लक्ष्य माना था। अत: भारत में अंग्रेज़ी राज के विरुद्ध संघर्ष महज़ राजनीतिक स्तर पर ही नहीं था, उस संघर्ष का एक गहरा महत्त्वपूर्ण सांस्कृतिक पहलू था, जहाँ भारतीय मनीषा की टक्कर सीधी उन यूरोपीय मान्यताओं से होती थी, जिनका प्रतिनिधित्व अंग्रेज़ी शासक करते थे।

19वीं शताब्दी के उस चरण में, जिसे आज हम 'बंगाल रेनासाँ' कहते हैं, भारतीय बुद्धिजीवियों के बीच उपर्युक्त विषय को लेकर एक लम्बी बहस हुई थी और यह बहस केवल बंगाल तक ही सीमित न थी। यह हैरानी की बात है कि इस बहस को हम बहुत-कुछ भूल चुके हैं जबकि आज भारतीय सन्दर्भ में हम कमोबेश उन्हीं प्रश्नों से जूझ रहे हैं, जिसके नुक़्ते हमारे पूर्वजों ने सौ वर्ष पहले उठाए थे।

अंग्रेज़ी राज ने पहली बार भारतीय बुद्धिजीवियों को आत्म-मन्थन करने को मजबूर किया था। एक चुनौती के रूप में उन्हें यह तय करना था (और बहस के दौरान ये दोनों विकल्प बहुत सफ़ाई से पेश किये गए थे) कि क्या प्रगति और विकास का रास्ता यही है जो अंग्रेज़ी शासकों ने आदर्श के रूप में उनके सामने रखा है—पश्चिमी लोकतंत्र की संस्थाएँ, अंग्रेज़ी शिक्षा और आचार-व्यवहार, औद्योगिक रण और महाजनी सभ्यता का प्रसार—इसी रास्ते पर चलकर आधुनिक बना जा सकता था और आधुनिक बनने की सबसे बड़ी शर्त यह थी कि हम किसी-न-किसी तरह से अपने को यूरोपीय मनुष्य की 'इमेज' में ढाल सकें, एक 'ऐतिहासिक' मनुष्य बन सकें? दूसरा विकल्प इसके बिलकुल विपरीत था। बल्कि यूँ कहें, वह एक ऐसा रास्ता था, जिसके द्वारा हम उन झूठे विकल्पों को ठुकरा सकते थे, जो अंग्रेज़ों ने हमारे सामने रखे थे। प्रश्न न तो पश्चिम के अनुकरण करने का था, न अतीत से चिपके रहने का—अपने रास्ते को इन दो विकल्पों में बाँटना ही ग़लत था। मूल प्रश्न यह था कि हम किस प्रकार की अपनी संस्कृति और जीवन-पद्धति के उन स्रोतों को सचेतन ढंग से संयोजित करें कि जिससे हम पश्चिम की चुनौती का सामना अपने पैरों पर और ख़ुद अपनी शर्तों पर कर सकें। 19वीं शती में आधुनिकतावादियों और पुनरुत्थानवादियों के बीच जिस झगड़े का

उल्लेख हमारी इतिहास-पुस्तकों में किया जाता है, वह वास्तव में नक़ली और छद्म झगड़ा था—असली द्वंद्व दो जीवन-पद्धतियों के बीच में था। अंग्रेज़ी शासन के माध्यम से पश्चिमी सभ्यता मनुष्य, इतिहास और भविष्य के आदर्शों को एक ऐसी जीवनधारा पर आरोपित करना चाहती थी, जिसे उन 'आदर्शों' की कोई आवश्यकता न थी, जिन्हें बल या प्रलोभन द्वारा भारतीय जीवन पर थोपा तो जा सकता था, किन्तु वे उसकी मनीषा में कहीं फिट नहीं होते थे।

राजा राममोहन राय और उनकी पीढ़ी के उदारपंथी बुद्धिजीवी इस द्वंद्व को समझते किन्तु इसे सुलझाने का जो हल उन्होंने चुना, वह एक भ्रामक हल था। वह हमें एक ऐसी दिशा में ले गया, जिसके परिणाम हम आज भुगत रहे हैं। पश्चिमी सभ्यता के 'विकासोन्मुख' आदर्शों के सम्मुख ये बुद्धिजीवी अपने को कहीं बहुत छोटा पाते थे। इस हीन-भाव से अपने को उबारने के लिए उन्होंने समूचे भारतीय अतीत की महिमा को पुनर्जीवित करने की चेष्टा की। वे विदेशी शासकों के सामने यह प्रमाणित करना चाहते थे कि आधुनिक यूरोपीय मान्यताओं के मुक़ाबले में उनकी विगत संस्कृति का गौरव भी कम नहीं है। किन्तु वे इन 'आधुनिक यूरोपीय मान्यताओं' के प्रति आकर्षित भी थे, उन्हें उच्चतर सभ्यता का प्रतीक मानते थे, इसीलिए उनके सामने अपने को सम्मानित और 'रिस्पेक्टेबल' सिद्ध करना चाहते थे। बंगाल रेनासाँ के बुद्धिजीवी एक ओर वेद-उपनिषदों की दुहाई देते थे, दूसरी ओर जान स्टुअर्ट मिल के सिद्धान्तों को भी स्वीकार करते थे और अपनी समाज-व्यवस्था पर उन्हें लागू करने के लिए लालायित थे। एक ओर उन्हें अपने अतीत पर गर्व था, दूसरी ओर से इस गर्व को यूरोपीय मान्यताओं में भुनाकर अपने देश का भविष्य निर्माण करना चाहते थे।

19वीं शती के भारतीय बुद्धिजीवियों के इस अभियान को प्राय: 'समन्वय का अभियान' कहा जाता है। यह ऊपरी और सतही समन्वय तो था ही, बहुत भ्रामक और घातक भी था। वास्तव में आज हम जिसे पश्चिम-शिक्षित आधुनिक 'एलीट' कहते हैं, उस वर्ग की जड़ें सीधी इस 'समन्वय' से जुड़ी हैं—एक ऐसा वर्ग, जो एक तरफ़ भारतीय परम्परा का गुणगान करता है, दूसरी ओर अपने आदर्शों और सिद्धान्तों में—अपनी समूची जीवन-पद्धति में पश्चिम की नक़ल करता है। जान स्टुअर्ट मिल की जगह अब मार्क्स और माओ का नाम अवश्य लिया जाता है, किन्तु तर्क वही है, जो 19वीं शती में दिया जाता था।

इस तर्क के पीछे हमेशा से एक औपनिवेशिक मनोवृत्ति काम करती रही है—19वीं शती में उतनी ही, जितनी आज। यह मनोवृत्ति एक गहरे हीन भाव और अपनी प्रान्तीय अस्मिता के प्रति अविश्वास-भावना से उत्पन्न हुई है। इसके परिणामस्वरूप हमने अपने अतीत को पुनर्जीवित करने की ज़रूरत महसूस की, जैसे वह कोई मृत चीज़ हो, हमसे अलग और बाहर—जबकि एक जाति का अतीत उसकी जीवनधारा के साथ जुड़ा रहता है। वह भारतीय चेतना की समग्रता में वर्तमान है, दिखाने का अलंकार नहीं। जीने का तत्त्व है, ढोनेवाला बोझ नहीं। प्रवाह का लय में बिंधा हुआ एक जीवन्त प्रतीक है, जो इतिहास के फ़ॉर्मूलों द्वारा नहीं, अपनी प्राण-धारा के मुताबिक़ अपना भविष्य बनाता है।

और यह चीज़ मुझे इस औपनिवेशिक मनोवृत्ति के दूसरे पहलू की ओर ले आती है—इतिहास की अनिवार्यता के प्रति अन्धविश्वास। अंग्रेज़ी शासकों ने इतिहास को कसौटी बनाकर भारत में अपनी प्रभुसत्ता, अपनी विकासोन्मुख सभ्यता—यहाँ तक कि संस्कृति और चिन्तन के क्षेत्र में भी अपनी दर्पपूर्ण महानता—साबित करने की चेष्टा की थी। अंग्रेज़ों का यह दर्प और दावा वास्तव में 19वीं शती के समूचे यूरोपीय चिन्तन (जिसमें स्वयं मार्क्स का चिन्तन शामिल है) का अंग था। इस कसौटी के आधार पर यूरोप सभ्यता के केन्द्र में था, बाक़ी एशियाई-अफ़्रीकी संस्कृतियाँ 'अतीतोन्मुख, पिछड़ी हुई, ऐतिहासिक रूप से गई-बीती' जीवन-पद्धति का प्रतीक मानी जाती थीं। सभ्यता का यह मिशन और तक़ाज़ा था कि इन पतनोन्मुख व्यवस्थाओं का उन्मूलन हो, ताकि वे इतिहास के साथ अपनी 'प्रगति' कर सकें। एक प्रकार से यह तर्क यूरोप और ईसाई धर्म को ही विकास और मानवीय स्वतंत्रता का पर्याय मानता था।

"भारत का प्राचीन धर्म मृतप्राय हो चुका है। यदि ईसाई धर्म उसकी जगह नहीं लेता तो दोष किसका होता?"

ये भारत के किसी विरोधी के नहीं, स्वयं मैक्स मूलर के शब्द हैं, जो उन्होंने अपने एक पत्र में लिखे थे।

भारतीय अतीत, धर्म, परम्परा और जीवन-पद्धति के बारे में स्वयं मार्क्स का ज्ञान कितना अपूर्ण और सतही था—यह उनके उन पत्रों से पता चलता है जो उन्होंने भारत के बारे में अंग्रेज़ी-अमेरिकी अख़बारों में प्रकाशित किये थे। अंग्रेज़ शासक जिन साम्राज्यवादी उद्देश्यों से प्रेरित होकर भारतीय समाज-व्यवस्था को

भ्रष्ट कर रहे थे, इसके बारे में उनका विश्लेषण सही और वैज्ञानिक है, किन्तु स्वयं उस व्यवस्था के मूल सांस्कृतिक तत्त्वों के बारे में उनका ज्ञान उतना ही संकीर्ण और पूर्वग्रस्त था, जितना यूरोप के अन्य विक्टोरियन समाजशास्त्रियों का, जो सिर्फ़ यूरोप की सभ्यता को कसौटी मानकर दुनिया की बाक़ी संस्कृतियों का मूल्यांकन करते थे।

किन्तु यूरोपीय चिन्तकों की बात अलग रही, स्वयं भारतीय बुद्धिजीवी इतिहास के आतंक से इतना ग्रस्त थे कि वे भारत की मुक्ति और विकास का एकमात्र रास्ता पश्चिम की राजनीतिक, सामाजिक संस्थाओं में ढूँढ़ने लगे थे। वे यह भूल गए कि वे संस्थाएँ चाहे समता और स्वतंत्रता की दुहाई ज़रूर देती हों—एक ऐसे औद्योगिक, बुर्जुआ समाज के अंग हैं, जिसका हमारी परम्परागत संस्थाओं से, जीवन-पद्धति और उससे जुड़े विश्वासों से कोई लेना-देना नहीं। यह सही है कि अंग्रेज़ों के औपनिवेशिक शासन ने इस पद्धति को विकृत किया था (जैसे अमेरिकी इंडियनों या अफ़्रीकी जातियों या दुनिया के आदिवासियों के जीवन-संस्कारों को यूरोप की व्यावसायिक शक्तियों ने विकृत किया था), किन्तु क्या यह विकृति ऐतिहासिक रूप से अनिवार्य थी? यह अद्भुत तर्क होगा कि यदि कोई देश अपने बल-वैभव के आधार पर किसी जाति के धर्म-विश्वासों, संस्कारों, जीवन-गति को भ्रष्ट करता है तो हम इतिहास और प्रगति के नाम पर उसे एक न्यायोचित, अनिवार्य नियम के रूप में स्वीकार कर लें; अपने समूचे भविष्य को एक ऐसे ऐतिहासिक परिवेश में ढालना शुरू कर दें, जो हमारा परिवेश नहीं है, जिसे पश्चिम ने ज़ोर-ज़बरदस्ती हम पर थोपा है। कितना बड़ा व्यंग्य है कि 19वीं शती के पश्चिम-शिक्षित बुद्धिजीवियों के समान ही आज के मार्क्सवादी इतिहास के सामने इतने भाग्यवादी बन जाते हैं, सब देवताओं को ठुकराकर अन्त में इतिहास के देवता के आगे घुटना टेक देते हैं।

वास्तव में वर्तमान भारतीय 'एलीट' (वह चाहे दक्षिणपंथी हो या वामपंथी) की जड़ें 19वीं शती के बुद्धिजीवियों में पहले से मौजूद थीं, जब उन्होंने 'इतिहास-यूरोप-विकास'—जैसे सरलीकृत, भ्रामक फ़ॉर्मूले को स्वीकार किया था, 'पश्चिम की तथाकथित चुनौती' का सामना करने के बहाने अपने देश की समूची जीवनधारा को एक ऐसे भविष्य की ओर मोड़ दिया था, जो सिर्फ़ आत्म-छलना था। पिछले सौ वर्षों की आत्म-छलना में हमारे वर्तमान संकट के बीज निहित हैं।

कोई भी भविष्य, चाहे वह कितना ही सुन्दर क्यों न हो, अपने वर्तमान को विकृत करके नहीं बनाया जा सकता।

जिस दिन हमने इतिहास की लौहवत् अनिवार्यता स्वीकार की, उस दिन पहली बार हम 'भविष्य' द्वारा आक्रान्त हुए, आज भी हैं। 19वीं शती से पूर्व हमारे सांस्कृतिक भाव-बोध में 'भविष्य' का कोई केन्द्रीय महत्त्व नहीं था। यह महत्त्वपूर्ण बात है कि केवल यहूदी-ईसाई-परम्परा में भविष्य को एक निर्णयात्मक कसौटी बनाकर जीवन को उसके अनुरूप संचालित करने पर ज़ोर रहा है। मसीहा के आने की आशा, 'अन्तिम निर्णय' की परिकल्पना, धरती पर स्वर्ग स्थापित करने का स्वप्न—ये सब मान्यताएँ भविष्य की आस्था से जुड़ी हैं। वर्तमान केवल आँसुओं का पर्दा है, सत्य और सम्पूर्णता उस पर्दे के पीछे है—ईसाई धर्म का यह एक पुराना, मार्मिक विश्वास रहा है।

यह एक दिलचस्प तथ्य है कि भविष्य के प्रति आस्था अपनी उत्पत्ति में भले ही यहूदी-ईसाई धर्म से जुड़ी हो, किन्तु उसने यूरोपीय भाव-बोध पर गहरा प्रभाव डाला था। पिछली शताब्दियों में शायद ही कोई यूरोपीय क्रान्तिकारी चिन्तक रहा हो, जिसने एक काल्पनिक भविष्य की मनमानी रचना न की हो। स्वयं मार्क्स ने एक ऐसे 'वर्गहीन समाज' की परिकल्पना की, जहाँ कोई उत्पीड़न-शोषण नहीं होगा—और इस दृष्टि से मार्क्स ख़ुद यहूदी संस्कारों से अछूते नहीं थे। यह अलग बात है कि यहूदी संत इस भविष्य को 'धरती पर स्वर्ग' मानते थे, किन्तु यह 'स्वर्ग' अपनी सम्पूर्णता और न्यायोचित व्यवस्था में वर्गहीन समाज की परिकल्पना से भिन्न नहीं था। किन्तु मार्क्स ही क्यों, 18वीं-19वीं शती के तमाम यूरोपीय चिन्तक (एकमात्र नीत्शे को छोड़कर, जो दार्शनिक से कहीं अधिक कवि-द्रष्टा थे) इतिहास के भक्त और भविष्य के उपासक थे। यूरोपीय रोमांटिक कवियों का रहस्यवाद—खंडित जीवन का अतिक्रमण करके सम्पूर्णता को उपलब्ध करने का स्वप्न—मार्क्स के ऐतिहासिक रोमांटिसिज़्म का ही दूसरा पहलू है।

भविष्य के प्रति इस अपार सम्मोहन के पीछे वर्तमान के प्रति एक गहरी अवज्ञा छिपी थी। वर्तमान महज़ एक माध्यम था, एक सीढ़ी, एक साधन मात्र—जिसका अतिक्रमण करके ही भावी स्वर्ग को प्राप्त किया जा सकता था। दूसरे शब्दों में वर्तमान महज़ एक भ्रम है, असली यथार्थ भविष्य में सन्निहित है। यदि हम वर्तमान में अनैतिक, मानव-विरोधी आचरण करते हैं, तो उस पर आँसू बहाना एक

बुर्जुआ मनोवृत्ति है, एक मध्यवर्गीय कुंठा है; क्योंकि भविष्य की सम्पूर्ण नैतिकता हमारी वर्तमान अनैतिकता को हमेशा के लिए धो देगी। कहना न होगा, इस तर्क की परिणति हमें स्तालिनवादी व्यवस्था में मिलती है, जहाँ मनुष्य के भविष्य का निर्माण हुआ है, जिसमें स्वयं मनुष्य के लिए कोई स्थान नहीं।

वास्तव में भविष्य के प्रति दास-प्रवृत्ति अपने में ऐसी मनोवृत्ति है जो हर प्रकार की मानव-विरोधी, अधिनायकवादी व्यवस्था को न्यायोचित ठहरा सकती है। इतिहास की शपथ खाकर मनुष्य को एक काल्पनिक भविष्य का ग़ुलाम बनाना, उसके वर्तमान को घिनौना बनाकर छोड़ देना—हर क्रान्ति का पतन यहीं से आरम्भ होता है। (कला का ह्रास भी यहीं से आरम्भ होता है, किन्तु यह अलग विषय है।) हम इतिहास को साक्षी बनाकर भविष्य का 'आदर्श' गढ़ते हैं, फिर दूसरों को इस आदर्श में फिट करने की कोशिश करते हैं। हम जो हैं, उसे नकार कर हमें जो होना चाहिए, उसके अनुरूप अपने को तोड़ने-मोड़ने की कोशिश करते हैं (जैसे मनुष्य कोई धातु हो) और इस समूची प्रक्रिया में—जिसे हम क्रान्ति का नाम देते हैं—ख़ुद अपनी अस्मिता, अपनी सांस्कृतिक मनीषा, अपनी जीवनधारा को इतना विकृत कर देते हैं कि हम न तो वह रह पाते हैं, जो हम हैं, न उसे ही उपलब्ध कर पाते हैं जिसकी ख़ातिर हमने अपने को विकृत किया है। भविष्य की इस मरीचिका के पीछे भागता हुआ मनुष्य स्वतंत्रता के उस कस्तूरी-सौरभ को भी खो देता है, जो उसके वर्तमान की नाभि में मौजूद है, और जिसे वह नहीं देख पाता।

इस सन्दर्भ में बरबस मुझे अल्बैर कामू के शब्द याद हो आते हैं :

> इसकी बजाय कि हम ख़ुद मरकर और दूसरों को मारकर अपने को एक ऐसे मनुष्य में बदलने की कोशिश करें जो हम नहीं हैं, हमें चाहिए कि हम जीवित रहें और दूसरों को जीवित रहने दें ताकि हम अपने को उसमें बदल सकें, जो वास्तव में हम हैं...भविष्य के प्रति सही उदारता इसी में है कि हम अपना सब कुछ वर्तमान को दे दें।

पिछले डेढ़ सौ वर्षों से, राजा राममोहन राय से लेकर आज के अधुनातन बुद्धिजीवी तक, हम भविष्य से अभिभूत और आतंकित रहे हैं। हमारी भरसक यह कोशिश रही है कि हम अपनी सामाजिक व्यवस्था को एक ऐसे भावी ढाँचे में ढाल सकें, जिसे विदेश में तैयार किया गया है। आश्चर्य नहीं, हम समय-समय पर अपना मॉडल बदलते रहे हैं। पश्चिमी प्रजातंत्र, सोवियत संघ, चीन-मॉडल चाहे जो भी हो, उसके पीछे वही औपनिवेशिक मनोवृत्ति रही है, जो अपने को देखने-पहचानने से घबराती रही है, मुक्ति का रास्ता हमेशा किसी बने-बनाए तावीज़ में ढूँढ़ती रही है। हमने कभी भविष्य के प्रति इस अन्धविश्वास पर शंका प्रकट नहीं की। गांधीजी एकमात्र ऐसे अपवाद थे जिन्होंने हमारे इस बौद्धिक आलस्य की कड़ी आलोचना की थी। उन्होंने बार-बार इस सत्य को दुहराया था कि हमारा भविष्य हमारे अतीत से जुड़ा है—और भविष्य और अतीत, दोनों ही हमारी वर्तमान जीवनधारा के अंग हैं। यह अनिवार्य नहीं कि पश्चिम की तकनीकी सभ्यता को हम ज़ोर-ज़बरदस्ती अपने भविष्य पर लागू करें—और जानबूझकर उन अमानवीय अन्तर्विरोधों के शिकार बनें, जिनसे आज पश्चिमी जगत् (पूँजीवादी और समाजवादी, दोनों ही) इतनी बुरी तरह ग्रस्त हैं। मार्क्स ने जो चेतावनी पश्चिमी दुनिया को दी, गांधीजी ने उन ख़तरों के प्रति हमारा ध्यान वर्षों पहले आकृष्ट किया था।

उस चेतावनी को भूलकर हमने एक ऐसे रास्ते को चुना, जिसका लक्ष्य तकनीकी विकास का एक ऐसा 'पैटर्न' था, जो हम अपनी जीवन-पद्धति पर आरोपित करना चाहते थे। हमारे लिए यह सभ्य, आधुनिक, प्रगतिशील बनने का 'शॉर्ट-कट' था। हमने इस बुनियादी सत्य को नज़रअन्दाज़ कर देना उचित समझा कि हमारी समाज-व्यवस्था शताब्दियों से अपनी जीवन्त प्रेरणा विभिन्न बहुमुखी स्रोतों से प्राप्त करती रही है, उस पर एक क़िस्म का 'यूनिफ़ॉर्म' ढाँचा लादने का मतलब है, उन स्रोतों को ही नष्ट कर देना, जिनसे हमारी जीवनधारा अपनी अस्मिता का 'जल' ग्रहण करती रही है। यह तर्क निराधार है कि औद्योगिक प्रगति के बिना हमारी ग़रीबी दूर नहीं हो सकती—प्रश्न यह है कि क्या हमने कभी इस प्रगति को अपने देश की जातीय गति से जोड़कर देखा है—या केवल एक ऐसी औद्योगिक प्रगति के मॉडल को पहली दुकान से ख़रीद लिया जो रास्ते में पड़ती थी? ग़रीब हम पहले भी थे, किन्तु दरिद्र नहीं। यह दरिद्रता और भयानक विपन्नता उस औद्योगिक प्रगति की देन है जहाँ एक तरफ़ आठमंज़िला पाँच-नक्षत्रीय होटल है,

दूसरी तरफ़ स्लम के अँधेरे, सीलनभरे तहख़ाने। ग़रीबी गौरवपूर्ण हो सकती है, यदि उसके सामने भोग-विलास के 'समृद्ध' न हों। जब सब ग़रीब हों, तो कोई दरिद्र नहीं होता; क्योंकि तब हम अपनी शर्तों पर, अपनी सीमाएँ पहचानकर वे होते हैं—जो हम हैं, अमीर या ग़रीब नहीं।

मुझे लगता है, आज वह समय आ गया है, जब हम उन निर्णयों का पुनर्मूल्यांकन करें, जो हमारे पूर्वजों ने डेढ़ सौ साल पहले लिये थे; क्योंकि आज हम जो कुछ हैं, उन निर्णयों के परिणामस्वरूप ही बने हैं। हम उस रास्ते पर हैं, जो उन्होंने अंग्रेज़ों की चुनौती के सामने चुने थे। हर जाति एक निर्णायक बिन्दु पर पहुँचकर अपने अतीत, अस्मिता और संस्कृति का पुनःपरीक्षण करती है। ऐसे ही प्रश्न, या इसी तरह के प्रश्न 19वीं शती में रूसी लेखकों और बुद्धिजीवियों ने अपने से पूछे थे। कुछ वर्ष पहले चेकोस्लोवाकिया जैसे छोटे देश में भी संकट की घड़ी में, समूची जाति ने अपनी परम्परा को अपने जीने का संबल बनाया था, उसके उजाले में वर्तमान के अँधेरे को पहचानने की कोशिश की थी। वह आत्म-मन्थन की घड़ी थी।

आत्म-मन्थन की घड़ी में ख़ामोशी को सहना पड़ता है, ताकि आनेवाले कल में सच्चे शब्द को कहा जा सके।

शताब्दी के ढलते वर्षों में

क्या समय का बीतना कोई भ्रम है? क्या वह कोई लीला रचता है और जब हमारे पास से गुज़रता है तो क्रीड़ा भाव से मुस्कराता है, धीरे से हमारे कानों में फुसफुसाता है :

> देखो, यह वही रास्ता है जिस पर से मैं सौ साल पहले गुज़रा था, यहाँ मैं झिझका था, वहाँ मैं थोड़ी देर के लिए ठिठका था, उधर मैं मुड़ा था, लेकिन आज किसी को याद नहीं है कि मैं वही हूँ और रास्ता भी वही है। इतिहास सिर्फ़ प्रगति के ठोस और सीधे मील के पत्थरों को अंकित करता है, लेकिन उसमें मेरी हिचकिचाहट, मेरा संशय, मेरा रुकना और ठिठकना दर्ज नहीं होता।

समय की यह फुसफुसाहट हम अक्सर अनसुनी कर देते हैं, लेकिन ऐसे क्षण भी आते हैं कि अचानक हम थोड़े अचम्भे में पड़ जाते हैं। आसपास के परिदृश्य को देखकर सहसा याद आता है कि आज हम जो देख रहे हैं, वह पहले भी कभी हुआ है कि हम पहले का देखा हुआ नाटक दुबारा से देख रहे हैं। क्या यह महज़ स्मृति का खिलवाड़ है या इतिहास सचमुच सीधा न चलकर दायरों में घूमता है?

जब मैं 20वीं शताब्दी के ढलते वर्षों में अपनी दुनिया को देखता हूँ तो मुझे 19वीं शताब्दी के अन्तिम दशक याद आ जाते हैं। दोनों के बीच एक विस्मयकारी समानता-सी दिखाई पड़ती है। यूरोप में उस समय एक तरफ़ विराट समृद्धि का वैभव था, दुनिया सतत प्रगति के मार्ग पर चलती रहेगी, इसमें सबको गहरा विश्वास था, लेकिन दूसरी तरफ़ आशावादिता के इस उज्ज्वल वातावरण के पीछे एक काला अपशगुन भी टिमक रहा था। कुछ वैसा ही, जैसा गर्मी की घुटन भरी दोपहर में दूर से बिजली की कड़क सुनाई देती है। चिलचिलाती धूप में एक पागल-सा आदमी दिखाई देता है जो तपते सूरज के नीचे जलती लालटेन लिये घूम रहा है। हवा में एक अजीब-सी चेतावनी और आनेवाली आँधी की भनक सुनाई देती है। शायद ही कभी ऐसा हुआ हो जब यूरोप की सभ्यता आत्मगौरव की इतनी ऊँची चोटी पर पहुँची हो, अपनी अभूतपूर्व सफलता पर इतनी मुग्ध हो और इससे बिलकुल बेख़बर हो कि इस यशस्वी शिखर के पीछे एक अथाह गर्त का अँधेरा फैला है जिसमें वह कभी भी डूब सकती है। बहुत कम लोग ऐसे थे जिनकी पैनी और पारदर्शी दृष्टि इस अँधेरे को भेद पाती थी—केवल कुछ इने-गिने लेखक और मनीषी अपवाद थे—रूस के विशाल ज़ारवादी यातना के मरुस्थल में एक टॉल्स्टॉय, अपने निपट अलगाव में अकेले एक फ्लोबे, अपनी पागल पैगंबरी के उन्मत्त आलोक में एक नीत्शे। सिर्फ़ ये कुछ लोग उस सभ्यता की नियति के बारे में भयानक रूप से चिन्तित थे जो अपनी समूची समृद्धि और सफलता के बावजूद घोर संकट के छोर पर खड़ी थी।

उस समय भारत में भी स्थिति बहुत भिन्न नहीं थी। हज़ारों साल पुरानी भारतीय संस्कृति को एक ऐसी संहारी ध्वंसात्मक लोलुप सभ्यता का सामना करना पड़ रहा था जो प्रगति और पश्चिमीकरण के नाम पर भारत की परम्परागत दृष्टि को नष्ट कर रही थी और इस संकट को भी कितने लोग समझते थे? धर्म और समाज के छद्म आधुनिकीकरण और ईसाई धर्म के प्रति एक बचकाने सम्मोहन के आगे सिर्फ़ एक रामकृष्ण परमहंस, बंकिम चटर्जी, विवेकानन्द, हिन्दी भाषीय क्षेत्रों में, भारतेन्दु-युग में कुछ साहित्यकार और उत्तरी भारत में दयानन्द सरस्वती। लेकिन इन इने-गिने अपवादों को छोड़कर हिन्दू-मुसलमानों का समूचा एलिट वर्ग पश्चिम की आधुनिकता और ईसाई धर्म की तथाकथित उन्मुक्तता के आगे घुटने टेके बैठा था। 19वीं शताब्दी के अन्तिम दशक में भारतीय संस्कृति जिस चुनौती

का सामना कर रही थी, वह किसी भी अर्थ में यूरोपीय सभ्यता के संकट से कम भयानक और विनाशकारी नहीं थी।

तब से लगभग सौ साल बीत चुके हैं, इस बीच दो विश्वयुद्ध और अनेक क्रान्तियाँ हुई हैं। भारत को भी आख़िर जैसे-तैसे स्वतंत्रता मिल चुकी है। 19वीं शताब्दी के अन्त में दूर क्षितिज पर दो बादलों की कड़क सुनाई देती थी, वह धुआँधार आँधी बनकर हमारे बीच से गुज़र चुकी है और अपने पीछे एक सर्वव्यापी विषाद और तबाही छोड़ गई है। लेकिन इतिहास एक क्षण के लिए भी नहीं रुका। वह अपने दैत्याकार क़दमों से निरन्तर आगे बढ़ता रहा है। जब हम थोड़ा-सा रुककर चारों तरफ़ देखते हैं तो यह आश्चर्यजनक बोध होता है कि पिछले सौ सालों के भीतर जितने भी विराट और अभूतपूर्व परिवर्तन हुए हैं, उनके बावजूद मनुष्य में वही बदहवास क़िस्म की हताशा है। कहीं दूर हवा में वही काले अपशगुन की चेतावनी है जो हमें याद दिलाती है कि हम आज वैसी ही घुटन में जी रहे हैं जिसे सौ साल पहले हमारे पुरखे भुगत रहे थे। क्या हमारी सभ्यता एक बार फिर विध्वंस की अँधेरी खाई के आगे खड़ी है?

20वीं सदी के अन्तिम दशकों में एक मुझ जैसे भारतीय को कभी-कभी यह लगता है कि मैं एक ऐसे ऐतिहासिक नाटक का गूँगा दर्शक हूँ—या उससे भी बदतर उसका दयनीय शिकार हूँ जिसकी स्क्रिप्ट किसी दूसरे ने लिखी है और उस पर मेरा कोई अधिकार नहीं है। मैं एक ऐसी आधुनिकता से आक्रान्त हूँ जिसकी संकट की भाषा और प्रगति का कर्मकांड, दोनों ही मेरे लिए अजनबी हैं, लेकिन एक विचित्र और रहस्यमय ढंग से मैं इसी आधुनिक सभ्यता की नियति से कहीं गहरे में अपने को संलग्न और सम्बन्धित पाता हूँ। मेरे भीतर कहीं धुँधला-सा आभास है कि 20वीं सदी के आनेवाले वर्षों में मेरी संस्कृति का भाग्य कहीं-न-कहीं पश्चिमी सभ्यता की भावी भूमिका के साथ जुड़ा है। यही नहीं, मुझे यह भी लगता है कि पश्चिमी सभ्यता के चरित्र और दिशा को स्वयं मेरी संस्कृति बुनियादी तौर से परिवर्तित और प्रभावित कर सकती है। यह शायद एक विडम्बना ही है कि मैं एक विदेशी सभ्यता के लिए ज़िम्मेदारी महसूस करूँ जिसने स्वयं पिछले दो सौ वर्षों से मेरी संस्कृति की लय और रौ को इतनी बुरी तरह विकृत किया है। मैं इस विडम्बना को तब तक नहीं सुलझा सकता जब तक मैं पश्चिमी सभ्यता में संकट के सन्दर्भ में स्वयं भारतीय संस्कृति से जो मेरा सम्बन्ध रहा है, उसे पुन:परिभाषित करने का प्रयास और साहस नहीं करूँ।

पिछले कुछ वर्षों के दौरान ऐसा कम हुआ है कि भारत के बारे में सोचते हुए मैं उसकी नियति के साथ निरन्तर एक गहरा व्यक्तिगत लगाव महसूस न करता रहा हूँ। यह लगाव इसलिए नहीं है कि मैं भारतीय हूँ, न इसलिए है कि मैं भारतीय लेखक हूँ, बल्कि सिर्फ़ इसलिए कि मैं एक ऐसे पृथ्वी के खंड का निवासी हूँ जहाँ संयोग से मेरा जन्म हुआ है। मुझे लगता है कि कमोबेश हर भारतीय के भीतर आवास के साथ जुड़ा हुआ समूचा कर्मकांड और मिथक संसार बहुत प्रमुख भूमिका अदा करता है। जहाँ हमारे आवास की जड़ें हैं, वहीं समय की निरन्तरता का भी बोध होता है। यह बोध एक अंग्रेज़ या जर्मन की परम्परा-बोध से बहुत अलग है जो उसे इतिहास से प्राप्त होता है। हमारी मनीषा में यदि इतिहास के बोध का अभाव है तो इसलिए नहीं कि हम अतीत और वर्तमान में होनेवाले परिवर्तनों के प्रति कम सजग या संवेदनशील थे, बल्कि इसलिए कि हम एक ऐसी सभ्यता में जीवित रहते हैं जहाँ अतीत और वर्तमान अलग-अलग स्वायत्त खंडों में विभाजित नहीं है, जैसा कि एक यूरोपीय निवासी अपने भीतर महसूस करता है। एक भारतीय होने के नाते मुझे इसकी चिन्ता नहीं है कि मैं कौन था—जिसे आज अस्मिता की चिन्ता कहा जाता है, क्योंकि मैं एक ऐसे वर्तमान में जीता हूँ जो हमेशा से ही मेरे भीतर मौजूद रहा है—शाश्वत वर्तमान का बोध। मैं सोचता हूँ कि दुनिया में भारतीय संस्कृति ही ऐसी है जिसने अपना समय बोध प्रागैतिहासिक क़बीलों के समय-बोध से ग्रहण किया है। एक दृष्टि से हम यह कह सकते हैं कि आज की दुनिया में भारतीय जाति अन्तिम क़बीला है जिसकी संस्कृति, समय-बोध और दर्शन आज के करोड़ों लोगों की जीवन-मर्यादा को अनुशासित करता है। इसीलिए जब मैं आज अपने को भारतीय संस्कृति से संलग्न पाता हूँ तो यह संलग्नता न तो मुझे इतिहास से प्राप्त हुई है और न ही इस बात से मिली है कि मैं किसी चर्च या धार्मिक प्रतिष्ठान के साथ जुड़ा हूँ। आधुनिक दुनिया में जहाँ लोग अपनी अस्मिता किसी राज्य, संगठन या धार्मिक प्रतिष्ठान के साथ जुड़ने में प्राप्त करते हैं, वहाँ मैं जब अपने को भारतीय महसूस करता हूँ तो उस समय ये दोनों स्रोत ही कोई भूमिका अदा नहीं करते। मेरे भारतीय होने का स्रोत एक तरफ़ बहुत ही व्यक्तिगत संस्कारों में जुड़ा है, इतना निजी और व्यक्तिगत कि वह मेरे अहं से कहीं ज़्यादा आत्मीय और निकट है। दूसरी ओर वह इतना व्यापक है जिसे किसी भी स्तर पर ऐतिहासिक शर्तों पर नहीं आँका जा सकता।

यही कारण है कि एक भारतीय का अपनी संस्कृति से सम्बन्ध सीधी और सपाट ऐतिहासिक परिभाषाओं में नहीं समाता, वह एक अस्पष्ट भावना है—अस्पष्ट लेकिन अपनी संलग्नता और प्रतिबद्धता में बहुत ठोस और अखंडित।

इस बीच अंग्रेज़ी राज्य के रूप में इतिहास ने हमारी जीवनधारा में हस्तक्षेप किया और तब हमें यह सिखाया गया कि हम सचमुच एक संस्कृति का अंग हैं और यह संस्कृति बहुत पुरानी मान्यताओं और मर्यादाओं पर आधारित है। पश्चिम के विद्वानों और इंडो-लॉजिस्ट्स ने बहुत सुघड़ता और परिश्रम से हमारे शास्त्रों, पुराणों और दर्शनशास्त्र को विवेचित किया। हम एक ऐसी परम्परा के प्रति सजग हुए, जिसे आज तक हम बिना परिभाषित किये सहज भाव से अपने जीवन में अपनाते रहे थे। लेकिन कभी-कभी मैं सोचता हूँ कि इतिहास के हस्तक्षेप होने से पहले हमारा अपनी संस्कृति के साथ जो सहज और स्पष्ट लगाव था, वह अपरिभाषित भले ही रहा हो, लेकिन वह निष्क्रिय या आकारहीन न था। इस लगाव के अपने संकेत, अपने बिम्ब, अपने रूप थे जिनकी एक झलक में कभी-कभी अपनी मूर्तिकला में या धार्मिक अनुष्ठानों में या कला और जीवन के सहज प्रतीकों में पा लेता था। मैं भारतीय हूँ, इसकी परिभाषा मुझे पश्चिम की ऐतिहासिक कसौटी पर नहीं, बल्कि अपने रहन-सहन, आचार-व्यवहार और आस्था-विश्वास के अनेक चिह्नों और संकेतों से मिलती रहती थी। सच पूछा जाए तो हमने अपनी परम्परा का बोध अतीत से खोजकर नहीं बल्कि सहज जीवनधारा के इन बिम्बों और प्रतीकों से ही प्राप्त किया था। पश्चिम की तरह हमने कभी सजग रूप से परम्परा में रहने के लिए अतीत का आह्वान नहीं किया। इसके विपरीत परम्परा हमारे भीतर मूक और अपरिभाषित रूप से जीवित रहती थी। यह शायद विरोधाभास जान पड़े लेकिन सच है कि केवल पश्चिम का आधुनिक समाज ही अतीत के प्रतीकों पर जीवित रहता है जिसे वह इतिहास का नाम देता है, किन्तु जो समाज सहज रूप से परम्परागत होता है, उसे अतीत की कोई आवश्यकता नहीं है। मेरी यह भावना कि मैं भारतीय संस्कृति का अंग हूँ, केवल इसलिए नहीं है कि मैं ज़मीन के एक अंश से जुड़ा हूँ जिसे हम भारत कहते हैं बल्कि इसलिए भी है कि मैं एक ऐसे समय में जीता हूँ जो चिरंतन रूप से मेरा समकालीन है। मैंने जो परम्परा से पाया, वही मेरा जीवन-स्थल भी है। एक भारतीय जिन बिम्बों में प्रतीकों के सहारे जीवन का अर्थ ढूँढ़ता है, वही उसका आवास-स्थल और परिवेश भी रहा है।

इसीलिए आधुनिक युग की राष्ट्रीयता या देशभक्ति की भावनाएँ उसके लिए बड़ी अजीब और अनावश्यक हो सकती हैं, क्योंकि उसके विश्वासों को उसकी धरती से अलग नहीं किया जा सकता।

एक भारतीय का अपनी संस्कृति के साथ यह सहज सम्बन्ध उस क्षण विघटित होने लगा जिस क्षण पश्चिम ने अंग्रेज़ी राज्य के रूप में हमारी जीवन-पद्धति में हस्तक्षेप करना आरम्भ किया। भारतीय इतिहास में यह एक अभूतपूर्व घटना थी जब जीवन के सहज प्रभाव को इतिहास के चौखटों में परिभाषित किया जाने लगा। भारत में अंग्रेज़ी राज्य का सबसे अधिक दुखदायी प्रभाव यह नहीं था कि हम आर्थिक और राजनीतिक रूप से ग़ुलाम हुए, बल्कि यह कि इतिहास ने हमारी चेतना को पहली बार अतीत, वर्तमान और भविष्य जैसे कठघरों में परिभाषित किया। पश्चिम ने जब मेरे लिए एक अतीत की खोज की, उसी क्षण मैंने उसे अपने वर्तमान में उन्मूलित किया, क्योंकि मेरी सहज चेतना में पश्चिम के हस्तक्षेप से पहले इस तरह का कोई विभाजन मौजूद नहीं था। एक बार अपने अतीत से विलगित हो जाने पर मैं धीरे-धीरे अपनी उस समूची थाती से अलग हो गया जिसके बीच मैं जीता था, मरता था, साँस लेता था और अपने जीवन का अर्थ ढूँढ़ता था। मैं ख़ुद अपनी संस्कृति के बीच अपने को एक अजनबी-सा पाने लगा। यह कुछ वैसा ही था, जैसे इतिहास की कुल्हाड़ी ने मुझे अपनी ज़मीन से उखाड़कर अलग फेंक दिया हो और कहा हो, यह तुम्हारा वर्तमान है और यह तुम्हारा अतीत था। यह तुम्हारे अतीत की परम्परा है और यह तुम हो, जो इसे वर्तमान में ढो रहे हो। हमारी संस्कृति में पश्चिम का हस्तक्षेप इतिहास का हस्तक्षेप था जिसके परिणामस्वरूप एक भारतीय के भीतर एक अजीब उन्मूलन-बोध और वीरानी की व्यथा उत्पन्न हुई, किन्तु वीरानी का यह भाव इलियट की उस वेस्टलैंड भावना से बहुत अलग है जो उन्होंने अपनी सभ्यता के खँडहरों (ruins of civilization) के सामने महसूस किया था, क्योंकि इतिहास ने मेरी सभ्यता को उतना जर्जरित नहीं किया

जितना स्वयं मुझे अपने भीतर से नष्ट किया। एक भारतवासी होने के नाते मैं अपनी संस्कृति को बाहर से नहीं देख सकता, इसलिए विदेशी सभ्यता के आक्रमण से जो विनाश हुआ, वह कहीं बाहर नहीं मेरे भीतर था। अपने भीतर ही मैंने अपनी उस संलग्नता के सर्वव्यापी बोध को खो दिया है जो आज तक मुझे अपने समय, अपने परिवेश और अपनी संस्कृति से जोड़े था।

संलग्नता की इस अवधारणा से मेरा क्या मतलब है जिसके नष्ट हो जाने से हम पिछले दो सौ वर्षों से स्वयं अपनी संस्कृति के बीच अपाहिज़ और अनाथ महसूस करने लगे? पहले तो मुझे यह स्पष्ट कर देना चाहिए कि हमारे भीतर संस्कृति की वैसी धारणा कभी नहीं रही, जैसे वह यूरोप में पिछले पाँच सौ वर्षों से विकसित हुई है। हमारे लिए संस्कृति का अभिप्राय यह नहीं कि हम किस हद तक अपने विश्वासों, अनुष्ठानों और प्रतीकों के प्रति सजग रूप से सचेत हैं। संस्कृति हमारे लिए न तो म्यूज़ियम में संग्रह करने की चीज़ रही और न ही हमने उसका एक खिड़की की तरह इस्तेमाल किया, जिसके ज़रिये हम बाहरी दुनिया से अपना रिश्ता जोड़ते हैं। भारतीय दृष्टि में खिड़की से दुनिया दिखाई नहीं जाती, स्वयं खिड़की ही दुनिया है। उसी प्रकार—जैसे ईश्वर का सत्य कहीं ऊपर और बाहर न होकर हमारी देह और आत्मा के भीतर ही सन्निहित है। दोनों पवित्र हैं इसलिए दोनों के भीतर ही परम सत्य विद्यमान है। यह विचार एक ऐसी ईसाई-यहूदी अवधारणा से कितना अलग और दूर है, जिसमें दुनिया को केवल आँसुओं का पर्दा माना गया है, जिसके पीछे कहीं असली सत्य छिपा है। देह को तो एक कंटक माना ही गया है जो आत्मा से साक्षात्कार करने के लिए हमेशा बीच में बाधा बनकर खड़ी रहती है।

भारतीय परम्परा में आत्मा और शरीर का यह अन्तर उतना ही कृत्रिम है, जितना बाहर और भीतर का अन्तर्विरोध। हमारे पुरखों ने शताब्दियों पहले खिड़की से जो कुछ भी बाहर देखा था—पेड़ों, नदियों, पशुओं और मनुष्यों का एक विराट शाश्वत लैंडस्केप, वही लैंडस्केप मैं भी देखता हूँ और पाता हूँ कि मैं इस परिदृश्य का महज़ दर्शक नहीं हूँ बल्कि उनके बीच हूँ, उनका ही एक अभिन्न अंश हूँ। दो शब्दों में कहें तो यह वह संलग्नता का भाव था जो मुझे सहज रूप से काल और विश्व के साथ जोड़े था। यह महत्त्वपूर्ण बात है कि बाहरी परिदृश्य के विभिन्न तत्त्वों के बीच यह अन्दरूनी सम्बन्ध इतना ही महत्त्वपूर्ण है जितना द्रष्टा और

दृश्य के बीच एकात्म होने की भावना। वह व्यक्ति जो देखता है और वह चीज़ जो दिखाई जाती है, उनका आपसी सम्बन्ध उस यूरोपीय संस्कृति की धारणा से कहीं अधिक सहज स्फूर्तिदायक और आत्मीय होता है जिसमें द्रष्टा और दृश्य, मनुष्य और लैंडस्केप, पुरुष और प्रकृति को अलग-अलग खंडों में विभाजित करके देखा जाता है। शायद यही कारण है कि एक भारतीय को रिल्के की वह पीड़ा नहीं सताती जहाँ उनका कवि अपने को दुनिया से बाहर पाता है और उसे बाहरी जगत् को 'इंटरप्रेट' करने की कोशिश करनी पड़ती है, क्योंकि भारतीय संस्कृति में चीज़ों से वही मतलब है, जैसी वे दिखाई देती हैं। उनके बीच अहं या ईगो की छाया नहीं पड़ती—एक ऐसा अहं जो एक तरफ़ मनुष्य को उसकी सम्पूर्णता से स्खलित करता है, दूसरी तरफ़ उसे प्रकृति से अलग करता है। यही कारण है कि भारत में दृष्टि की समग्रता को तर्कबुद्धि द्वारा हासिल करने का दुस्साहस कभी नहीं किया गया बल्कि चीज़ों के अन्त:सम्बन्धों के बीच ही उसे खोजा गया। दृष्टि मुक्ति का साधन ही नहीं, उसका स्रोत भी थी।

पिछले दो सौ वर्षों में जीवन के प्रति सहजता और समग्रता का यह भाव धीरे-धीरे नष्ट होता गया और उस पर इतिहास ने अपने नियम-क़ानून—जिन्हें डी.एच. लॉरेंस ने स्थायी नियमों की अराजकता (anarchy of fixed laws) माना था, आरोपित होते गए हैं। हर संस्कृति की अपनी लय होती है जो प्रकृति के अनुकूल चलती है, किन्तु जब कोई औपनिवेशिक शक्ति प्रगति और इतिहास के नाम पर इस लय को भंग करती है तो उस संस्कृति से जुड़े हुए लोगों का जीवन-क्षेत्र अचानक विश्रृंखलित हो जाता है। एक तरफ़ हमारे पास अपने सांस्कृतिक अतीत के टुकड़ों की पोटली जमा हो जाती है, दूसरी तरफ़ हमारे भीतर जीवन के प्रति समग्रता का एक आध्यात्मिक भाव बाक़ी रह जाता है लेकिन इन दोनों को जोड़नेवाली कड़ी टूट गई है, जिसके कारण हम बीच अधर में झूलते रहते हैं। हमारी आत्मा में एक गहरी दरार खिंच जाती है जिसने आज भारतीय यथार्थ को दो पहलुओं में खंडित कर दिया है। जीवन का व्यवहार जिसका समग्रता से कोई सम्बन्ध नहीं और आध्यात्मिक समग्रता का भाव जिसका हमारे दैनिक कार्यकलाप से कोई लेना-देना नहीं। आज एक आधुनिक भारतीय की चेतना न केवल भारतीय जीवन के बीच खिंची इस दरार को प्रतिबिम्बित करती है, बल्कि स्वतंत्रता के बाद जो सबसे अधिक भयानक बात हुई है, वह यह कि हमारी शासन-सत्ता ने

विभाजन के इन टुकड़ों को ऐतिहासिक रूप से अनिवार्य मान लिया है। उसे एक तरह की ऐतिहासिक वैधता (historical legitimacy) प्राप्त हो गई है, जो हमारे समूचे सार्वजनिक जीवन के विभिन्न पहलुओं को कलुषित और विकृत करती है।

ठीक इस बिन्दु पर वह पीड़ा और विडम्बना उत्पन्न होती है जो एक भारतीय होने के नाते मैं अपने देश और संस्कृति के प्रति महसूस करता हूँ। क्या है यह विडम्बना और कैसी है यह पीड़ा? मेरे व्यक्तित्व का जो सबसे मूल्यवान और महत्त्वपूर्ण अंश है, उसी से मैं अपने को विच्छिन्न पाता हूँ। जबकि दूसरी तरफ़ मुझे एक ऐसी राष्ट्रीय और भौगोलिक अस्मिता के साथ प्रतिबद्ध होना पड़ता है जिससे मेरा कोई आध्यात्मिक और सांस्कृतिक लगाव नहीं है। आख़िर राज्य-व्यवस्था के ढाँचे, संसद, राष्ट्रीय ध्वज के प्रति मेरा लगाव सिर्फ़ बहुत सतही और ऊपरी ही हो सकता है, क्योंकि व्यवस्था इन प्रतीकों ने न मुझे सुरक्षा प्रदान की है और न ही मुझे यह अवसर दिया कि मैं अपने मानस को उनके ऐतिहासिक महत्त्व से जोड़ सकूँ। जिस खाई और दरार की चर्चा मैंने ऊपर की है, वह न केवल हमारे दर्शन और व्यवहार के बीच खिंची है, बल्कि हमारे राजनीतिक कर्म और सांस्कृतिक प्रभाव के बीच भी दिखाई देती है। मुझे राज्य के जिन प्रतीकों के प्रति प्रतिबद्ध होने के लिए बाध्य किया जाता है, उनके लिए मेरे दिल में कोई श्रद्धा नहीं। जिन प्रतीकों के लिए मेरे हृदय में सचमुच आस्था और निष्ठा है, उनका हमारे व्यावहारिक और राजनीतिक जीवन में कोई स्थान नहीं है। समय के बीतने के साथ-साथ यह खाई और भी चौड़ी होती जाती है और मेरी यह आशंका दृढ़ होती जाती है कि यदि प्रगति की रौ यथावत् चलती रही तो एक दिन हमारी परम्परा की विशिष्ट अन्तर्दृष्टि एक ऐसी वैज्ञानिक सभ्यता के नीचे कुचल दी जाएगी जिसे आज हम आधुनिक युग की वास्तविकता मानते हैं।

मैं अपनी मानसिक बिखराव की इस स्थिति को निर्वासीपन (एलियेनेशन) जैसे फ़ैशनेबल शब्दों द्वारा भी विश्लेषित नहीं कर सकता, क्योंकि सच्चाई यह है कि मेरा आत्मनिर्वासीपन वैसा नहीं है, जैसा आज पश्चिम के आधुनिक समाज में रहनेवाला व्यक्ति महसूस करता है। समूचे बिखराव और अन्तर्विरोधों के बावजूद मैं कभी अपने को निपट आत्मशून्य नहीं पाता। मैं अभी उस विकट स्थिति में नहीं पहुँचा हूँ जहाँ मनुष्य अपने आत्मन् अपने सेल्फ़ को ही खो देता है जिसकी चर्चा हमें पश्चिम के अनेक आधुनिक उपन्यासों में मिलती है। एक भारतीय होने के नाते

मेरी चेतना इतनी अहं-ग्रस्त और वैयक्तिक नहीं है, जिसने आज यूरोपीय व्यक्ति को इतना अकेला छोड़ दिया है। हेगेल का कहना था कि एक यूरोपवासी की अस्मिता उसकी आत्मचेतना में वास करती है और यह आत्मचेतना हमेशा दूसरों के विरुद्ध होकर ही अपने को प्रतिष्ठित कर सकती है। किन्तु जिस आत्मचेतना के द्वारा एक भारतीय बाहरी दुनिया से अपना रिश्ता जोड़ता है, उसकी अभिव्यक्ति कभी ऐसे अहं में नहीं होती जो दूसरे व्यक्तियों के अहं के विरुद्ध संघर्ष करने में ही अपना अर्थ पाता हो। इसके बिलकुल विपरीत भारतीय चेतना दूसरों के विरुद्ध नहीं, दूसरों के साथ ऐसे अनुष्ठानों, मिथकों, प्रतीकों और विश्वासों के माध्यम से जुड़ी है जिसे वह समाज के अन्य लोगों के साथ एक स्मृति के द्वारा साझा करता है। समाज के लोगों की यह सामान्य स्मृति हर व्यक्ति के आत्मन् और (सेल्फ़) की सीमाओं को बढ़ा देती है। इसलिए एक यूरोपियन का अहं एक भारतीय के सेल्फ़ से बहुत अलग है, उसमें दूसरे के प्रति विरोध नहीं बल्कि दूसरे ही उसके अस्तित्व उसके 'मैं' में शामिल हैं।

किन्तु यदि यह सत्य है तो मुझे अपनी संस्कृति के प्रति पूरा लगाव क्यों नहीं हो पाता? इस लगाव के रास्ते में वह पीड़ा और विडम्बना क्यों पैदा होती है जिसका ज़िक्र मैंने ऊपर कियां है? क्यों आज मैं अपने भीतर एक अपराध भावना महसूस करता हूँ? क्यों मुझे ऐसा लगता है कि मैं अपनी संस्कृति से जुड़ा भी हूँ और उससे बहुत दूर छिटक भी गया हूँ? शायद इस प्रश्न का उत्तर एक आधुनिक भारतीय की मनीषा में होनेवाले संकट को ठीक-ठीक रेखांकित कर सकेगा। जब मैं इस प्रश्न का उत्तर ढूँढ़ता हूँ तो एक बात मुझे बहुत उल्लेखनीय जान पड़ती है और वह यह कि आज की दुनिया में भारतीय समाज ही एक अकेला समाज है जिसकी परम्परा के समस्त तत्त्व आज भी मौजूद हैं, लोगों को उपलब्ध हैं और न केवल उपलब्ध हैं, बल्कि जीवन से लेकर मृत्यु तक किसी-न-किसी रूप में हर भारतीय अपने दैनिक व्यवहार में इन तत्त्वों द्वारा अनुप्राणित होता है। वे सब धागे जिनसे परम्परागत तत्त्वों का जाला बनता है और जो मुझे भारतीय यथार्थ से जोड़ते हैं आज भी विद्यमान हैं, किन्तु इन धागों से मेरे अपने जीवन का कोई समूचा अर्थ नहीं जुड़ पाता। वे अपने स्वायत्त अलगाव में जीते हैं और मैं अपने अकेलेपन में। यह अवश्य है कि कभी-कभी ऐसे दुर्लभ क्षण आते हैं कि मैं अपने को परम्परा में चरितार्थ कर लेता हूँ और परम्परा मेरे भीतर जीवित हो उठती है,

किन्तु इस पारस्परिक अन्तर्गुंफन के क्षण के आधुनिक जीवन में केवल यदा-कदा ही मिल पाते हैं और जब मिलते भी हैं तो भी वे मुझे सच्चे और वास्तविक नहीं जान पड़ते। मुझे यह केवल एक संयोग ही जान पड़ता है। इस लगाव और अलगाव के पीछे कोई तर्कव्यवस्था नहीं है। मैं परम्परा के इस तन्तुजाल में जाता हूँ और फिर बाहर आ जाता हूँ, किन्तु उससे कोई स्थायी और शाश्वत रिश्ता नहीं जोड़ पाता। मुझे एक यूरोपीय का वह सौभाग्य भी प्राप्त नहीं जो अपने अतीत, अपने इतिहास, अपने चर्च के साथ नाता जोड़ने का सजग प्रयत्न करता है। सजगता तभी उत्पन्न होती है जब मनुष्य का अपने अतीत और परम्परा से सम्पूर्ण रूप से अलगाव हो गया हो। एक भारतीय की परम्परा कहीं बाहर नहीं, उसके भीतर रहती है, इसलिए सजग रूप से उससे अपने को जोड़ने का प्रश्न ही उत्पन्न नहीं होता। किन्तु दूसरी तरफ़ अपने परिवेश से सहज लगाव जो एक भारतीय स्वाभाविक रूप से महसूस करता था—अपनी प्रकृति से लगाव, अपने परिवेश से सजग, पारम्परिक सम्बन्ध—आज वह बहुत कुछ विश्रृंखलित हो चुका है।

पिछले वर्षों में हमारे देश में अन्धाधुंध औद्योगिक प्रगति के नाम पर जो तहस-नहस हुई है, उसने एक भारतीय के भीतर इस विश्रृंखलित भावना को और भी अधिक भयानक बना दिया है। आज जिस औद्योगिक वर्ग के हाथ में राज्य-सत्ता है, उसे इस बात में कोई दिलचस्पी नहीं कि प्रगति की दौड़ में परम्परागत जीवन के मूल्य कितने नष्ट हो जाते हैं, कितने बचे रहते हैं। आधुनिक भारतीय की मानसिक पीड़ा का यह मूल कारण है कि, जबकि परम्परागत जीवन के सब रीति-रिवाज, अनुष्ठान और मिथक मौजूद हैं, फिर भी आज के औद्योगिक परिवेश में हम उनके साथ एक जीवन्त और जीवनदायी सम्बन्ध स्थापित नहीं कर पाते और जितना कुछ सम्बन्ध बचा भी रह गया है, वह उत्तरोत्तर अत्यधिक धुँधला, विकृत और नष्ट होता जा रहा है। शायद हम एक अंग्रेज़ या अमेरिकी या रूसी की अपेक्षा ज़्यादा कुछ देख सकते हैं, लेकिन यह ज़्यादा देख पाना हमें उतना अर्थ नहीं देता, जितना अर्थ कम देखने के बावजूद एक पश्चिमी सभ्यता के नागरिक को मिलता है, जो अपनी सीमित दृष्टि के बावजूद जो कुछ भी देखता है, उससे भी कहीं ज़्यादा अर्थ खोज लाने में समर्थ है। हम जब कभी अधिक अर्थ पाने में समर्थ भी हो जाते हैं तो वह भी हमें एक महँगे दाम पर ही मिलता है, क्योंकि हमें उसे प्राप्त करने के लिए यथार्थ के अनेक पहलुओं को अनदेखा कर देना पड़ता है,

जिनके साथ हम अपना कोई सम्बन्ध नहीं बैठा सकते। यह सारी प्रक्रिया एक स्वप्न-सरीखी अवस्था में चलती है, जहाँ न पूरा अँधेरा है, न पूरी रोशनी, बल्कि इतिहास की एक ऐसी धुँधली कुहेलिका है, जिसमें न पूरा सत्य दिखाई देता है, न पूरा झूठ। लगता है, जैसे हम परम्परा और आधुनिकता के हाशिए पर जी रहे हैं। न एक में हमारा घर है, न दूसरे में हमारी सुरक्षा।

भारतीय संस्कृति का धर्म हमेशा से मनुष्य और सृष्टि के अखंडित सम्बन्ध-सार्वभौमिक सम्पूर्णता के आदर्श पर आधारित रहा है। पिछले दो सौ वर्षों में एक भारतीय जिस अनुपात में आधुनिक होता गया है, उसी अनुपात में सम्पूर्णता का यह संस्कार हमारे जीवन में धुँधला और मलिन पड़ता गया है। हम एक अजीब आत्मकुंठा और अपराधभाव से ग्रस्त हो गए हैं क्योंकि एक तरफ़ हम ऐसी संस्कृति के प्रतिनिधि होने का दावा करते हैं, जो जीवन में सम्पूर्णता का स्वप्न पालती है, दूसरी तरफ़ हम आधुनिक युग की मान्यताओं से भी एकीकृत होना चाहते हैं, जो सम्पूर्णता के इस आदर्श को दिन-पर-दिन अधिक खोखला बनाती जाती है। हम जिस आदर्श में विश्वास करते हैं, उसे अपने जीवन और कर्म में क्रियान्वित करने का साहस नहीं जोड़ पाते और जिन आधुनिक मर्यादाओं को सैद्धान्तिक रूप से अस्वीकार करते हैं, उसे अपने व्यवहार और कर्म में ढालते जाते हैं। कथनी और करनी के इस भेद के कारण ही यह अपराध-भावना, यह पाप-बोध उत्पन्न होता है, जिसने न केवल हमारे राष्ट्रीय जीवन के जीवनदायी स्रोतों को सुखा दिया है; बल्कि हमारी चेतना की गहनतम परतों में अपना घर बना दिया है।

अपनी बात को स्पष्ट करने के लिए मैं आपको एक उदाहरण देना चाहूँगा; मैं पिछले दो वर्षों से भोपाल में रहा हूँ जहाँ भारत भवन जैसी प्रतिष्ठित इमारत का निर्माण हुआ है। भारत भवन के कला-संग्रहालय के दो कक्ष हैं : एक में मध्य प्रदेश के आदिवासियों के चित्रों, मूर्तियों और कला-वस्तुओं को प्रदर्शित किया गया है, दूसरे कक्ष में आधुनिक भारतीय कलाकारों की कृतियों को देखा जा सकता है। एक कक्ष से दूसरे कक्ष में जाते हुए हमें एक अद्भुत और अभूतपूर्व अनुभव से गुज़रना पड़ता है। आदिवासी कलाकृतियों में अखंडित सम्पूर्णता का भाव अंकित है—पेड़, पशु और आदमी एक-दूसरे से सहज, शान्त और सन्तुलित भाव में अन्तर्गुंफित हैं; यह भाव उस सम्पूर्णता का स्वप्न है, जिसे मैं अपने भीतर लेकर जीता हूँ किन्तु जिसका मेरी समकालीन, तथाकथित आधुनिक चेतना से दूर का

रिश्ता नहीं बैठता। किन्तु कुछ क़दम दूर गलियारा पार करते ही जब मैं आधुनिक कला की वीथिका में जाता हूँ तो एक नितान्त भिन्न प्रकार का अनुभव होता है; आधुनिक कलाकारों की कृतियों के समक्ष मुझे खंडित अनुभवों की एक ज्वलंत और ज्वरग्रस्त आभा मिलती है—अपने में एक अनूठा सत्य वहन करती हुई—जो मेरे विश्रृंखलित और उन्मूलित यथार्थ के बहुत निकट है, किन्तु जिनका मेरे उस सम्पूर्णता के स्वप्न से कोई सम्बन्ध नहीं, जो मैंने आदिवासी कलाकृतियों के सम्मुख महसूस किया था। क्या कारण है कि मैं न पहली अनुभव-धारा से एकीकृत हो पाता हूँ, न दूसरी से? मुझे लगता है, जैसे मेरी चेतना के बीचोबीच एक फाँक खिंच गई है, एक तरफ़ आधुनिक अनुभव है, जो मेरे वास्तविक यथार्थ को प्रतिध्वनित करता है—दूसरी तरफ़ अखंडित सम्पूर्णता का अनुभव है, जिसमें मेरी संस्कृति का स्वप्न छिपा है—और बीच में कोई ऐसा धागा नहीं है जो मेरे वस्तु-अनुभव को मेरे स्वप्न-अनुभव से जोड़ सके—हालाँकि दोनों ही मेरी समकालीन चेतना के सच्चे और प्रामाणिक पहलू हैं।

यह खाई जो मेरी व्यक्तिगत चेतना में है, वही मेरे सामाजिक जीवन को भी बीचोबीच विभाजित करती है। एक तरफ़ आधुनिक समाज-व्यवस्था है, विज्ञान और राजनीति के सिद्धान्तों द्वारा अनुशासित; और दूसरी तरफ़ है, मेरी संस्कृति की सम्पदा, जिसमें पीढ़ी-दर-पीढ़ी चली आई लोगों की स्मृति, संस्कार, धर्म-मर्यादा छिपी है—किन्तु दोनों को जोड़नेवाला एक सम्पूर्ण अनुभव का यथार्थ अनुपस्थित है। यही कारण है कि मेरे व्यक्तित्व के खंडित हिस्से यथार्थ के खंडित अनुभवों में जीते हैं, एक सम्पूर्ण और सार्थक जीवन-मर्यादा से एकीकृत नहीं हो पाते। आदिवासी जगत् की दृष्टि और आधुनिक जीवन का यथार्थ—दोनों का ही मेरे अनुभव-जगत् में सह-अस्तित्व है, किन्तु वे मेरी चेतना के दो सीमांत छोरों पर रहते हैं और कोई ऐसा सेतु नहीं, जो यथार्थ के अंश को सम्पूर्णता के यथार्थ से जोड़ सके, जो एक स्वप्न की तरह मेरे भीतर जीवित है। इस सेतु के अभाव के कारण ही वह अपराध-भावना उत्पन्न होती है जिसका ज़िक्र मैंने ऊपर किया था। हड़बड़ी और बदहवासी में हम आधुनिक से इतना अधिक आधुनिक हो जाना चाहते हैं, जहाँ हम सम्पूर्णता के अपने सांस्कृतिक अनुभव को भुला सकें या आधुनिकता से संत्रस्त होकर हम भयभीत बच्चों की तरह अपनी परम्परा के आँचल में मुँह छिपा लेना चाहते हैं जहाँ हम आधुनिक अनुभव के पीड़ादायक तनावों और अन्तर्द्वंद्वों से छुटकारा पा सकें।

दोनों ही रास्ते हमारी आत्म-छलना और अपराध-भावना को और अधिक गहरा बनाते हैं, उनसे मुक्ति नहीं दिलवाते।

यह एक समस्या है, जिसका सामना हमें 20वीं शताब्दी के अन्तिम दशकों में करना होगा। मैं इस समस्या को सीधे-सादे शब्दों में प्रस्तुत करना चाहूँगा; वर्तमान की सांस्कृतिक उलझनों और विडम्बनाओं से बचने की ख़ातिर क्या भारत आधुनिक वस्तुस्थिति [जिसे मैं रियलिटी प्रिंसिपल (Reality Principle) मानता हूँ] के आगे घुटने टेक देगा, जिसके एवज़ में उसे आधुनिक राज्यतंत्र और औद्योगिक सभ्यता के वे सब उपादान प्राप्त हो जाएँगे जो आज किसी भी छोटे-से-छोटे यूरोपीय देश को प्राप्त हैं—एक केन्द्रीकृत नौकरशाही शासन-व्यवस्था, औद्योगिक विकास जंत्र-यंत्र, सैनिक मशीन की राक्षसी काया, जिसे मांस-मज्जित करने के लिए लाखों का ख़र्च होता है? वस्तुस्थिति का यह सिद्धान्त हमें पश्चिमी पैटर्न में रँगे-पुते एक अत्याधुनिक सभ्य राज्य की स्थापना की ओर ले जाता है, जिसके बीज स्वतंत्रता के बाद बोए गए थे और जिसके विष-वृक्ष आज चारों तरफ़ खड़े दिखाई देते हैं।

वास्तविक यथार्थ का भी अपना स्वप्न होता है—अन्तहीन प्रगति का स्वप्न—जिसमें आज देश के लगभग सभी बुद्धिजीवी और तकनीकी विशेषज्ञ, उदारवादी राज्यनेता और मार्क्सवादी क्रान्तिकारी चरितार्थ करने में जुटे हैं, क्योंकि इन्हीं लोगों की शिक्षा-दीक्षा ने आधुनिक भारतीय चेतना को परिभाषित किया है। मुझे डर है कि विकासवाद की यह अन्धी पूजा हमेशा के लिए उस बची-खुची सम्भावना को नष्ट कर देगी, जिसके द्वारा आज हम अपनी जर्जर संस्कृति के धागों को समेटकर एक मानवीय और मौलिक विकल्प प्रस्तुत कर सकते हैं, जो हमारी संस्कृति की आदिम और मूल मर्यादाओं में पहले से ही मौजूद है। एक परम्परागत संस्कृति की अन्तर्दृष्टि सबसे अधिक मूल्यवान निधि होती है। एक बार नष्ट हो जाने पर उसे कभी पुनर्जीवित नहीं किया जा सकता। यह हमारा सौभाग्य है कि इतिहास की अनेक विपदाओं और विसंगतियों के बावजूद भारतीय संस्कृति के वे उपादान और प्रतीक, मूल्य और मर्यादाएँ क़ायम हैं, जिनकी ओट में एक विशिष्ट जीवन-पद्धति की लौ जलती रहती है। हमारे अपने पापों और अपराधों ने इस लौ को बहुत मलिन और मद्धिम कर दिया है, किन्तु वह दूसरे देशों की तरह कभी इतनी मद्धिम नहीं हुई, जहाँ सभ्यता के नाम पर हिरोशिमा को विध्वंस किया गया हो और समाजवाद के नाम पर लेबरकैम्पों में लाखों आदमियों की आहुति चढ़ाई गई हो।

भारतीय संस्कृति में आज भी—समस्त विकृतियों के बावजूद वे तत्त्व मौजूद हैं, जिनके रहते मनुष्य को कभी इतनी स्पर्धा और अहंकेन्द्रित अभिमान नहीं हुआ कि प्रगति की लालसा में वह उस सृष्टि का ही संहार कर दे, जिसमें मनुष्य ने न केवल दूसरे प्राणियों से, बल्कि अपने भौगोलिक परिवेश से नाता जोड़ा है। दरअसल इस नाते में ही मनुष्य ने अपने को पहचाना है; संस्कृति का जन्म ही 'मैं और अन्य' की इस रहस्यमय पवित्र और उत्सुक पहचान के बीच हुआ है। जब मनुष्य अपने अहं की ख़ातिर अन्य को नष्ट कर देता है, तो उसका 'मैं' भी सर्वथा अर्थहीन, मूल्यहीन, गौरवहीन हो जाता है।

किन्तु इससे बड़ी आत्म-छलना कोई नहीं होगी यदि हम भारतीय संस्कृति के इन तत्त्वों को शाश्वत मानकर हाथ पर हाथ धरे बैठे रहें; यदि यह हमारा सौभाग्य है कि ये तत्त्व आज भी विद्यमान हैं, तो यह हमारा सबसे बड़ा दुर्भाग्य होगा यदि हम प्रगति और इतिहास की आँधी में इन्हें हाथ से छूट जाने दें, बिखर जाने दें। संस्कृति के जीवन-तत्त्व उस नाज़ुक कड़ी में बसे होते हैं जो मनुष्य की आत्मा को उसके बाहरी परिवेश से जोड़ती है; यह वह सम्बन्ध है, जो हमें अपने अलग-अलग अनाथ अहमों से उठाकर समग्रता की पवित्र और सार्वभौमिक भावना से साक्षात् कराता है। इस एक कड़ी में न जाने कितनी छोटी-छोटी शृंखलाएँ बँधी हैं—हमारे कर्मकांड, हमारे अनुष्ठानों, मिथकों और विश्वासों की शृंखलाएँ—जो जन्म से मृत्यु तक हमें धरती पर अपने होने का अहसास दिलाती हैं। जहाँ कहीं भी कोई शृंखला टूटती है, हम वहीं थोड़ा-सा अर्थहीन, थोड़ा-सा अकेला हो जाते हैं। हिमालय के वनवासियों के विश्वास और मिथक पेड़ के साथ जुड़े होते हैं, क्या ये विश्वास और मिथक जीवित रह जाएँगे, यदि हम जंगल के जंगल नष्ट कर दें? क्या हम एक किसान का समूचा मिथक-संसार, उसकी अन्तरात्मा में बसा धार्मिक प्रतीकों का पवित्र लोक और आलोक—जो उसने शताब्दियों से अपनी धरती के लगाव से अर्जित किया है—नष्ट नहीं कर देते जब उसे उसकी भूमि से उन्मूलित करके उसे महज़ एक खेतिहर मज़दूर में बदल लेते हैं? यदि औद्योगिकीकरण की ऐतिहासिक प्रक्रिया इस किसान को बम्बई के मिल-कारख़ाने में रोटी जुटाने के लिए मजबूर करती है, तो वह महानगर की अँधेरी, दुर्गंधमयी चालों में अपना पैतृक, परम्परागत जीवनलोक सुरक्षित रख सकेगा? जब एक नदी सूख जाती है, एक गाँव उजड़ जाता है, एक जंगल नष्ट हो जाता है, तो ये महज़ आर्थिक और पर्यावरण की

(Ecological) दुर्घटनाएँ नहीं हैं; वे मनुष्य की संस्कृति पर घातक और मर्मभेदी घाव छोड़ जाती हैं क्योंकि उनसे पवित्रता का परिवेश नष्ट हो जाता है जिसके भीतर ही एक संस्कृति अपने अर्थों को संयोजित करती है, अपनी अन्तर्दृष्टियों को एक पैटर्न, एक दर्शन में बाँधती है जिनके आधार पर ही मनुष्य अपनी आत्मा का सम्बन्ध बाहर की सृष्टि से जोड़ पाता है। जिस क्षण इस सम्बन्ध को ठेस पहुँचती है, उसी क्षण एक दुनिया, एक दृष्टि नष्ट हो जाती है। सुविख्यात नृतत्त्वशास्त्री लेवीस्ट्रॉस ने एक बार अपने इंटरव्यू में कहा था कि यदि संयोग से रेम्ब्रॉ का कोई चित्र नष्ट हो जाता है, तो वह चाहे कितना बड़ा दुर्भाग्य क्यों न हो, हम आशा कर सकते हैं कि हज़ारों वर्ष बाद कभी कोई रेम्ब्रॉ की तरह चित्र बना सकेगा, किन्तु जब हम किसी क़बीले, किसी ट्राइब या किसी पौधे की नस्ल को नष्ट कर देते हैं, तो वे दुनिया से हमेशा के लिए लोप हो जाएँगे और हम उन्हें फिर कभी अपने अनूठे, विशिष्ट स्वरूप में नहीं प्राप्त कर सकेंगे।

यह वह बिन्दु है जहाँ भारतीय संस्कृति के जीवित रहने की सम्भावनाएँ पश्चिमी सभ्यता की भावी नियति से जुड़ जाती हैं। यदि भारतीय समाज की मुख्य समस्या यह है कि आनेवाले समय में भारतीय संस्कृति में सन्निहित जीवन की समग्रता का मेटाफ़िज़िकल दृष्टिकोण कहाँ तक हमारे व्यक्तिगत आचार-व्यवहार और हमारी सामाजिक-व्यवस्था में अनूदित हो पाता है, पश्चिमी सभ्यता की समस्या इससे बिलकुल उलटी है; क्या पश्चिमी समाज में एक ऐसी जीवन-पद्धति का विकास हो सकेगा, जिसमें समकालीन जीवन के खंडित और परस्पर-विरोधी अनुभव जीवन के प्रति सम्पूर्ण और समग्र दर्शन में समन्वित हो सकेंगे ताकि समूचे यथार्थ को एक विराट और अखंडित अस्मिता में देखा और परखा जा सके। आज तक पश्चिम में हर समस्या का हल समूची मानवीय स्थिति से अलग करके ढूँढ़ा जाता है, यदि एक बीमारी का उपचार मिल जाता है, तो उससे जुड़ी सैकड़ों दूसरी बीमारियाँ अपना सिर उठा लेती हैं। उदाहरण के तौर पर पिछले

वर्षों में पश्चिमी जर्मनी में एक स्वस्थ आन्दोलन शुरू हुआ जिसे हरित-आन्दोलन (Green Movement) कहा जाता है; इस आन्दोलन का मुख्य उद्देश्य यह है कि औद्योगिकीकरण की बढ़ती हुई आग से प्रकृति को बचाया जा सके किन्तु जिस समाज में सशस्त्रीकरण इतनी तेज़ी से हो रहा है कि लाखों-करोड़ों डॉलर अणुबमों और आणविक शस्त्रों के निर्माण पर ख़र्च किया जाता है, वहाँ प्रकृति को प्रदूषण से बचाने का प्रयत्न क्या महज़ एक मीठा और अवास्तविक स्वप्न नहीं है? उसी तरह इंग्लैंड या सोवियत संघ में अणु बम-विरोधी आन्दोलन क्या कभी सफल हो सकेंगे, जब तक पश्चिमी मनुष्य की मनीषा में प्रकृति के विरुद्ध हिंसा और आक्रामकता की भावना क़ायम रहती है? दूसरे शब्दों में जब तक पश्चिमी संस्कृति के केन्द्र में अहिंसा और समूची सृष्टि की पवित्रता जैसे मूल्य प्रतिष्ठित नहीं होते तब तक कोई भी आन्दोलन—चाहे वह प्रकृति को प्रदूषण से या मनुष्य को अणु बम से बचाने के लिए हो—यूरोप के जनमानस को एक नैतिक चुनौती नहीं दे सकेगा, जो उन्हें अपनी सभ्यता के मानवीय मूल्यों को जीवन्त रखने के लिए उत्प्रेरित कर सके। इससे बड़ी विडम्बना क्या होगी कि एक तरफ़ हम प्रकृति के विरुद्ध हिंसा बरतते जाएँ, दूसरी तरफ़ यह आशा रखें कि मानवता को अपने विरुद्ध हिंसा करने से रोका जा सकता है?

यह प्रश्न मुझे उस केन्द्रीय समस्या की ओर ले जाता है जिसका सामना भारतीय-संस्कृति और पश्चिमी सभ्यता, दोनों को देर-सबेर नहीं, बल्कि एक अपरिहार्य तात्कालिकता से करना होगा, केवल अपने मूल्यों को सुरक्षित रखने के लिए नहीं, बल्कि इस धरती पर अपना अस्तित्व बचाए रखने के लिए भी। हममें से बहुतों को याद होगा कि 1960 के आसपास यूरोप और अमेरिका के युवा वर्ग ने भारी संख्या में पश्चिमी राज्य-व्यवस्था की अनैतिक मर्यादाओं और पूर्वी यूरोप के तानाशाही राज्यतंत्रों के विरुद्ध गहरा असन्तोष और विरोध प्रकट किया था। किन्तु बीस वर्ष बाद आज स्थिति इतनी विकट हो गई है कि प्रश्न सिर्फ़ एक या दूसरे क़िस्म की सामाजिक व्यवस्था की आलोचना करने का नहीं रहा, किन्तु उससे भी अधिक बुनियादी प्रश्न यह है कि क्या दोनों ही मॉडल-पश्चिम का लोकतंत्र और सोवियत अधिनायकवाद—एक ऐसी आधुनिक सभ्यता के दो पहलू नहीं हैं—जो इस धरती पर मानव-जाति के मात्र अस्तित्व के लिए ख़तरा बन गए हैं? जब कोई सभ्यता जीवन का समग्रबोध खो देती है, जिसे मैंने सम्पूर्णत्व की

भारतीय अवधारणा माना है, तो कोई ऐसी गारंटी, ऐसा नैतिक अवरोध नहीं रहता जो मानव-जाति को सामूहिक आत्महत्या करने से रोक सके। यह वह महत्त्वपूर्ण बिन्दु है जहाँ भारतीय संस्कृति का स्वप्न पश्चिमी सभ्यता के अस्तित्व से जुड़ जाता है। किन्तु मुझे ग़लत न समझा जाए। मैं कोई पश्चिमी और पूर्व के बीच समन्वय का स्वप्न नहीं देख रहा—क्योंकि समन्वय के ऐसे सब प्रयास निष्फल होते हैं, 19वीं शती के बंगाल रेनासाँ के बुद्धिजीवियों ने समन्वय के जो प्रयास किये थे, उसके घातक परिणाम हमारे सामने हैं। आज का सत्ताधारी एलीट वर्ग उसी घोल का परिणाम है, जिसने आज हमारी संस्कृति को एक तरफ़ इतना आत्मसम्मोहित, दूसरी तरफ़ इतना अपराधग्रस्त बनाकर छोड़ दिया है।

इस बीच एक परिवर्तन ज़रूर हुआ; पश्चिम के प्रति जो सम्मोहन 19वीं शती के अन्तिम दशकों में आरम्भ हुआ था, अब वही सम्मोहन पश्चिम की युवा पीढ़ी में भारत के प्रति दिखाई देता है। पिछले वर्षों में पश्चिमी सभ्यता की मान्यताओं से जो व्यापक मोहभंग हुआ, उसके कारण युवा पीढ़ी के लेखक और विचारक ही नहीं, बल्कि सामान्य लोग भारत के प्रति आकर्षित हुए। अपनी सभ्यता की भौतिकवादी मान्यताओं से विक्षुब्ध होकर उन्होंने भारतीय दर्शन और अध्यात्मवाद में शरण खोजनी चाही। किन्तु यह मरीचिका के पीछे भागना था। अपनी सभ्यता से घबराकर वे एक ऐसी संस्कृति में अपने जीवन का सत्य पाने का प्रयत्न कर रहे थे जो स्वयं अपने अतीत और अपने परिवेश से उन्मूलित हो रही है, जैसे आज भारतीय संस्कृति की हालत है। मैं यहाँ उन महर्षियों, भगवानों, साईं बाबाओं, बालयोगियों की चर्चा नहीं कर रहा जो पश्चिम की पीड़ा को अपने धार्मिक नुस्ख़ों में भुनाते हैं। वास्तव में पश्चिमी सभ्यता की विक्षुब्ध पीढ़ी और तथाकथित भारतीय अध्यात्म के मसीहाओं के बीच आज जो समन्वय दिखाई देता है, वह दरअसल आत्म-छलना का उत्कृष्ट उदाहरण है; वह न तो पश्चिमी सभ्यता के संकट को सही-सही प्रतिबिम्बित करता है, न ही भारतीय समाज की उस आध्यात्मिक शून्यता को अभिव्यक्त करता है, जिसके प्रति गांधीजी ने इतनी बार अपना विक्षोभ प्रकट किया था।

अत: दो विपरीत दिशाओं से बढ़ते हुए आज हम संकट के उस एक बिन्दु पर पहुँच गए हैं, जिसने पश्चिमी सभ्यता और भारतीय संस्कृति—दोनों को—अपनी लपेट में ले लिया है। आधुनिक युग के जिस यथार्थ नियम (Reality principle)

ने पश्चिमी मनुष्य को अपने अभिन्नतम आत्म, अपने आत्यन्तिक सेल्फ़ से विलगित कर दिया है, उसी नियम की लौहवत् अनिवार्यता ने भारतीय समाज को उसके सामाजिक और आर्थिक परिवेश में उन्मूलित कर दिया है जो एक समय में उसकी सांस्कृतिक जड़ों को सींचता था। ये दोनों ही प्रक्रियाएँ ऐतिहासिक विकास की ऐसी निर्मम अनिवार्यता के साथ जुड़ी हैं, जिनसे भारतीय स्वप्न को कहीं मिथकीय अतीत में और पश्चिमी मनुष्य की मुक्ति को कहीं सुदूर भविष्य में निर्धारित कर दिया है, किन्तु दोनों का वर्तमान की विभीषिका से कहीं कोई अर्थपूर्ण रिश्ता नहीं जुड़ पाता, जिसकी आज तात्कालिक ज़रूरत है। अमेरिकी उपन्यासकार सॉल बैलो ने अपने नये उपन्यास 'डीन्स दिसम्बर' (Dean's December) में यह कल्पना की है कि निकट भविष्य में अमेरिकी महानगर आबादी के ऐसे समूहों (urban ghettoes) में परिणत हो जाएँगे, जिनमें उन लाखों लोगों को निष्कासित कर दिया जाएगा, जो आधुनिक सभ्यता के जंगल-क़ानून से जूझ पाने में असमर्थ हैं; जिस तरह नात्सी शासकों ने यहूदियों के लिए कॉन्संट्रेशन कैम्प बनाए थे, उसी तरह आधुनिक सभ्यता के हाशिए पर ऐसे लोगों को छोड़ दिया जाएगा, जो अयोग्य और अवांछनीय हैं और जिनसे आसानी से छुटकारा पाया जा सकता है। क्या भारत भी तेज़ी से ऐसे ही भविष्य की ओर अग्रसर नहीं हो रहा? अमेरिकी नगरों की जो दुर्दशा जंगल के क़ानून तले हो रही है, क्या भारतीय समाज की वही हालत सभ्यता के क़ानून तले नहीं होगी, जहाँ हमें स्वयं अपनी संस्कृति के भीतर शरणार्थी बनकर रहना होगा?

यह कोई कपोल-कल्पित भविष्य नहीं है; इसकी अभिशप्त छाया धीरे-धीरे हमारे समकालीन जीवन के हर क्षेत्र को ग्रसती जा रही है। हम चेख़ॅव के नाटक के उन पात्रों की तरह निष्क्रिय और असहाय खड़े हैं, जो ड्राइंगरूम में प्रेम और कविता की बात करते हैं जबकि बाहर उनके बग़ीचे के पेड़ों को कुल्हाड़ी से एक-एक करके गिराया जा रहा है। वे अपने बग़ीचे को बचा नहीं सकते क्योंकि वह दूसरों के हाथ बिक चुका है और स्वयं अपने घर में शरणार्थियों की तरह बैठे हैं—कुछ घंटों के मेहमान। कविता बग़ीचे को नष्ट होने से नहीं बचा सकती, किन्तु फिर भी वह एक अज्ञात और रहस्यमय ढंग से बाग़ के पेड़ों, झाड़ियों और पक्षियों से जुड़ी है—जीवन का दुर्लभ और नाज़ुक स्वप्न—जो बग़ीचे के नष्ट हो जाने पर हमेशा के लिए लुप्त हो जाएगा। मेरे लिए दोनों ही वास्तविक हैं, दोनों को ही बचाना ज़रूरी है। मैं अपने पुरखों के इस तर्क से सहमत नहीं हूँ कि बाहर

का बग़ीचा सिर्फ़ माया और भ्रम है, असली कविता मेरे भीतर वास करती है, न मैं उन आधुनिक प्रगतिवादियों के ऐतिहासिक यथार्थ में विश्वास कर पाता हूँ जहाँ कविता सिर्फ़ एक रोमांटिक पूर्वग्रह है, असली सत्य उस कुल्हाड़ी में है जो बग़ीचे को नष्ट करके प्रगति के रास्ते को प्रशस्त करती है। दरअसल तर्क की यह समूची आधुनिक प्रणाली—जहाँ एक को सिर्फ़ दूसरे की क़ीमत पर बचाया जा सकता है—मुझे अनुचित और दुर्भाग्यपूर्ण जान पड़ती है। मेरा यह विश्वास है कि भारत के पास आज भी यह विकल्प है कि वह एक को दूसरे के साथ, भीतर की कविता और बाहर के पेड़ दोनों को सुरक्षित रख सके। किन्तु यह तभी सम्भव हो सकेगा जब हम अपने खोए हुए घर और लुटे हुए परिवेश को फिर से अपना बना सकें; एक पवित्र परिवेश जिसमें भारतीय अनुभव विभिन्न और बहुस्तरीय यथार्थों द्वारा अभिव्यक्त हो सके जहाँ कोई एक यथार्थ दूसरे यथार्थ का निषेध नहीं करता। सॉल बैलो ने अपने उपन्यास में विनाश और वीरानी के जिस भयावह परिवेश का उल्लेख किया है, उस सम्भाव्य ख़तरे के विरोध में आज सिर्फ़ यही विकल्प बचा रहता है, दूसरा कोई नहीं।

किन्तु पवित्र परिवेश से मेरा क्या अभिप्राय है? मैं अपनी बात को दो व्यक्तिगत अनुभवों से स्पष्ट करना चाहूँगा, जो बहुत निजी होने के बावजूद ऐसे हैं, जिनमें शायद आप भी थोड़ा-बहुत साझा कर सकें। पहला अनुभव मुझे मध्य प्रदेश के कान्हा-किसली जंगल में हुआ था, जो संरक्षित वन्यस्थल है। दूसरा अनुभव कुछ वर्ष पहले इलाहाबाद में कुम्भ मेले के अवसर पर हुआ। दोनों एक समान अनुभव के दो भिन्न पहलू थे। पहले में आधुनिक युग के अनिवार्यता नियम (Necessity principle) से मुक्त होकर समग्रता के पवित्र स्वप्न से साक्षात्कार था। दूसरे में समग्रता का भारतीय आदर्श (Dream principle) एक भौतिक, सांसारिक और सेक्यूलर परिवेश में चरितार्थ हुआ था। कान्हा-किसली में एक सुबह मुझे पता चला कि वन्यस्थल के छोर पर एक शेर देखा गया है। मैं भी दूसरे दर्शनार्थियों के साथ हाथी पर बैठकर जंगल के एक सूने, सुनसान कोने में ले जाया गया, जहाँ सिर्फ़ लम्बी घास और झाड़ियों के झुरमुट थे, हवा की हल्की आहट थी, ऊपर कभी-कभार कोई परिन्दा उड़ता हुआ दीख जाता था। हमारे हाथी का महावत एक गोंड आदिवासी युवक था, जो बहुत ही शान्त और सधे भाव से हाथी को धीरे-धीरे हाँकता हुआ ले जा रहा था। कुछ दूर चलने के बाद बाँसों के एक सघन झुरमुट

के आगे अचानक हमारा हाथी ठिठक गया और छह-सात फीट के फ़ासले पर मेरी निगाहें धूप में झिलमिलाती एक लम्बी, पीली, पसरी जानकर अटक गईं। शेर से यह मेरा पहला वास्ता था—जू से बाहर—अपने प्राकृतिक परिवेश में। वह लम्बी घास के बीच बैठा चुपचाप अपने नाश्ते में निमग्न था। शायद सुबह की घड़ियों में उसने एक जंगली सूअर का शिकार किया था, जिसका कंकाल उसके पंजों के बीच दिखाई दे रहा था। चारों तरफ़ एक अद्‌भुत सन्नाटा था; कभी-कभी पेड़ों से लंगूरों की चीख़ें या झाड़ियों से उड़ने की हल्की-सी फड़फड़ाहट सुनाई दे जाती थी। सहसा शेर ने सिर उठाया और हमारी ओर देखा—एक लम्बी और निस्तब्ध निगाह—जिसमें हाथी, गोंड युवक और मैं सब समा गए थे। वह निगाह शायद एक क्षण से ज़्यादा नहीं थी, किन्तु मेरे लिए वह एक शाश्वत क्षण था। फिर उसने अपना सिर झुका लिया और हमारी ओर से निपट उदासीन होकर अपने आहार में जुट गया। उस क्षण मुझे जो अनुभव हुआ, उसे व्यक्त कर पाना बहुत कठिन है; मैं सिर्फ़ इतना कह सकता हूँ कि मेरे लिए वह एक सम्पूर्ण निर्भयता का अनुभव था—महज़ भय का अभाव नहीं—बल्कि सम्पूर्णता का अलौकिक बोध, जिसमें मैं उस पशु से सम्बन्धित था, जो मेरे नीचे था, मेरे सामने था और सबसे बड़ी बात यह कि पहली बार मैं उस पशु से भी सम्बन्धित हो पाया, जो हमेशा से मेरे भीतर था और जिसे मैं आज तक अपने से छिपाता आ रहा था। पहली बार मुझे मनुष्य होने का चमत्कारिक अनुभव हुआ, और यह अनुभव इन मानववादियों के अहंकार से बहुत अलग था, जो मनुष्य को सृष्टि के केन्द्र में रखते हैं, और उसे सब चीज़ों का मापदंड मानते हैं। इसके विपरीत उस क्षण मुझे लगा, जैसे मैं जंगल के अन्य वन्य प्राणियों के बीच मनुष्य हूँ, किसी से बड़ा-छोटा नहीं, बल्कि सबके साथ उस परिवेश में साझा करता हुआ जिसमें शेर अपने खाने में मस्त है, हाथी शान्त-भाव से खड़ा है, गोंड युवक बीड़ी पी रहा है और सारा जंगल सुबह की धूप में झिलमिला रहा है। यह परिवेश पवित्र था क्योंकि इसमें सब समवेत रूप से साझा कर रहे थे और वे ऐसा कर सकते थे क्योंकि इनमें से हर कोई सहज रूप से अपनी जड़ों से जुड़ा था। किसी में आत्म-उन्मूलित होने का अनाथ-भाव नहीं था। एक शान्त, पवित्र और अहिंसात्मक परिवेश जिसमें जंगली सूअर की मृत्यु उस लैंडस्केप का उतना ही अभिन्न अंग जान पड़ती थी जितनी वह प्राणवत्ता, जो शेर की धमनियों में स्पन्दित हो रही थी।

कान्हा के जंगल में मुझे तब एक दूसरा अनुभव याद हो आया, जो अपनी गहराई और उत्कटता में कुछ कम नहीं था किन्तु मेरा उससे साक्षात्कार एक भिन्न सन्दर्भ में हुआ था। इलाहाबाद के कुम्भ मेले में, जहाँ भारत के कोनों से लाखों तीर्थयात्री जमा होते हैं, कान्हा-किसली के निस्संग सन्नाटे और शान्ति का नितान्त अभाव था। वहाँ सिर्फ़ भीड़ थी, असीम कोलाहल, लोगों की अन्तहीन क़तार, ब्राह्मण और भिखारी, सिर मुँड़ाई विधवाएँ, सर्दी में ठिठुरते हुए अस्थि-पिंजर, एक लम्बे जुलूस में संगम के उस पवित्र और मायावी स्थल की ओर बढ़ते हुए, जहाँ मैल और गंदगी में घुली-मिली दो नदियाँ दिखाई देती थीं और तीसरी का कहीं पता नहीं था। आदमी और नदी और उड़ती हुई धूल—शायद नायपॉल कुम्भ मेले में यही नोट कर पाते—और वह ज़्यादा ग़लत नहीं होते क्योंकि उनकी आँख जो कुछ देखती, उसे ही वह दर्ज कर देते किन्तु देखती हुई आँख और दर्ज किये हुए तथ्य के बीच एक समूची संस्कृति का अदृश्य अनुभव है "जो आदमी और नदी की नहीं, बल्कि आदमी और नदी के बीच अन्तर्निहित सम्बन्ध में जीता है, जिसे नायपॉल जैसे लोग कभी नहीं देख पाते।" भारतीय संस्कृति का मर्म, अदृश्य सरस्वती की तरह, इसी सम्बन्ध की पवित्रता में छिपा है। "अगर तू ईश्वर पाना चाहता है, तो इस प्रवाह के साथ हो जा," एक बूढ़े संन्यासी ने कुछ हँसी में, कुछ व्यंग्य में कुम्भ की अथाह भीड़ की ओर इशारा करते हुए कहा था। मैं उनके धुँधले संकेत को देखकर ठीक से समझ नहीं पाया कि 'प्रवाह' से उनका आशय तीर्थयात्रियों के अन्तहीन प्रवाह से है या नदियों के उस प्रवाह से, जो शताब्दियों से उनके भीतर बह रहा है। क्या इसी अस्पष्ट धुँधलके में ही मेरे सम्बन्ध की पीड़ा भी नहीं दबी है—नदी, लोग, विश्वास और मिथक—एक संस्कृति के असंख्य बिखरे कण, जो अपने अलगाव में इतने विपन्न और जर्जरित जान पड़ते हैं किन्तु एक-दूसरे से जुड़ते ही एक समूची जीवन-प्रणाली को आलोकित कर जाते हैं? एक पुरातन संस्कृति बहुत महीन और नाज़ुक धागों में गुँथी होती है, जिसमें यदि हम मिथक को यथार्थ से, पुराणकथाओं को दैनिक चर्याओं से, आत्मा को उसके दैहिक परिवेश से ज़रा भी अलग करते हैं, तो समूचा ताना-बाना टूटने लगता है।

क्या हम भारतीय संस्कृति को इस टूटन और बिखराव से बचा सकते हैं? मुझे लगता है कि आधुनिक औद्योगिकीकरण के थपेड़ों के बावजूद, चारों तरफ़ फैली ग़रीबी और दरिद्रता और आत्म-उन्मूलन के बावजूद—आज भी यह सम्भव है

कि हम इतिहास की घातक प्रक्रिया को बदल सकते हैं, उसे एक नितान्त नई दिशा में मोड़ सकते हैं। जीवन में कुछ भी अनिवार्य नहीं होता—सिवाय मृत्यु के। कोई भी इतना शक्तिशाली नहीं होता—न इतिहास, न समय की धारा, न आधुनिकता के नियम-कर्म जो हमें मृत्यु चुनने के लिए बाध्य करें, जब तक हम स्वयं आत्महत्या करने के लिए तैयार न हो जाएँ। सच पूछा जाए तो जिसे मैंने भारतीय संस्कृति का स्वप्न माना है, हमारे समय में गांधीजी ने बड़े साहस के साथ यथार्थ को ठोस ज़मीन पर उसकी समस्त व्यावहारिक सम्भावनाओं को उजागर किया था। वह एकमात्र ऐसे व्यक्ति थे जिन्होंने भारतीय स्वप्न के दोनों पहलुओं को समझा और परखा था—उसका बाहरी और प्रत्यक्ष पहलू, जो हमें दिखाई देता है किन्तु उन्होंने उसके दूसरे अदृश्य पहलू को भी पहचाना था, जो शताब्दियों से भारतीय जनमानस की परतों तले दबा है और जो सिर्फ़ इसलिए कम महत्त्वपूर्ण नहीं हो जाता, क्योंकि वह देखा नहीं जा सकता।

मैंने जो कुछ कान्हा और कुम्भ मेले में देखा था—वह केवल एक बाहरी और प्रत्यक्ष दृश्य था; उसे देखकर सहसा मुझे उस पवित्रता और समग्रता का बोध हुआ जो उस संस्कृति का अदृश्य और अन्तर्निहित मर्म है। गांधीजी ने दोनों को—प्रत्यक्ष को अप्रत्यक्ष से, दृश्य को अदृश्य से, बाह्य को अन्तर् से जोड़कर भारतीय अनुभव को पूरी समग्रता से जीने का प्रयास किया था। उन्होंने बाह्य को सिर्फ़ इसलिए नहीं नकारा कि वह हमारे जीवन का सांसारिक पहलू है, न ही वह अदृश्य से सिर्फ़ इसलिए सम्मोहित हुए कि उसमें सब कुछ शाश्वत और पवित्र है, बल्कि उन्होंने समूचे भारतीय यथार्थ को एक अखंडित सत्य की तरह स्वीकार किया। वह हमारे परोक्ष को प्रत्यक्ष में, हमारे विश्वास को व्यवहार में बदलना चाहते थे ताकि हम इतिहास में अपने गौरव और अपनी शर्तों पर जी सकें। वह अपने प्रयास में असफल नहीं हुए, हम ही उसकी सम्भावनाओं तक पहुँचने में असफल रहे, किन्तु जो विकल्प उन्होंने सुझाया था, वह आज भी उतना ही जीवित और गौरवपूर्ण है, जितना पहले था। वह भारतीय संस्कृति का स्वप्न है जिससे आज समूची मानव-जाति की नियति जुड़ी है। क्या समय रहते हम उसे चुनने का साहस जुटा पाएँगे?

धर्म, धर्मतंत्र और राजनीति

एक लम्बी मुद्दत से मेरे लिए कुछ अनुभव अस्पष्ट और अशरीरी रहे हैं; कभी-कभी संशय भी होता है कि उनमें मेरा विश्वास कितना वास्तविक और आत्मीय है—कितना सिर्फ़ दूसरों से ग्रहण किया हुआ, और कितना सिर्फ़ विश्वास करने की आकांक्षा से उत्प्रेरित हुआ है। मैं कोशिश भी करता हूँ, तो उनके पीछे कोई युक्ति, कोई तर्क, कोई ठोस कार्य-कारण प्रणाली नहीं ढूँढ़ पाता। बुरे और अँधेरे क्षणों में यह भी सन्देह होता है कि ये अनुभव असल में मेरे भीतर के माया-संसार की धुंध मात्र हैं, जो यथार्थ का ज़रा-सा धक्का खाते ही धुल जाएँगे—मुझे उतना ही अकेला छोड़कर, जितना अकेलापन एक आदमी को अपनी ज़िन्दगी में भोगना पड़ता है।

मुझे शुरू में ही कह देना चाहिए कि इन अनुभवों में मेरे लिए सबसे अधिक जीवन्त और प्रमुख दो तरह के अनुभव रहे हैं—एक वह, जो किसी विराट कलाकृति के समक्ष महसूस होता है—अचानक किसी संगीत-अंश को सुनते हुए, किसी चित्र को देखकर या मेरे लिए विशेष कर सबसे अधिक उद्वेलित करनेवाला अनुभव—जो किसी कविता या महान उपन्यास को पढ़ते समय होता है। हम ऐसे अनुभवों को संकीर्ण ढंग से सौन्दर्यमूलक अनुभव कहकर सन्तुष्ट हो लेते हैं, किन्तु यह अनुभव महज़ सौन्दर्य भोगने से कहीं ज़्यादा संश्लिष्ट और पेचीदा है।

किन्तु यहाँ मैं एक दूसरी तरह के अनुभव का उल्लेख करना चाहूँगा—तो अपनी गहनता, व्यापकता और इंटेंसिटी में कलात्मक अनुभव के बहुत समीप है, किन्तु उससे बहुत अलग भी; यह एक ऐसा विचित्र अनुभव है, जो अपनी उपस्थिति से हमें सम्पन्न नहीं बनाता, उलटे वह एक विराट अनुपस्थिति से साक्षात् करवाता है। एक गहरे अभाव का अनुभव—जिसे इस धरती पर अपने अकेलेपन में ठिठुरता सिर्फ़ एक मनुष्य महसूस कर सकता है। हम सिर्फ़ उस 'चीज़' का अभाव महसूस करते हैं, जो पहले कभी उपस्थित थी, हमारे होने के साथ जुड़ी थी—और अब वह नहीं है। यह विचित्र विरोधाभास है कि पशु, पक्षी, पेड़ जिस आत्म-सहजता के साथ अपने को समय और सृष्टि के साथ जुड़ा पाते हैं—मनुष्य उतना नहीं—जिस आत्मचेतना के रहते मनुष्य को अपने होने का अहसास होता है, उसी के कारण उसे अपने अधूरेपन की विवशता भी महसूस होती है। यह नहीं कि वह अपने मनुष्यत्व को छोड़कर कुछ और होना चाहता है, बल्कि उसे स्वयं अपने मनुष्य होने की परिभाषा में कोई चीज़ छूटी हुई जान पड़ती है। एक अपूर्ण परिभाषा नहीं, बल्कि एक ऐसी परिभाषा जिसका एक हिस्सा हम इतिहास की रोशनी में पढ़ पाते हैं, किन्तु उसे पूरा करनेवाला शेष अंश लिखित होता हुआ भी कहीं अँधेरे में छिपा है। हमें अनिवार्यत: इस प्रश्न का सामना करना पड़ता है कि अब तक जो मनुष्य की परिभाषा दी गई है, क्या वे सम्पूर्ण परिभाषाएँ हैं? क्या वे अपने में उन समस्त अनुभवों को समाहित करती हैं, जो धरती पर एक ऐसे प्राणी को होते हैं जिसे हम 'मनुष्य' कहते हैं? और तब हमें सहसा पता चलता है कि मनुष्य की समस्त परिभाषाएँ उसके और सृष्टि के बीच सम्बन्धों को उद्घाटित करती हैं—मनुष्य एक सामाजिक प्राणी है, वह एक ऐसा प्राणी है, जो औज़ार बनाता है, वह जो आनेवाले कल और बीते हुए समय का बोध रखता है, वह प्रकृति पर विजय प्राप्त करता है—वह भाषा ईजाद करता है, ताकि अपने आशय और अर्थों को दूसरे तक सम्प्रेषित कर सके—एक सामाजिक, ऐतिहासिक, तार्किक, सम्प्रेषणशील प्राणी—जिसे हम मनुष्य कहते हैं। मनुष्य कहाँ दूसरों से भिन्न है, इस जिज्ञासा का उत्तर हमें इन परिभाषाओं में मिलता है किन्तु स्वयं इस जिज्ञासा का जीवट अनुभव कि मनुष्य अपने में क्या है—हमें नहीं मिलता। इसलिए ये परिभाषाएँ अधूरी हैं—और तब तक अधूरी रहेंगी जब तक पूछनेवाला मनुष्य यह न पूछे कि मैं कौन हूँ, जो मनुष्य का अर्थ जानना चाहता हूँ?

मुझे लगता है कि हम जिसे धर्म या धार्मिक अनुभव कहते हैं, उसका मूल स्रोत इस प्रश्न में छिपा है। यह प्रश्न केवल मनुष्य के बारे में नहीं है, उन सब परिभाषाओं के अधूरे और अँधेरे पक्ष के साथ भी जुड़ा है, जो अब तक मनुष्य के सम्बन्ध में दी गई हैं। कितनी अजीब बात है कि सब धर्मतंत्र मनुष्य को प्रकाश देने का दावा करते हैं, किन्तु जिस अँधेरी आकुलता और अकेलेपन के बीच धर्म का बीज गड़ा है, उसे कोई परिभाषित नहीं करना चाहता। यह वही आतप्त, बदहवास और मर्मांतक आकुलता जिसे किसी ने आत्मा की अँधेरी रात (डार्क नाइट ऑफ़ द सोल) कहा है—जिसकी झलक हमें पास्कल के चिन्तन में, दोस्तोएव्स्की और टॉल्स्टॉय के उपन्यासों में, सिमोन वायन की असह्य आत्म-यातना, रामकृष्ण परमहंस के आरम्भिक जीवन की आर्त-विह्वलता में दिखाई दे जाती है; आज हमारे बीच सैकड़ों धर्मतंत्र हैं किन्तु मनुष्य की आदिम जिज्ञासा की वेदना ज्यों-की-त्यों है।

यह वेदना कहीं बाहर से नहीं उपजती—मनुष्य की इसी जिज्ञासा के भीतर सन्निहित है; ये प्रश्न पूछते ही कि मैं क्या हूँ, कौन हूँ, किसलिए इस धरती पर आया हूँ, मेरे होने का क्या अर्थ है—मनुष्य को समूची सृष्टि से अलग कर देते हैं, किन्तु यह भी सम्भव है कि वह सृष्टि से अलग है, इसलिए ये प्रश्न पूछता है? कुछ भी हो, किन्तु इस अलगाव के कारण मनुष्य अपनी आँखों में एक सन्दिग्ध प्राणी बन जाता है! समूची सृष्टि का साक्षी मनुष्य हो सकता है, किन्तु मनुष्य का साक्षी कौन है? मनुष्य सब वस्तुओं, प्राणियों, प्राकृतिक शक्तियों को नाम देता है, किन्तु जब मनुष्य को नाम देने का प्रश्न आता है, तो समूची सृष्टि चुप रहती है। हिन्दू धर्म के बारे में कहा जाता है कि यह नाम उसका अपना नहीं है, दूसरों ने दिया है; किन्तु क्या यह सत्य मनुष्य मात्र पर लागू नहीं होता—दो पैरों पर चलनेवाले इस जीवन को मनुष्य का नाम किसने दिया है? यदि समूची सृष्टि चुप है और मनुष्य को नाम देनेवाला कोई नहीं—सिवाय स्वयं मनुष्य के—तो हम एक असाधारण सत्य की ओर पहुँचते हैं कि मनुष्य में एक ऐसी शक्ति है—जो किसी अन्य पशु या प्राणी में नहीं—जो उसे अपने से बाहर स्वयं अपने को देखने के लिए सक्षम बनाती है। वह द्रष्टा ही नहीं, आत्मद्रष्टा है; और ज्योंही हम 'आत्मद्रष्टा' का नाम लेते हैं, पहली बार एक धुँधला-सा बोध होता है कि मनुष्य का यह आत्म—सिर्फ़ उसका मैं, अहं या ईगो नहीं—उससे कुछ बड़ा है, वृहत्तर है, अधिक है—क्या यही बोध मनुष्य को पहली बार उस अजीब, रहस्यमय अनुभव से साक्षात् नहीं कराता, जिसे 'ईश्वर' कहा जाता है?

मनुष्य यदि अपने को बाहर से देख सकता है, तो यह 'बाहर' असीम और विराट है और थोड़ा-सा भयानक भी। किन्तु जब वह बाहर से अपने को देखता है तो वह अपने को समूची सृष्टि से जुड़ा हुआ भी पाता है; अकेलेपन के भय के साथ एक दूसरी भावना का जन्म होता है—लगाव। यह एक असाधारण अनुभूति है; ईश्वर अदृश्य है—किन्तु सृष्टि प्रत्यक्ष है, मांसल है, सामने है। वह एक ऐसी किताब है, जिसमें लगाव से उपजा प्रेम और आत्म का अदृश्य बोध, दोनों ही पहली बार अपनी भाषा ग्रहण करते हैं। इसलिए कुछ धर्मों के टेक्स्ट 'मंत्र' कहलाते हैं; हम जो दोहराते हैं, स्वयं उसमें ध्वनित होते हैं, दुनिया ही एक ऐसी निराली किताब है, जिसे पढ़ते हुए लगता है कि यह मैं हूँ, जिसे पढ़ा जा रहा है।

सब धर्म-सम्प्रदायों के अपने धर्मग्रंथ हैं, किन्तु मनुष्य का धर्मग्रंथ सिर्फ़ यह सृष्टि है, जिसके बिना ईश्वर की अवधारणा असम्भव होती। क्या यह कारण नहीं है कि विभिन्न धर्मों के सिद्धान्त एक-दूसरे से भिन्न हो सकते हैं किन्तु एक भाव शाश्वत रूप से सबमें समान रूप से रहता है—पवित्रता का भाव? चीज़ों की अपनी जन्मजात मर्यादा है, वे अपने अस्तित्व में स्थिर प्रतिज्ञ हैं—पवित्रता का भाव इस विश्वास में निहित है। यह उस पश्चिमी धारणा से बिलकुल मेल नहीं खाता, जिसके अनुसार मनुष्य सृष्टि के केन्द्र में है, सब चीज़ों का मापदंड; जब हम मनुष्य को सर्वोपरि मान लेते हैं, तो उस वृहत्तर शक्ति का कुछ क्षय तो होता ही है, जो मनुष्य को समूची सृष्टि के साथ जोड़ती है—बल्कि प्रकृति की मर्यादा भी नष्ट होती है जिसमें हर पशु-पक्षी, प्राणी अपनी स्वायत्त गरिमा में जीता है। यूरोप में रेनासाँ के बाद जिस मनुष्य-केन्द्रित संस्कृति का सूत्रपात हुआ, उसमें मनुष्य नहीं, उसमें अहं का प्रभुत्व था। पहली बार मनुष्य के अहं और आत्मन् में एक फाँक दिखाई दी, जिसका भीषण परिणाम हम आज भुगत रहे हैं। अपने को मानववादी कहनेवाला दर्शन किस तरह स्वयं मानव को सिर्फ़ उसके अहं में सिकोड़कर उसकी समग्र और अखंडित गरिमा को विपन्न बनाता है—यह इतिहास का एक सबसे त्रासदायी विरोधाभास रहा है।

किन्तु मैं एक बार फिर पवित्रता-बोध की ओर लौटना चाहूँगा, क्योंकि उसे समझे बिना हम उस विशिष्ट 'दृष्टि' का मूल्य नहीं समझ पाएँगे, जो धर्मबोध से उत्पन्न होती है। हमने ऊपर देखा है कि मनुष्य में पहली बार ईश्वर की अवधारणा उसके आत्म की विस्तृत चेतना के भीतर ही जाग्रत हुई थी—एक ऐसी अतिरिक्त

शक्ति जो मनुष्य को मनुष्य से इतर सृष्टि से जोड़ती है। अब मनुष्य एक नामहीन, अनाथ और अकेला प्राणी नहीं रहता, समूची सृष्टि के कार्यकलाप का महज़ दर्शक मात्र नहीं, बल्कि उसमें सक्रिय रूप से हिस्सा बँटाता है; यह उसके जीवन-निर्वाह के लिए ही नहीं, जीवन-अर्थ के लिए भी अनिवार्य है। पहले उसके कर्म का कोई साक्षी नहीं था, इसलिए उसे अपना समूचा अस्तित्व एक प्रयोजन-रिक्त, चारी कृति जान पड़ती थी, किन्तु इस आन्तरिक चेतना के भीतर (हम उसे ईश्वर कहें या कुछ और, इससे अन्तर नहीं पड़ता), अब उसे न केवल जन्म से मृत्यु तक फैला अपना जीवन, बल्कि अपने चारों ओर फैली विराट प्रकृति और समूची सृष्टि अर्थों से भरे जान पड़ते हैं। मनुष्य और सृष्टि के बीच फैला अथाह मौन अचानक टूट जाता है और जहाँ शून्य था, वहीं अब समूचा परिदृश्य संकेतों, अर्थों, गोपनीय रहस्यों से भरा दिखाई देने लगता है। पहली बार सृष्टि एक 'कृति' में बदल पाती है—मनुष्य को वैसे ही अभिभूत, आलोड़ित और रोमांचित करती हुई—जैसे हम किसी विराट कलाकृति के समक्ष महसूस करते हैं। दुनिया अब एक ख़ाली पन्ना नहीं, विचित्र संकेतों से लिखी एक पूरी किताब जान पड़ती है—एक खुली किताब—जिसका लेखक अदृश्य है, किन्तु ज्यों-ज्यों हम इन संकेतों का अनुवाद करते जाते हैं, उतना ही उसका लेखक एक विशिष्ट क़िस्म की दृश्यता ग्रहण करने लगता है। हर धर्म इसी किताब की टीका है, अनुवाद है, व्याख्या है। अनुवाद की भाषा एक-दूसरे से कितनी ही भिन्न हो, किन्तु पुस्तक आज भी वही है, जो हज़ारों वर्ष पहले थी।

यहीं पर हर धर्म के कर्मकांड, अनुष्ठानों-व्रतों, बिम्बों और प्रतीकों का महत्त्व उद्घाटित होता है। हम आधुनिक बुद्धिजीवी प्राय: किसी धर्म के कर्मकांड को महज़ 'बाहरी आडम्बर', उसका केवल ऊपरी और उथला पक्ष मानकर उपेक्षा करते हैं और उसे धर्म के किसी अन्दरूनी सत्य से अलग कर देना चाहते हैं; यह कुछ वैसा ही है, जैसे हम किसी कविता के अर्थ को उसकी भाषा से अलग करके देखने की चेष्टा करें। धर्म ही नहीं, किसी भी अनुभव का सत्य केवल उसके बाहरी रूपों में उद्घाटित होता है—स्वयं 'शब्द' ही अपने में उस सत्य का उद्घाटन है, जो उसके भीतर छिपा है। कितना अजीब है, हम छिपे सत्य को ढूँढ़ना चाहते हैं, किन्तु उस रूप की उपेक्षा करते हैं, जिसमें वह उद्घाटित हुआ है। इसीलिए कभी-कभी मुझे ईसाइयों और इस्लाम द्वारा 'मूर्ति खंडन' अजीब जान पड़ता है—किसी देवता की मूर्ति अपनी प्रतीकात्मकता में उतनी ही अर्थवान है, जितना क़ुरान और बाइबल में

लिखा हुआ शब्द दोनों ही अपने रूप में उसी सत्ता को आलोकित करते हैं, जो अदृश्य है। इसीलिए धर्म के बाहरी रूप किसी भी आस्थावान व्यक्ति के लिए इतने पवित्र और महत्त्वपूर्ण होते हैं। ऑस्कर वाइल्ड ने एक बार कहा था :

> खोखले लोग ही प्रकट के आधार पर निर्णय नहीं लेते। संसार का रहस्य उसमें है, जो प्रकट है, अप्रकट में नहीं।

इस संसार को 'माया' ज़रूर माना जाता रहा है किन्तु माया के संकेत समझे बिना संसार का सत्य समझ में आ सकता है, मुझे इसमें गहरा सन्देह है।

ऑस्कर वाइल्ड ने जिसे 'प्रकट' (अपियरेंस) कहा है, हमारे यहाँ वही 'लीला' में अवतरित होता है : हम एक पुराने सत्य को अपने समय में दोहराते हैं, ताकि हम उसकी पवित्रता में पुन: पैठ सकें। रामलीला का 'राम' कलियुग का प्राणी है जो हमें त्रेता के राम से साक्षात् करवाता है। किन्तु यदि वह व्यक्ति जो राम की भूमिका निभाता है, 'रामलीला' के बाहर अपने को राम कहने का दावा करे, तो उसे कोई स्वीकार नहीं करेगा, क्योंकि लीला का पवित्र समय, दुर्भाग्यवश, धीरे-धीरे जीवन के सेक्यूलर समय से अलग होता गया है। धर्मों के बीच वैषम्य का यह एक बड़ा कारण रहा है कि हर धर्म-प्रतिष्ठान अपने पवित्र समय में अर्जित किये हुए सत्य को बाक़ी दुनिया के सांसारिक समय पर आरोपित करना चाहता है, जबकि सच्चे धार्मिक-बोध का तक़ाज़ा यह है कि वह दुनिया के सांसारिक समय को लीला के शाश्वत सत्य में परिणत कर सके। धर्म की यह आधुनिक विडम्बना है कि लोग ईसाई, मुसलमान, हिन्दुओं की हैसियत से गिरजों, मस्जिदों, मन्दिरों में जाते हैं—किन्तु भीतर जाकर वे जिस धर्म की आदिम स्मृति को अपनी प्रार्थना में जाग्रत करते हैं, वह देहरी के बाहर आते ही सांसारिक समय के उजाले (या अँधेरे में) धूमिल पड़ जाती है। हम एक तरफ़ स्मृतिहीन अनुभव और दूसरी तरफ़ अनुभवहीन स्मृति में जीते हैं। एक धर्मविश्वासी की संकीर्णता या कट्टरता इससे साबित नहीं होती कि वह अपने धर्म के कर्मकांड या अनुष्ठानों से चिपका है—वह तो उसके धर्म की भाषा है, जिसमें उसके धर्म का सत्य छिपा है; एक धर्मावलम्बी व्यक्ति की दयनीयता उसकी कट्टरता में नहीं, विस्मृति में है; वह अपने धर्म की भाषा तो पढ़ता है, किन्तु उसके प्रतीकों और संकेतों के अर्थ को भूल गया है।

एक धर्मतंत्र और कुछ नहीं, इन्हीं संकेतों और प्रतीकों को एक स्थान में संयोजित करने का प्रयास है। मैंने जानबूझकर 'स्थान' शब्द का प्रयोग किया है, एक मन्दिर या गुरुद्वारा सिर्फ़ पूजा के स्थान नहीं हैं, वे चार सीमाओं के बीच पवित्र समय को रूपायित करते हैं। तंत्र का मतलब ही सीमावृत्त होना है। जब कोई 'स्थान' किसी विश्वास या मर्यादा को अपने भीतर प्रतिष्ठित करता है, तभी वह 'संस्थान' बन पाता है। ईसा ने कहा था, जहाँ तीन-चार लोग जमा हों, मैं वहाँ उपस्थित हूँ। वह स्थान अपने में पवित्र हो जाता है। दिल्ली के गांधी-प्रतिष्ठान में—गांधीजी का चित्र है, बाहर हॉल में उनकी पुस्तकें हैं; चौबीस घंटों में हम कितनी बार गांधी को याद करते हैं? किन्तु यहाँ, इस स्थान में आते ही, हमेशा मेरी सब स्मृतियाँ, अनुभव, अपने से की गई प्रतिज्ञाएँ, इस एक व्यक्ति पर केन्द्रित हो जाती हैं। एक ऐसा स्थान—जहाँ पहुँचते ही हमारा बिखरा हुआ, विशृंखलित, औसत जीवन एक असाधारणा सत्य पर बिंध जाता है। मैं किसी ईश्वर या धर्म-प्रतिष्ठान का अनुकरण नहीं करता—किन्तु यही अलौकिक बोध मुझे कैथोलिक गिरजों या रामकृष्ण मिशन की इमारत में महसूस होता है। ठीक यहीं एक तंत्र और संस्थान का अन्तर्विरोध भी प्रकट होता है। ईसा-गांधी या नानक भटकते हुए लोग थे। वे किसी गिरजे, गुरुद्वारे या संस्थान में स्थिर हो नहीं सकते। विरोधाभास यह है कि मेरी भटकती हुई आत्मा इसी गिरजे, गुरुद्वारे, राजघाट के भीतर ही स्थिरता ग्रहण कर पाती है। क्या हम दो जीवन जीते हैं—जिनका एक-दूसरे से कोई सम्बन्ध नहीं? हम अपनी प्रार्थना और आकांक्षाओं में एक अखंडित, अविभाजित जीवन जीने का स्वप्न देखते हैं, जबकि हमारा व्यावसायिक और सांसारिक जीवन हर क़दम पर इसी स्वप्न को विकृत, खंडित और दूषित करता रहता है! हमारे धर्मतंत्र और लौकिक संसार के बीच जो इतनी गहरी खाई फैल गई है, क्या इसे कभी नहीं पाटा जा सकता?

इस प्रश्न का उत्तर खोजते समय हमारा साक्षात् उस 'शक्ति' से होता है, जिसे इस निबन्ध के शीर्षक में 'राजनीति' कहा गया है। राजनीति का तंत्र एक विशिष्ट समाज

में मनुष्यों के पारस्परिक सम्बन्धों को निर्धारित करता है। इस प्रक्रिया में उन नियमों, विधियों और क़ानूनों का विधान बनता है, जो उन आदर्शों को रेखांकित करते हैं, जिनसे कोई राज्य-सत्ता अपनी वैधता (लेजिटिमेसी) प्राप्त करती है। राज्य-सत्ता के ये दो पहलू महत्त्वपूर्ण हैं—आदर्श और बल-प्रयोग—बल-प्रयोग, जो वर्तमान में किया जाता है; आदर्श, जो अमूर्त है और जो कहीं भविष्य में निहित है। फ्रांसीसी क्रान्ति के बाद शायद ही कोई ऐसी राज्य-सत्ता हो, जिसने कुछ आदर्शों के नाम पर अपनी वैधता न साबित की हो। राजनीति को मनुष्य के जीवन में हस्तक्षेप करने का औचित्य भी इन्हीं आदर्शों से प्राप्त होता है।

किन्तु यहाँ एक अजीब समस्या उत्पन्न हो जाती है। जिन आदर्शों से एक राज्य-सत्ता मनुष्य का जीवन निर्धारित करती है—उनकी अपनी वैधता का स्रोत कहाँ है? हमें मालूम है, एक समय में राज्य-सम्राट अपनी सत्ता का स्रोत दैवी मानते थे लेकिन बेचारी प्रजा के लिए अक्सर राजा की अपनी स्वार्थपरक इच्छा और उसके ईश्वरीय स्रोत के बीच भेद करना असम्भव हो जाता था; इसलिए बाद में ईश्वर की जगह 'जन' ने ले ली; क्रान्ति का स्रोत जन-इच्छा—(रूसो की जनरल विल) में निहित था। यही 'जन-इच्छा' कैसे एक दल और फिर एक व्यक्ति की निरंकुश इच्छा में सिकुड़ती गई, मैं यहाँ इसकी तफ़सील में जाना नहीं चाहता। इस तथाकथित जन-इच्छा को कैसे एक आततायी सर्वसत्तावादी व्यवस्था में विकृत किया जा सकता है, हमारे समय में सोवियत क्रान्ति इसका प्रत्यक्ष उदाहरण है। इसलिए पिछले दो सौ वर्षों के कटु अनुभव के बाद आज यह प्रश्न फिर उठ खड़ा हुआ है कि यदि राज्य-शक्ति का स्रोत न किसी दैवी सत्ता में है, न जन जैसी अमूर्त भीड़ में, तो वह किस नैतिक आधार पर मनुष्य के जीवन में हस्तक्षेप कर सकती है? वह कौन-सा स्रोत बचा रहता है, जहाँ से राज्य या शासन-सत्ता अपनी प्रामाणिक वैधता प्राप्त कर सकती है?

इसका एक उत्तर 19वीं शताब्दी के उन मनीषियों ने दिया था, जिन्हें हम—काफ़ी ग़लत नाम से—एनार्किस्ट या अराजकतावादी मानते आए हैं। ये लोग राज्य को एक हिंसात्मक और अमानवीय सत्ता मानते थे—और उसके उन्मूलन में ही मनुष्य की मुक्ति खोजते थे। आज जिस भीषण रूप से राज्य की राक्षसी सत्ता फैली है, उसे देखते हुए इन मनीषियों का राज्य के प्रति सन्देह मार्क्स की उस सरल आशावादिता से कहीं अधिक सही जान पड़ती है, जो सोचते थे कि

क्रान्ति के बाद राज्य-सत्ता अपने-आप लुप्त हो जाएगी। राज्य-सत्ता अपने में पाप है, चाहे उसके उद्‌देश्य और आदर्श अपने में कितने उदात्त क्यों न हों। उसका पाप सिर्फ़ इसमें निहित नहीं है कि वह बल-प्रयोग और हिंसा पर आधारित है, बल्कि इसमें भी है कि वह मनुष्य की स्वतंत्रता पर आघात करती है—जो अपने में एक स्वयंसिद्ध सत्य है।

अराजकतावादी चिन्तकों का मनुष्य की स्वतंत्रता को महत्त्व देना अपने में एक मूल्यवान सत्य था—किन्तु एक धर्मनिरपेक्ष समाज, जहाँ मनुष्य के आत्म और उसके अहं के बीच कोई सार्थक सम्बन्ध न हो, सिर्फ़ ऐसे अकेले व्यक्ति को जन्म दे सकता है, जिसके लिए स्वयं अपनी स्वतंत्रता एक बोझ बन जाती है। वह अपने बोझ से मुक्ति पाने के लिए किसी भी सत्ता, दल, नायक, डिक्टेटर या सम्प्रदाय के प्रति अपनी स्वतंत्रता को समर्पित कर देता है—ताकि वह अपने से बड़ी किसी वृहत्तर शक्ति में जुड़कर सुरक्षित महसूस कर सके। इतिहास का यह एक ऐसा दुश्चक्र है जहाँ व्यक्ति अपनी स्वतंत्रता को पाते ही उसे खोने का उपाय ढूँढ़ने लगता है। राज्य की सत्ता और तानाशाही के बीज कहीं बाहर से नहीं आरोपित किये जाते, स्वयं मनुष्य के भीतर से उगते हैं। व्यक्ति की स्वतंत्रता उस परिवेश में बहुत कमज़ोर पड़ जाती है, जहाँ मनुष्य अपने आत्म से विलगित हो गया है; एक आत्महीन व्यक्ति की स्वतंत्रता उस आहत पक्षी की तरह है, जिसके पंख तो हैं, किन्तु उड़ नहीं सकता; इसीलिए कोई भी सर्वसत्तावादी शक्ति एक बाज़ की तरह उसे अपने पंजे में दबोच सकती है। मनुष्य की स्वतंत्रता का स्रोत केवल व्यक्ति का आत्म हो सकता है, किन्तु कोई ऐसा राजनीतिक दर्शन नहीं, जो इस आत्म की समुचित परिभाषा देता हो।

व्यक्ति की सन्दिग्ध स्वतंत्रता और राज्यतंत्र की सन्दिग्ध वैधता—इन दो चरमों के बीच झूलते हुए मनुष्य निरन्तर झूठे मसीहाओं और आततायी व्यवस्थाओं का शिकार होता रहा है। इसीलिए लोकतांत्रिक व्यवस्था अन्य शासन तंत्रों की अपेक्षा अधिक मानवीय, दायित्वपूर्ण और संवेदनशील जान पड़ती है—वह किसी अमूर्त सिद्धान्त या आदर्श की मरीचिका के पीछे न भागकर मनुष्य जैसा है, उसे वैसा स्वीकार करती है, इसलिए किसी भविष्य के यूटोपिया की वेदी पर उसके वर्तमान को बलिदान नहीं करती।

लेकिन अपनी मानवीयता के बावजूद वह 'वर्तमान' कितना विपन्न, जर्जरित और सूखा है, इसका अनुमान लगाना भी कठिन नहीं है। मनुष्य के कितने मर्मशील,

मूल्यवान और महत्त्वपूर्ण अनुभव आज की लोकतांत्रिक व्यवस्था के भीतर अतृप्त, दमित और बाँझ पड़े रहते हैं। वह जो जीवन जीता है, उसकी सम्पूर्णता और सच्चाई में उसे विश्वास नहीं; वह जिन मूल्यों पर विश्वास करना चाहता है, वे उस व्यवस्था में उपलब्ध नहीं। एक तरफ़ सोवियत व्यवस्था है, जिसमें मनुष्य की स्वतंत्रता का कोई मूल्य नहीं; दूसरी तरफ़ लोकतांत्रिक व्यवस्था है, जिसमें मनुष्य स्वतंत्र है, किन्तु स्वयं स्वतंत्रता के मूल्य के प्रति वह बहुत आश्वस्त नहीं जान पड़ता। एक व्यवस्था अपनी वैधता भविष्य में ढूँढ़ती है; दूसरी व्यवस्था एक ऐसे वर्तमान में रहती है, जहाँ व्यक्ति के सब आयाम और आदर्श उसके निजी—निजी मामले हैं, जिनका समाज से कोई सम्बन्ध नहीं है। "किन्तु इस बुनियादी अन्तर के बावजूद दोनों व्यवस्थाओं में एक चीज़ आश्चर्यजनक रूप से समान है—दोनों ही के लिए मनुष्य एक साधन हैं—अन्तिम रूप से साध्य नहीं।" लोकतंत्र के लिए 'औसत व्यक्ति' (एवरेज मैन) और तथाकथित कम्यूनिस्ट समाज के लिए 'आदर्श कम्यूनिस्ट'—वही है, जो अपने समूचे मनुष्यत्व को एक उपयोगी साधन के रूप में घटा सके। आधुनिक राज्य-व्यवस्थाओं की यह तार्किक परिणति है कि समूची सृष्टि पर विजय प्राप्त कर लेने के बाद जिस 'मनुष्य' के लिए विजय पाई है, वहाँ स्वयं मनुष्य के लिए कोई स्थान नहीं है। एक धार्मिक तंत्र में ईश्वर अदृश्य होने पर भी हर जगह मौजूद था, आधुनिक मानववादी सभ्यता में मनुष्य हर जगह दिखाई देता है, किन्तु वह मौजूद कहीं भी नहीं है—मौजूद, एक निरीह पराश्रित व्यक्ति की तरह नहीं, बल्कि एक सम्पूर्ण मनुष्य की गरिमा से सम्पन्न।

इस दुनिया में मनुष्य एक सम्पूर्ण मनुष्य की तरह मौजूद रहे—हर राजनीतिक तंत्र के लिए सबसे बड़ी चुनौती है। यह चुनौती केवल वही राजनीतिक दर्शन स्वीकार कर सकता है, जो मनुष्य को सम्पूर्ण और अन्तिम रूप से स्वीकार करे—महज़ एक साधन या माध्यम के रूप में नहीं। ठीक इसी बिन्दु पर यह राजनीतिक दर्शन उस धार्मिक-बोध की अभिव्यक्ति बन जाता है, जो मनुष्य को चिरंतन काल से सृष्टि से जोड़ता आया है। धार्मिक-बोध से—मेरा अभिप्राय किसी एक ख़ास धर्म या संस्थान से नहीं है, बल्कि उस धीमी आवाज़ से है जिसने पहली बार मनुष्य और सृष्टि के बीच फैले अँधेरे मौन को तोड़ा था। यह उस शक्ति की आवाज़ थी, जिसे हम ईश्वर कहते हैं या उस मनुष्य की, जो पहली बार अपनी शक्ति से परिचित हुआ था—कहना असम्भव है। वह किसी की भी आवाज़ हो—किन्तु इस

धरती पर मनुष्य की उपस्थिति की ओर संकेत करती थी—मानो सृष्टि के उस अथाह मौन में मनुष्य ने कहा हो कि मैं हूँ और दूर से उसकी प्रतिध्वनि सुनाई दी हो—हाँ, तुम हो! मनुष्य और सृष्टि—आवाज़ और प्रतिध्वनि—का सम्बन्ध एक ओर सृष्टि को पवित्र बनाता है, दूसरी तरफ़ मनुष्य को सम्पूर्णता देता है। कोई भी राज्य-सत्ता, जो इस शाश्वत सम्बन्ध को धुँधलाती या झुठलाती हो, चाहे वह किसी भी आदर्श, सिद्धान्त या वाद के नाम पर हो—न केवल मनुष्य के जीवन को निर्धारित करने का अधिकार खो देती है, बल्कि मनुष्य के परिवेश में उसका हस्तक्षेप एक तरह का हिंसात्मक आघात (वॉयलेशन) हो जाता है।

शायद हम अब उस प्रश्न के उत्तर के पास पहुँच गए हैं—जो कुछ देर पहले हमने राजनीतिक सत्ता की वैधता के बारे में पूछा था। यह वैधता निर्धारण में नहीं, स्वीकृति से उत्पन्न होती है। वह क़ानूनों, नियमों, और आदेशों द्वारा मनुष्य के सम्बन्धों को निर्धारित नहीं करती, बल्कि उन सम्बन्धों को स्वीकार करके चलती है, जो मनुष्य ने अपने भीतर नियमों द्वारा नहीं, निष्ठाओं द्वारा प्रतिष्ठित किया है। निष्ठाओं के परिवेश में मनुष्य और समाज, मनुष्य और प्रकृति, मनुष्य और उसकी दुनिया एक-दूसरे से अलग नहीं हैं; वहाँ मनुष्य का जीवन सेक्यूलर और धार्मिक खंडों में विभाजित नहीं है, जो सप्ताह में रविवार की सुबह कुछ घंटों के लिए समन्वित है और बाक़ी दिनों में एक-दूसरे को छूता भी नहीं।

अतः आज प्रश्न यह नहीं है कि राजनीति को धर्मावलम्बी होना चाहिए, या धर्मनिरपेक्ष—क्योंकि दोनों ही संज्ञाएँ आधुनिक मनुष्य की खंडित मानसिकता का बोध कराती हैं जबकि जिस धार्मिक-बोध का उल्लेख हमने किया है, वहाँ इस तरह का विभाजन ही कृत्रिम और अर्थहीन है। इस विभाजन के कारण ही मनुष्य का सम्पूर्णता-बोध और प्रकृति की पवित्रता, दोनों ही अवमूल्यित होते हैं। यह एक विडम्बना ही है कि पश्चिम में जिसे एक तरफ़ मनुष्य का आध्यात्मिक संकट और दूसरी तरफ़ पर्यावरण का संकट माना जाता है, उन्हें अलग-अलग उपायों से नहीं सुलझाया जा सकता—क्योंकि दोनों की जड़ें एक ही विभाजित मनःस्थिति में मौजूद हैं; यह वह स्थिति है, जब मनुष्य का 'आत्म' महज़ उसका 'अहं' रह गया और प्रकृति अपनी स्वायत्तता खोकर केवल एक उपयोग्य, शोषित वस्तु। मनुष्य ने जिस प्रगति की लालसा में प्रकृति को अपना दास बनाया था, वही प्रगति आज प्रकृति के विनाश और समूची मानव सभ्यता को आत्मसंहार की ओर ले जा रही है।

यही कारण है कि धर्म और राजनीति का सम्बन्ध आज केवल मात्र एक समाजशास्त्रीय बहस न रहकर स्वयं मनुष्य जाति और उसकी सृष्टि के जीवन-मरण का प्रश्न बन गया है। यह एक ऐसा प्रश्न है जिसके सामने अब तक हुई इतिहास की समस्त क्रान्तियाँ अप्रासंगिक बन गई हैं—क्योंकि हर क्रान्ति मनुष्य के अन्तहीन विकास और सृष्टि की शाश्वत निरन्तरता को स्वयंसिद्ध सत्य मानकर चलती थी। आज इन दोनों सत्यों के आगे प्रश्नचिह्न लग गया है। आधुनिक व्यक्ति धर्म के अन्धविश्वासों पर हँसता आया था—आज के अणु युग में, जहाँ समूची धरती और मानवीय सभ्यता एक-दो मिनट में नष्ट हो सकती है—इन क्रान्तियों के प्रगतिवादी अन्धविश्वास कहीं ज़्यादा हास्यास्पद साबित होते, यदि वे इतने दारुण परिणामों से न भरे होते।

क्या आत्मघात की इस अन्धी प्रक्रिया को नहीं रोका जा सकता? यह महज़ संयोग नहीं है कि इस प्रश्न को 20वीं सदी के आरम्भ में एक ऐसे आदमी ने पूछा था, जो एक पिछड़े हुए ग़रीब देश का निवासी था; पश्चिम के आधुनिक समाज का नहीं, बल्कि एक ऐसे समाज का सदस्य था, जिसे समाजशास्त्री हल्की हिक़ारत में 'परम्पराग्रस्त, धर्मग्रस्त' समाज कहते हैं। गांधीजी ने 'हिन्द स्वराज' में आधुनिक सभ्यता के विकल्प में एक ऐसे समाज की परिकल्पना की थी, जहाँ स्वराज और स्वधर्म के बीच कोई अन्तर्विरोध नहीं रहता। वहाँ मनुष्य के 'स्व' में उसकी समस्त निष्ठाएँ और विश्वास और कर्मकांड शामिल हैं—अतः स्वराज वह तंत्र है, जिसमें मनुष्य सिर्फ़ राजनीतिक या आर्थिक प्राणी न रहकर एक समग्र मनुष्य की हैसियत से भाग लेता है। स्वतंत्रता के बाद हमने जिस धर्मनिरपेक्ष समाज का निर्माण किया, उसमें इस समग्र मनुष्य के लिए कोई स्थान नहीं। एक भारतीय का सबसे मूल्यवान, स्मृति-सम्पन्न और समृद्ध अंश अँधेरे में चला गया। ऊपरी ज़िन्दगी में हम भारतीय हैं, भीतर के अंडरग्राउंड अँधेरे में हम हिन्दू, मुसलमान और सिख हैं; अँधेरे में कोई विश्वास पनपता नहीं, सड़ता है, इसीलिए जब कभी वह बाहर आता है, तो अपने सहज आत्मीय रूप में नहीं, बल्कि एक विकृत और दमित भावना के रूप में। समय-समय पर होनेवाले साम्प्रदायिक दंगे हमें उस अँधेरे की झलक दिखाते हैं, जहाँ एक सेक्यूलर समाज ने धर्म को फेंक दिया है। क्या आज का भारतीय—जिसमें केवल हिन्दू, मुसलमान, सिख ही नहीं, वे लाखों आदिवासी शामिल हैं, जिनके अपने निजी धार्मिक विश्वास हैं—एक पीड़ायुक्त विभाजित मन:स्थिति में

नहीं जीता—जहाँ पश्चिम की आधुनिकता में ढली शासन सत्ता क़दम-क़दम पर उन्हें एक ऐसे परिवेश में जीने के लिए विवश करती है, जिसका उनके धार्मिक भाव-बोध की मर्यादाओं से कोई सम्बन्ध नहीं?

जीसस ने ईश्वर और सीज़र के बीच जो भेद किया था, वैसा विभाजन भारतीय मानस में कभी मौजूद नहीं रहा। इसीलिए राजनीति तो दूर, हमारे देश का भूगोल भी पौराणिक स्मृतियों में स्पन्दित होता है; गंगा महज़ एक नदी नहीं, जैसे हिमालय सिर्फ़ एक पहाड़ नहीं; वाराणसी और वृंदावन महज़ शहर नहीं हैं; मनुष्य का अतीत संग्रहालयों में बन्द नहीं है, न ही उसके देवता यूनानी देवताओं की तरह किसी पौराणिक काल के स्मृति-चिह्न हैं; मिथक और यथार्थ, पौराणिक स्मृति और वर्तमान जीवन, देवता और मनुष्य आज भी एक साथ रहते हैं; सैकड़ों विश्वासों, आस्थाओं, स्मृतियों और संस्कारों का यह संगम केवल एक ऐसी संस्कृति में सम्भव हो सकता था—जिसमें सम्पूर्ण मनुष्य की परिकल्पना निहित रहती है।

किन्तु हर परिकल्पना एक कलाकृति की तरह आधा स्वप्न है, आधा यथार्थ; स्वप्न में सम्पूर्ण मनुष्य है, प्रकृति का पवित्र परिवेश, सृष्टि और मनुष्य को जोड़नेवाले धार्मिक संस्कार—जो अहिंसा और आस्था से जन्म लेते हैं, यथार्थ में हज़ारों आदिवासी हैं, अपने परिवेश से उन्मूलित, उजड़ते हुए जंगल हैं, नष्ट होती हुई प्रकृति है, हरिजनों की जलती झोंपड़ियाँ हैं, जो अपने को अपने ही समाज में अनाथ पाते हैं। हमारे देश में ऐसे लाखों धर्मावलम्बी हैं, जिन्हें एक समय अपने जीवन की अर्थवत्ता नानक और कबीर, विवेकानन्द, अरविन्द, गांधी और परमहंस में मिलती थी, आज वही लोग साईं बाबा, भगवान रजनीश और संत भिंडरावाले के पीछे जाते हैं, जिसका सम्बन्ध न आस्था से है, न धार्मिक-बोध से। धर्म का पवित्र स्रोत सूखने के कारण लोग अपनी आध्यात्मिक प्यास बुझाने के लिए सिर्फ़ गँदले नाले के पास ही जा सकते हैं, जो सेक्यूलर समाज के रेगिस्तान के बीचोबीच बहता है। हम यथार्थ में नहीं, एक ऐसी स्वप्न की छाया में रहते हैं, जो हमारे भीतर है, किन्तु जिसका बाहरी तंत्र—चाहे वह राजनीतिक तंत्र हो, धार्मिक प्रतिष्ठान हो, आर्थिक व्यवस्था हो—उसमें कोई अभिव्यक्ति नहीं मिलती। यह अकारण नहीं है—कि जिस सम्पूर्ण मनुष्य की कल्पना इस शताब्दी के शुरू में गांधीजी ने की थी, उसे वही क्रान्ति यथार्थ में अनूदित कर सकती है, जो अपने में सम्पूर्ण हो।

किन्तु सम्पूर्ण क्रान्ति की आवाज़ भी उसी संस्कृति से उठ सकती थी, जिसकी स्मृति में कभी मनुष्य की समग्रता का बोध रहा हो। क्या हम एक ऐसे राज्य-तंत्र का निर्माण कर सकेंगे, जहाँ एक भारतीय की पुरातन पद्धति और आदि-स्वप्न—जिसे व्यापक अर्थों में हमने धार्मिक-बोध माना है—अपनी मांस-मज्जा में साकार हो सके? यदि आज भी हम अपने से यह प्रश्न पूछ सकते हैं तो सम्भव है कि कहीं-न-कहीं इसके उत्तर देने की आशा और सामर्थ्य हममें बची है।

क्यों भारतीय संस्कृति को बचाना ज़रूरी है?

देश-विभाजन के समय जो हिन्दू-मुस्लिम दंगे हुए थे, उनकी जड़ में पाकिस्तान की स्थापना थी। वह सिर्फ़ भूगोल का बँटवारा नहीं था, बल्कि एक ऐसी परम्परागत जीवन-शैली का कृत्रिम और अस्वाभाविक बँटवारा था, जिसके घातक परिणामों की परिकल्पना सिवाय गांधीजी को छोड़कर न कांग्रेस, न मुस्लिम लीग के नेता, न शायद अंग्रेज़ी सरकार कर सकती थी। वे दंगे एक अस्वाभाविक और अनैतिक प्रक्रिया के स्वाभाविक और अनिवार्य परिणाम थे। इतिहास में जब कोई प्रक्रिया अस्वाभाविक होती है, तो स्पष्ट ही उसके पीछे कुछ ऐसी शक्तियों का निहित स्वार्थ रहता है, जो मनुष्य को उसके सहज स्वभाव से हटाकर, स्खलित कर एक बाहरी छद्म लक्ष्य की ओर आकृष्ट करे—इस लक्ष्य को एक जाति का 'आदर्श' बनाकर प्रस्तुत कर सके। हिटलर के लिए यह 'लक्ष्य' जर्मनी से यहूदियों का सफ़ाया करना था; मुहम्मद अली जिन्ना के लिए यही लक्ष्य पाकिस्तान के 'आदर्श' में निहित था। इस कृत्रिम आदर्श को सच बनाने का सिर्फ़ एक ही उपाय है—मनुष्य में जो स्वाभाविक रूप से सच है—प्रेम, आत्मीयता, वफ़ादारी का भाव—उसे किसी भी तरीक़े से कृत्रिम और झूठा बनाया जा सके। इसके लिए सबसे सक्षम

और सबसे आदिम, प्रिमिटिव-शस्त्र है—मनुष्य के सहज, स्वभावगत लगावों और निष्ठाओं को शोषित और भ्रष्ट करना। फ़ासीवाद जिस तरह एक व्यक्ति की सहज राष्ट्रीय भावना का भ्रष्ट रूप है, वैसे ही साम्प्रदायिकता मनुष्य की सहज धार्मिक भावना का विकृत और विद्रूप संस्करण। जिस तरह हर झूठ को विश्वसनीय बनाने के लिए उसमें सत्य का एक अंश मिलाना ज़रूरी होता है, उसी तरह फ़ासीवाद को सच बनाने के लिए राष्ट्रीयता का तत्त्व, कम्यूनिज़्म की बर्बरता को विश्वसनीय बनाने के लिए मानवीय समता का स्वप्न और हमारे देश में साम्प्रदायिकता को कारगर बनाने के लिए धर्म की परम्परागत भावना का बराबर दुरुपयोग और शोषण होता रहा है। यह इसलिए ज़रूरी है, क्योंकि इसके बिना मनुष्य को अपने स्वभाव के विरुद्ध यहूदियों, हिन्दुओं, सिखों और मुसलमानों को मारने, लूटने, उन्मूलित करने के लिए बाध्य नहीं किया जा सकता। इसीलिए भिंडराँवाले के लिए यह ज़रूरी था कि वह अपनी साम्प्रदायिक घृणा को स्वर्णमन्दिर की पवित्र आड़ में प्रतिपादित कर सके—स्वर्णमन्दिर, जो हमारी उच्चतम धार्मिक भावनाओं का प्रतीक है। सत्य को प्रचारित करने के लिए कभी झूठ का सहारा नहीं लेना पड़ता, किन्तु झूठ अपने को विश्वसनीय बनाने के लिए हमेशा सत्य का आश्रय ढूँढ़ता है।

जब तक हम आधुनिक युग की 'झूठे-सच' की अद्‌भुत जादुई तर्कप्रणाली को नहीं समझेंगे, तब तक पिछले दो वर्षों में पंजाब में जो हत्याकांड हुए और हाल में दिल्ली में जो बीभत्स शर्मनाक घटनाएँ हुईं, उनका रहस्य नहीं जान पाएँगे।

हिन्दुस्तान में धर्मावलम्बन है, जो सहज रूप से लोगों की जीवन-मर्यादा में रसा-बसा है। हमें उसे छद्‌म साम्प्रदायिकता से अलग करना होगा, जो असहज है और बाहर से आरोपित की जाती है। इस दृष्टि से भारतीय चरित्र के लिए 'धर्मनिरपेक्षता' या 'सेक्यूलरिज़्म' भी असहज और आरोपित है। यह बात विरोधाभास जान पड़े—किन्तु सच है—कि एक धर्मावलम्बी भारतीय के लिए धर्म को सम्प्रदाय में संकुचित करना उतना ही अस्वाभाविक है, जितना धर्म के प्रति निरपेक्ष रहना; साम्प्रदायिकता और सेक्यूलरिज़्म, दोनों ही सहज धार्मिक मर्यादा के अपदस्थ और अवमूल्यित रूप हैं, जिनका भारतीय संस्कृति की धार्मिक मनीषा से कोई सम्बन्ध नहीं। यदि हमारे देश के हिन्दू इस मनीषा के अधिक निकट रहे हैं, तो इसलिए कि उन पर कभी ईसाइयों, सिखों और मुसलमानों की तरह किसी विशिष्ट

धर्म-प्रतिष्ठान का प्रभुत्व नहीं रहा। किन्तु दूसरा बड़ा कारण यह भी रहा है कि पिछले सौ-डेढ़ सौ वर्षों के दौरान रामकृष्ण परमहंस, विवेकानन्द और गांधीजी ने हिन्दू धर्म को आत्मतुष्ट संकीर्णता से उबारकर एक वृहत्तर भारतीय संस्कृति से जुड़ने के लिए उत्प्रेरित किया।

आज सिख और मुसलमान—हिन्दुओं की अपेक्षा—अपने धर्म के प्रति कहीं ज़्यादा सचेत और संवेदनशील हैं, किन्तु दूसरी तरफ़ भारतीय संस्कृति की एकता को भारत देश की भौगोलिक अखंडता से जोड़ने के लिए एक हिन्दू उनसे कहीं अधिक सतर्क और चिन्तित दिखाई देता है। जब एक सिख या मुसलमान अपने उदात्त धार्मिक-भाईचारे के आदर्श से स्खलित होता है, तो उसका महज़ रुझान प्रतिष्ठानगत संकीर्णता की ओर होता है; जब एक हिन्दू अपनी समग्र धार्मिक-सांस्कृतिक चेतना से नीचे गिरता है, तो सम्प्रदायवादी होने के बजाय वह केवल 'आत्मरिक्त' हो पाता है, क्योंकि उसका धर्म उसके 'आत्मन' में ही निहित है—बाहर किसी धर्म-प्रतिष्ठान में नहीं। जो चीज़ हिन्दुओं को संस्कृति के क्षेत्र में उदार बनाती है, वही चीज़ उन्हें कभी-कभी दूसरे धर्मों के प्रति उदासीन भी। जो चीज़ सिखों को प्रतिष्ठान-केन्द्रित होने के नाते सहज रूप से धर्मावलम्बी बनाती है, वही उन्हें दर्प और अभिमान के क्षणों में कभी-कभी भारतीय संस्कृति की समग्रता के प्रति पराया बनाती है, जिसके बीच उनका जन्म हुआ है। स्वर्णमन्दिर में भारतीय सेना के प्रवेश के औचित्य या अनौचित्य पर यहाँ बहस करना अप्रासंगिक है, किन्तु एक साधारण सिख के हृदय में उसके कारण जो क्लेश हुआ, मुझे नहीं लगता, किसी हिन्दू को उतना क्लेश होता, यदि उसके मन्दिर में इस तरह की कोई सैनिक कार्रवाई की जाती। किन्तु यह भी सच है कि शायद ही कोई हिन्दू अपने धार्मिक स्थान का चुपचाप राजनीतिक रूप से दुरुपयोग होते देखता, जैसा कि अधिकांश सिखों ने अपने गुरुद्वारों का होने दिया।

पंजाब में भिंडराँवाले और उसके गुट की सबसे बड़ी असफलता यही थी कि वे अपनी आतंकवादी कार्रवाइयों के बावजूद सिखों को अपने धर्म के उदात्त आदर्शों से स्खलित नहीं कर पाए। यही कारण है कि समस्त धमकियों और प्रभोलन के बावजूद पंजाब में हिन्दू-सिख दंगे नहीं हो सके। दंगों के पीछे हमेशा दो भावनाएँ एक साथ रहती हैं, दूसरों से भय और भय से उपजी घृणा। पंजाब में घृणा का पूरा अभाव था और यदि भय था तो सिखों और हिन्दुओं के बीच पारस्परिक भय नहीं,

बल्कि दोनों—भिंडराँवाले और उनके मुट्ठी भर आतंकवादियों से भय। अन्त में यह भय ही विनाशकारी सिद्ध हुआ। यदि हिन्दू और सिख, दोनों ही अपने भय पर विजय प्राप्त कर एक निडर, निर्भीक नीति अपना पाते, तो न आतंकवादी धर्म क़िलेबन्दी के भीतर अपने को अपराजेय मानते, न ही अकाली दल और दिल्ली की शासन-सत्ता इस भय को आधार बनाकर अपनी सत्ता की शतरंज खेल पाते।

हम अक्सर अल्पसंख्यक या बहुसंख्यक साम्प्रदायिकता की बात करते हैं। मुझे यह बात ही सारहीन लगती है। प्रश्न सम्प्रदायों की छोटी-बड़ी संख्या का नहीं, बल्कि छोटे-बड़े सम्प्रदायों से मिली एक ऐसी धर्म-सम्पन्न संस्कृति का है, जिसमें सिख, हिन्दू, मुसलमान ही नहीं, हज़ारों-लाखों आदिवासी भी रहते हैं। ये सब सम्प्रदाय और जातियाँ हज़ारों वर्षों से एक विशिष्ट भौगोलिक परिवेश में रहते आए हैं; सिर्फ़ रहते नहीं आए—बल्कि इन्होंने एक-दूसरे के जातीय, धार्मिक और सामाजिक चरित्र को लेन-देन के सहिष्णु व्यवहार से अद्भुत रूप से समृद्ध बनाया है। यदि भारत की भौगोलिक अखंडता के प्रति मेरा इतना गहरा लगाव है, जो वह महज़ देशभक्ति या राष्ट्रीय भावना के कारण नहीं, बल्कि इसलिए कि बिना इस भौगोलिक परिवेश के यह बहुजातीय विविध-धर्मा संस्कृति असम्भव होती, जिसे हम 'भारत' का नाम देते हैं। आज जब दूसरे देशों में धर्म के 'फ़ंडामेंटलिज़्म' के जोश में एक इस्लामी देश ईरान में मुसलमानों का ही संहार होता है, कम्यूनिस्ट देशों में केन्द्रीय सत्ता छोटे-छोटे राष्ट्रों की संस्कृति और भाषा को नष्ट करती है, पश्चिमी देशों ने जहाँ 19वीं शताब्दी में अफ्रीकी, एशियाई संस्कृतियों को भ्रष्ट किया है—वहाँ आज भी एक 'पिछड़ा हुआ देश' है, जिसके भौगोलिक परिवेश में अनेक धर्मावलम्बी, आदिवासी, सम्प्रदाय और भाषाएँ एक साथ जीवित रह सकती हैं—मेरे लिए यह एक अनमोल और मूल्यवान सत्य है। चूँकि इस परिवेश में हिन्दू बहुसंख्यक हैं, तो क्या इस सत्य की रक्षा करना केवल हिन्दुओं का कर्तव्य है? यह प्रश्न हर अल्पसंख्यक जाति को अपने से पूछना होगा। किन्तु एक दूसरा प्रश्न भी है—इन अल्पसंख्यक जातियों को यदि इस देश में तनिक मात्र भी भय या अवमानना या अपमान या अपनी जातीय अस्मिता के नष्ट होने का ख़तरा उत्पन्न हो जाता है, तो क्या इस भौगोलिक परिवेश की सांस्कृतिक पवित्रता बची रहेगी? और इस प्रश्न का उत्तर हर हिन्दू को देना होगा।

ऊपर मैंने हिन्दुओं की आत्मरिक्ति की बात कही है। यह स्थिति है, जब मनुष्य धार्मिक आस्था की बात तो दूर, किसी भी मर्मशील, जीवनदायी प्राणवान मूल्य से ख़ाली हो जाता है। एक साम्प्रदायिक व्यक्ति में धार्मिक आस्था फिर भी मौजूद रहती है, चाहे अपने भ्रष्ट, संकीर्ण, विकृत रूप से ही सही, किन्तु एक आस्थाहीन व्यक्ति के लिए 'असाम्प्रदायिक' बनना बहुत आसान है, क्योंकि उसमें धार्मिकता का यह भरा-पूरा मानसिक परिवेश ही ग़ायब है, जो बुरे क्षणों में साम्प्रदायिकता को जन्म देता है। इसलिए जब उत्तरी भारत का कोई मध्यवर्गीय हिन्दू अपने को सिखों या मुसलमानों की अपेक्षा अधिक धर्मनिरपेक्ष कहता है, तो इसलिए कि उसने जीवन में धर्म के मूल्य और गरिमा को जाना ही नहीं—वह असल में धर्मनिरपेक्ष नहीं, उन सब मानवीय, आस्थावान, जीवनदायी मूल्यों के प्रति निरपेक्ष है, जिनसे धार्मिक आस्था बनती है। जिस तरह धर्म का निकृष्ट रूप संकीर्ण साम्प्रदायिकता है, उसी तरह धर्मनिरपेक्षता का विकृत रूप है—सनकी, स्वार्थपरक मूल्यहीनता। पिछले तीस वर्षों में भारत में जिस भौतिक, परजीवी, आधुनिक जीवन-शैली का विकास हुआ है, उसी के भीतर साम्प्रदायिक असहिष्णुता और धर्मनिरपेक्षी भौतिकता के विषैले तत्त्व जन्मे और पनपे हैं।

क्या दोनों के सचित्र प्रमाण हमें पंजाब की हत्याओं और दिल्ली के दंगों में नहीं दिखाई देते? विभाजन के समय जो हिन्दू-मुस्लिम मारकाट हुई थी, उनके पीछे एक ठोस ऐतिहासिक पीठिका थी। वे एक भयानक राष्ट्रीय ट्रेजेडी के परिणाम थे। हिंसा तब भी थी, तब भी वह अक्षम्य थी, किन्तु उस हिंसा के पीछे गहरी, घायल, आहत, प्रतिहिंसात्मक भावनाएँ थीं—मानवीय भावनाएँ अमानवीय कृत्यों को जन्म देती हुई—घृणा, प्रतिहिंसा, आक्रोश, अन्धी पीड़ा, बदला लेने की संहारात्मक इच्छा—ये भावनाएँ ग़लत, अनुचित, अनैतिक होते हुए भी 'मानवीय' थीं, क्योंकि उनके पीछे लाखों लोगों की व्यक्तिगत जातीय ट्रेजेडी दबी थी। वह साम्प्रदायिकता ग़लत होते हुए भी ख़ून और दिल और दु:ख से उत्पन्न हुई थी।

पंजाब में निहत्थे-निर्दोष हिन्दुओं और निरंकारियों की हत्याओं के पीछे कौन-सी पीड़ा, कौन-सा नरसंहार, ट्रेजेडी छिपी थी? ये हत्याएँ साम्प्रदायिक भी नहीं कही जा सकतीं, क्योंकि इनमें धर्म की विकृत भावना नहीं, लोलुप सत्ता की सेक्यूलर महत्त्वाकांक्षा थी। खालिस्तान की माँग और आतंकवादी हत्याएँ धर्म की भावना से बिलकुल शून्य थीं, धर्म के नाम पर वे स्वार्थपरक सत्ता की ग़ुलामी करती थीं।

सत्ता की सहायक आधुनिक टेक्नोलॉजी होती है, मोटरसाइकिलों पर बैठकर बन्दूक़ों से गोली चलाना, आतंकवादियों ने यह विधि सिख धर्म ग्रंथों से नहीं, आधुनिक यूरोप की विकसित और आक्रामक टेक्नोलॉजी से प्राप्त की थी—न निहत्थों पर गोली चलाना वीरता की निशानी थी, न हत्या करके गुरुद्वारों में छिप जाना किसी साहस का सबूत; इन जघन्य और कायर कार्रवाइयों की अन्तिम परिणति इंदिरा गांधी की नृशंस हत्या में हुई; यह हत्या प्रधानमंत्री के सिख अंगरक्षकों द्वारा हुई, जिन पर वह विश्वास करती थीं। इतिहास की विडम्बना देखिए, दो शताब्दियों पहले गुरु गोविन्द सिंह की क्रूर हत्या एक ऐसे मुसलमान ने की थी, जिन पर वह भी विश्वास करते थे। मैं बरसों से इंदिरा गांधी की नीतियों से असहमत रहा हूँ, किन्तु जिस स्थिति में उनकी हत्या हुई, उसके भीषण परिणामों की कल्पना करना असम्भव है।

एक भीषण परिणाम हमने हाल में देखा—दिल्ली के दंगों में। दिल्ली के दंगे हिन्दुओं के आक्रोश की ही अभिव्यक्ति होते, तो भी उन्हें समझा जा सकता था। किन्तु इंदिरा गांधी की दुःखद हत्या का फ़ायदा उठाकर जिस पैमाने पर सिखों की दुकानों, मकानों को जलाया गया, उनके कारख़ानों को लूटा गया, वह उस भौतिक लिप्सा, मानसिक छिछोरेपन और हिन्दुओं की गहरी आत्मरिक्ति का जीता-जागता प्रमाण है, जिसका ज़िक्र मैंने ऊपर किया था। यदि पंजाब में हिन्दुओं की हत्याओं के पीछे धार्मिक शून्यता और कायरता थी, तो दिल्ली के दंगे हिन्दुओं की उस 'धर्मनिरपेक्ष' और आक्रामक मानसिकता की निशानी थे, जो न इंदिरा गांधी के प्रति प्रेम, न अपने देश की संस्कृति की अखंडता को बचाने की चिन्ता से उत्पन्न हुए थे। निहत्थे सिख भाइयों को मारना, गुरुद्वारों को जलाना, दुकानों का माल लूटकर अपने घर ले जाना—ये आज के दंगों के नये, लिप्सा-लोलुप बर्बरता के भौतिक आयाम हैं, जिनका धर्म, देश और संस्कृति से कुछ लेना-देना नहीं।

किन्तु हिंसा और कायरता के पाँव नहीं होते, इन दंगों को भी आसानी से रोका जा सकता था, यदि पुलिस और प्रशासन के अधिकारी अपनी अक्षम्य निष्क्रियता का परिचय न देते।

आज हमारे चारों ओर शून्य है। कुछ ऐसा लगता है कि जो शून्य हम अपने भीतर बरसों से छिपाते आए थे, वह आज हमसे बाहर छिटककर चारों तरफ़ हवा में, सड़कों पर, एक-दूसरे के रिश्तों में आकर बस गया है। पंजाब में अलगाव और

असहिष्णुता की भावनाएँ, इंदिरा गांधी की हत्या, दिल्ली के दंगे—ये भी शून्य को भरने के रास्ते हैं, ऐसे रास्ते, जो एक दिन भारतीय समाज और संस्कृति, उसके समूचे भौगोलिक परिवेश को खंडित और विशृंखलित कर देंगे। पिछले हज़ारों वर्षों के दौरान अनेक धर्म, जातियाँ और संस्कृतियाँ नष्ट हुई हैं—यदि भारतीय संस्कृति को अपनी वर्तमान आत्मशून्यता के कारण मरना ही है, तो क्या उसे बचाना ज़रूरी है? इस प्रश्न का उत्तर इस देश के हर नागरिक, धर्मावलम्बी और निवासी को देना होगा। यदि उत्तर देते समय उन्हें एक क्षण के लिए भी यह लगता हो कि कृष्ण, बुद्ध, नानक, कबीर, परमहंस और गांधी की इस संस्कृति में सचमुच कुछ ऐसा है, जो अनमोल है, दुनिया में अन्यत्र कहीं दुर्लभ है, जो हज़ारों वर्ष पुरानी—किन्तु हमेशा शाश्वत—अन्तर्दृष्टियों की वाहक है, जो अक्षुण्ण और अखंडित रखने का कर्तव्य हर उस भारतीय का हो जाता है, जो अपने व्यक्तित्व और धर्म की नियति इस देश के साथ जुड़ा देता है। आत्मशून्य को भरने का यह भी एक रास्ता है। क्या आज संकट की इस घड़ी में हम इसे वरण करने का साहस जुटा पाएँगे? क्या हम अपने शासक, सत्ताधारियों और विपक्षी दलों को यह सोचने पर मजबूर करेंगे कि इस रास्ते के अलावा आज बाक़ी सब रास्ते आत्मघात की ओर जाते हैं?

एक पुरानी कहानी याद आती है—एक शिशु और दो झगड़ती माँओं की कहानी, दोनों का यह दावा है कि वह ही शिशु की असली माँ हैं। सम्राट सोलोमन का फ़ैसला यह है कि शिशु को दो हिस्सों में काटकर दोनों को ही बाँट दिया जाए। आज देखना है कि फ़ैसले के विरोध में असली माँ की पीड़ा किसकी आत्मा से बाहर निकलती है—सिख, हिन्दू या मुसलमान की आत्मा से या वह प्रेम और पीड़ा में घुली-मिली सचमुच एक सामूहिक चीख़ होगी, जिसमें असली या नक़ली का भेद करना असम्भव होगा?

संवाद की मर्यादाएँ

संवाद आत्मा की ज़रूरत है। मैं उसे एक तरह की भूख मानता हूँ, जिसे मनुष्य ने उस 'आदि क्षण' में महसूस किया होगा जब उसे लगा होगा कि वह मनुष्य है; अपने में अकेला है, लेकिन दूसरों के साथ है। दूसरे भी अकेले हैं, लेकिन उसके साथ हैं। हम अपनी आँखों से अपने को नहीं देख सकते, लेकिन दूसरों को देख सकते हैं और हमें यह आशा बँधती है कि हम भी उन्हीं की तरह होंगे। वे हमारा—हमारी देह और आत्मा का—आईना-सा बन जाते हैं। एक-दूसरे को देखने की प्रक्रिया में 'शब्द' का जन्म हुआ होगा। वह मैं भी है और दूसरा भी। शब्द केवल संवाद का माध्यम नहीं, हमारे होने का साक्षी भी है। हमारे होने का रहस्य उसके भीतर निहित है। इसलिए शब्द शुरू में था और हम उसमें शुरू हुए थे।

एक दूसरे को पहचानने की खोज आज भी जारी है। शब्द पर जितने आक्रमण हुए हैं, उन्हें हमारी आत्मा ने भी झेला है। किन्तु एक समय आता है—और शायद यह अँधेरे की सबसे यातनामय घड़ी होती है। जब शब्द गूँगा हो जाता है और आत्मा मृतप्राय-सी। स्वतंत्रता-प्राप्ति के बाद अनेक ऐसे वर्ष आए जब हम प्रगति, विज्ञान, आधुनिकता की अन्धाधुंध दौड़ में यह पूछना भी भूल जाते गए, यह दौड़ किसलिए है? हम कहाँ भाग रहे हैं? हमें जहाँ पहुँचना है,

वह पड़ाव क्या है? ये प्रश्न किसी एक अकादमीय अनुशासन के भीतर नहीं आते, न ही इनका उत्तर कोई विशिष्ट राज्यसत्ता या संस्कृति दे सकती है। ये मनुष्य के प्रश्न हैं, जिन्हें समूचा मनुष्य ही दे सकता है। क्योंकि इस तरह का 'समूचा मनुष्य' आज खंडित हो चुका है, ये प्रश्न भी केवल अकादमियों, सेमिनारों या बुद्धिजीवी गोष्ठियों में उठाये जाते हैं और वहीं दफ़ना भी दिये जाते हैं। सार्थक संवाद के लिए यह ज़रूरी है कि इन शंकाओं और जिज्ञासाओं को बुद्धि की चहारदीवारी से उठाकर दैनिक जीवन के कुरुक्षेत्र में प्रस्तुत किया जाए। यह कुरुक्षेत्र राजनीति का मैदान भी है और व्यक्तिगत नैतिकता का धर्मक्षेत्र भी। कितनी बड़ी विडम्बना है कि जहाँ स्वयं मनुष्य के अस्तित्व का प्रश्न है, वहाँ उस अस्तित्व के अर्थ और धर्म को ऐसी शक्तियाँ परिभाषित करती हैं जिनका अपना कोई नैतिक दायित्व नहीं। जिस शब्द को हमने अपनी पहचान का ईश्वर माना था उस शब्द के संवाहक हैं झूठ और अर्द्धसत्यों से भरे अख़बार, बाज़ारू पत्रिकाएँ, राजनीतिज्ञों के स्वार्थलिप्त भाषण, जिनका मनुष्य के सत्य और अनुभव से कोई सरोकार नहीं। क्योंकि हर व्यक्ति अपने सीमित क्षेत्र में आत्मलिप्त है, हमें दूसरे मनुष्य को जानने का मौक़ा अपनी आत्मा की भूख से उत्प्रेरित होकर नहीं, इतर शक्तियों और स्वार्थों द्वारा निर्मित एक बनी-बनाई 'इमेज' द्वारा मिलता है। हम छायाओं की दुनिया में छायाओं से वार्तालाप करते हैं। उन शब्दों के सहारे जो स्वयं मौलिक शब्द की छाया बन चुके हैं।

सिर्फ़ मानव कर्म है जिसके द्वारा 'छायाओं का संसार' हाड़, मांस और जीवन्त आकार से सम्पन्न होता है, साँस लेता है, जीने का सत्त्व ग्रहण करता है। कर्म का यह क्या रहस्य है जिसमें शब्द जीता है, जिसे आज तक कोई भी अधिनायक सत्ता, तानाशाही, इतिहास की बर्बर अमानवीय थपेड़ नष्ट नहीं कर पाई? यह रहस्य और कोई नहीं सिर्फ़ एक छोटा-सा सत्य है—इस धरती पर मनुष्य का होना, उसकी उपस्थिति का अमोघ और चमकीला बोध। जब मनुष्य और मनुष्य के बीच संवाद की सम्भावनाएँ झूठ, हिंसा और आतंक के अँधेरे में डूबती-सी जान पड़ती हैं, तब भी मनुष्य का होना एक अकेले दीये-सा टिमटिमाता रहता है। वह दीया कुछ और न होकर मानव-कर्म है, जो अनेक रूपों में अपने को प्रमाणित करता हुआ जीवित रहता है। हल और हथौड़ा इस कर्म को एक स्तर पर उद्घाटित करते हैं, कविता और संगीत और चित्र इसी मानव-श्रम के दूसरे

आयाम को आलोकित करते हैं। दोनों—श्रम और कला—का मूल प्रेरणास्रोत एक ही है : मैं हूँ। मैं इस धरती पर हूँ। मैं जीवित हूँ।

क्या मेरा इस धरती पर होना अपने में सम्पूर्ण है?—मैं अक्सर यह प्रश्न अपने से पूछता हूँ। यदि गौतम बुद्ध बारह वर्ष समाधि में रहकर कोई सत्य, सत्य का दर्शन उपलब्ध कर पाए तो अवश्य ही वह दर्शन अपने में सम्पूर्ण रहा होगा। यदि ऐसा था तो उन्हें सारनाथ में चार आदमियों के सम्मुख अपना सन्देश देने की क्यों ज़रूरत महसूस हुई? क्या कहीं उनकी आत्मोपलब्धि सम्पूर्ण होने पर भी आत्मशंकित, अप्रमाणित थी? क्या ऐसा नहीं था कि बुद्ध का दर्शन केवल अपने सन्देश में ही सम्पूर्ति पा सकता था? तपस्या में पाया हुआ आलोक जब एक दूसरे के अँधेरे को न छूता, तब तक वह प्रकाश न ग्रहण कर पाता। दूसरे का अँधेरा ही उनके आलोक की कसौटी बन सकता था। संवाद हम दूसरों से करते हैं—दूसरों के लिए नहीं—स्वयं अपने को पहचानने के लिए। इसलिए वह आत्मा की ज़रूरत है। इसीलिए वह स्वार्थ और परमार्थ से ऊपर उठकर जीने की अनिवार्य शर्त और मर्यादा बन जाता है।

इससे यह निष्कर्ष निकल सकता है और यह निष्कर्ष भ्रामक होगा कि संवाद की प्रक्रिया केवल आत्मोपलब्धि या सत्य को प्राप्त करने के बाद ही शुरू हो सकती है। इससे पहले हम दूसरों से कुछ कहें, हमें ख़ुद को पहचानना चाहिए, यह बात ऊपर से देखने पर संगत लगती है, किन्तु असल में भ्रामक है, क्योंकि अपने को पहचानने का संघर्ष ही संवाद को जन्म देता है—अपने विगत अनुभवों से संघर्ष, अपनी दुनिया से संघर्ष। समाधि से पहले बुद्ध का जीवन, जब वह सिद्धार्थ थे, उनकी साधना के लिए उतना ही ज़रूरी था जितना समाधि के बाद का जीवन, जब वह भगवान बने। उन्होंने जरा, बुढ़ापे और मृत्यु को देखा था। दुःख से उनका साक्षात्कार कुछ वैसा ही आत्ममंथित करनेवाला अनुभव था जैसा शायद गांधीजी को पहली बार दक्षिणी अफ्रीका में उपलब्ध हुआ होगा।

जब हम दुनिया के सम्पर्क में आते हैं—दैन्य, अत्याचार और उत्पीड़न को देखते हैं—तब उस क्षण पहली बार हमारा अपनी आत्मा से संवाद शुरू होता है। पहली बार यह शंका कचोटती है कि अगर ये लोग दुखी हैं तो कहीं मेरा सुख आत्म-छलना तो नहीं है? कितना अजीब है, हमारा पहला संवाद अकेली घड़ियों में अपनी आत्मा से होता है, लेकिन यह संवाद असम्भव होता, यदि मेरे और आत्मा के बीच दुनिया की छाँह नहीं गिरती।

अतः किसी भी सार्थक संवाद के लिए हमें अनिवार्यतः तीन सीढ़ियाँ पार करनी पड़ती हैं—दुनिया को पहचानना, उस पहचान से अपने को जानना, उस 'जानने' को दूसरों में परखना। इन तीनों सोपानों में मनुष्य का कर्म बराबर मौजूद रहता है। यह कर्म मनुष्य को रूप-गठन (फ़ॉर्म) देता है, जीने की चट्टान पर ख़ुदे हुए अभिलेख सरीख़ा मनुष्य स्वयं अपने को गढ़ता है। कला इसीलिए संवाद का सबसे समर्थ और सार्थक वाहन बन जाती है, क्योंकि उसमें न केवल वे तीनों सीढ़ियाँ मौजूद हैं जिनका ज़िक्र मैंने ऊपर किया है बल्कि वे उन्हें पार करके एक ऐसी सत्ता में बदल जाती है जो मनुष्य के होने का कारण है; बहते हुए समय की बालू पर उसकी चेतना के पद-चिह्न उसकी साक्षी। जब हम किसी गँवई गाँव के कुम्हार द्वारा निर्मित बर्तनों या आदिवासी कलाकार के चित्र देखते हैं तो उसकी समूची दुनिया हमारे सामने प्रकट हो जाती है। मेरे और उसके बीच संवाद का माध्यम न पार्लामेंट है, न यूनिवर्सिटी की शिक्षा—बल्कि वह बर्तन है, झोंपड़ी के आगे खिंचा हुआ वह रेखाचित्र, अँधेरी रात में नृत्य की लय, जो मुझे उस अज्ञात ग्रामवासी की संस्कृति, प्रकृति और आत्मा से उसका एकालाप, श्रम के भीतर से फूटती हुई उसकी कल्पना और स्वप्न सबसे एक साथ दर्शन करा देती है। दो शब्दों में कहें तो उसकी संस्कृति का रूप स्वयं उसके श्रम की भाषा में निहित है। उस भाषा में मनुष्य का होना ध्वनित होता है। श्रम और सृजन के क्षणों में ही मनुष्य अपना 'फ़ॉर्म' गढ़ता है। ईश्वर ने मनुष्य को किस 'इमेज' में बनाया था, इसकी झलक स्वयं मनुष्य अपने को ईश्वर बनाकर हमें दे देता है।

अतः अर्थपूर्ण संवाद की पहली शर्त है पहचान। मैं आपको पहचान सकूँ, आप मुझे पहचान सकें, जिसे मॉर्टिन बुबर ने 'मैं और तुम' का दैवी सम्बन्ध माना था। यह पहचान बौद्धिक ज्ञान के आधुनिक उपकरणों द्वारा नहीं, प्रेम से उत्पन्न होती है। किन्तु प्रेम के आदि-स्रोतों को हमारी आधुनिक सभ्यता ने सर्वथा दूषित कर डाला है। हम प्रेम करने योग्य नहीं रह गए हैं, क्योंकि हम अपने से ही अजनबी हो गए हैं। यह अजनबीपन उस 'आत्म-उन्मूलन' का लक्षण है जिसे सिमोन वेल ने 'सेंस ऑफ़ अपरूटेडनेस' कहा था। यह केवल बुद्धिजीवियों की बीमारी नहीं है, बल्कि हमारी समूची संस्कृति का अभिशाप है। गाँव का किसान अपने से उन्मूलित है, यदि जिस धरती पर वह आजीवन काम करता है, उसे अपने जीवन की थाती नहीं मानता। कारख़ाने का मज़दूर अपने से उन्मूलित है, यदि वह अपने जीवन का समूचा श्रम मशीनों को खिलाकर स्वयं अपने भीतर ख़ाली और खोखला हो जाता है। एक नागरिक अपने में उन्मूलित है, यदि राजसत्ता के विराट, पेचीदा संगठन में उसकी आवाज़ नक़्क़ारख़ाने में तूती की आवाज़ से भी कम महत्त्व रखती है। एक बुद्धिजीवी, कलाकार, लेखक अपने में सबसे ज़्यादा उन्मूलित है, यदि वह अपने और सृजन के बीच उन्मूलन की यातना को देखकर भी अनदेखा कर देता है।

मनुष्य का आत्म-उन्मूलन संवाद के रास्ते में आज सबसे बड़ी बाधा है। इसका अतिक्रमण केवल आर्थिक सम्पन्नता से नहीं किया जा सकता, यह तथ्य हमें पहचानना है। एक रूसी या अमेरिकी मज़दूर एक भारतीय मज़दूर से कहीं अधिक सम्पन्न और समृद्ध है, किन्तु इसके कारण क्या वह एक बेहतर मनुष्य, एक विवेकशील मनुष्य, एक संवेदनशील मनुष्य बन पाया है? उलटे उसका अजनबीपन, आत्म-उन्मूलन का बोध, ख़ालीपन और भी अधिक गहरा हुआ है। आर्थिक सम्पन्नता केवल एक साधन है (और वह भी बहुत विश्वसनीय साधन नहीं, क्योंकि धनिक वर्गों की आत्म-सम्पन्नता उनके आत्म-उन्मूलन का सबसे बड़ा कारण है) जिसके सहारे मनुष्य अपने को अधिक स्पष्ट रूप से पहचान सके, अपने आसपास के सौन्दर्य के प्रति कृतज्ञ हो सके, अपने श्रम में अपनी आत्मा की उपलब्धि पा सके। क्या यह दुःख की बात नहीं है कि पिछले वर्षों में हमारी ट्रेड यूनियनों, किसान सभाओं, मार्क्सवादी पार्टियों ने 'सर्वहारा' की ऐसी काल्पनिक तसवीर गढ़ी है जिसका हमारे देश के श्रमिक वर्गों की निराशाओं, भूख, आकांक्षाओं, उसके भयानक उन्मूलन-बोध और आत्मनिर्वासित अजनबीपन

से दूर का भी सम्बन्ध नहीं है? उनके प्रस्तावों में केवल 'आर्थिक उन्नति' की बात दुहराई जाती है, किन्तु यदि आर्थिक उन्नति को उन मूल्यों से अलग कर दिया जाए जिनमें मनुष्य को मनुष्य होने का बोध होता है तो इन 'क्रान्तिकारी' प्रस्तावों और चैम्बर ऑफ़ कॉमर्स के आदर्शों में कहाँ भेद रह जाता है?

प्रश्न यही है कि प्रेम की भावना, जिसे हमने संवाद और पहचान की अनिवार्य शर्त माना है, क्या मनुष्य को सिर्फ़ कला और धर्म में ही उपलब्ध हो सकती है, या वह हर मनुष्य का वरदान और सामाजिक व्यवस्था की बुनियादी प्रतिज्ञा भी बन सकती है? यह एक कसौटी है, जिसके आधार पर हमें अपनी सभ्यता, राज्य-सत्ता और आर्थिक व्यवस्था को परखना होगा। हमें उन समस्त सिद्धान्तों, नीतियों, व्यवस्थाओं और क्रान्तियों को अस्वीकार करना पड़ेगा यदि वे मनुष्य की मनुष्य से पहचान को धुँधलाती हैं, उसके आत्म-उन्मूलन के भाव को गहरा करती हैं। दूसरे शब्दों में, हमें मानना होगा कि अधिनायकवादी व्यवस्था मनुष्य की पहचान और सार्थक संवाद के रास्ते में सबसे बड़ी बाधा है, क्योंकि वह उस मार्ग को ही अवरुद्ध कर देती है जिस पर हर अधूरा मनुष्य सम्पूर्ण बनने का स्वप्न देखता है। सम्पूर्ण क्रान्ति के बारे में अलग-अलग अटकलें लगाई जाती हैं, किन्तु हम इस छोटे-से सरल सत्य को भूल जाते हैं कि क्रान्ति वही सम्पूर्ण होती है जिसकी परिकल्पना में सम्पूर्ण मनुष्य होता है। मनुष्य ने अपनी सम्पूर्णता का बिम्ब जो आज तक कला और धर्म में देखा है, क्या उसे वह ऐसे समाज में उपलब्ध कर सकता है जहाँ वह स्वप्न में नहीं, अपने दैनिक यथार्थ में सम्पूर्ण हो सके? यह एक बिन्दु है, जहाँ मनुष्य, ईश्वर और कलाकार बराबरी के आधार पर एक-दूसरे से साक्षात्कार करते हैं।

मुझे इसमें रंचमात्र भी सन्देह नहीं कि साक्षात्कार की यह सम्भावना केवल लोकतंत्र में ही फलीभूत हो सकती है, अधिनायकवादी व्यवस्था में नहीं—उसका रूप चाहे कुछ भी हो। अक्सर हम समझते हैं कि लोकतंत्र में मनुष्य के सिर्फ़ अधिकार होते हैं, जबकि अधिनायकवादी व्यवस्था में उसे सिर्फ़ अपने दायित्व ढोने पड़ते हैं।

सत्य इसके बिलकुल विपरीत है। अधिनायकवादी व्यवस्था में दायित्व नहीं, डर रहता है, जबकि दायित्व की असली भावना केवल मनुष्य की स्वतंत्रता से उत्प्रेरित होती है। स्वतंत्रता की यह अद्भुत विशेषता है कि वह अपने में कोई मूल्य नहीं, वह मनुष्य की जैविक ज़रूरत है, जो मानवीय मूल्यों को जन्म देती है। न्याय, लोकतंत्र, सौन्दर्य की भावना, प्रेम—ये सब मूल्य हैं, जो केवल मनुष्य में सन्निहित स्वतंत्रता के कारण जीवित होते हैं और उसके न रहने पर मुरझा जाते हैं, अफ़्रीका में एक गिलहरी पाई जाती है, जिसकी खाल पर विविध रंगों की अद्भुत छटा चमकती है। उसकी खाल को पाने के लालच में शिकारी गिलहरी को मार देते हैं और तब हताश होकर देखते हैं कि मृत्यु के बाद गिलहरी के सब रंग फीके पड़ जाते हैं, केवल बदरंग सूखी खाल बच जाती है। यदि कोई अधिनायकवादी व्यवस्था मनुष्य की स्वतंत्रता को नष्ट करके सभ्यता के अन्य मूल्यों को जीवित रखने का दावा करती है तो शिकारी की तरह उसका मोहभंग भी होगा। स्वतंत्रता के नष्ट होने पर संस्कृति के अन्य मूल्य उसी तरह दम तोड़ देंगे, जैसे मृत्यु के बाद गिलहरी के रंग मुरझा जाते हैं। क्योंकि स्वतंत्रता महज़ मनुष्यत्व की शर्त है, मूल्य नहीं, यह ज़रूरी हो जाता है कि हम उसे ऐसा परिवेश दे सकें जहाँ प्रेम, न्याय, सौन्दर्य और लोकतंत्र प्रस्फुटित होने की उचित आबोहवा पा सके। गिलहरी के रंग सिर्फ़ इसलिए नहीं चमकते कि वह जीवित है, बल्कि इसलिए भी कि जिस चट्टान पर वह लेटी है, धूप, आकाश और पेड़ों की पृष्ठभूमि उसके सौन्दर्य को अद्भुत आभा देते हैं। मनुष्य को भी अपनी गरिमा, गौरव और सौन्दर्य अपने विशिष्ट वातावरण, अपनी धरती, अपने आकाश से ही प्राप्त होते हैं, जिसमें हर जाति के अपने अनुभव, संस्कार, आत्मा का रंग, जिसे हम संस्कृति कहते हैं, स्पन्दित होते हैं।

संवाद की यह अनिवार्य शर्त है कि मनुष्य अपने निजी परिवेश में सुरक्षित महसूस कर सके। तभी वह सम्पूर्ण मनुष्य की हैसियत से अपने को सम्पूर्ण सृष्टि के सन्दर्भ में आँक सकेगा। यह तभी सम्भव हो पाएगा जब हम आधुनिकता और प्रगति के उन्माद को छोड़कर छोटी-से-छोटी जाति, समाज, क़बीले और धार्मिक सम्प्रदायों की विशिष्ट प्राणवत्ता समझ पाएँगे, उन्हें जीवित रहने का मौक़ा दे पाएँगे।

न केवल उन्हें जीवित रहने का अवसर देना, जो हैं, बल्कि उन्हें भी, जो कभी थे और अब नहीं हैं। यह हमारा अतीत है, जिसे हम अपनी निजी संस्कृति में जीवित रखते हैं। अपने वर्तमान से हमारा संवाद अधूरा और अर्थहीन होगा,

यदि वह हमारे अतीत के प्रति भी प्रासंगिक नहीं हो पाता। हम भविष्य को वही दे सकते हैं जो हमारे पास है और हमारे पास अतीत के बोध के अलावा देने को कुछ भी नहीं है—वे क्रान्तियाँ जो भविष्य का निर्माण करने की ख़ातिर अपने अतीत को झुठलाती हैं, अपने वर्तमान को भी अवमूल्यित और उन्मूलित कर देती हैं। अतीत को वर्तमान से जोड़नेवाली सबसे सशक्त और जीवन्त कड़ी हमारी भाषा है। क्या यह सत्य नहीं है कि जब तक हमारे देश का शिक्षित वर्ग अंग्रेज़ी भाषा को छोड़कर अपनी जातीय भाषाओं को नहीं अपनाता, तब तक हम न केवल अपने वर्तमान से कोई संवाद कर पाएँगे बल्कि अतीत से किसी प्रकार का सृजनात्मक नाता नहीं जोड़ पाएँगे? यहाँ मैं अंग्रेज़ी भाषा का विरोध नहीं कर रहा। केवल उस भाषा के पीछे छिपी एक औपनिवेशिक मनोवृत्ति की ओर संकेत कर रहा हूँ, जिसके कारण हमारा बुद्धिजीवी वर्ग एक अरसे से अपनी जनता से अलग रहा है। यह अलगाव ख़ुद उसके बौद्धिक असत्य और आत्मनिर्वासन का एक पहलू बन चुका है।

अक्सर कलाकार या लेखक से यह माँग की जाती है कि वह अपनी कृतियों को जनसाधारण के लिए सुलभ या ग्राह्य बनाए। इस माँग के पीछे यदि उस दूरी या अन्तराल को पाटने की भावना है जो आज के आधुनिक कलाकार और हमारी अर्द्धशिक्षित ग़रीब जनता के बीच आ गई है तो यह भावना महत्त्वपूर्ण है। किन्तु हमारे वामपक्षी आन्दोलन के राजनीतिक कार्यकर्ता इस समस्या का हल अनेक सरलीकृत भ्रामक तरीक़ों से सुलझाना चाहते हैं। कला मनुष्य की एक आत्यन्तिक, महत्त्वपूर्ण भूख है—आत्मा की भूख। क्या हमारी ट्रेड यूनियनों, मार्क्सवादी पार्टियों ने कभी इस भूख की यातना को समझा है? यदि वे इसे थोड़ा भी समझ पाते तो न वे कलाकार के सृजन कर्म की अवमानना करते, न हमारी जनता के सौन्दर्यबोध की अवहेलना करते। तब उनकी पहली माँग कलाकार या कवि से न होती कि वह कैसे चित्र बनाए, या कविताएँ लिखे; बल्कि उस वातावरण को बदलने पर आग्रह होता जहाँ हमारे श्रमिक देशवासी अँधेरे और बीभत्स कारख़ानों,

फैक्टरियों में अपने जीवन का अधिकांश समय बिताते हैं। पिछले तीस वर्षों में हमने अपने गाँवों को उजाड़ा है, ग़रीब किसानों और शिल्पियों को मजबूर किया है कि वे अपनी धरती, घरबार, अतीत को छोड़कर शहरों में उन्मूलित और अनाथ जीवन बिताएँ, प्रगति और औद्योगिक विकास के नशे में आदिवासियों की जीवन-प्रणाली को भ्रष्ट किया है। दो शब्दों में कहें तो हमने भारतीय संस्कृति के अब तक जितने सौन्दर्य और कला के विविध स्रोत रहे हैं उन्हें दूषित ही किया है। तब क्या यह आश्चर्य की बात मानी जाएगी कि ऐसी स्थिति में कलाकार और जनसाधारण के बीच जीवन्त संवाद की सम्भावना सिकुड़ती जाए?

किसी भी समाज में संवाद की स्थिति मनुष्य के पारस्परिक रिश्तों पर निर्भर करती है; जिस अनुपात में इन रिश्तों में अविश्वास और सन्देह की गाँठें जटिल होती जाएँगी, संवाद भी उतना ही उथला, संकीर्ण और कृत्रिम बनता जाएगा। भारत में एक ज़माने से इन रिश्तों की आधारशिला मनुष्य का धार्मिक विश्वास रहा है, जहाँ एक ओर मनुष्य का धर्म उसे सृष्टि और समय में अपनी जगह पहचानने में मदद देता है, दूसरी तरफ़ यह पहचान ही उसे प्रेरणा देती है कि वह दूसरे व्यक्ति के धार्मिक विश्वास के मर्म को जान सके। हर धर्म की दो खिड़कियाँ होती हैं : एक आस्था की तरफ़ खुलती है, दूसरी जिज्ञासा की तरफ़। हम आस्था से जिज्ञासा की ओर अग्रसर होते हैं और जिज्ञासा से आस्था की ओर। यह हमारा दुर्भाग्य ही माना जाएगा कि स्वतंत्र भारत में 'धर्मनिरपेक्षता' के नाम पर हमने आस्था और जिज्ञासा की खिड़कियों पर पर्दे गिरा दिये हैं। मनुष्य का धर्म उसका व्यक्तिगत सरोकार बनकर रह गया है। हमारे सार्वजनिक जीवन में विविध धार्मिक विश्वासों का मुक्त आदान-प्रदान नष्ट हो चुका है। यही कारण है कि यह धर्म अब कुछ वर्गों का निहित स्वार्थ बनकर चोर-दरवाज़े से हमारी राजनीति में दख़ल देता है। हमें डर लगता है कि यदि हम खुलकर विभिन्न धार्मिक विश्वासों पर बातचीत करेंगे तो 'साम्प्रदायिकता' के दोषी ठहराए जाएँगे। क्या एक अच्छा हिन्दू या अच्छा मुसलमान अच्छा भारतीय नहीं बन सकता? गांधीजी ने धर्मनिरपेक्षता के आधार पर नहीं हर भारतीय की धार्मिक अस्मिता को स्वीकार करके देश में राष्ट्रीय भावना को जाग्रत किया था। हिन्दुत्व के केन्द्रबिन्दु पर रहकर उन्होंने सब अन्य धर्मों को सम्मान दिया था। मुझे लगता है कि जब तक हम अपने देश में मुक्त रूप से विभिन्न धार्मिक सम्प्रदायों के बीच मुक्त,

सौहार्दपूर्ण संवाद के दरवाज़े नहीं खोलेंगे तब तक उनके बीच अविश्वास और भय की दीवार हमेशा खड़ी रहेगी।

कितनी अद्‌भुत बात है, स्वतंत्र भारत में जिन तीन सिद्धान्तों को हमने अपने भविष्य का आदर्श माना था—लोकतंत्र, समाजवाद और धर्मनिरपेक्षता—इन तीनों ने हमें, कहीं-न-कहीं, अपने भीतर निर्वासित किया है। ये शब्द आज भी सच्चे हैं, किन्तु इनके भीतर बहनेवाली प्राणधारा सूख गई है। लोकतंत्र के नाम पर राजसत्ता का घमंड और प्रभुत्व जिस व्यापक पैमाने पर फैला है, उसे देखकर भूतपूर्व अंग्रेज़ शासक ईर्ष्या करते। समाजवाद के नाम पर वामपक्षी दलों ने जिस हद तक क्रान्तिकारी परम्परा को गँदला बनाया है, वह अपने में एक अद्‌भुत घटना है। धर्मनिरपेक्षता सिर्फ़ मुसलमानों को आतंकित करने का अस्त्र बन गई है, ताकि चुनाव में उनके वोट हासिल किये जा सकें। क्या यह महज़ संयोग था कि इमरजेंसी के दौरान इंदिरा गांधी और भारतीय कम्यूनिस्ट पार्टी ने इन्हीं तीन सिद्धान्तों की आड़ में भारतीय राजनीति में पहली बार हिंसा, आतंक और अनैतिकता के विषवृक्ष को रोपा था?

हम इन तीन शब्दों को उनकी पुरानी मर्यादा और महिमा से मंडित करें। यह अपने में हमारे बीच सार्थक संवाद की शुरुआत हो सकती है। मुझे लगता है, समूचे राजनीतिक कोलाहल, शोर और नारों के बीच कहीं हमारी आत्मा के बीच गहरा सन्नाटा है। आज जिनके पास शब्द हैं, उनके पास सत्य नहीं और जिनके पास अपने भीषण, असहनीय अनुभवों का सत्य है, शब्दों पर उनका कोई अधिकार नहीं। एक समय में गांधीजी ने इस सन्नाटे को भेदा था : भारतीय आत्मा की गूँगी व्यथा को वाणी दी थी। सत्य नया नहीं होता; शब्द उसे नये अनुभव में बदलता है। गांधीजी का सत्य ईसा मसीह, बुद्ध या टॉल्स्टॉय के सत्य से भिन्न नहीं था। किन्तु अपने आत्म-मन्थन के द्वारा उन्होंने भारतीय सन्दर्भ में उसे एक नई, जीवन्त प्रासंगिकता दी थी। क्या आज हम गांधी के सत्य को अपने देश की तीस साल से चली आती हताशा और पीड़ा में ढालकर नये अनुभव बदल सकेंगे?

कला, मिथक और यथार्थ

We are our own demons, we expel ourselves from our paradise. **—गोएटे**

मनुष्य का आत्मबोध—यह कि मैं हूँ और मनुष्य हूँ—इतिहास में कोई बहुत पुरानी घटना नहीं है। हम इस घटना, इस आत्मबोध के इतने आदी हो गए हैं कि लगता है, मानो यह मानस-स्वभाव का कोई 'शाश्वत तत्त्व' हो, उसके मनुष्य-तत्त्व से जुड़ा हुआ, मनुष्य की चेतना का अभिन्न भाव-चिरंतन और सार्वभौम—जिसका दिशा-काल से कोई सम्बन्ध न हो। हम अक्सर भूल जाते हैं कि मनुष्य की आत्मचेतना—कि मैं धरती पर अकेला अजनबी हूँ और स्वयं अपनी नियति के लिए जवाबदेह हूँ—यहूदी—ईसाई परम्परा का अंग है जिसने पश्चिमी सभ्यता को एक विशिष्ट आध्यात्मिक चरित्र प्रदान किया था। इस परम्परा की अन्तिम परिणति-तार्किक परिणति—रेनासाँ मनुष्य के उस सर्वांगीण व्यक्तित्व में प्रस्फुटित हुई, जिसे अपने 'अहं' पर भरोसा था, जो धरती के केन्द्र में था, (उसी तरह जैसे धरती सौरमंडल के केन्द्र में थी, जिसकी कसौटी पर दुनिया की हर चीज़ नापी जाती थी—आत्मविश्वासी, आत्मकेन्द्रित, गर्वीला मनुष्य।

मनुष्य को अपने इस गरिमा-मंडित आत्मगौरव के लिए काफ़ी भारी मूल्य चुकाना पड़ा। मध्यकाल में वह अपने धार्मिक विश्वासों के भीतर सुरक्षित था—चर्च की चहारदीवारी के भीतर इन विश्वासों पर शंका या सन्देह की आँच नहीं आ सकती थी। सुरक्षा की यह गरमाई आज भी हम यूरोप की मॉनेस्टरियों में देख सकते हैं, जिनकी तंग, सँकरी कोठरियों में भिक्षुक और भिक्षुणियाँ अपना जीवन बिताते थे। एक बन्द समाज में मनुष्य स्वतंत्र न भी हो, अपेक्षाकृत सुरक्षित रह सकता है, इसकी कल्पना कम-से-कम भारतवासी कर सकते हैं—या कुछ दशक पहले तक कर सकते थे। किन्तु यूरोप में रेनासाँ के बाद सुरक्षा की यह दीवारें एक-एक करके ढहने लगीं। मनुष्य अब खुले में था—स्वाधीन, किन्तु अरक्षित। एक समय में ईसाई विश्वदर्शन ने मनुष्य और दुनिया के बीच जो सेतु बनाया था, वह सहसा डगमगाने लगा था।

लूथर ने जो आघात चर्च की आस्था पर किया था, वह कुछ इतना गहरा था कि उसकी भग्न दरारों के बीच पहली बार आत्मशंका की छाया ने निकलकर यूरोपीय मानस को विचलित और उद्वेलित कर दिया था। अब मनुष्य अपने से भागकर कहीं और सिर नहीं छिपा सकता था। पास्कल शायद पहले ईसाई-चिन्तक थे जिन्होंने यूरोपीय मनुष्य के उस भयावह आतंक को समझा था, जो 'ब्रह्मांड के सूने मौन' से उत्पन्न होता है। पहली बार मनुष्य के भीतर यदि 'चिन्ता' (anxiety) की अनुभूति हुई, तो शायद इस बिन्दु पर—जब धर्म-चेतना के धुँधले हाशिए पर लुप्त होता गया और दूसरी तरफ़ मनुष्य का अपना 'मैं', अपनी गौरवपूर्ण अस्मिता एक ऐसे संकीर्ण, अहंग्रस्त दायरे में सिकुड़ गई, जहाँ वह अपने भीतर के अँधेरे के समक्ष नितान्त अवश पड़ता गया—क्या मतलब है इस अँधेरे का? इस प्रश्न के सामने वह बिलकुल निरुत्तर था। अब मनुष्य विश्व के केन्द्र में नहीं, अपने शून्य के केन्द्र में था—और वह बिलकुल अकेला था।

इसलिए मनुष्य का आत्मबोध—अपने होने की सजगता—मानव-स्वभाव का कोई शाश्वत गुण नहीं है; वह एक प्रक्रिया है, जो इतिहास में घटती है—एक दुर्घटना और वरदान, दोनों ही। इस प्रक्रिया में आशा और अपशगुन। दोनों ही निहित हैं—स्वतंत्रता की आशा और अकेलेपन का अपशगुन। मनुष्य की आत्मचेतना—दार्शनिक अर्थ में नहीं, जहाँ वह आत्मज्ञान होती है—बल्कि जैविक विकास के अर्थ में—जहाँ मनुष्य को अपने होने, अपने अस्तित्व का बोध होता है—

यह आत्मचेतना व्यक्ति की मानसिकता में एक फाँक खींच देती है—और यह फाँक, यह दरार उतनी ही गहरी और विध्वंसात्मक है, जितना वह 'प्राथमिक पतन', जब मानव-जाति पहली बार प्रकृति के अभिन्न सम्बन्ध से टूटी थी, विगलित हुई थी और उसने एक सर्वथा उदासीन, सर्वथा भावशून्य विश्व में अपने को नितान्त सीमित, क्षुद्र और क्षणभंगुर पाया था। आज की सभ्यता का संकट और प्रदूषण उस ऐतिहासिक क्षण से शुरू हो गया था, जब मनुष्य प्रकृति से अलग छिटक गया था—यह मानव-सभ्यता और मनुष्य की यातना का समान स्रोत है, जो आज हमें घसीटकर 'अणु युग' तक ले आया है।

मनुष्य का यह दुहरा अलगाव—प्रकृति से विगलित होना और समाज से अलग टूट जाना—यद्यपि ऐतिहासिक प्रक्रिया के दो अलग-अलग क्षण हैं, किन्तु मनुष्य की चेतना पर उनका प्रभाव बहुत कुछ एक जैसा है—दोनों स्थितियों में ही मनुष्य के भीतर एक भयावह अकेलापन—अनाथ हो जाने की कातरता—उत्पन्न हो जाती है; वास्तव में जब हम किसी 'समग्र इकाई' से टूटते हैं (चाहे वह बच्चे का माँ के गर्भ से अलग होना ही क्यों न हो) तो यह अनाथ भाव अनिवार्य रूप सें हमें आक्रान्त करता है। किन्तु प्रकृति से अलगाव कहीं बहुत गहरे में समाज के अलगाव से भिन्न है; प्रागैतिहासिक-काल का आदिवासी प्रकृति से अलग टूटकर कम-से-कम अपने समूह से जुड़ा रहता है जिसके परिणामस्वरूप उसके निजी अनुभव, एक वृहत्तर अनुभव, एक सामूहिक चेतना का ही अंश हैं, जिसमें वह दूसरों के अनुभवों में साझा करता है और दूसरे उसके अनुभव में भाग लेते हैं। किन्तु इससे भिन्न एक सभ्य मनुष्य की आत्मचेतना केवल अपने तक ही केन्द्रित रहती है—उसका निजी व्यक्तित्व एक सम्पूर्ण इकाई है, जिसके भीतर वह समूची बाहरी दुनिया को समेट लेता है—जिसके कारण वह अपने को दूसरों के साथ नहीं, दूसरों के विरुद्ध पाता है। उसका अनुभव यदि दूसरों के अनुभवों में साझा भी करता है, तो अपनी शर्तों पर—एक विराट अनुभव का अंश बनकर नहीं, और जब वह अपने को किसी वृहत्तर इकाई (राज्य, तानाशाह या जाति) के प्रति समर्पित करता है, तो भी यह भावना कि 'मैं अपने को विलय कर रहा हूँ, उसकी चेतना पर एक याद, एक खरोंच की तरह दगी रहती है।

ऐतिहासिक, सभ्य मनुष्य की यह पीड़ा—कि वह दूसरों से भिन्न या उनके विरुद्ध है—उस प्रागैतिहासिक मनुष्य की पीड़ा से एक गहरे अर्थ में अलग हो

जाती है, जो अपने को प्रकृति के समक्ष तो अकेला पाता है, किन्तु अपने भीतर अकेला महसूस नहीं करता। वास्तव में मिथकों का जन्म ही इसलिए हुआ था कि वे प्रागैतिहासिक के उस आघात और आतंक को कम कर सकें, जो उसे प्रकृति से सहसा अलग होने पर महसूस हुआ था—और मिथक यह काम केवल एक तरह से ही कर सकते थे—स्वयं प्रकृति और देवताओं का मानवीकरण करके। इस अर्थ में मिथक एक ही समय में मनुष्य के अलगाव को प्रतिबिम्बित करते हैं, और उस अलगाव से जो पीड़ा उत्पन्न होती है, उससे मुक्ति भी दिलाते हैं। प्रकृति से अभिन्न होने का नॉस्टेल्जिया, प्राथमिक स्मृति की कौंध, शाश्वत और चिरन्तन से पुन: जुड़ने का स्वप्न—ये भावनाएँ 'मिथक' को सम्भव बनाने में सबसे सशक्त भूमिका अदा करती हैं। सच पूछें, तो मिथक और कुछ नहीं—प्रागैतिहासिक मनुष्य का एक सामूहिक स्वप्न है और व्यक्ति के स्वप्न के समान वह काफ़ी अस्पष्ट, संगतिहीन और संश्लिष्ट भी है। कालान्तर में पुरातन अतीत की ये अस्पष्ट गूँजें, ये धुँधली आकांक्षाएँ एक तर्कसंगत प्रतीकात्मक ढाँचे में ढल जाती हैं और प्राथमिक यथार्थ की पहली, क्षणभंगुर, फिसलती 'यादें' महाकाव्यों (एपिक) की सुनिश्चित संरचना में गठित होती हैं। मिथक और इतिहास के बीच महाकाव्य एक सेतु है जो पुरातन स्वप्नों को काव्यात्मक ढाँचे में अवतरित करता है।

किन्तु महाकाव्य के बुनियादी 'पैटर्न', और रूप-गठन का आधार अब भी बहुत हद तक वही 'मिथक-दृष्टि' है, जिसके सहारे आदि-मनुष्य यथार्थ का बोध प्राप्त करता था, बाहरी दुनिया से अपना रिश्ता जोड़ता था। एक दूसरे से जुड़े तथ्य और घटनाएँ महाकाव्य के लेखक—आदि-कवि—को उतना प्रभावित नहीं करती, जितना सामूहिक अवचेतना से जुड़े रूपक (metaphor) उसकी अन्तर्चेतना को अनुप्राणित और आलोकित करते हैं। रूपक से तथ्य और मिथक से तर्क की तरफ़ बढ़ती हुई मनुष्य की मानसिकता एक तरह से उस ऐतिहासिक विकास (यदि हम उसे 'विकास' कह सकें) को ही रेखांकित करती है, जब मनुष्य की सामूहिक अवचेतना धीरे-धीरे व्यक्ति की आत्मचेतना में परिणत होने लगी थी।

महाकाव्य के मिथकीय नायक का अपनी नियति से सम्बन्ध उतना ही समग्र और सहज है, जितना आदि-मनुष्य का सम्बन्ध अन्य व्यक्ति से था; वह सामंजस्य और स्वीकृति का रिश्ता है—विरोध और प्रतिरोध का नहीं। इस रिश्ते में एक तरह की अनिवार्यता है, जो उसे निर्मम और कठोर तो बनाती है, लेकिन त्रासद कभी नहीं।

'इलियड' में आखलीस और 'महाभारत' में कर्ण की नियति जीवनधारा का आत्म-समर्पित (आत्म-संकल्पित नहीं) अंग है, जो उसे देवताओं द्वारा रचित वृहत्तर 'नाटक' से जोड़ देती है। मृत्यु का क्षण त्रासद नहीं होता, क्योंकि वह सम्पूर्ण उपलब्धि का क्षण भी है। किन्तु यह बात हैमलेट पर लागू नहीं होती। वह अपने पिता की हत्या के तथ्य के सामने बिलकुल अकेला है—और यह तथ्य किसी क्रम, किसी पैटर्न, देवताओं के किसी नाटक में फिट नहीं होता—तभी वह हत्या एक घुन की तरह हैमलेट की आत्मा को खाए जाती है। आखलीस के जीवन में उसकी मृत्यु एक अनिवार्य परिणति है, जबकि हैमलेट ज़िन्दगी के साथ झगड़ता हुआ ख़त्म हो जाता है—बीच बहस में। होमर से शेक्सपियर तक आते-आते मनुष्य की चेतना में आधारभूत परिवर्तन हो चला था—जहाँ पहले वह अपने प्रकृति—नियति—से सम्पूर्ण रूप से जुड़ा था, वहाँ कालान्तर में उसकी आत्मा और नियति के बीच एक काली दरार खिंचती गई—और यह दरार इतनी गहरी थी कि वह स्वयं अपनी प्रकृति से निर्वासित होता गया। कला में यह परिवर्तन सीधा सृजन-प्रक्रिया में हुआ; पहले कला जहाँ एक अचेतन रचना थी, अब वह रचनात्मक चेतना की अभिव्यक्ति बन गई। किर्केगार्द जिसे 'सम्पूर्ण सम्भावना' कहते थे, अब वह टूटकर सन्दिग्ध विकल्पों में बँट गई, जिसमें से कोई भी विकल्प मनुष्य चुन सकता था, किन्तु इस चयन की कोई विश्वसनीय—दैवी या नैतिक—कसौटी कहीं न थी।

यह वह क्षण था, जब मनुष्य का पहली बार अपने 'मैं', 'ईगो' से साक्षात्कार हुआ, एक ऐसी आत्मभ्रमित चीज़, जो स्वयं अपने भीतर खंडित थी। पहले जहाँ मनुष्य अपने भीतर समूची वास्तविकता लेकर चलता था, अब वहाँ सिर्फ़ खोई हुई दुनिया की एक अपाहिज—पंगु स्मृति शेष रह गई थी, यह दुनिया खो गई थी, लेकिन मनुष्य उसे भूल नहीं सका था। वास्तव में 'ईश्वर की मृत्यु' को लेकर नीत्शे के भयानक आर्तनाद के पीछे यह कातर आकांक्षा छिपी थी कि उस 'शब्द' को दुबारा खोजा जा सके, जो मनुष्य और मिथक को जोड़ता था—एक ऐसे जीवन्त अनुभव का प्रतीक—जिसे मनुष्य के अहं-बोध ने इतनी बुरी तरह आहत कर दिया था। यह मनुष्य का पतन था। सच कहें, तो दूसरा पतन—क्योंकि पहला पतन वह था, जब वह प्रकृति से खंडित हुआ था। मिथक, जो एक समय में मनुष्य के सर्वांगीण, सम्पूर्ण व्यक्तित्व का पोषक था, अब आत्म-पीड़ित स्मृतियों के जाले

में बदल गया—मनुष्य के खंडित, ज्वरग्रस्त स्वप्नों में उलझा हुआ, जिसे सिर्फ़ फ्रॉयड की सूक्तियों और सिद्धान्तों में ही पकड़ा जा सकता था।

यह सही है कि केवल आत्मचेतना के भीतर मनुष्य अपनी अस्मिता की पहचान निर्मित कर सकता है, किन्तु यह भी उतना ही सही है कि जब तक वह इस घेरे के भीतर है, अस्मिता की यह पहचान हमेशा बहुत धुँधली और अस्पष्ट रहेगी—वह हमेशा सपनों और आकांक्षाओं में अपना 'रूप' खोजती रहेगी। अनुभव के मिथकीय ढाँचे में एक व्यक्ति की स्मृतियाँ हमेशा दूसरे व्यक्ति की स्मृतियों में अन्तःग्रथित और गुम्फित होती हैं—वहाँ अस्मिता की पहचान मनुष्य की नियति और प्रकृति से अलग नहीं होती; किन्तु इस मिथकीय दृष्टि से एक बार विगलित हो जाने पर मनुष्य सहसा अपने को एक अराजक, विश्रृंखलित दुनिया में पाता है, जहाँ वह अपनी अस्मिता को दूसरों के माध्यम से नहीं बल्कि दूसरों के विरोध में ही परिभाषित कर सकता है। सच पूछें, तो दूसरों का अस्तित्व एक व्यक्ति के लिए ख़तरा भी है, और अपने होने की गारंटी भी। हेगेल ने अस्मिता की परिभाषा देते हुए कहा था कि वह हमेशा दूसरों के विरुद्ध होती है—दूसरों को पराधीन बनाने पर ही अपने अहं की अस्मिता सुरक्षित रखी जा सकती है। किन्तु यहाँ मनुष्य—ऐतिहासिक मनुष्य—अपने को एक पीड़ायुक्त अन्तर्द्वंद्व में फाँस लेता है; यदि वह दूसरे को सम्पूर्ण रूप से पराधीन कर लेता है, तो स्वयं उसकी अस्मिता सन्दिग्ध बन जाती है। वह दूसरे को नष्ट करके सम्पूर्ण बनना चाहता है किन्तु बिना दूसरे के स्वयं उसका अस्तित्व ही शून्य बन जाता है। सार्त्र ने एक बार नरक की परिभाषा देते हुए कहा था कि नरक—दूसरे लोग हैं किन्तु यह 'नरक' सहनीय है; जब तक यह नरक रहेगा, मनुष्य अपने को पहचानने के लिए सतत संघर्ष करता रहेगा। किन्तु इसके नष्ट होने पर मनुष्य को केवल अपनी शरण में आना होगा, जो कोई और नहीं—उसके 'मैं' का ही धुँधला प्रतिरूप है; शाश्वत शून्य में शाश्वत मुक्त—और तब इस मुक्ति का क्या मूल्य रह जाएगा, इसका प्रमाण हमें

आज पश्चिमी सभ्यता के घोर संकट में दिखाई देता है, जहाँ मनुष्य स्वतंत्र है, किन्तु उसे यह नहीं मालूम, वह इस स्वतंत्रता का क्या करे!

हमने जिसे मनुष्य का 'पीड़ायुक्त अन्तर्द्वंद्व' माना है, वह हमेशा से ही मानवीय स्थिति के भीतर अन्तर्निहित नहीं था, किन्तु वह इतिहास के उस दौर में प्रकट हुआ, जब मनुष्य पहली बार समय के प्रति सचेत हुआ, ऐसा समय जो उसके ऊपर और बाहर था। समय अब मनुष्य की जीवनधारा से कटकर एक बाहरी प्रभुसत्ता में बदल गया, जो मनुष्य और दुनिया को अनुशासित करता था—परिवर्तन का मुख्य यंत्र और एजेंट। अब समय इतिहास का निर्माण करने लगा, और परिणामस्वरूप वह मनुष्य की नियति का आक्रामक जज—क्या ठीक है, क्या ग़लत, क्या नैतिक है, क्या अनैतिक (हमारे समय में क्या प्रगतिशील है, क्या प्रतिक्रियावादी) का फ़ैसला करता हुआ एक तानाशाही मूल्य-निर्माता बनता गया।

समय की यह अवधारणा 'परिवर्तन' की उस लय से बिलकुल भिन्न थी, जो हम आदि-मनुष्य के मिथकीय बोध में पाते हैं। समय का मिथकीय बोध इतिहास के आक्रामक भविष्यवाद से बहुत अलग है, जहाँ भविष्य ही हमारे वर्तमान का जज बन जाता है।* मिथक के काल-बोध में परिवर्तन का मूल्य 'आगे बढ़ने की होड़' में नहीं है—सच पूछें, तो वह कोई मूल्य ही नहीं है; वह एक प्राकृतिक प्रक्रिया है, मृत्यु और पुनर्जीवन का एक चक्राकार, अनवरत सिलसिला, जिसमें अतीत और भविष्य, दोनों ही चिरंतन वर्तमान में गुम्फित हो जाते हैं। यह नहीं कि समय की विभाजित श्रेणियाँ नहीं हैं किन्तु उसकी गति आरम्भ से अन्त तक न जाकर दोनों को एक सतत और समान दर्शन में समाहित कर लेती है—एक ऐसी गति, जिसे हम विराम भी कह सकते हैं, जहाँ गति और गतिहीनता में कोई भेद नहीं रह जाता। समय का मिथकीय बोध 'इतिहास' को नकारता नहीं—

---

* मैंने इस विषय का विस्तृत विश्लेषण अपने निबन्ध 'अतीत : एक आत्म-मन्थन' में किया है, जो 'शब्द और स्मृति' में संकलित है।

इतिहास का आरम्भ ही मानव-जाति के आरम्भ से जुड़ा है किन्तु यह ऐसा इतिहास नहीं, जो मनुष्य से ऊपर और परे है, जो अन्त में मनुष्य को ही नकारने लगता है; लेवी स्ट्रॉस के शब्दों में कहें तो :

> जहाँ प्रागैतिहासिक समाज इतिहास के तत्त्व से घिरे होने पर भी उससे उदासीन और अछूता रहने का प्रयत्न करता था, वहाँ आधुनिक समाज इतिहास को अपने भीतर समाहित कर लेता है और उसे (इतिहास को) अपने विकास का प्रेरणास्रोत मान लेता है।

हमने ऊपर जिसे 'चिरंतन वर्तमान' कहा है, वह कोई कल्पना-विलास की चीज़ नहीं है, न ही उसका बोध सिर्फ़ आदि-मनुष्य तक सीमित था। वर्तमान की यह चेतना मनुष्य के भीतर हमेशा मौजूद रही है (प्रकृति के बोध की तरह), किन्तु 'ऐतिहासिक समय' हमेशा इस बोध, इस चेतना को दबाने और कुचलने की चेष्टा करता रहा, ताकि समूची मानव-जाति 'प्रगति' के भविष्यवादी अन्धविश्वास को स्वीकार कर सके। किन्तु वह इसे कभी सम्पूर्ण रूप से कुचलने में सफल नहीं हो सका। शाश्वत वर्तमान का बोध मनुष्य की अन्तर्चेतना में एक खोए हुए स्वप्न और स्मृति की तरह जीवित रहा है, जहाँ समय के कृत्रिम भेद, मृत्यु और पुनर्जन्म के रहस्य और चमत्कार में घुल जाते। फ्रॉयड ने एक जगह बहुत ही उल्लेखनीय सत्य की ओर संकेत किया है—वह कुछ ऐसे 'प्रभावों' (इम्प्रेशंस) के बारे में कहते हैं जो "अवचेतना की तहों में दबा दिये जाते हैं और कभी नष्ट नहीं होते; दशक-दर-दशक तक वे जीवित रहते हैं, मानो वे अभी-अभी घटित हुए हों!"

'मानो वे अभी-अभी घटित हुए हों'—क्या इस वाक्य में प्रूस्त की स्मृति-यात्रा नहीं दिखाई देती, जहाँ घटनाओं का प्रवाह एक निरन्तर वर्तमान में जम जाता है, फ्रीज़ हो जाता है, जिसका न कोई आरम्भ है, न अन्त? समय की यह अवधारणा न केवल व्यक्ति के क्षणभंगुर जीवन का, बल्कि उस जीवन के खंडित क्षणों का अतिक्रमण करके एक ऐसी चेतना बन जाती है, जिसे हम प्रकृति की काल-चेतना कह सकते हैं। संयोग से हिन्दू मिथक-चेतना बहुत हद तक प्रकृति की इस कला-चेतना से प्रस्फुटित हुई थी—किन्तु यह सिर्फ़ हिन्दू-चेतना की ही विशिष्ट उपज नहीं है। वास्तव में इसे 'उपज' कहना ही ग़लत होगा, क्योंकि जादू, अनुष्ठान,

मंत्र की तरह समय की यह चेतना उस मिथकीय ढाँचे का अभिन्न अंग है, जिसके सहारे आदि-मनुष्य यथार्थ के मर्म को ग्रहण करता था।

समय—जो मरता है, पुनर्जीवित होता है, फिर मरता है—काल की यह सतत प्रवहमान चेतना दुर्भाग्यवश उस क्षण नष्ट हो जाती है—नष्ट नहीं, तो अवचेतन में दब जाती है, गौण पड़ जाती है, ज्योंही मनुष्य इतिहास में 'प्रवेश' करता है। अब वह मनुष्य की नैसर्गिक गति से कटकर अपने में एक स्वायत्त नियामक शक्ति बन जाती है, 'विकास की चालकशक्ति', यथार्थ का अंग नहीं, बल्कि ऐसा यथार्थ, जो स्वयं मनुष्य से अलग और ऊपर एक स्वतंत्र सत्ता में बदल जाता है। मनुष्य समय का वाहक नहीं, उसका ग़ुलाम बन जाता है। अब मनुष्य अपने को सीधी आँखों से नहीं, इतिहास की आँख से देखता है—एक जज की आँख—जो मनुष्य की स्थिति पर नहीं, भविष्य के शून्य पर अटकी है। मनुष्य और शून्य के बीच अब ईश्वर नहीं, इतिहास का तराज़ू है—अन्तर सिर्फ़ इतना है कि अब इतिहास के देवता की आँखों पर नहीं, मनुष्य की आँखों पर पट्टी बँधी है।

यहीं से सैद्धान्तिक मतवाद—आइडियोलॉजी—का जन्म होता है, जैसा आज हम इस शब्द को समझते हैं। आइडियोलॉजी सभ्य समाज की चेतना में 'मिथक' का स्थान लेती है, ताकि उसके सहारे इतिहास की असीम बुभुक्षा को शान्त किया जा सके, उसका किसी हद तक मानवीकरण किया जा सके। मार्क्स और हेगेल, दोनों ही इस सत्य को समझते थे। हेगेल चाहते थे कि मनुष्य अपने को इतिहास के साथ एकीकृत कर सके, जबकि मार्क्स इतिहास को ही बदलना चाहते थे। उनमें कुछ भी भेद रहा हो, एक बात समान थी, और वह यह कि दोनों ही इस तथ्य को मानकर चलते थे कि मनुष्य और इतिहास (समय) के बीच सम्बन्ध टूट गया है—और यह मनुष्य की निर्वासित अवस्था का मूल कारण है। दोनों विद्वान यह नहीं देख सके कि यदि मनुष्य का निर्वासन इतिहास में उत्पन्न हुआ है, तो इतिहास की शर्तों पर उसका निवारण नहीं हो सकता। यही कारण है कि आज जिसे हम 'आइडियोलॉजी का संकट' कहते हैं, वह उन बौद्धिक, तर्कवादी प्रतीकों

द्वारा—जिसका सबसे केन्द्रीय प्रतीक विज्ञान है—नहीं सुलझ सकता, क्योंकि आज ये प्रतीक अपने में अर्थशून्य और खोखले हो चुके हैं। जब तक हम 'ऐतिहासिक समय' के बन्दी रहेंगे, किसी भी आइडियोलॉजी में मुक्ति खोजना व्यर्थ होगा, क्योंकि स्वयं आइडियोलॉजी उस 'छद्‌म चेतना' से उत्पन्न हुई है, जब मनुष्य ने अपनी विवेक-मेधा, अपनी स्वतंत्र चेतना को इतिहास के लौह-नियमों के प्रति समर्पित कर दिया था। कितना बड़ा व्यंग्य है कि वे वामपंथी विचारक जो मनुष्य की 'छद्‌म चेतना' की इतनी चर्चा करते हैं, स्वयं अपनी आइडियोलॉजी को श्रेय देना भूल जाते हैं, जिसने हमारे समय में मानवीय चेतना को सबसे अधिक अक्षम, मायावी और छद्‌म बनाने में योग दिया है।

आइडियोलॉजी के विरुद्ध कला ने ही एकमात्र चुनौती प्रस्तुत की है—एक अन्तिम, व्याकुल चुनौती, जिसके भीतर आधुनिक संकट में फँसे मनुष्य ने इतिहास की स्वेच्छाचारी विकृतियों के ख़िलाफ़ अपनी सम्पूर्ण अस्मिता को साबित और परिभाषित करने की चेष्टा की है। किन्तु इसी चुनौती ने कला को सबसे अधिक सन्दिग्ध, शंकालु और द्विविधात्मक बना दिया है; चेतना की उपज होते हुए भी यह कला अवचेतन की जड़ों में अपनी पवित्रता और सार्थकता ढूँढ़ती है, विज्ञान के उन सब 'युक्तिसंगत', तार्किक और बौद्धिक अन्धविश्वासों पर प्रश्नचिह्न लगाती है, जो आधुनिक सभ्यता की आधारशिला हैं। इतिहास की उपज होते हुए भी कला इतिहास के समयबद्ध, और प्रगतिबद्ध फ़ैसलों की अवहेलना कर सकती है, हमेशा से करती आई है। कला के प्रकाशमान दायरे में मनुष्य एक कुलबुलाता हुआ जीव नहीं रहता, अराजक अर्थहीन भूल-भुलैयों में भटकता हुआ, इतिहास के मनमानी ड्रामे की एक कठपुतली-मात्र; आज के युग में कला कमोबेश वही भूमिका अदा करती है (सार्थक कला) जो आदिकाल में मिथक-चेतना सम्पन्न करती थी—मानव-अस्तित्व के असंगत, अराजक और अर्थशून्य 'हादसों' को उसके कालातीत मर्म के चौखटे में संयोजित करना—इसलिए नहीं कि मनुष्य पृथ्वी के केन्द्र में एक सार्वभौम प्राणी है, बल्कि इसलिए कि प्रकृति के अन्य प्राणियों की तरह मनुष्य भी अपना एक विनयशील, विवेकपूर्ण, अर्थसंगत कोना ढूँढ़ सकता है।

कला मिथक की भूमिका कमोबेश अदा कर सकती है, किन्तु उसकी जगह नहीं ले सकती। यह इसलिए कि मिथक उस अर्थ में मनुष्य द्वारा सर्जित नहीं होता, जिस अर्थ में मनुष्य कला का सृजन करता है। ध्यान से देखें, तो मिथक मनुष्य की

'सर्जना' उतनी नहीं, जितना वह मनुष्य की अज्ञात, अनाम, सामूहिक चेतना का अंग है जिसके द्वारा अर्थ ग्रहण किया जाता है, जो स्वयं अपने भीतर 'एक विशिष्ट आलोक का स्रोत' धारण किये रहता है। मिथक चेतना इस अर्थ में कलात्मक अनुभव से बहुत भिन्न है, कि वह जीव-जगत् का समूचा यथार्थ, उस यथार्थ का अनुभव बिम्बों द्वारा अभिव्यक्त नहीं करती किन्तु कैसिरर के शब्दों में : "मनुष्य का आदि-अनुभव ही मिथक के बिम्ब-चित्रों में अन्तर्निहित रहता है और चारों ओर उसके वातावरण से अनुप्राणित होता रहता है।" इससे विपरीत कला चेतना की उपज है, स्वयं अपने प्रति सजग है, एक आत्मचेत अनुभव में ही कलाकृति का जन्म होता है, चाहे वह चेतना युक्तिसंगत, तर्कसंगत न हो (अक्सर नहीं होती), किन्तु वह स्वयंस्फुरित, अज्ञात क्रिया न होकर अनुभव का एक निश्चित, चिन्तायुक्त कर्म है। हम यह भी कह सकते हैं कि कला में जो सचेत रूप से उपलब्ध किया जाता है, वह पहले से ही, नैसर्गिक रूप में, मिथक के वातावरण में मौजूद रहता है। दूसरे शब्दों में, कला अपने सृजन के उदात्ततम क्षणों में मिथक होने का स्वप्न देखती है : "एक ऐसा स्वप्न, जिसमें व्यक्ति और समूह का भेद मिट जाता है।"

किन्तु क्या आज मनुष्य इस 'स्वप्न' को प्रागैतिहासिक युग की मिथक-चेतना में चरितार्थ कर सकता है? क्या हम दुबारा आदि-मनुष्य की 'प्रिमिटिव' चेतना के अवचेतन-लोक में लौट सकते हैं जहाँ कला और मिथक के बीच कोई दीवार नहीं थी? आज हम चेतना, आत्मचेतना के जिस विकास-बिन्दु पर पहुँच गए हैं, वहाँ से इस तरह की 'वापसी' न केवल असम्भव होगी, बल्कि झूठी भी, यों पिछले दशकों में इस तरह की वापसी की अनेक राहें समय-समय पर सुझाई गई हैं, रूसो का 'नोवेल सैवज', रेम्ब्रॉ का तेज़ नश्तर, जिसकी धार से 'भाव-इंद्रियों का सिलसिलेवार संहार' करना (systematic derangement of senses) और अन्त में सुर्रियलिस्ट कवियों और चित्रकारों का अवचेतन में मुक्ति खोजना—ये केवल कुछ शॉर्ट-कट रास्ते हैं, जिनके द्वारा मनुष्य ने 'आत्मचेतना' की तानाशाही से छुटकारा पाना चाहा है। इन रास्तों पर कुछ दूर अवश्य चला जा सकता है, उन अँधेरी खाइयों को आलोकित किया जा सकता है, जो मनुष्य की आत्मा में दबी पड़ी हैं, किन्तु आत्मबोध का फल एक बार चखकर मनुष्य अपनी निष्कपट कुँवारी अवस्था में दुबारा पहुँच पाएगा, इसमें गहरा सन्देह है। क्या कलाकार अपनी आत्मचेतना का अतिक्रमण कर सकता है? यह प्रश्न रिल्के जैसे कवि और नीत्शे

जैसे विचारक को आजीवन पीड़ित करता रहा। नीत्शे को अन्तिम दिनों में यह शंका घुन की तरह खाती रही कि मनुष्य की आत्मचेतना इतनी अधिक भयावह हो गई है कि हर विश्वास अब सत्य से ख़ाली हो गया है कि विश्वास करना ही अपने को धोखा देना है। जब तक हम चेतन और अचेतन, मनुष्य और प्रकृति, मार्क्स के शब्दों में कहें तो सभ्यता और काम (Eros and Civilization)—और अन्त में, किन्तु सबसे महत्त्वपूर्ण—देह और आत्मा के बीच कृत्रिम व्यवधान को नहीं तोड़ पाएँगे—तब तक मनुष्य की सब वापसियाँ रेगिस्तान में मरीचिका से अधिक महत्त्व नहीं रख पाएँगी, इससे हम कला में मिथक-चेतना को उपलब्ध नहीं कर पाएँगे, जो मनुष्य के समूचे व्यक्तित्व को गौरवान्वित करती है; वापसी का शॉर्ट-कट मिथक चेतना की ओर नहीं, धर्म के नक़ली अवतारों की ओर ले जाता है, जिसके सजीव उदाहरण हमें बालयोगी, महर्षि महेश और भगवान रजनीश में दिखाई देंगे।

इस बिन्दु पर हम शायद इस प्रश्न को नहीं टाल सकते कि जीवन और कला में 'मिथक-चेतना' को क्या हम वर्तमान सामाजिक व्यवस्था में उपलब्ध कर सकते हैं—एक ऐसी व्यवस्था में, जो मनुष्य की समूची सृजनात्मक शक्तियों का इतनी निर्ममता से हनन करती है—उसके रूपकबोध को ही नष्ट कर देती है? दूसरे शब्दों में, क्या कला में मिथक-चेतना को ऐसी सभ्यता से पुनर्जीवित किया जा सकता है, जहाँ स्वयं कला एक खंडित, निर्वासित चेतना का शिकार हो गई है—और उसे ही अभिव्यक्त करती है, जो अपूर्ण है, आत्मविभाजित है, ख़ुद अपने से अजनबी है? क्या हम आज एक ऐसी अन्धी गली में नहीं पहुँच गए हैं जहाँ कला का मिथक बनने का स्वप्न अपने में ही सन्दिग्ध है, क्योंकि जिस समाज-व्यवस्था में हम रहते हैं, वहाँ कला के सामूहिक प्रयोजन का ही कोई अर्थ नहीं रह गया है? अतः जिस तरह आदिकाल की 'प्रिमिटिव' चेतना की ओर मुड़कर हम यथार्थ के मौलिक, सार्वभौमिक सत्य से साक्षात्कार नहीं कर सकते, उसी तरह उस 'साक्षात्कार' को हम कला के आत्मकेन्द्रित आलोकमंडल में भी उपलब्ध नहीं कर सकते, जब तक हम उसे एक व्यापक सामाजिक प्रक्रिया से नहीं जोड़ते, जहाँ मनुष्य स्वयं इतिहास का अतिक्रमण करके अपने में मुक्त हो सकता हो। यदि यह प्रश्न ठीक है, तो क्या इसका उत्तर पाने के लिए हमें "एक बार फिर बोधवृक्ष का फल चखना पड़ेगा, ताकि हम पुनः अपनी निर्बोध अवस्था में पहुँच सकें?"*

---

* क्लाइस्ट

भारतीय लेखक का स्वप्न और ज़िम्मेदारी

एक लेखक के लिए किसी संस्था द्वारा दिया गया पुरस्कार अथवा सम्मान काफ़ी संकोच और संशय का कारण साबित हो सकता है। वह चूँकि बाहर की दुनिया के प्रति हमेशा शंकालु रहता है और उस दुनिया के प्रति सन्दिग्ध, जो उसने अपनी कथा-कहानियों में निर्मित की है, इसीलिए उसे हमेशा यह सन्देह कोंचता रहता है कि जो सम्मान और स्वीकृति उसने पाई है, वह कहीं किसी ग़लतफ़हमी या आत्मप्रपंच पर तो आधारित नहीं है? किन्तु इसके साथ जब कभी इस तरह का कोई अवसर आता है, तो उसे एक प्रकार का धीरज और आत्माश्वासन भी महसूस होता है। कहानी, उपन्यास लिखना काफ़ी अकेलेपन का व्यापार है। वह किसी विज्ञान सम्बन्धी पुस्तक अथवा समाजशास्त्रीय ग्रंथ रचने से बहुत भिन्न है, जिन्हें न्यूनाधिक विश्वसनीय और वस्तुपरक निकषों पर परखा जा सकता है। कलाकृति के साथ यह विचित्र बात है कि आज तक किसी ऐसी प्रामाणिक कसौटी का ईजाद नहीं हुआ, जिसके आधार पर किसी कविता या उपन्यास की मूल्यवत्ता तुरन्त परखी और पहचानी जा सके। इसलिए जब किसी लेखक को कोई सम्मान मिलता है तो उसे लगता है, चाहे कुछ देर के लिए ही सही, वह अब दुनिया की आँखों में थोड़ा-बहुत 'सम्माननीय' हो गया है। उसे लगता है कि उसे अपने एक

ऐसे धंधे के लिए वैधता प्राप्त हो गई है, जो प्लेटो के ज़माने से सन्दिग्ध और बदनाम माना जाता रहा है।

किन्तु जैसा मैंने अभी कहा, यह आश्वासन क्षणभंगुर है। जल्दी ही नई तरह की शंकाएँ उसे घेरने लगती हैं और इस बार वे उसे अपने लेखन की मूल्यवत्ता पर उतनी नहीं, जितनी स्वयं 'लेखन के कर्म' पर होती हैं—और यदि यह लेखक संयोगवश भारतीय लेखक हुआ, जो भारत के किसी महानगर में रहता और लिखता है, तो ये शंकाएँ और भी अधिक सघन और अवसादपूर्ण हो जाती हैं।

मैं इसे थोड़ा स्पष्ट करूँ। कोई भी कलाकृति, वह चाहे कितनी ही सुदूर कल्पना की फ़ंतासी क्यों न जान पड़े, हमेशा एक ऐसे यथार्थ-बोध पर टिकी होती है, जो हमारे चारों ओर फैली दुनिया को परिवर्तित और परिभाषित करती है—हम उसे कुछ नये ढंग, ताज़ी निगाहों से देखने लगते हैं। भारतीय परम्परा में कला और दुनिया के यथार्थ के बीच का सम्बन्ध हमेशा से ही कुछ पवित्र माना जाता रहा है। उसमें एक तरह की आवेगपूर्ण मांसलता रही है और यह मांसलता ऐन्द्रिक होने के बावजूद एक प्रकार की ईश्वरीय दिव्यता में आलोकित होती है, शिव के चेहरे की तरह कला जीवन को परिभाषित ही नहीं करती बल्कि स्वयं कलाकृति में जीवन परिभाषित होता दीखता है। भारतीय मन्दिरों और मूर्तियों में तो यह देखा ही जा सकता है, किन्तु 'महाभारत' जैसे महाकाव्यों में भी कला और जीवन का यथार्थ सम्पृक्त जान पड़ते हैं—दो जुड़ी हुई चीज़ें नहीं, बल्कि एक अखंडित इकाई।

किन्तु ऐसी परिस्थितियाँ भी आती हैं, जहाँ यही सम्बन्ध अत्यन्त त्रासद और यातनामय भी सिद्ध हो सकता है। एक लेखक का यथार्थ-बोध निरन्तर आक्रान्त और आक्रामित हो सकता है—उस दुनिया द्वारा नहीं, जिससे वह जुड़ा है—बल्कि उन शक्तियों द्वारा, जो उस दुनिया का प्रतिनिधित्व करने का दावा करती हैं। इसी अर्थ में किसी व्यक्ति का धार्मिक-बोध साम्प्रदायिक शक्तियों अथवा उसका 'न्याय-बोध' साम्यवादी शक्तियों द्वारा आहत और आक्रान्त होता है। छद्म की आड़ में सत्य छिप जाता है। एक भारतीय लेखक को बराबर यथार्थ और उसकी छायाओं के चक्रव्यूह में अपनी यात्रा करनी पड़ती है। शायद ही दुनिया का कोई ऐसा देश हो, जहाँ लेखक को एक साथ 'यथार्थ' की इतनी प्रतियोगी, परस्पर-विरोधी छवियों के साथ मुठभेड़ करनी पड़ती हो, जितनी भारत में। इनमें वे आक्रामक विचारधाराएँ भी हैं, जो परिवर्तन और क्रान्ति की छवियाँ प्रस्तुत करती हैं, लोकतंत्र और धर्मनिरपेक्षता

की वे धाराएँ भी हैं, जो पश्चिम से आयात की गई हैं, तत्त्वज्ञान और दर्शन की वे अन्तर्दृष्टियाँ भी हैं, जो सबसे प्राचीन, परम्परागत संस्कारों से सम्बन्ध रखती हैं। क्या कोई ऐसी प्रतिनिधि छवि है, जो भारतीय यथार्थ का आत्यन्तिक रूप प्रस्तुत कर सके? या इसकी खोज अपने में एक मरीचिका है?

सम्भव है, ऐसी स्थिति से हताश होकर एक लेखक अपने 'निजी यथार्थ' की ओर लौटना चाहे—एक ऐसे वैयक्तिक विज़न का आलोकमंडल—जहाँ बाहरी दुनिया की अनर्गल, अँधेरी, असंगत आवाज़ों से विमुख होकर वह पूरी निष्ठा और आस्था से अपने सत्य की एकमात्र पवित्र लौ पर अपना ध्यान एकाग्र कर सके; यह आशा कर सके कि अपनी इस लौ में वह बाहर का अँधेरा समेट सकेगा, अपने मौन में बाहर की आवाज़ों को एक अर्थ और अन्विति दे सकेगा। सम्भव है, इस रास्ते से वह अपनी लेखकीय ईमानदारी को अक्षुण्ण रख सकता है। बदले में शायद उसका 'यथार्थ-बोध' थोड़ा-सा धूमिल पड़ जाए, उतना यथार्थवादी न रहे, जितना लोग आज की दुनिया में टी.वी., समाचार-पत्रों और राजनीतिक विचारधाराओं से इतनी जल्दी और इतनी आसानी से उपलब्ध कर लेते हैं। इससे लेखक को ज़रूर कुछ क्षति होगी, किन्तु वह उस लेखक से कम दुर्भाग्यपूर्ण होगी जो अपने 'समय का प्रतिनिधि' होने के प्रलोभन में भारतीय यथार्थ की बहुमुखी विविधता को एक-एक सँकरी नाली में संकुचित कर देता है। दुर्भाग्यपूर्ण यह बात नहीं है कि ऐसी संकीर्णता उसकी कल्पनाशील मेधा को कुंठित कर देती है—हालाँकि ख़ेदजनक बात यह भी है—बल्कि असली ख़तरा यह है, कि सत्य के एक रूप से अपने को जोड़कर वह यथार्थ का मुक्त द्रष्टा नहीं रह पाता। वह उस बुलाहट को अनसुना कर देता है, जिसे सुनकर उसने लेखक होना तय किया था। वह कुछ भी हो—तब लेखक नहीं रहता।

यदि ऐसा होता है, तो शायद यह एक लेखकीय जीवन की सबसे दुःखद दुर्घटना है।। दुनिया में भारत उन कम देशों में एक है, जो अपनी ग़रीबी, राजनीतिक सनकीपन और प्रशासनिक अराजकता के बावजूद अब तक अपने भीतर एक ऐसी लोकमानस की लीलाभूमि सँभाले है, जहाँ एक लेखक की कल्पना आज भी अपेक्षाकृत मुक्त भाव से सत्य और भ्रम, माया और यथार्थ, सनातन परम्परा और इतिहास की छायाओं के बीच विचर सकती है। आज के युग में यह आसान नहीं है...कुछ वर्ष पहले तक कम्यूनिस्ट देशों में लेखकों की क्या दशा थी, यह हमसे छिपा नहीं है।

आज भी दुनिया के बड़े भूभाग में—चीन से लेकर ईरान और अरब देशों में ऐसी परिस्थितियाँ हैं, जहाँ लेखन का व्यवसाय वेश्यावृत्ति से अधिक गौरवपूर्ण नहीं है। जो लेखक मानसिक दासता के दायरे को ज़रा भी लाँघता है, उसे सलमान रुश्दी की नियति का सामना करना पड़ता है।

यदि हमारे देश में ऐसी स्थिति नहीं है, तो इसका श्रेय पश्चिमी लोकतंत्र की विरासत को नहीं जाता, जो अंग्रेज़ शासक अपने पीछे छोड़ गए थे। यह विरासत तो वे भारत के उस खंड में भी छोड़ गए थे, जिसे आज हम पाकिस्तान कहते हैं—जहाँ आज वह सर्वथा लुप्त हो गई है। यह नहीं कि पश्चिमी मूल्यों की जड़ें हमारे देश में सशक्त नहीं हैं। भारत के शहरी शिक्षित वर्ग पर पश्चिम की उदारवादी लोकतांत्रिक धारा का प्रभाव हमेशा रहा है, जिसकी अभिव्यक्ति एक ओर समाजवाद और दूसरी ओर धर्मनिरपेक्षतावाद में हुई है। आज हमारे समाज में दोनों की जो दयनीय भूमिका देखने में आती है, वह हमारे बौद्धिक उथलेपन की ही निशानी है। बरसों से समाजवादी आन्दोलन—पश्चिमी की नक़ल में—हमारे समाज को वर्गों में बाँटता रहा है, जो उतना ही कृत्रिम है, जितना वह धर्मनिरपेक्षतावाद, जो भारतीय समाज के धार्मिक स्वभाव को नकारकर उसे अल्पसंख्यक और बहुसंख्यक सम्प्रदायों में विभाजित करने की चेष्टा करता रहा है। दोनों ने ही हमारी संस्कृति के उस लोकमानस को विकृत करने का प्रयास किया है, जहाँ लोकतंत्र की मर्यादाएँ पिछले दो हज़ार वर्षों के दौरान एक विशिष्ट भारतीय परिवेश में विकसित हुई थीं। गांधीजी जब वर्गों और सम्प्रदायों के बीच सौहार्द की चर्चा करते थे, तो उनका सन्दर्भ-बिन्दु यही लोकमानस था—पश्चिम का लोकतंत्र और समाजवाद नहीं। यदि आज भारतीय लेखक अन्य देशों की तुलना में अपना सत्य अधिक सहिष्णुता और स्वातंत्र्य के परिवेश में कह सकता है, तो उसका श्रेय इसी सांस्कृतिक परम्परा को जाता है, जो इतिहास के थपेड़ों द्वारा गँदली, कुंठित और जर्जरित अवश्य हुई है, किन्तु इतनी मन्द और मलिन नहीं हुई जो लेखक के इस अधिकार को छीन सके कि वह सत्य को सत्य और झूठ को झूठ कहने का साहस नहीं कर सके।

पिछले वर्षों में जो भयानक बात हुई है, वह यह नहीं कि भारतीय समाज में स्वतंत्रता का यह परिवेश संकुचित हुआ है, बल्कि यह पश्चिमी शिक्षा से लैस भारतीय बुद्धिजीवी वर्ग ने स्वयं इस परिवेश की अवहेलना करके सच और झूठ

के विवेक को खो दिया है। भारतीय लेखक का सही और असली विरोध भारत के इस छद्म बुद्धिजीवी वर्ग से होना चाहिए। इस वर्ग ने भारतीय यथार्थ के विभिन्न और बहुमुखी—सही अर्थों में लोकतांत्रिक सत्य को एक छद्म यथार्थ में अवमूल्यित किया है। आज हम जो अपने समाज में हिंसा और असहिष्णुता का वातावरण देखते हैं, वह हिन्दुओं और मुसलमानों की साम्प्रदायिक असहिष्णुता नहीं है—बल्कि वह तथाकथित 'सेक्यूलर' मानसिकता की देन है, जिसका प्रतिनिधित्व हमारा बुद्धिजीवी वर्ग करता है। सत्ता के गलियारों में जो 'यथार्थ' इतना उथला और सतही जान पड़ता है, वही उनके बाहर जनमानस के विराट और व्यापक परिप्रेक्ष्य में इतनी गहरी मानवीय वास्तविकता, इतनी पीड़ा और सहानुभूति, इतनी सघन संवेदनात्मकता ग्रहण कर लेता है कि वह एक स्वप्न-सा जान पड़ता है। एक भारतीय लेखक का नाता इस स्वप्न से है, उस यथार्थ से नहीं, जो हम पर आरोपित किया जाता है। भारतीय लेखक की सृजनशीलता इसमें निहित है कि वह भारतीय स्वप्न के यथार्थ को भारतीय यथार्थ की छद्मता से अलग कर सके।

शायद ही कोई ऐसा देश हो, जिसके भौगोलिक परिवेश में शताब्दियों से इतनी मिथक-कथाएँ, स्वप्न-बिम्ब, देवी-देवता, एक साथ रहने की जगह जुटा पाते हैं, जितनी भारत में। यह एक ऐसा पावन, जादुई प्रदेश है, जो इतिहास की आक्रामक धाराओं को झेलता हुआ अपने भीतर जैविक अर्थों और ईश्वरीय सन्देशों की एक ऐसी व्यवस्था संयोजित कर सका है, जिसे जाने बिना कोई भी भारतीय लेखक और बुद्धिजीवी अपने समाज के कार्यकलाप में कोई सार्थक हस्तक्षेप कर सकेगा, मुझे सन्देह है। हमारे बुद्धिजीवी वर्ग का—विशेष कर उसका, जो अंग्रेज़ी भाषा और शिक्षा से सम्पन्न है—सबसे बड़ा अपराध यह नहीं है कि वह भारत की इस बिम्ब-मिथक-परम्परा-सम्पन्न व्यवस्था के प्रति सर्वथा अज्ञानी है। अज्ञान को क्षमा किया जा सकता है। कठिनाई तब उत्पन्न होती है, जब यह वर्ग अज्ञान की आड़ में समाजवाद, सेक्यूलरिज़्म, न्याय और समता के तथाकथित क्रान्तिकारी नारों से अपने ही समाज की मूल मर्यादाओं को नष्ट करना चाहता है। यूरोप और भारत में साम्यवाद की असफलता ने इस वर्ग को कुछ भी नहीं सिखलाया है। जनमानस के प्रति उसका अज्ञान जितना अधिक गहरा होता जाता है, उतना ही वह अधिक आक्रामक ढंग से 'जनवादी' होता जाता है।

यह जनमानस है क्या? वह ऐसी जातीय स्मृतियों और संस्कारों के टेक्स्चर से बुना गया है, जिसे 'जानने' के लिए किसी लेखक को बाहर जाने की ज़रूरत नहीं है। उसके अन्धकार और आलोक की परतों को एक लेखक अपने भीतर ही उघाड़ सकता है—प्लेटो की उन गुहा-छायाओं की तरह, जिन्हें वह अपनी आत्मा पर तिरता हुआ देखता है। प्रश्न उनसे लड़ने-भिड़ने का नहीं है। एक लेखक उन्हें वाक्सूत्रित करता है, उद्घाटित नहीं। उद्घाटन से रहस्य अनावृत नहीं होता, सिर्फ़ नष्ट हो जाता है। एक भारतीय लेखक यदि किसी अर्थ में अन्य देशों के लेखकों से अलग है, तो सिर्फ़ इसमें कि वह न अपने सेल्फ़ का प्रवक्ता है, पश्चिमी लेखकों की तरह, न अपने समाज का प्रतिनिधि है, एक क्रान्तिकारी की तरह—उसकी कोशिश यह है—या होनी चाहिए—कि वह सेल्फ़ और समाज के बीच के अदृश्य सेतु को रूपायित कर सके...एक कविता, एक उपन्यास, एक कलाकृति में...किन्तु यह तभी हो सकता है, जब हम सेतु के नीचे बहती अजस्त्र धाराओं को मुक्त रूप से अपने भीतर बहने दें; उन सब शक्तियों, सत्ताओं और विचारधारओं का विरोध करें, जो इस प्रवाह को कुंठित और कलुषित करती हैं, या इस पुल को विध्वस्त करने की कोशिश करती हैं, ताकि लेखक के सेल्फ़ और समाज, दोनों को एकांगी बनाकर उसके रचना-कर्म को अवमूल्यित किया जा सके।

आइए, इसके बाद हम दुबारा लेखक की कोठरी की ओर लौटें, जहाँ वह सम्मानों और पुरस्कारों के परे—अपनी मेज़ पर अकेला बैठा है, एक अजीब, उत्पीड़ित भारतीय लेखक। उसे देखकर करुणा भी आती है, और गर्व भी होता है। लम्बे अन्दरूनी संघर्ष और असीम धैर्यपूर्ण प्रतीक्षा के बाद वह आख़िर एक ऐसी 'आलोकित जगह' पर आ पहुँचा है, जहाँ वह अपनी कविता या उपन्यास शुरू कर सकता है। यह एक ऐसी जगह है, जो उसे न शासन-सत्ता ने दी है, न इतिहास ने। यह उसे अपने अतीत की विरासत मिली है, एक पवित्र वरदान के रूप में। यह एक ऐसी जगह है, जहाँ वह अकेला हो सकता है, अनाथ नहीं। यहाँ वह एक ऐसी भाषा गढ़ता है, जिससे वह आधुनिक युग कि आक्रामकता का सामना कर सकता है। वह एक ऐसी सक्षम और सशक्त भाषा है, जिसकी मदद से वह अपनी पूरी सम्पदा को सतह की रोशनी में लाता है, जो शताब्दियों से हमारी चेतना की परतों तले दबी पड़ी थी, एक दुधारी भाषा, जो अपने लेखकों से असीम साहस की माँग करती है और अबाध प्रेम की; प्रेम-लिखे हुए शब्द के प्रति, ताकि उसके द्वारा

जीवन का हसीन और हसरत भरा सत्य बाहर आ सके; साहस—जिसके द्वारा वह अपने समय की दानवी शक्तियों का सामना कर सके जो आधुनिकता और प्रगति के नाम पर उसके समूचे सांस्कृतिक परिवेश को दूषित करने में जुटी हैं—एक ऐसा परिवेश, जिसके बिना कोई महान रचना जन्म नहीं ले सकती। एक लेखक की ज़िम्मेवारी यही है कि वह एक ऐसे परिवेश को सुरक्षित रख सके, जहाँ वह न केवल अपना अतीत पुनर्जीवित कर सके, बल्कि उसे भी आलोकित कर सके, जो मृत्यु के परे है। यह उसकी ज़िम्मेवारी भी है—और स्वप्न भी। क्या येट्स ने नहीं कहा था, "सपनों में ही हमारी ज़िम्मेवारियाँ शुरू होती हैं?"*

* यह निबन्ध लेखक के उस वक्तव्य का परिशोधित रूप है, जो उसने 1986 में साहित्य अकादेमी पुरस्कार स्वीकार करते हुए दिया था।

रचनाकार

प्रेमचन्द की उपस्थिति

प्रेमचन्द की मृत्यु को चार दशक से अधिक बीत चुके हैं। हर दशक के कथाकारों ने उन्हें अपनी-अपनी कसौटी पर परखा है, स्वीकारा है या अस्वीकारा है। ऐसे समकालीन लेखक भी हैं, जिन्हें शायद प्रेमचन्द का नाम ही निरर्थक जान पड़े—क्योंकि उनकी सृजन-यात्रा में वह उन्हें किसी भी रूप में प्रासंगिक नहीं जान पड़ते; किन्तु ऐसे कथाकारों की रचनाओं में भी हमें प्रेमचन्द की अदृश्य छाया मिल जाती है। एक क्लासिक लेखक की यह अद्‌भुत विशेषता है कि हम उसके आविष्कारों को बिना उसके प्रति आभारी महसूस हुए भी अपना लेते हैं—शायद सबसे गहरा प्रभाव वह होता है, जब हम यह तक भूल जाएँ कि इस प्रभाव को हमने कहाँ से, किस स्रोत से प्राप्त किया है। हम अपनी स्वतंत्रता में एक ऐसी परम्परा का अनुकरण करते हैं, जो हर जगह है और किसी जगह दिखाई नहीं देती। क्या आज भी प्रेमचन्द हमारे बीच अदृश्य रूप से उपस्थित हैं? आपका ध्यान इस प्रश्न की ओर आकर्षित करना चाहूँगा और यह भी कि एक लेखक की उपस्थिति से हमारा क्या अभिप्राय है?

यहाँ सबसे पहले मैं उस भ्रान्ति की ओर संकेत करना चाहूँगा, जिसे एक अरसे से हमारे आलोचकों ने पोषित किया है—वह है किसी लेखक की उपस्थिति

या प्रभाव को उसके विचारों या विश्वासों में खोजना, जबकि सत्य यह है कि साहित्य में किसी लेखक के विश्वास उसकी रचनाओं में अलग कोई हैसियत नहीं रखते। मैंने जानबूझकर 'साहित्य में' कहा है, क्योंकि उसके बाहर उसके विश्वासों का अवश्य महत्त्व होता है, लेकिन बाहर भी अलग से उनके बारे में हमारी जिज्ञासा नहीं जाग पाती, यदि पहले से ही हम उसकी रचनाओं में एक विशिष्ट यथार्थ से साक्षात्कार नहीं कर पाते। शायद मैं अपनी बात को उलझाकर कह रहा हूँ, वास्तव में बात बहुत सरल है—यदि आज हम अपने बीच प्रेमचन्द की उपस्थिति महसूस करते हैं—तो उनके प्रगतिशील विचारों या यथार्थवादी आदर्शों (या आदर्शवादी यथार्थ—आप जो भी कहना चाहें) के कारण नहीं—बल्कि उनकी रचनाओं में निहित मनुष्य, एक भारतीय मनुष्य की मानसिक बनावट के कारण, जिसे पगने, फूलने में सैकड़ों वर्ष लगे थे—एक स्थिर व्यक्तित्व का चेहरा, जिसका दर्शन हमें पहली बार उनकी कहानियों—उपन्यासों में हुआ था। एक चेहरे का सत्य नहीं, बल्कि ऐसे सत्य का चेहरा, जिसे उन्होंने शहरी, ग्रामीण, क़स्बाती चेहरों के बीच गढ़ा था—औपनिवेशिक स्थिति में रहनेवाले एक हिन्दुस्तानी की आर्किटाइप छवि जो उनसे हमारे साहित्य में नहीं थी। किन्तु इससे ज़्यादा महत्त्वपूर्ण बात यह है कि प्रेमचन्द के बाद के कहानीकारों के लिए भी वह छवि अपनी उड़ानों के लिए एक स्थायी आधार-बिन्दु, एक ज़मीन, एक तरह की 'वेस-कैम्प' बन गई थी। इस कैम्प से ऊपर जाते अनेक लेखक-पर्वतारोही अपने भीतर प्रेमचन्दीय संसार की तसवीरें अपने साथ ले गए थे; यात्रा के दौरान इन तसवीरों में अनेक मोड़—सलवटें, विकार और विकृतियाँ दिखाई दी थीं—बड़े घर की बेटियाँ अकेली पड़ती गईं, पंच परमेश्वर की जगह नक़ली 'जूडास' आ विराजे, बेकारी और बेरोज़गारी के दिनों में बड़े भाई साहब का उत्साह इतना मन्द पड़ गया कि अपने छोटे भाई के साथ गुल्ली-डंडा खेल सकें; प्रेमचन्द का विश्वास कि एक भारतीय मनुष्य—वह किसान हो या एक निम्न मध्यवर्गीय क़स्बाती अर्द्धशिक्षित क्लर्क या कर्मचारी—अपनी पुरानी खोई हुई ख़ुशी को खोज सकता है—वह बाद के वर्षों में धीरे-धीरे एक मरीचिका-सा बनता गया। यह एक भारतीय लिबरल बुद्धिजीवी की मरीचिका थी, जिसकी झलक पहली बार 20वीं शती के शुरू में दिखाई दी थी। हमें हैरानी होगी कि प्रेमचन्द ही नहीं, भारत के अनेक शहरी बुद्धिजीवी—जिनमें स्वयं गांधीजी शामिल थे—(उनके 'हिन्द स्वराज' के बावजूद) एक समय में भारतीय समाज

की मुक्ति बाहर के दुश्मनों से छुटकारा पाने में खोजते थे—वह चाहे गांधीजी की आँखों में विदेशी सत्ता हो, या प्रेमचन्द की आँखों में समाज की कुरीतियाँ और अन्धविश्वास हों; आशा यह थी कि एक बार इनसे छुटकारा पाने के बाद हम दैन्य और दरिद्रता के आँसू भारतीय चेहरे से पोंछ सकेंगे। यह कुछ वैसा ही भ्रम था, जैसे कोई बीमार आदमी यह सोचे कि उसके रोग का कारण उसके मैले-कुचैले कपड़ों से जुड़ा है—एक बार हिम्मत जुटाकर वह अपने चिथड़ों को उतार फेंके और तब अचानक पहली बार देखे कि समूची देह कोढ़ के ज़ख़्मों से अटी है; रोग कपड़ों में नहीं था, उलटे उन्होंने ही रोग को अपने भीतर छिपा रखा था। वे सिर्फ़ बाहर से ही 'दुश्मन' प्रतीत होते थे, भीतर का दुश्मन कहीं और बैठा था।

भीतर का दुश्मन? आपमें से कुछ लोग सोचेंगे कि मैं आपको किसी टेढ़े-मेढ़े रास्ते से अस्तित्ववादी दर्शन की ओर ले जा रहा हूँ; कुछ दूसरे प्रबुद्ध, आधुनिक लोगों को शायद लगेगा कि मैं किसी भीतरी 'पाप' की ओर संकेत कर रहा हूँ, जिसका उल्लेख अक्सर हमें पश्चिम के अस्तित्ववादी कैथोलिक लेखकों में मिलता है, किन्तु यदि आपको मेरी बात से कर्म की ज़िम्मेदारी और पाप की जवाबदेही का हल्का-सा अहसास हो जाता है, तो मेरे लिए यह काफ़ी है। आपको शायद यह भी महसूस होगा कि इन मुहावरों में कुछ शब्द आपके जाने-पहचाने हैं, कर्म, पाप आदि; हम चाहे इनका दार्शनिक अर्थ ठीक-ठीक न समझें, तो भी एक भारतीय किसान से लेकर एक करोड़पति भी इन शब्दों में कहीं-न-कहीं अपने संस्कारों की झलक पाता है; लेकिन ज़िम्मेदारी? जवाबदेही? इन शब्दों को पढ़कर हम तुरन्त भड़क भी न जाएँ, तो भी कुछ परेशानी में पड़ जाते हैं; क्या इनसे 'विदेशी दर्शनों' की बू नहीं आती? यदि अपने कर्मों के बू कारण कोई ग़रीब भूखा रहता है, तो उसके प्रति हमारी जवाबदेही का क्या मतलब? कहने की ज़रूरत नहीं, मैं इन विश्वासों को कुछ ज़्यादा ही सरलीकृत ढंग से—एक पैरोडी की तरह प्रस्तुत कर रहा हूँ; लेकिन इससे शायद कोई इनकार नहीं करेगा कि जाने-अनजाने हम भारतीय अक्सर इन तर्कों की आड़ में अपने कर्मों की ज़िम्मेदारी से हाथ धो लेते हैं, लेकिन यदि हमारी जीवन-प्रणाली में 'ज़िम्मेदारी' का स्थान नहीं, या बहुत नगण्य है, तो फिर स्वाभाविक प्रश्न उठता है—उसमें नैतिकता का स्थान कहाँ है? दूसरे शब्दों में—क्या बिना 'दायित्व-बोध' के नैतिकता की चर्चा करना अपने में एक गहरा विरोधाभास नहीं है, जिसके रहते भारतीय मनीषा में शताब्दियों से ऊपर से नीचे

तक एक काली दरार आ पड़ी है? क्या प्रेमचन्द ने भारतीय आत्मा के बीच खिंची इसी खाई, खाई के अँधेरे और इस अँधेरे में पनपनेवाले अन्तर्विरोधों को देखा था?

अब आप पाएँगे, कि यह प्रश्न एक तरफ़ 'अस्तित्व' का प्रश्न है, दूसरी तरफ़ संस्कृति का। यह सही है कि हम अपनी सांस्कृतिक अस्मिता के प्रश्न को केवल अपने समय के तक़ाज़ों के सन्दर्भ में ही परिभाषित कर सकते हैं—लेकिन ख़ुद समय के तक़ाज़ों के झूठ-सच को समझने के लिए हमारे पास केवल अपने अस्तित्व के अलावा कोई दूसरी कसौटी नहीं है। मुझे इस प्रश्न में ज़्यादा दिलचस्पी नहीं है कि प्रेमचन्द कितने 'आधुनिक' थे, किन्तु यदि आधुनिकता का मतलब अपने समय में अपने को परिभाषित करना है, तो अनिवार्यत: हमें इतिहास द्वारा खींची उस दरार या खाई का सामना करना पड़ेगा जो भारतीय चरित्र और मनीषा में पिछले दो सौ वर्षों से गहरी होती गई है। अन्तत: क्या आधुनिक सन्दर्भ में प्रेमचन्द की प्रासंगिकता-अप्रासंगिकता की समस्या इसी प्रश्न के साथ नहीं जुड़ी है? प्रेमचन्द मनुष्य की बुनियादी अच्छाई में विश्वास करते थे—एक सुशिक्षित भारतीय लिबरल का आशावादी दृष्टिकोण उन्होंने अपने जीवन में सहज रूप से अपनाया था। लेकिन यह दृष्टिकोण एक उच्चवर्गीय यूरोपीय शिक्षित हिन्दुस्तानी से काफ़ी अलग था—भारतीय किसान के सहज जीवन की अन्तरंग समझ और सहानुभूति के बल पर 'अच्छाई' की एक परिभाषा बनी थी, जो सीधे-सीधे एक भारतीय मनुष्य के 'धर्म' से जुड़ी थी। यहाँ मैं 'धर्म' शब्द का प्रयोग ठेठ भारतीय संस्कारों के सन्दर्भ में कर रहा हूँ, आध्यात्मिक आस्था के अर्थ में नहीं बल्कि दायित्व-बोध के अर्थ में—जहाँ हर व्यक्ति अपने सामाजिक, पारिवारिक रिश्तों के परिवेश में अपनी जगह पहचानता है और उसमें रहकर ही अपनी सुविधा, सुरक्षा और अस्मिता महसूस करता है, जिसे हम शुद्ध रूप में—आत्म-स्वाभिमान (sense of honour) मान सकते हैं। एक ज़मींदार का ऑनर किसानों के प्रति उसके दायित्व में उतना ही निहित है जितना एक ऋणी किसान का ऑनर इसमें है कि वह भूखे रहकर भी अपनी सात पीढ़ियों तक महाजन का ऋण चुकाने में जुटा रहे। पंच की गद्दी के प्रति वफ़ादार रहकर जिस तरह एक साधारण मनुष्य परमेश्वर बन जाता है, उसी तरह जीवन के हर क्षेत्र में अपनी जगह—चाहे वह 'जगह' वर्ण-व्यवस्था में ही निहित क्यों न हो, के प्रति निष्ठा रखने में ही मनुष्य का देवत्व छिपा रहता है। मनुष्य की जवाबदेही यहाँ भी है—किन्तु वह व्यक्ति के स्वतंत्र से संकल्प से

उत्पन्न नहीं हुई—वह एक 'दी हुई' पूर्व-निर्धारित, ज़िम्मेदारी है, समाज के प्रति, जाति के प्रति, परिवार के प्रति—इसलिए मनुष्य की पीड़ा उन विवशताओं से उत्पन्न होती है, जो उसे अपनी बुनियादी 'अच्छाई' से स्खलित करती है—उसे अपनी परम्परागत जगह से उन्मूलित करती है। प्रेमचन्द अपने अधिकांश लेखन में कभी इस अच्छाई पर शंका नहीं प्रकट करते, क्योंकि उस पर शंका करने का मतलब होगा, एक हिन्दुस्तानी के व्यावहारिक धर्म और दायित्वों पर शंका प्रकट करना। वह यदि अपनी आरम्भिक कहानियों और उपन्यासों में समाज-सुधार की बात करते हैं, तो इसलिए नहीं कि उन सुधारों के कारण मनुष्य सामंतवादी रिश्तों के भीतर एक स्वतंत्र, गरिमापूर्ण सत्ता उपलब्ध करेगा—बल्कि इसलिए कि वह इन रिश्तों के भीतर पुनः अपने धर्म और दायित्व को निर्विघ्न सम्पन्न करने की सुविधा पा सकेगा। उन्हें मनुष्य के सामाजिक रिश्तों में अदम्य विश्वास था—व्यक्ति उन्हीं के भीतर अपना धर्म निभा सकता है; किन्तु वह 'धर्म' स्वयं मनुष्य की निजी वैयक्तिक आकांक्षाओं, इच्छाओं, अभिलाषाओं के रास्ते में बाधा बन सकता है—इसकी पीड़ा और विवशता को वह अपनी आरम्भिक रचनाओं में अधिक नहीं देख पाते थे। इसलिए उनमें एक सरलीकृत क़िस्म के सुधार का आदर्श छिपा था, जिसका रिश्ता समूचे भारतीय समाज की बीहड़ आत्म-उन्मूलन की व्यथा से नहीं बैठ पाता था। यदि ये आरम्भिक उपन्यास कमज़ोर हैं, तो इसलिए नहीं कि उनके आदर्श में कोई खोट है, बल्कि असली कमज़ोरी इसमें है कि उन लिबरल, सुधारवादी आदर्शों का भारतीय यथार्थ की कटु विभीषिका से कोई लेना-देना नहीं था। यह विभीषिका क्या थी?

यह एक ऐतिहासिक सत्य है कि पिछले डेढ़ सौ वर्षों के अंग्रेज़ी राज ने युग-युग से चली आती किसानों की आत्म-निर्धारित मर्यादाओं, रिश्तों, ख़ुद सामंतवादी समाज के भीतर इन रिश्तों को जोड़नेवाली धार्मिक कड़ियों को छिन्न-भिन्न कर डाला था। यदि एक व्यवस्था किसान और उसकी ज़मीन के बीच शाश्वत, पवित्र रिश्ते को भंग कर देती है (जैसा कि अंग्रेज़ों की भूमि-सम्बन्धी व्यवस्था—ज़मींदारी व्यवस्था ने किया था) तो किसान के तमाम दूसरे रिश्ते भी एक सिरे से दूसरे सिरे तक विकृत हो जाते हैं। प्रेमचन्द इस विकृति को देख पाते थे—किन्तु स्वयं यह 'सामाजिक विकृति' एक भारतीय किसान की आत्मा के भीतर अँधेरी दरार खींच सकती है इस ओर यदि उनका ध्यान और अन्तर्दृष्टि जा पाती, तो वह भारतीय किसान

का चित्रण उतनी ही सम्पूर्णता और संवेदना के साथ कर पाते, जैसा 19वीं शती में टॉल्स्टॉय ने रूसी 'मज़िक' (ग़रीब किसान) की अभिशप्त आत्मा को अपने लेखन में दर्शाया था। टॉल्स्टॉय के बारे में कहा जाता है कि पहली बार उनके उपन्यासों में रूसी किसान के दर्शन होते हैं, प्रेमचन्द के उपन्यास में भी पहली बार किसान के दर्शन होते हैं—किन्तु वह 'औपनिवेशिक किसान' था, उसके नीचे दबे भारतीय किसान का मूल चरित्र संस्कृति, धार्मिक आस्था (जो 'व्यावहारिक धर्म' से अलग है), मनुष्य, प्रकृति और ईश्वर के बारे में उसके परम्परागत विश्वास—उनके सृजन की रोशनी में ऊपर नहीं आते। प्रेमचन्द ने भारतीय किसानों की 'ऐतिहासिक विकृति' को देखा था—किन्तु उस चीज़ का मूल सांस्कृतिक टेक्स्चर अपने ग़ैर-ऐतिहासिक रूप में क्या था—जो विकृत हुआ था, उसकी अन्तर्दृष्टि प्रेमचन्द में नहीं मिलती। प्रेमचन्द अक्सर उस पक्ष को अनेदखा कर देते हैं, जिसमें भारतीय किसान की सांस्कृतिक विरासत छिपी थी—यह विरासत उसके व्यावहारिक, सामाजिक 'धर्म' से कहीं ज़्यादा गहरी और महत्त्वपूर्ण थी—एक शब्द में कहें—तो उसकी आध्यात्मिक विरासत। अंग्रेज़ी राज ने इस विरासत को जिस तरह आहत किया था, उसकी पीड़ा का आयाम प्रेमचन्द के उपन्यासों में नहीं दिखाई देता—इसीलिए उनके लेखन में 19वीं शती के रूसी उपन्यासकारों का 'आध्यात्मिक अन्तर्द्वंद्व' नहीं मिलता, जो सामाजिक यथार्थ से उत्पन्न होकर भी महज़ 'सामाजिकता' में नहीं चुक जाता। इस दृष्टि से प्रेमचन्द सच्चे और बुरे अर्थों में 'तीसरी दुनिया' के लेखक थे, यह उनकी 'ऐतिहासिक उपलब्धि' और कलात्मक सीमा थी, सीमा इसलिए, क्योंकि कला में हर लेखक की दुनिया पहली दुनिया होती है—ख़ास कर एक भारतीय लेखक के लिए—जिसका अतीत, परम्परा और जीवन-दृष्टि—बाक़ी दुनियाओं से मूलतः भिन्न रहे हैं। इतिहास का यह धर्म है कि वह हर देश को किसी-न-किसी दुनिया के कठघरे में खड़ा कर सके; कलाकार का धर्म है कि वह हर कठघरे से मुक्ति पाकर अपनी प्राथमिक और मौलिक दुनिया में प्रवेश करने का साहस जुटा सके।

यह साहस—कहना न होगा—19वीं शती के अन्तिम चरण में विवेकानन्द ने जुटाया था; स्वयं प्रेमचन्द के समकालीन गांधी ने बड़ी सतर्कता से औपनिवेशिक दबावों और विकृतियों को भारतीय जीवन की मूलधारा और विकृति के सन्दर्भ में विश्लेषित करने का प्रयत्न किया था। ये लोग—ख़ास कर गांधीजी—चूँकि पश्चिमी संस्कृति के आलोचक थे, उन मार्क्सवादियों से बहुत अलग थे, जो एक तरफ़

औपनिवेशिकता की निन्दा करते थे, दूसरी तरफ़ पश्चिम के विज्ञान और औद्योगिक शक्तियों को भारत-जैसे पिछड़े समाज में प्रगति का सूचक भी मानते थे। मैं आपका ध्यान 1930 के आसपास के ज़माने की ओर आकृष्ट करना चाहूँगा, जब 19वीं शती के बंगाल रेनासाँ के बाद पहली बार भारतीय बौद्धिक-संसार में एक बार नये सिरे, सिद्धान्तों, आदर्शों और मतो में मुठभेड़ हुई थी—यह वह समय था, जब भारतीय राजनीति में वामपंथी रेडिकलिज़्म ने पहली बार—कमज़ोर ढंग से भले ही लेकिन स्पष्ट रूप से हस्तक्षेप करना शुरू किया था। यह वह समय भी था, जब प्रेमचन्द अपनी सृजनात्मक शक्ति के चरम शिखर पर थे और उन्होंने अपने अन्तिम उपन्यास और कहानियाँ लिखी थीं।

प्रेमचन्द के अन्तिम उपन्यास और कहानियों में जहाँ हम उनके समस्त पुराने गुणों से परिचित होते हैं—वहाँ दूसरी तरफ़ सहसा एक आश्चर्यजनक बोध भी होता है, यह वही प्रेमचन्द हैं, जिन्होंने 'गबन', 'निर्मला' और 'रंगभूमि' जैसे रोचक, सीधे-सादे, मार्मिक उपन्यास लिखे थे—किन्तु उसके परे एक दूसरे प्रेमचन्द की भी झलक दिखाई देती है, जिसे हमने पहले कभी नहीं देखा था। हल्की-सी नाराज़ी, कुछ दबा हुआ-सा आक्रोश, एक बेचैन-सी हताशा, जो पिछली कहानियों की पस्त और पराजित निराशा से अलग थी—और अनुभव के इन खंडित टुकड़ों के पीछे सत्य का एक अखंडित बोध परिलक्षित होता है, जो शायद स्वयं प्रेमचन्द की जीवन-यात्रा में एक आश्चर्यजनक खोज थी। वह कौन-सा सत्य था, जो इतने बरसों बाद भी उनकी अन्तिम रचनाओं में इतने जीवन्त और ज्वलंत रूप से विद्यमान है और जिसकी प्रतिध्वनि को प्रेमचन्द की आनेवाली हर नई पीढ़ी ने बहुत विस्मय, ध्यान और चिन्ता से सुना है?

शायद इसका उत्तर हमें जैनेंद्र के एक संस्मरण से मिलता है, जो उन्होंने प्रेमचन्द की याद में लिखा था। एक जगह वह अपने और प्रेमचन्द के बीच अन्तर को स्पष्ट करते हुए कहते हैं : "मैं अपने को बुद्धि का दुश्मन मानता हूँ, जबकि प्रेमचन्द के सम्बन्ध में कह सकता हूँ कि वह धन के दुश्मन थे।" (मैं स्मरण से उन्हें उद्धृत कर रहा हूँ, शब्द शायद भिन्न हों, आशय यही था) दरअसल हम जिस व्यवस्था में रहते हैं, वहाँ देर-सबेर धन से दुश्मनी अनिवार्यत: 'बुद्धि' से दुश्मनी की ओर अग्रसर होती है—क्योंकि 'बुद्धि' स्वयं धन अर्जित करने के लिए एक हथियार और औज़ार की तरह इस्तेमाल की जाती है। हमारे युग में 'बुद्धि का राक्षसी रोल'

धन की आसुरी शक्तियों से अलग नहीं किया जा सकता। पैसा यदि मनुष्य को उसके मनुष्यत्व से ही वंचित करता है, तो बुद्धि, जिसकी अभिव्यक्ति हमारे युग में अनेक मतवादी विचारधाराओं में हुई, मनुष्य को अपने विवेक और ज्ञान से ही वंचित कर देती है, जिससे वह अपने 'खोखलेपन' को भी नहीं देख पाता। मनुष्य के आत्म-उन्मूलन में बुद्धि की आक्रामकता ने उतना ही भयावह रोल अदा किया है, जितना धन की पिपासा ने जो मनुष्य को मात्र 'वस्तु' में परिणत कर देती है।

शायद आप भाँप गए होंगे, मैं आपको किस बिन्दु की ओर ले जा रहा हूँ—प्रेमचन्द के अन्तिम सत्य की ओर—जो 'धन' के साक्षात्कार से जाग्रत हुआ था। यह सत्य भी प्रेमचन्द को औपनिवेशिक सन्दर्भ में ही उपलब्ध हुआ था—ख़ुद अपनी आँखों से उन्होंने भारतीय समाज में उन सब मूल्यों को विषाक्त होते देखा था, जिनके प्रति अपने आरम्भिक उपन्यासों में उन्होंने इतना गहरा लगाव और निष्ठा प्रकट की थी—मनुष्य का व्यावहारिक धर्म, ईमानदारी, दायित्व की भावना जो सामंती ढाँचे के भीतर भी मनुष्य के आपसी रिश्तों में मानवीयता सँभालकर रखते थे। अक्सर औपनिवेशिक व्यवस्था के विरोध में कहा जाता है कि वह 'तीसरी दुनिया' सामंती शक्तियों से गठजोड़ करती है—लेकिन यह अर्द्धसत्य है। वह यदि सामंती सत्ता से गठजोड़ करती है, तो दूसरी तरफ़ उसी व्यवस्था में पलनेवाले परम्परागत मानवीय रिश्तों को भ्रष्ट भी करती है—और नष्ट करने की यह प्रक्रिया पैसे के रिश्तों से आरम्भ होती है—और यह पूरा सत्य है। महाजनी सभ्यता का भयानक और विषैला सत्य, जिसे एक बार देख लेने के बाद प्रेमचन्द की दुनिया पहले जैसी नहीं; न्याय, धर्म, संस्कार और जातीय दायित्व में उनके भोले विश्वासों पर एक काली, लम्बी छाया-सी आ पड़ी; यही छाया मनुष्य की आत्मा के बीचोबीच खिंची हुई अँधेरी खाई, जिसकी क्रूर किन्तु अत्यन्त शक्तिशाली अभिव्यक्ति हमें 'गोदान' और उससे भी अधिक 'कफ़न' जैसी कहानियों में दिखाई देती है। पहली बार उन्होंने भ्रम के पर्दे के पीछे हिन्दुस्तानी यथार्थ का घिनौना और बीभत्स चेहरा देखा था। एक छलाँग में वह न केवल सामंती आदर्शों को लाँघ गए थे, किन्तु—और यह तथ्य महत्त्वपूर्ण है—उन्होंने महाजनी संस्कृति की भौतिक विडम्बनाओं को भी भेद डाला था। यह छलाँग आदर्शवाद से यथार्थवाद की तरफ़ नहीं थी, जैसा कि हमारे हिन्दी विभागों के प्रोफ़ेसर और आलोचक मानते हैं—कोई भी सच्चा यथार्थ आदर्श से शून्य नहीं होता, जैसे कोई भी आदर्श बिना

यथार्थ की ठोस—अन्तर्दृष्टि के अर्थहीन और बौना हो जाता है; प्रेमचन्द के आदर्श नहीं बदले, सिर्फ़ यथार्थ से उनका सम्बन्ध बदल गया। वह अब भी मनुष्य की अच्छाई में विश्वास करते थे—लेकिन इस अच्छाई के सामने उन्होंने पहली बार बुराई या पाप से भी साक्षात्कार किया—जिसे हम 'ईविल' कह सकते हैं। पैसा अपने में पाप है। यह बोध सहसा प्रेमचन्द को एक ऐसे मोड़ पर लाकर खड़ा कर देता है, जिस मोड़ पर बिलकुल दूसरे रास्ते से गांधी आए थे।

मैंने शुरू में गांधी और विवेकानन्द को आधुनिक सभ्यता का आलोचक माना था—उन्होंने भारतीय समाज में औपनिवेशिक दूषण को अपनी संस्कृति और अतीत के सन्दर्भ में आँका था और उसी को कसौटी मानकर आधुनिक सभ्यता की अमानवीय और भौतिक बीमारियों को परखने की कोशिश की थी, ज़रा देखिए, प्रेमचन्द भी अपने अन्तिम उपन्यासों, कहानियों में महाजनी सभ्यता के घोर आलोचक बने थे—लेकिन भारतीय संस्कृति के आधार पर नहीं—प्रेमचन्द ने गांधी की तरह कभी 'गीता' से कर्म की प्रेरणा प्राप्त नहीं की—बल्कि उनका रास्ता बिलकुल दूसरा था, जिसे अगर आप नाम देना चाहें तो कह सकते हैं, एक हिन्दुस्तानी की ग़रीबी और यातना का रास्ता; प्रेमचन्द ने औपनिवेशिक तंत्र के भीतर पलती हुई एक हिन्दुस्तानी की यातना और मजबूरी में आधुनिक भौतिक संस्कृति का खोखलापन देखा था; सत्य वही था, जिसे टॉल्स्टॉय और गांधी ने देखा था—लेकिन उसका सामाजिक स्रोत और अनुभव-यात्रा बिलकुल अलग थी। जिस औपनिवेशिक दृष्टि की सीमाओं ने प्रेमचन्द की आरम्भिक कहानियों और उपन्यासों को सतही और भावुक बनाया था, उसी औपनिवेशिक तंत्र के भीतर हिन्दुस्तानी यातना ने उन्हें एक विशिष्ट दृष्टि दी थी।

मुझे नहीं लगता प्रेमचन्द से पहले या बाद के किसी कहानीकार में ग़रीबी, ख़ास हिन्दुस्तानी ग़रीबी का इतना ठंडा, तटस्थ और तीखा वर्णन मिलता है, जो अगली पीढ़ी के प्रगतिशील लेखकों के शहरी, दिखाऊ बनावटी रोमांटिसिज़्म से बिलकुल अलग था। एक शहरी प्रगतिशील लेखक स्वयं धन की सुविधाओं से जुड़ा रहता है, उसके मन में ग़रीबी सिर्फ़ दया जगाती है, जो क्रान्तिकारी रोमांटिसिज़्म का दूसरा पहलू है—प्रेमचन्द चूँकि स्वयं धन को सन्देह की दृष्टि से देखते थे, ग़रीबी के प्रति उनका रुख़ दया, नफ़रत और विरोध जैसी भावुक प्रतिक्रियाओं से बिलकुल अलग था। धन का अभाव अपने में वरदान हो सकता है, अगर वह ऐसी ग़रीबी को जन्म न दे, जिसमें मनुष्य स्वयं अपने धर्म और दायित्व-बोध से

ही वंचित हो जाता है। इस स्तर पर प्रेमचन्द का महाजनी-व्यवस्था के विरुद्ध आक्रोश एक गहरी नैतिक पीड़ा लिये है—एक ठेठ परम्परावादी हिदुस्तानी की पीड़ा—जिसकी ज़रा-सी झलक भी हमे उनके बाद आनेवाले पश्चिमी शिक्षा से लैस प्रगतिवादियों में नहीं दिखाई देती। विडम्बना यह है कि यही पश्चिमी संस्कृति में पले लोग जिनका एक औसत हिन्दुस्तानी की औपनिवेशिक पीड़ा से दूर का रिश्ता भी नहीं था, अपने को 'प्रेमचन्द की परम्परा' का सबसे वफ़ादार अनुयायी मानते हैं।

प्रेमचन्द के अन्तिम उपन्यासों; कहानियों की एक बड़ी उपलब्धि है—अब यह हिन्दुस्तानी किसान को सिर्फ़ औपनिवेशिक चौखटों में ही नहीं देखते—बल्कि वह उसे सीधे-सीधे आधुनिक स्थिति की विडम्बनाओं में ले आते हैं—स्थिति अब भी औपनिवेशिक जड़ता और उत्पीड़न में डूबी है—लेकिन प्रेमचन्द उसे अब एक ऐसे संकट के सन्दर्भ में देखते हैं, जो महज़ 'तीसरी दुनिया' के बाहरी उपादानों द्वारा अनुशासित नहीं है; बल्कि अब वह व्यक्ति और समाज के बीच रिश्तों में घुन की तरह चिपका है—स्वयं मनुष्य की आत्मा में साँप की तरह विराजमान है। लेकिन इस साँप से डरने की ज़रूरत नहीं; 'कफ़न' तक आते-आते अचानक प्रेमचन्द के पात्रों को अहसास होता है, जिसे वह सर्वग्रासी साँप समझे बैठे थे, वह महज़ रस्सी है, सामाजिक मर्यादाओं और कर्तव्यों की कच्ची, जर्जरित, तार-तार होती हुई रस्सी—जिसे एक झटके से तोड़कर मुक्त हुआ जा सकता है। प्रेमचन्द ने जैसे इस कहानी में अन्तिम रूप से फ़ैसला ले लिया हो, कि वह उन सब मूल्यों को एक-एक करके 'कलंकित' करेंगे, जिन्हें वह धर्म और पवित्रता का प्रतीक मानते थे। एक सामंतवादी समाज में एक संस्कारग्रस्त धर्मशील व्यक्ति का विद्रोह केवल दूषण (blasphamy) के रूप में हो सकता है—उन समस्त मर्यादाओं को दूषित और हास्यास्पद बना देता है, जिन्हें हम पुरातनकाल से पुनीत और पवित्र मानते आए हैं। इस अर्थ में हिन्दी साहित्य में 'कफ़न' शायद पहली 'ब्लासफ़ेमस' कहानी है। जिस क्षण बाप-बेटे ने घर की औरत के कफ़न के पैसों से शराब का कुल्हड़ मुँह से लगाया था, उस क्षण पहली बार हिन्दी साहित्य में व्यक्ति ने अपनी स्वतंत्रता का स्वाद भी चखा था। यह क्षण वह था, जब प्रेमचन्द के समाज में 'व्यक्ति' का जन्म हुआ था। यह जन्म मृत्यु और श्मशान की छाया में हुआ था—दो पियक्कड़ हिन्दुस्तानियों का मुक्ति समारोह। अपनी अन्तिम कहानी में प्रेमचन्द पूरा एक दायरा पूरा कर गए थे। जिस समाज के लिए उनके पात्र आज तक अपने को होम करते आए थे,

उसके एवज़ में वह समाज—गोदान के लिए न सही—कफ़न के एक चिथड़े के लिए चार पैसे नहीं जुटा सकता? ज़रूर जुटाएगा, औरत की मुर्दा देह के लिए नहीं—तो अपनी मुर्दा मर्यादाओं को ढकने के लिए ही सही!

कहते हैं, 19वीं शताब्दी का रूसी साहित्य गोगोल के 'ओवरकोट' से बाहर आया था। पता नहीं, इसमें कितना सत्य है, किन्तु हिन्दी के आधुनिक कथा-साहित्य का बड़ा अंश प्रेमचन्द के 'कफ़न' से बाहर आया है, यह मुझे ज़रूर सत्य जान पड़ता है। पूरा साहित्य नहीं—ऐसे लेखक हैं, जैनेंद्र, अज्ञेय और अनेक नये लेखक—जो शायद बिना प्रेमचन्द के भी अपनी लीक बना सकते—मैं स्वयं शायद ऐसी श्रेणी में आता हूँ जिस पर प्रेमचन्द का कोई सीधा और प्रत्यक्ष प्रभाव नहीं दिखाई देता। यहाँ तक कि वे लेखक जो अपने को प्रेमचन्द की 'परम्परा का उत्तराधिकारी' मानते हैं, अपनी उत्कृष्ट रचनाओं में (जहाँ वे सिर्फ़ प्रेमचन्द की नक़ल नहीं कर रहे) प्रेमचन्द के कथा-विधान में काफ़ी महत्त्वपूर्ण परिवर्तन करते रहे हैं। इसका कारण है। प्रेमचन्द की अधिकांश रचनाएँ यूरोप के 19वीं शती में विकसित यथार्थवादी ढाँचे में लिखी गई थीं—यह ढाँचा, कथ्यात्मक फ़ॉर्म एक तरह से अन्य विश्वव्यापी आधुनिक उपकरणों की तरह हर लेखक के लिए सुलभ था—जब कभी लेखक के जातीय अनुभव इस ढाँचे में फिट नहीं हो पाते थे, तो लेखक अक्सर ढाँचे को छोड़ने के बजाय अपने अनुभवों को छोड़ देना ज़्यादा सुविधाजनक मान लेता था। मैंने इस द्वंद्व का उल्लेख अन्यत्र किया है, यहाँ विस्तार में जाने के बजाय मैं सिर्फ़ इतना कहना चाहूँगा कि प्रेमचन्दोत्तर पीढ़ी के कुछ महत्त्वपूर्ण लेखकों ने अपने अनुभवों को व्यापक औपन्यासिक स्पेस देने के लिए प्रेमचन्द के 'यथार्थवादी' फ़ॉर्म से अपने को मुक्त किया है—रेणु के उपन्यास इसका सजीव उदाहरण हैं। प्रश्न यथार्थ से विदा लेने का नहीं था, स्वयं बदलते हुए यथार्थ को अभिव्यक्त करने के लिए 'यथार्थवादी' ढाँचे की सीमाओं से मुक्ति पाना था।

किन्तु किसी परम्परा को तोड़ना उसकी अवज्ञा करना नहीं है; रेणु, अज्ञेय या जैनेंद्र यदि बिलकुल अलग क़िस्म के उपन्यास लिख पाए तो इसलिए क्योंकि उनके पास पहले से ही प्रेमचन्द मौजूद थे। यदि हम अपने पुरखों की अपेक्षा कुछ ज़्यादा, कुछ अधिक, कुछ महत्त्वपूर्ण सत्य उपलब्ध करते हैं तो इसका सीधा-सा कारण है कि हमारी दृष्टि के साथ पुरखों की दृष्टि जुड़ी है—आज जब कुछ समीक्षक

और लेखक प्रेमचन्द की परम्परा की बात डंके की चोट के साथ दुहराते हैं—उसे कसौटी मानकर आधुनिक-लेखन को प्रगतिशील या प्रतिक्रियावादी घोषित करते हैं—तो मुझे काफ़ी हैरानी होती है। मुझसे ज़्यादा हैरानी और क्षोभ शायद प्रेमचन्द को होता यदि वह जीवित होते। वह शायद हँसी में उनसे कहते : 'भई, आप तो मेरी परम्परा में आते हैं, लेकिन मैं? मैं कौन-सी परम्परा में आता हूँ—'सेवासदन' की परम्परा में या 'कफ़न' की परम्परा में?' और तब हमें अचानक पता चलेगा कि स्वयं प्रेमचन्द को 'प्रेमचन्द की परम्परा से मुक्त करना ज़रूरी है—क्योंकि वह स्वयं अपने को पीछे छोड़कर हमेशा नया बनते गए, जिसमें समूचा 'छोड़ा हुआ अंश' भी शामिल था। यह—मेरे विचार में—उनकी सबसे गौरवपूर्ण उपलब्धि थी जो इतने वर्षों बाद भी हमारे बीच उपस्थित है।

अज्ञेय : आधुनिक बोध की पीड़ा

अज्ञेय अपनी पीढ़ी के उन कम लेखकों में हैं—शायद अकेले—जिन्होंने साहित्य-सृजन के बाहर स्वयं 'रचनात्मक-सृजन' को अपनी चिन्ता और मनन का विषय बनाया है। इस सन्दर्भ में दूसरे लेखक जैनेंद्र कुमार का नाम भी अनायास याद आता है, जो अपने समय की विडम्बनाओं से उलझते रहे हैं। जैनेंद्र के चिन्तन का घेरा यदि कुछ अमूर्त है, तो अज्ञेय के घेरे से ज़्यादा व्यापक भी, एक हद तक मूलगामी भी। दोनों की चिन्तन-यात्रा में ऐसे पड़ाव भी आते हैं, जहाँ दोनों एक-दूसरे से मिलते भी हैं; समय, समकालीनता और नैतिकता जैसे प्रश्न दोनों को ही परेशान करते हैं। इसके बावजूद दोनों के बीच एक आधारभूत अन्तर है।

अज्ञेय अधिकांश समय (दुर्भाग्यवश हमेशा नहीं) याद रखते हैं कि वह लेखक हैं—दार्शनिक नहीं। समस्याएँ चाहे एक-सी हों, कवि के चिन्तन के औज़ार, सोचने का ढंग, विचारों को छूने की प्रक्रिया कुछ अलग होती है; यह नहीं कि एक लेखक दार्शनिक नहीं हो सकता, किन्तु उसका 'दर्शन' हमें उसकी दार्शनिक स्थापनाओं में नहीं खोजना चाहिए। लेखक का दर्शन "सोच के विषयों में नहीं, बल्कि स्वयं सोच की प्रक्रिया और उसके व्यवहार में निहित होता है।" पॉल वैलेरी का यह कथन हमेशा ही अज्ञेय के सोच पर लागू नहीं होता। वह अक्सर दार्शनिक सूक्तियों

में फिसल जाते हैं, किन्तु अधिकांश समय वह इस तथ्य के प्रति सचेत रहते हैं कि लेखक का सृजन-संघर्ष विचारों से नहीं, शब्द और भाषा से जुड़ा रहता है। कहते हैं, एक बार चित्रकार देगा ने कवि मलार्मे से कहा : "अजीब है तुम लेखकों का धंधा! मेरे पास इतने ढेर से विचार हैं, लेकिन मैं लिख नहीं सकता।" मलार्मे ने उत्तर दिया : "प्यारे देगा, कविता विचारों से नहीं, शब्दों से बनती है।" कविता के इस सत्य के प्रति अज्ञेय जितना सचेत और जागरूक रहे हैं, शायद उनकी पीढ़ी के अन्य लेखक नहीं, और यह बात इसलिए भी उल्लेखनीय लगती है, कि स्वयं विचारों से उनका गहरा सम्बन्ध रहा है। यही कारण है, उनकी कविताएँ बौद्धिक न होकर भी 'वैचारिक आलोक' में लिपटी रहती हैं। एक समय में इलियट ने उन्हें बहुत प्रभावित किया था—और यदि मैं ग़लती नहीं करता—तो उन्होंने उनके एक-दो लम्बे निबन्धों का मुक्त अनुवाद भी किया था। एम.एन. राय का राजनीतिक चिन्तन उनकी आरम्भिक प्रेरणाओं में प्रमुख रहा है। गांधीजी ने शायद उन्हें कभी उद्वेलित नहीं किया; वह असली अर्थों में 'नेहरू-युग' के प्रतिनिधि लेखक माने जा सकते हैं—रेडिकल, लेकिन मार्क्सवादी नहीं; लोकतंत्र की मान्यताओं में विश्वास करनेवाले, जिसके भीतर उन्होंने 'वैयक्तिक स्वतंत्रता' को सबसे अधिक महत्त्वपूर्ण माना; अपनी मानसिक संरचना में अज्ञेय बहुत हद तक बंगाल रेनासाँ के बुद्धिजीवियों के उत्तराधिकारी रहे हैं, पश्चिमी भाव-बोध के प्रति एक खुला मोह और आकर्षण, किन्तु अपनी जातीय परम्परा और भाषा के प्रति गहन स्तर पर, संवेदनशील; अपने सरोकारों और मान्यताओं में ज़्यादा अन्वेषणशील नहीं; शायद ही उन्होंने कभी सतर्क रूप से पश्चिमी प्रभावों के सन्दर्भ में अपनी जातीय अनुभव का पुन:परीक्षण किया हो—फिर भी अपनी प्रतिक्रियाओं में प्रखर, जीवन्त और स्पन्दनशील। नेहरू-युग की भव्य उदारता और घोर आश्चर्यजनक अमौलिकता, एक आत्मतुष्ट, सन्दिग्ध क़िस्म का सन्तुलन-संवेदनशील किन्तु सीमित 'हार्मनी' के आदर्श से मुग्ध—इसलिए हिन्दुस्तानी अनुभव के उन सब विकारों, विसंगतियों विडम्बनाओं से विमुख—जो उनके सामंजस्य, सौन्दर्य-बोध को भंग करता हो; आत्मलिप्त और बाहरी उदारता के बावजूद भीतर से कहीं बहुत भीरु, संकीर्ण, उदासीन; नेहरू-युग का उदात्त सौन्दर्य और जड़गत सीमाएँ—दोनों ही अज्ञेय के कर्म और चिन्तन में देखी जा सकती हैं।

इन तीन पुस्तकों* में अज्ञेय ने विगत जीवन के फैले चिन्तन-संसार से कुछ अंश, विचारखंड, सूक्तियाँ, यात्राओं के इम्प्रेशंस जमा किये हैं। उन्होंने इस चिन्तन-यात्रा की अवधि, समय, क्रॉनोलॉजी का कोई हवाला नहीं दिया, जो मुझे कुछ अजीब-सी बात लगती है। हमें कुछ पता नहीं चलता, कौन-सी पुस्तक, उपन्यास या कविताएँ लिखते हुए या किन राजनीतिक, सामाजिक घटनाओं के सन्दर्भ में उनके ये विचार या प्रतिक्रियाएँ एक 'शाश्वत अर्थ' के अलावा एक निजी, तात्कालिक दबाव प्रस्तुत करती हैं। इसीलिए इन पुस्तकों में सिर्फ़ एक फैला हुआ चिन्तन-प्रदेश मिलता है, यात्रा का उतार-चढ़ाव नहीं, मील के पत्थर नहीं, जिन पर एक क्षण बैठकर हम लेखक के पाँव चिह्न आँक सकें, कहाँ वह ठिठका था, कौन-सी राह चुनी थी, किस पगडंडी पर कुछ दूर चलकर वापस मुड़ गया था; हमें यह भी पता नहीं चलता, किस ठोकर की आह और दर्द इन पन्नों पर अंकित है। लगता है, जो कुछ है, वह हमेशा से था; जो नहीं है, वह कभी नहीं था। इन पुस्तकों में 'समय का अभाव' अज्ञेय के विचारों को शाश्वतता देता है—अच्छे अर्थों में नहीं—एक लम्बी यात्रा से अर्जित किये शंकालु, अनिश्चित, विकल सत्य नहीं—बल्कि ऐसे साफ़-सुथरे अनुभव-सत्य जो मानो लेखक के पास पहले से ही उपलब्ध थे। विचार-सूत्र और सूक्तियाँ अपना महत्त्व रखती हैं, किन्तु वे 'निर्मित माल' हैं, उनके पीछे अनुभवों की कच्ची धातु और अन्वेषी भटकन से हम प्राय: अपरिचित रह जाते हैं।

यह बात इसलिए भी अखरती है क्योंकि स्वयं अज्ञेय ने इन पुस्तकों को अपनी सृजन-यात्रा का 'लॉग बुक' माना है जिसके आधार पर "यात्रा के पदचिह्न, अनुकूल और प्रतिकूल स्थितियों तथा धाराओं, जोखिम, भटकन, प्रत्युत्पन्न सूझ का ब्योरा मिलता है।" क्या ऐसा है? अज्ञेय की एक लम्बी, विविध, संघर्षपूर्ण ज़िन्दगी रही है—पार्टीशन से पहले का लाहौर जो एक समय कलात्मक गतिविधियों का केन्द्र था, आतंकवादी आन्दोलन, कारावास, युद्ध के दौरान बर्मा के मोर्चे पर सैनिक अनुभव, बीहड़ यात्राएँ—शायद ही किसी हिन्दी लेखक का अनुभव-संसार—'लॉग बुक' की सामग्री—इतनी विराट और समृद्ध रही हो, जितनी इन पुस्तकों के लेखक की—किन्तु स्वयं इन पुस्तकों में इनकी कोई झलक, कोई ब्योरा, 'अनुकूल-प्रतिकूल स्थितियों' का तनिक भी लेखा-जोखा नहीं मिल पाता।

* 'भवन्ती', 'अन्तरा', 'शाश्वती'।

तीनों पुस्तकों में स्थानों, घटनाओं और व्यक्तियों का असाधारण शून्य और अभाव है। लेखक हमें जिस 'सागर पथ' को देखने का निमंत्रण देता है, वहाँ समुद्र की लहरें, ज्वारभाटा, आँधी-तूफान का परिदृश्य नहीं मिलता—सिर्फ़ अज्ञेय की 'अन्त:प्रक्रियाएँ' देखने को मिलती हैं—अपने में अन्त:दृष्टिपूर्ण, मर्मज्ञ, मूल्यवान—लेकिन उनका 'लॉग बुक' के मैले, फटे पानी के धब्बों से भरे पन्नों से दूर का रिश्ता नहीं—जिन्हें उठती हुई लहरों और हिलती हुई लालटेन के बीच दर्ज किया जाता है।

इससे इन पुस्तकों का महत्त्व कम नहीं हो जाता—सिर्फ़ लेखक के निजी दावों से जो आशा बँधती है, वह पूरी नहीं होती। एक अफ़सोस-सा होता है कि हम एक ऐसे दुर्लभ मौक़े से चूक गए, जहाँ हम एक लेखक की दुनिया को अन्तरंग भाव से देख पाते, जिसके बीच स्वयं लेखक की प्रतिक्रियाएँ एक जीवन्त सन्दर्भ ग्रहण कर पातीं। ज़रूरी नहीं, लेखक अपनी डायरी या जर्नल लिखे—स्वयं अज्ञेय इन्हें डायरी नहीं मानना चाहेंगे—किन्तु यदि इन्हें महज़ विचार-सूत्रों के संकलन से कुछ अधिक होना था, तो ज़रूरी था, वांछनीय भी कि हम लेखक के बौद्धिक आग्रहों के पीछे उन व्यक्तिगत अनुभवों की पीठिका भी जान पाते, जिनके रहते ही कोई विचार सूत्र, और अन्तर्दृष्टि, अमूर्त चौखटे से उठकर एक निजी, विशिष्ट क़िस्म की गरमाई और स्पन्दनशीलता ग्रहण कर पाती है।

यह नहीं, ऐसा बिलकुल नहीं है। जब कभी अज्ञेय अपनी बुद्धि से उतरकर आँख पर आते हैं, तो एक अद्भुत, मांसल, सेंसुअल लगाव का लैंडस्केप आलोकित हो उठता है। शायद ही किसी आधुनिक लेखक ने 'चर-अचर' की दुनिया को इतने उत्सुक भाव से देखा हो, जितना अज्ञेय ने। कैमरे की आँख की तरह उनकी दृष्टि हर लय, थिरकन और ठहराव को पूरी डिटेल के साथ रजिस्टर कर सकती है : "पत्थर के झरते पत्ते से अधिक सुन्दर किसी चीज़ की कल्पना नहीं कर पा रहा हूँ। वह धीरे-धीरे, लय के साथ डोलते हुए झरना—मानो धरती के गुरुत्वाकर्षण से मुक्त होकर, भारमुक्त होकर तिरना...कोई भी लययुक्त गति—फुलचुही का पंख फड़फड़ाते हुए क्षणभर को अधर में अटक जाना; अच्छी तैराकी, घुड़दौड़ की सरपट, अबाबील की लहराती या बाज़-सी सीधी उड़ान; हिरण की छलाँग जो अपने शिखर पर एक साथ ही निश्चेष्ट और निरायास अग्रसर हो जाती है..."

यह महज़ एक लिरिकल उच्छ्‌वास नहीं है; यह एक ऐसी मर्मज्ञ आधुनिक दृष्टि है जिसके पीछे 'खोने की पीड़ा' भी छिपी है, यह तीखा बोध, कि जिस युग और दुनिया में हम रह रहे हैं, उसमें लय का यह नैसर्गिक स्पन्दन, इस स्पन्दन को देखनेवाली दृष्टि धीरे-धीरे धुँधलाती जा रही है। यहीं ख़ास इस बिन्दु पर 'आधुनिक मशीनी संस्कृति' के प्रति एक बुद्धिजीवी की वितृष्णा और पीड़ा सार्थकता प्राप्त करती है। अज्ञेय का प्रकृति-बोध इस दृष्टि से छायावादी बोध से बहुत अलग है—वह पहाड़ों को देखकर मुग्ध होते हैं, तो नीचे जंगलों में पेड़ों के कटने का आर्तनाद भी सुनते हैं; बल्कि यूँ कहें, यह 'कटने' का बोध उन्हें प्रकृति के लगाव में 'एंगुइश', एक गहरी दरार अंकित कर जाता है। उनकी कविताएँ अपने प्रतिद्वंद्वी रूपकों के बीच एक तरह से 'क्रॉस रेफ़रेंस' बन जाती हैं—सचेत अन्तर्मुखी आधुनिकता और प्राकृतिक सौन्दर्य के बीच मेरे विचार में समकालीन भारतीय लेखन की 'आधुनिकता' की यह सबसे प्रामाणिक कसौटी है कि परम्परा से विगलित हो जाने के बावजूद—स्वयं आधुनिक उपकरणों पर वह कितनी गहरी चोट कर सकता है, स्वयं चोट खाकर कैसे अपनी प्रतिक्रिया प्रकट कर सकता है।

अज्ञेय चोट खाकर परम्परा की तरफ़ नहीं मुड़ते, न किसी भविष्यवादी दर्शन की ओर; वह अपनी तरफ़ मुड़ते हैं, जहाँ वह स्वतंत्र रूप से अपनी परम्परा से जुड़ सकते हैं, अपने भविष्य को चुन सकते हैं। आलोचकों ने जिसे अज्ञेय का 'अहं' माना है, वह वास्तव में लेखक का कवच है, सिर्फ़ अपने को सुरक्षित रखने का यंत्र नहीं, बल्कि उन मूल्यों को बचाने का साधन भी, जो नष्ट हो रहे हैं, जिन्हें जानबूझकर प्रगति, आधुनिकता और युग-धर्म के नाम पर नष्ट किया जा रहा है।

किन्तु चुनाव का संघर्ष, परम्परा और आधुनिक बोध के बीच एक हिन्दुस्तानी लेखक की सृजन-कामना, अपनी निजी स्वतंत्रता के बीच एक भारतीय परिवेश के अन्तर्द्वंद्वों से जूझने की छटपटाहट—वे सब तत्त्व जो एक भारतीय लेखक को एक विशिष्ट आयाम देते हैं, अज्ञेय में अन्ततः अपने 'मैं' के इर्द-गिर्द चक्कर खाकर ख़त्म हो जाते हैं। हमें आश्चर्य होता है कि अपनी परम्परा से सम्पन्न होने पर भी—और उसके बावजूद—अज्ञेय ने कभी आलोचनात्मक, क्रिटिकल दृष्टि से उस 'आधुनिकता' की जाँच-पड़ताल नहीं की, जो पिछले तीस वर्षों से एक लेखक के लिए बोझ, दबाव और चुनौती की तरह प्रस्तुत होती रही है,

न ही दूसरी तरफ़ स्वयं आधुनिक दृष्टि से उन्होंने अपनी जातीय परम्परा का मुखर विवेचन और परीक्षण ज़रूरी समझा, जो वह पश्चिमी संस्कृति के अपने ज्ञान और अनुभव के कारण कर सकते थे। वह उन बहुत कम हिन्दी-लेखकों में हैं, जो एक साथ अपनी परम्परा के प्रति संवेदनशील और पश्चिमी साहित्य के प्रति सजग रहे हैं। यह बात इसलिए भी अखरती है कि स्वयं अज्ञेय के समकालीन बुद्धिजीवियों ने—मैक्सिको में पाज़, अल्ज़ीरिया में फेनन (यदि हम तथाकथित 'तीसरी दुनिया' के लेखकों तक अपने को सीमित रखें) ने इन्हीं समस्याओं के सन्दर्भ में अपने 'मैं', अपनी जातीय अस्मिता, स्वयं अपने साहित्य-कर्म को परिभाषि करना चाहा था। हिन्दुस्तान में यह काम सिर्फ़ राजनीति में हुआ—गांधी और उसके बाद लोहिया के कर्म-चिन्तन में—साहित्य इससे बिलकुल अछूता और सूना पड़ा रहा। इन प्रश्नों के अभाव में ही अज्ञेय और प्रगतिवादियों के बीच बहस—व्यक्ति-स्वातंत्र्य और समूहवाद के बीच सैद्धान्तिक द्वंद्व—आज इतना सरलीकृत, अमूर्त और अप्रासंगिक जान पड़ता है। इस बहस में अज्ञेय के विचारों से सहमत होते हुए भी बार-बार एक अजीब असन्तोष का अनुभव होता है, मानो हम दुराग्रहों, सिद्धान्तों और अहं की कुहेलिका में फँसकर भारत के केन्द्रीय सांस्कृतिक संकट की समस्याओं से कतरा रहे हों—समस्याएँ जो न सिर्फ़ 'व्यक्ति स्वातंत्र्य' में सिकोड़ी जा सकती हैं, न समाजवाद के जादुई मंत्र और फ़ॉर्मूले से सुलझाई जा सकती हैं।

और तब मुझे अपने असन्तोष का कारण मालूम होता है—अज्ञेय अधिकांश समय 'मैं' से उठकर 'अन्य' की ओर जाते हैं, अन्य से मुड़कर 'मैं' की ओर। 'मैं' हमेशा सुसंस्कृत, सतर्क और शालीन है, 'अन्य' हमेशा उच्छाड़, ग़लत और हास्यास्पद। इस 'लड़ाई' में अज्ञेय हमेशा जीत जाते हैं, बिना यह जाने कि जिस 'अन्य' का उन्होंने निर्माण किया है, वह उनके 'मैं' का ही अँधेरा पक्ष है। इस आदर्श 'मैं' और क्षुद्र 'अन्य' के बीच की धरती पर उनकी निगाह कम ही पड़ती है, और जब पड़ती भी है, तो भी वह इस धरती की धूल-गर्द, इतिहास की लौहवत् पदचाप, सृजन-कर्म का आधुनिक संकट, ख़ास हिन्दुस्तानी बुद्धिजीवी की यातनामय विडम्बनाओं से अपना आँचल बचाए रखते हैं। न तो उनका 'मैं' इतना आत्म-आलोचनात्मक है, अपने को तार-तार कर देनेवाला निर्मम, निष्पक्ष 'मैं' जिसके क्षत-विक्षत कवच के पीछे हम उनकी अन्तरात्मा देख पाएँ,

जिसके हर स्पन्दन में 'बाहर' की धमनी धड़कती है, न उनका 'अन्य' ऐसा है, जो इतिहास के कुरुक्षेत्र में, ख़ास अपने समय के धुआँधार नैतिक-द्वंद्वों के बीच एक तात्कालिक विश्वसनीयता, एक कसौटी, एक प्रामाणिक परिप्रेक्ष्य बन सके। वात्स्यायन जी की हर बात महत्त्वपूर्ण है, चाहे वह भाषा के बारे में हो या आज की राजनीतिक संस्कृति के सम्बन्ध में, किन्तु जिस बौद्धिक कोण से वह बात उठाते हैं, उसमें किसी तरह का मानवीय लगाव, कोई नैतिक परेशानी, कोई तीखा, तात्कालिक 'स्टेक' नहीं मिलता; और तब मुझे लगता है कि जिस तरह पेंटिंग और कविता में केवल रंग या शब्द अपने में कोई महत्त्व नहीं रखता, जब तक वह अपनी उचित, सही 'स्पेस' से नहीं बोलता, उसी तरह किसी लेखक की वाणी तब तक सत्य की खनक नहीं प्राप्त करती, जब तक लेखक स्वयं एक ऐसी स्पेस, एक ऐसी जगह नहीं चुनता, जहाँ से उसके शब्द, उसकी दृष्टि, उसके आग्रह, शाश्वत की सांसारिकता और संसार का अकेलापन एक साथ ही अपने युग के चेहरे पर अंकित नहीं कर जाते।

अकेलापन! सम्भव है, अज्ञेय ने अपने 'मैं' के इस अकेलेपन में ही अपनी 'स्पेस' को खोजना चाहा है। यह अकेलापन ओढ़ा हुआ नहीं है, दिखावटी नहीं है। इसका एक छोर यदि अज्ञेय की आत्मसुरक्षा से जुड़ा है, तो दूसरा छोर हिन्दी साहित्य के उस भयावह वातावरण से बँधा है—जिसमें अज्ञेय ने अपने सर्वश्रेष्ठ वर्ष गुज़ारे हैं। शायद ही किसी लेखक ने अपने ऊपर इतने मूढ़, वैमनस्यपूर्ण, कर्कश प्रहार झेले हों, जितना अज्ञेय ने। एक समय था, जब उन्हें फ्रायड और लॉरेंस का 'नक़लची' अनुयायी बताया गया—'मनोवैज्ञानिक ग्रंथियों का शिकार', (ख़ास कर उन मार्क्सवादी आलोचकों ने, जिन्होंने न फ्रॉयड पढ़ा था, न लॉरेंस और शायद मार्क्स भी नहीं), फिर 'शीतयुद्ध' के दिनों में वह 'अमेरिकी एजेंट' घोषित किये गए, बाद के वर्षों में उन्हें 'गिराने' के लिए समीक्षकों ने बेचारे मुक्तिबोध को अस्त्र बनाया—वही मुक्तिबोध, जो अपने जीवनकाल में इतने अधिक उपेक्षित बने रहे।

जब किसी साहित्य में सार्थक, जीवन्त और संयत समीक्षा-पद्धति मुरझाने लगती है, तो उसके साथ अनिवार्यतः एक परजीवी वर्ग, एक साहित्यिक माफ़िया पनपने लगता है—एक तरफ़ विश्वविद्यालयों के साहित्यकार समीक्षक, दूसरी तरफ़ 'मेरे हमदम, मेरे दोस्त' जैसे अक्खड़, अखाड़ेबाज़ आन्दोलनकर्ता, तीसरी तरफ़ साप्ताहिक दैनिकों में नौकरी करनेवाले लेखक-पत्रकार। इन लोगों का साहित्य और संस्कृति के मूल्यों से सरोकार नहीं, किन्तु पिछले वर्षों में इनके हाथों में एक छद्म क़िस्म की ताक़त जमा होती गई है। एक तरह से भारतीय राजनीति की निर्मूल और मूल्यहीन सत्तावादिता जीवन के हर क्षेत्र को दूषित कर गई है; यह आश्चर्य की बात होती, यदि साहित्य इससे अछूता रह जाता। समकालीन हिन्दी साहित्यकार संस्कृति से अपने को जोड़कर राजनीति में इस अनैतिक, अनधिकार हस्तक्षेप को रोक सकता था। इसके विपरीत हुआ यह कि स्वयं साहित्य संस्कृति से कटकर राजनीति के सत्तामत्त मतवादी दबाव के आगे घुटने टेकने लगा।

ऐसी दम घोंटनेवाली स्थिति में साहित्यकार का अकेलापन पलायन नहीं, स्वयं इस स्थिति का विरोध, एक निजी प्रोटेस्ट, एक चुनौती भरा अस्वीकार हो सकता है, होना चाहिए, ऐसा मैं मानता हूँ। अज्ञेय के अकेलेपन को हम केवल हिन्दी के इस वाचाल, अर्थहीन, मरुस्थली सन्दर्भ में ही आँक सकते हैं। हिन्दी के अधिकांश पत्रकार समीक्षकों की मुखरता के पीछे जो विवेकहीन, अर्थहीन शब्दों का घटाटोप है, उसे स्वयं लेखक कवि के अलगाव में सिमटा हुआ 'शब्द' तोड़ सकता है। साहित्य में सृजनात्मक बोध और कलात्मक संवेदना को बचाना, स्वयं साहित्य को बचाने की एक नैतिक चुनौती बन गया है। अज्ञेय एक लेखक के नाते इस चुनौती को स्वीकार करते हैं। इन पुस्तकों की एक बड़ी सार्थकता शब्द की उस गरिमा में निहित है, जो भीतर के मौन और मनन फूटकर अपनी विशिष्ट, निजी खोज को रेखांकित करती है। मुश्किल तब आती है, जब अज्ञेय स्वयं अपने इस 'अकेलेपन' के प्रति ज़रूरत से ज़्यादा सजग हो जाते हैं, उसे एक विवशता न मानकर आभूषण समझने लगते हैं, मानो वह दुनिया को दिखाकर बार-बार यह कहना चाहते हों, देखो, मैं तुमसे कितना अलग-थलग रह सकता हूँ। इससे संकोच और खीज, दोनों ही होती है। यह नहीं कि अज्ञेय के अकेलेपन की सच्चाई पर सन्देह होता है, वह सिर्फ़ थोड़ा-सा अवमूल्यित हो जाता है। अवमूल्यित सिर्फ़ इसलिए नहीं होता कि लेखक स्वयं उसे दर्शाता है—बल्कि एक गहरे मूल बुनियादी अर्थ में—

जब हम पाते हैं कि अज्ञेय ने अपने इस अकेलेपन की पवित्रता को अक्षुण्ण रखने के लिए किसी भी सरकारी पुरस्कार, ओहदे, बड़ी अख़बारी नौकरी को अस्वीकार नहीं किया। राजमार्ग ने उन्हें न चुना हो, स्वयं उन्होंने राजमार्ग पर चलने में—जब कभी उन्हें ऐसा अवसर मिला हो—कोई अनिच्छा या नैतिक आपत्ति दिखाई हो, ऐसा उनके जीवन-कर्म में देखने को नहीं मिलता—कहीं ऐसा नहीं दिखता कि अकेलेपन ने उन्हें दुनिया के प्रलोभनों से अलग—स्वयं अपने लेखन में ही सन्तुष्ट होना सिखाया हो। वह दूसरों की यश-लिप्सा की खिल्ली उड़ा सकते हैं (देखिए, भारती जी के पद्मश्री मिलने पर उनका व्यंग्यात्मक मुक्तक), स्वयं अपनी महत्त्वाकांक्षाओं के खोखलेपन पर नहीं हँस सकते। वर्जीनिया वुल्फ़ ने एक समय किसी सरकारी सम्मान को अस्वीकार करते हुए अपनी डायरी में लिखा था :

> मैं सिर्फ़ अकेले में रहना चाहती हूँ...। जिस दिन सम्मानों की तरफ़ भागूँगी, लिखना बन्द कर दूँगी।

ये शब्द अज्ञेय के लिए—उनके समूचे अकेलेपन के बावजूद—कितने पराये जान पड़ते हैं। यह मानो स्वयं अपने स्वच्छ एकान्त के आगे—कुछ छोटे-से पड़ जाते हैं। "मैं अकेलापन चुनता नहीं, स्वीकार करता हूँ," अज्ञेय ने लिखा है : यह स्वतंत्र स्वीकृति ही उन्हें आत्मकेन्द्रित होने से बचा लेती है। अज्ञेय अहं-सम्मोहित भले ही हों, आत्मकेन्द्रित नहीं हैं, जिस अर्थ में प्रगतिवादियों ने उन पर आरोप लगाया है। मुझे यह आरोप हमेशा ग़लत और अर्थहीन जान पड़ता है। अज्ञेय में दूसरों तक पहुँचने की गहरी ललक, सम्प्रेषणीयता में अदम्य विश्वास है, जो उनकी कविताओं में एक अजीब तरह की चमकीली ऋजुता, एक तरह की सहज उच्छलता, गहन विचारों के बावजूद एक आत्मविश्वासी हल्कापन ले आता है। वह दुरूह हो सकते हैं, अस्पष्ट नहीं और दुरूहता भी कभी श्रमसाध्य नहीं होती। "लेखक होने के नाते दूसरे तक पहुँचना—उसके भीतर पैठकर उसे अपने भीतर पैठने देना—पैठाना—मैंने अनिवार्य माना है।" आज के प्रचारवादी युग में जहाँ—सम्प्रेषणीयता की क़ीमत शब्दों को अवमूल्यित करके चुकानी पड़ती है, वहाँ अज्ञेय अपनी भावनाओं को अक्षुण्ण रखते हुए भी—एलीट मनोवृत्ति और 'सामान्य आदमी' के वल्गर सरलीकरण से ऊपर उठकर कलात्मक सम्प्रेषणीयता की चुनौती का सामना कर सके, यह उनकी साहसपूर्ण उपलब्धि है।

उनके भीतर एक अद्भुत आत्मसंयम है—जो उनके रोमांटिक भाव-बोध को भी एक सीमा बाद विगलित नहीं होने देता, बिखरने नहीं देता। यह क्लासिक क़िस्म का सौष्ठव उनके रोमांटिक रुझानों को—स्वयं 'रोमांटिक' शब्द को एक नया संस्कार देता है। आधुनिकता और यथार्थवादिता की धारा में बहते हुए जहाँ आलोचकों ने 'रोमांटिक' शब्द को ही विकृत और कला से बहिष्कृत करना चाहा है, वहाँ अज्ञेय ने उसे रोमानी प्रवृत्ति से अलग करके एक ऐसे अनुभव के साथ जोड़ा है, जो छायावादी परम्परा को एक नया सन्दर्भ, और आयाम देता है।

किन्तु अज्ञेय का रोमांटिसिज़्म शमशेर और मुक्तिबोध से बहुत भिन्न है। उनका 'मैं' शमशेर का कवि नहीं, जो दुनिया में अपने 'होने' की प्रसव-पीड़ा भोगता है, उसमें लय होना चाहता है ताकि अपने खुरदरे, बेलौस अस्तित्व के लिए कोई लय, कोई रंग, कोई राग हासिल कर सके। न अज्ञेय की दुनिया मुक्तिबोध की दुनिया की तरह इतनी भयावह, भीमकाय और घुमावदार है, जो स्वयं कवि के 'मैं' पर चोट करती है, नाख़ूनों से खरोंचती है, लहूलुहान करती है। अज्ञेय निरीह नहीं हैं, वलनर्बेल नहीं हैं, वह अपने को, अपनी कविता को बचाने की कला जानते हैं। उनकी कोई कविता कभी इतनी अटपटी नहीं होती, जितनी मुक्तिबोध की कुछ कविताएँ हो जाती हैं, किन्तु वह अपनी दुनिया को छोड़कर उस 'अँधेरे में' भी नहीं जाते जहाँ कविता एक अद्भुत मिथक शक्ति प्राप्त कर लेती है, जहाँ कविता का जोखिम ही कविता के सत्य को नापने का यंत्र बन जाता है। अज्ञेय में यदि अपनी दुनिया को झेलने की शक्ति है, तो इसलिए कि वह अपनी दुनिया को रचने की कला जानते हैं, एक ऐसा कवच और कुशन, जिस पर प्रहार पड़ते हैं तो खाल थरथराती अवश्य है, अपने को घायल नहीं होने देती। स्वयं अज्ञेय के शब्दों में : "मैं अपनी दुनिया में रहने का आदी हूँ; और गहरे में कहीं जानता और मानता आया हूँ कि वह दुनिया मैं ही बनाता हूँ, मैंने ही बनाई है, मैं ही गिराऊँगा।" और यह लिखने के बाद उन्हें तुरन्त बोध होता है कि उन्होंने स्वयं अपने 'अहं' की सबसे सही परिभाषा दे दी है, इससे उन्हें अपनी दुनिया की परिहार्यता या अपने 'मैं' की सीमाओं पर क्लेश नहीं होता, सिर्फ़ इसलिए होता है कि दूसरे लोग इसे क्या कहेंगे; तुरन्त इन वाक्यों के बाद वह लिखते हैं : "इसीलिए लोग अहंवादी या यथार्थवादी कहते हैं, तो क्लेश भले ही हो, आश्चर्य नहीं होता।"

यह अज्ञेय के रोमांटिसिज़्म की घोर सीमा है, जहाँ वह मुड़कर अपनी दुनिया पर आलोचनात्मक दृष्टि नहीं डाल पाते, ख़ुद उसमें प्रश्न-चिह्न नहीं लगाते। कौन-सा ऐसा लेखक है, जो अपनी दुनिया ख़ुद नहीं बनाता और मिटाता? किन्तु बनाने की प्रक्रिया में जो मोह-माया जागती है, मिटने पर उसकी यंत्रणा कितनी विध्वंसकारी हो सकती है। ख़ुद अपने को इस विध्वंस के बीच देख पाना—हर महत्त्वपूर्ण लेखक इस यात्रा से गुज़रता है और ठीक इसी बिन्दु पर लेखक का 'आधुनिक बोध' पुराने रोमांटिक कवि से अलग हो जाता है, जो अपनी दुनिया को आदर्श और उदात्त बनाकर ही कटु यथार्थ का अतिक्रमण कर सकता था। आधुनिकता की यह मजबूर, अभिशप्त आत्मचेतना ही है जिसके परिणामस्वरूप लेखक केवल अपनी दुनिया को ही नहीं मिटाता, स्वयं अपने 'मैं' को भी मिटाना चाहता है, जो एक सुर्ख़, ज्वरग्रस्त आँख-सा उसके और दुनिया के बीच चमकता रहता है और जब वह उसे सम्पूर्णतया मिटा देता है, तभी वह आधुनिक बोध के आत्मघाती पाप और ज्वर से भी छुटकारा पा लेता है। पूरी तरह से 'अन्धा' होने पर ही वह सम्पूर्ण रूप से देख सकता है। क्या अज्ञेय इस आत्मसंहारी अर्थ में 'आधुनिक' हो पाए हैं?

यह नहीं कि अज्ञेय अहं के आलोक-मंडित दायरे से बाहर नहीं देखते—समाज की शायद ही कोई जीवन्त समस्या हो—राजनीति का दूषण, भाषा और शब्द की मर्यादा, काल का रहस्य, आधुनिक संस्कृति के अन्तर्द्वंद्व—अनेक विषयों पर उन्होंने अपनी पैनी, मर्मभेदी दृष्टि डाली है। इसके बावजूद उनकी इन पुस्तकों को पढ़ते हुए बराबर खीज की किरकिरी चुभती है। क्या है इस खीज का कारण? क्या अज्ञेय, अन्ततः सब कुछ कहने के बाद उस हद पर आकर रुक जाते हैं, जहाँ कलाकार का चिन्तन शुरू होता है—केवल समस्याओं पर विचार-सूक्तियाँ—नहीं—बल्कि आत्मावलोकन, जो स्वयं अपनी सृजन-गुत्थियों को सुलझाते हुए 'पुराने समाधानों' को अपने अनुभवों की चुभन और चमक दे जाता है? अज्ञेय को मालूम है कि समाज और संस्कृति का संकट स्वयं व्यक्ति के बीच मौजूद है, उन्होंने उन 'समूहवादी' समस्त छलावों और भुलावों को भेदा है, जहाँ व्यक्ति के पतन में स्वयं मनुष्य तिरस्कृत हुआ है; इसलिए शिकायत यह नहीं है कि वह 'व्यक्तिवादी' हैं—बल्कि यह कि वह इस निर्मम हद तक व्यक्तिवादी नहीं हो पाते, जहाँ स्वयं कलाकार का व्यक्तित्व आत्मविश्लेषण

की वस्तु बन जाता है—निरीह, कातर, हास्यास्पद, लहूलुहान, चिन्तक का विषय नहीं, बल्कि स्वयं जीने का कच्चा माल, आत्मसुरक्षित सलवटों में सिमटा नहीं, तार-तार उघड़ा हुआ, विडम्बनाओं की धूल-कीचड़ में सना हुआ; गर्वीला, मदमाता दीप नहीं, ख़ुद आग में झुलसा हुआ कलाकार का 'मैं' जो "समय का अतिक्रमण नहीं करता, बल्कि समय का निम्नतम ग़ुलाम है, एक बदहवास-सा कुत्ता, जो ज़िन्दगी-भर विभिन्न गंधों की टोह में भटकता रहता है, सौन्दर्यवादी लेकिन सौन्दर्य के तीर द्वारा बँधा हुआ शिकार—भी एक ऐसा प्राणी, जो एक ही समय में दूसरों के विरुद्ध और अपने ख़िलाफ़ हो सकता है। तड़पता हुआ, नाराज़, विक्षुब्ध, किन्तु अपने अन्तर्विरोधों के प्रति हर क्षण सचेत। कलाकार से यह माँग करना बहुत क्रूर चीज़ है, वह उतनी ही क्रूर और बुनियादी माँग है जितनी—मृत्यु" (एलियास कैनेटी—'कॉन्शस ऑफ़ वर्ड्स')।

क्रूर लेकिन मृत्यु की तरह ही अनिवार्य जिसके बिना लेखक सब कुछ हो सकता है—विचारक, चिन्तक, समाज-सुधारक—लेकिन कलाकार नहीं। मुझे यदि असन्तोष होता है तो इसलिए कि अज्ञेय अपने से यह माँग नहीं करते, शायद उसे ज़रूरी भी नहीं समझते, उनकी इन पुस्तकों में 'अर्जित किये हुए सत्य' अवश्य मिलते हैं, स्वयं सत्य को तलाशने की अन्तर्पीड़ा, पिपासा, सन्देह, मन को घुलाती हुई मैल, मैल जो भीतर के सूरज को बार-बार अपने झूठों से छिपा लेती है, इन झूठों का कातर सत्य, उस सत्य को मथनेवाला क्रूर, आत्मवेधी विश्लेषण नहीं मिल पाता। इस विश्लेषण के अभाव में उनकी अपनी पीड़ा भी एक निजी थाती एक भोग की वस्तु बनकर रह जाती है। जिस यातना और अकेलेपन की चर्चा अज्ञेय इतनी करते हैं, वह आगे बढ़कर हमें साझा करने में उत्प्रेरित नहीं करती, आत्मा की टीस बनकर टिपटिपाती नहीं, झकझोरती नहीं, सिर्फ़ अज्ञेय की अर्जित, मूल्यवान, प्रेशस अनुभूति बनकर रह जाती है; प्रेशस अनुभवों का संचय, जो सच लगते हैं, सच हैं भी, लेकिन अपनी सच्चाई हमारे भीतर भोंकते नहीं; हम उनकी बौद्धिक तर्कपूर्ण साफ़-सुथरी अवधारणाओं को देखते ज़रूर हैं, सहमत भी होते हैं—प्रसन्न होते हैं कि हिन्दी साहित्य में ऐसे सोच-विचार कम मिल पाते हैं—लेकिन वहाँ रुकते नहीं, मुँह मोड़ लेते हैं, उनकी तरफ़ फिर-फिरकर नहीं लौटते। आँखों से ओझल होते ही वे मुरझाने लगते हैं—अपने पीछे ज़रा-सी चुभन, एक दरार, कोई कृतज्ञता-बोध नहीं छोड़ जाते।

और यह दुर्भाग्य है—क्योंकि हमारे युग में ख़ास कर हिन्दी के चिन्तन साहित्य में—अज्ञेय का लेखन महत्त्वपूर्ण है, नारों और अति सरलीकृत फ़ॉर्मूलों के घटाटोप वातावरण में वह बहुत कुछ देते हैं, जो एक बार फिर हमारा विश्वास मनुष्य के विवेक और शब्द की गरिमा में प्रतिष्ठित करता है। यदि आज हम उसकी अवहेलना करते हैं, उसे अप्रासंगिक मानकर आगे बढ़ जाते हैं, तो यह न केवल अज्ञेय की सीमाओं पर क्रूर टिप्पणी है, बल्कि उस अभागी मन:स्थिति पर भी, जिसमें आज हम जीते हैं।

मुक्तिबोध की गद्यकथा

सड़क एक अद्भुत जगह है—वह एक जगह ठहरी है, किन्तु वह चलती भी है। हम उस पर कुछ बना नहीं सकते, पर वह बनी हुई चीज़ों—मकान, झोंपड़ों, चाय-घर—की ओर ले जाने की आशा बँधाती है। हिन्दुस्तान के छोटे शहरों और क़स्बों में—जिन्हें मोटर ट्रकों के ट्रैफ़िक ने निगल नहीं लिया है—अब भी पाँच-दस मिनट ठहरकर बातचीत की जा सकती है और अगर हम संयोगवश अकेले हों तो एक क्षण अँधेरे में खड़े होकर मकानों की धुँधुआती रोशनियों को देखते हुए सोच सकते हैं—पता नहीं, इन खिड़कियों के पीछे कौन लोग रहते होंगे, कैसी ज़िन्दगी बिताते होंगे!

संयोग की बात है, यह प्रश्न एक बार वर्जीनिया वुल्फ़ ने पूछा था—लन्दन की सड़कों पर भटकते हुए। वह अपने वर्ग के सीमित घेरे से ऊपर उठकर—या नीचे उतरकर—साधारण लोगों की खिड़कियों में झाँककर जानना चाहती थी—ह्वाट इज़ लाइफ़? एक दूसरे देश के लेखक ने अपने शहर के अँधेरे में खड़े होकर एक अलग प्रश्न पूछा था : "सब ओर सघन-आत्मीय नीला एकान्त फैला है और उसके अँधेरे-नीले नील में टूटे-फूटे आँगन में खिली हुई रातरानी महक रही है और मैं उस अहाते में जो पीली धुंधभरी खिड़की है—उसमें से मैं—मैं जो सड़क पर हूँ—झाँककर देखना चाहता हूँ कि बात क्या है?" ('विपात्र', पृ. 101)

यह मुक्तिबोध हैं—अंग्रेज़ लेखिका के प्रश्न (ज़िन्दगी क्या है) के उत्तर में मानो उनका उत्तर खिड़की की दूसरी तरफ़ से एक दूसरा प्रश्न बनकर, अँधेरे में गूँज जाता है—आख़िर बात क्या है?

मुक्तिबोध के समूचे गद्य में यह प्रश्न तीर की तरह बिंधा है जिसका ज़ख़्म अपने भीतर दबाए वह ज़िन्दगीभर अपने शहर की अँधेरी सड़क पर चलते रहे। वह बहुत लम्बी सड़क थी जो हिन्दुस्तानी क़स्बों की तार-तार दरिद्रताओं, यातनाओं और आत्मग्लानियों के बीच गुज़रकर जाती थी। क़स्बे—जिनमें न आधुनिक महानगर का चमकीला आभिजात्य है, न गाँवों का मटमैला धीरज—बल्कि जहाँ सिर्फ़ दम तोड़ती बेचैनी है, जिसमें निम्न-मध्यवर्ग के प्राणी वैन गॉग के बन्दियों की तरह अन्तहीन चक्कर लगाते रहते हैं। अनेक हिन्दी लेखकों ने छोटे शहरों की ऊब, निरर्थकता और हताशा के बारे में लिखा है, किन्तु मुक्तिबोध अकेले लेखक थे जिन्होंने एक क़स्बाती भारतीय के आध्यात्मिक संकट को उसकी समस्त कमज़ोरियों, आत्मभ्रान्तियों और बीहड़ दुःस्वप्नों के बीच पकड़ा था—जो सिर्फ़ बाहरी यथार्थ की कहानी नहीं थी, बल्कि स्वयं उनकी आत्मा का निजी दस्तावेज़ था। यह एक कारण है कि हम उनकी कहानियों, निबन्धों और डायरी के बीच कोई विभाजन-रेखा नहीं खींच सकते—उनका गद्य सब परम्परागत विधाओं को भेदता हुआ एक पैना, पीड़ित सोच बन जाता है।

मुक्तिबोध का सोच अपने बारे में उतना ही है, जितना दुनिया के बारे में, अतः उनकी कहानियों में दर्शन और अनुभव के बीच खड़ी दीवार भी ढह जाती है। यह नहीं कि वह अनुभव के बाद चिन्तन करते हैं—बल्कि व्यक्ति और अनुभव के बीच चिन्तन एक तरह की सीवन है, कहानी का अन्दरूनी अस्तर, जो बाहरी अनुभव को भीतर की दुनिया जोड़ता है। यदि वह आत्मपरक शैली का गद्य है, तो इसलिए कि वह मध्यवर्ग की ज़ुबान है। ज़ुबान एक ऐसी चीज़ है जो शरीर का अंग है, किन्तु उसका फ़ंक्शन एकदम अन्दरूनी है—दिल से। मुक्तिबोध के गद्य में उनका सोच एक तरह का बोलना है—बोलता हुआ सोच—दिल और दुनिया के बीच एक अन्तहीन वार्तालाप जिसमें मध्यवर्गीय ज़िन्दगी की गाँठें एक के बाद एक खुलती जाती हैं। अन्य कहानीकारों में पात्र और घटनाओं के बीच टकराहट से कथानक का जन्म होता है—मुक्तिबोध ज़िन्दगी के कथानक के बीच सोच की घटना को जन्म देते हैं, जिसके पात्र और भोक्ता वह स्वयं हैं।

शायद इसलिए उन्हें वर्जीनिया वुल्फ़ की यह जिज्ञासा कुछ अजीब-सी लगती कि ज़िन्दगी क्या है? मुक्तिबोध ज़िन्दगी से ऐसे घिरे थे, जैसे छोटे हिन्दुस्तानी शहरों में आदमी धूल और गर्द से घिरा होता है। एक छोटे आदमी पर ज़िन्दगी का बोझ कितना असह्य और भयानक हो सकता है, इसे मुक्तिबोध ने जितनी वेदना से महसूस किया था, शायद किसी दूसरे लेखक ने नहीं। इसलिए उन्हें आलोचकों की यह शिकायत सारहीन जान पड़ती थी कि हमारे साहित्य में जीवन के तत्त्व बहुत कम हैं। समस्या इससे बिलकुल उलटी है। उनकी डायरी का एक पात्र कहता है : "आज की ख़ास दिक़्क़त यह नहीं है कि साहित्य में जीवन के तत्त्व कम हैं, वरन यह है कि जीवन में बहुत अधिक हैं। वह जीवन जो जिया या भोगा जाता है, उसमें इतने अधिक तत्त्व हैं—सुबह से लेकर शाम तक मन पर उन तत्त्वों का इतना अधिक संवेदनात्मक प्रहार होता रहता है कि मन जानबूझकर अपने शून्य का निर्माण कर लेता है...। ईश्वर ने या समय ने उसे इतना कम अवकाश दिया है कि अनेक कलात्मक नमूनों में उनकी पुनर्रचना नहीं हो पाती। वे तत्त्व मर नहीं जाते, अंडरग्राउंड चले जाते हैं।"

इसलिए मुक्तिबोध का प्रश्न 'ज़िन्दगी' के बारे में न होकर उस असली 'बात', उस छिपे सत्य को लेकर था जो कहीं अनुभवों के 'अंडरग्राउंड' में दबा रहता है—एक ऐसी लौ, जिसे तथ्यों और तत्त्वों की घटाटोप कुहेलिका के बीच जीने और भोगने की हड़बड़ी में हम आँखों से ओझल कर देते हैं। वह उस आत्म-मोह से वंचित हैं, जो एक प्रगतिशील लेखक को प्राप्त है, जिसे अपने दर्शन पर कभी शंका नहीं होती, किन्तु वह उस शंका से भी वंचित हैं, जिसे आधुनिक लेखक एक दर्शन बनाकर सुरक्षित रह सकता है। वह व्यक्ति जो मध्यवर्ग की अनिश्चितताओं के बीच घिरा रहता है उसे एक ठोस धुरी की कामना रहती है, जो सुख और आत्मसन्तोष से परे एक निश्चित सत्य की तलाश है—जहाँ हम चीज़ों के बीच रहकर भी उनकी छलना से मुक्त रह सकें। उनके उपन्यास 'विपात्र' का अन्तिम वाक्य अंग्रेज़ी में है : 'आई वांट टु बी इन द मिडल ऑफ़ थिंग्स, यस, टु बी इन द मिडल ऑफ़ थिंग्स।' (मैं चीज़ों के बीच में रहना चाहता हूँ, ठीक उनके बीच में।)

मुक्तिबोध की यह मर्मांतक आकांक्षा—चीज़ों के बीच रहने की तड़प—हमें कुछ अजब लग सकती है। वह व्यक्ति जो अनुभवों की मार से जीवन-भर पीड़ित रहा,

कौन-सा सत्य चीज़ों से प्राप्त करना चाहता था, जो स्वयं उसे अपने अनुभवों से नहीं मिल सकता था? मुझे लगता है, मुक्तिबोध कहीं बहुत गहरे में महज़ 'अनुभव' के प्रति सशंकित थे—आधुनिक अमेरिकी लेखकों की 'अनुभव पूजा' (कल्ट ऑफ़ एक्सपीरिएंस) उन्हें आश्चर्य में डाल देती। सत्य हमेशा अनुभव से उपलब्ध होता है, किन्तु हर अनुभव सत्य की ओर नहीं जाता—कलात्मक सत्य की कसौटी अनुभव की प्रामाणिकता नहीं हो सकती, जब तक हमारे पास स्वयं अनुभव की सचाई को मापने की प्रामाणिक कसौटी न हो। और वह कसौटी कहाँ है? चीज़ों में, क्योंकि चीज़ों का सन्दर्भ वह दुनिया है जो अनुभवों को काटती-छाँटती है, झूठे छिलकों को तराशकर भीतर के ठोस सत्य को निकालती है। मुक्तिबोध इस बात का कोई उत्तर नहीं देते कि हमारे अनुभव में क्या मूल्यवान है, क्या अर्थहीन—क्या यह विवेक-ज्ञान भी अनुभव में निहित नहीं है? जब उन पर प्रश्न का दबाव पड़ता है तो वह एक बहुत धुँधली और अस्पष्ट चीज़ लेखक की 'विश्व-दृष्टि' में सहारा ढूँढ़ते हैं। 'डायरी' में वह एक जगह कहते हैं : "विश्व-दृष्टि के अभाव में हम अपने ही अनुभवों के ठीक-ठाक महत्त्व को नहीं आँक सकते, इसलिए केवल कुछ विशिष्ट अनुभवों या अनुभवाभासों को तरजीह देकर अन्य महत्त्वपूर्ण अनुभवों का गला घोंट देते हैं। किन्तु अन्यत्र अपनी ही बात का खंडन करते हुए वह यह भी कहते हैं कि महानगर के छद्म अनुभवों के पीछे भागने की अपेक्षा लेखक को अपने वर्ग के अनुभवों को ही चित्रित करना चाहिए—जो सच्चे अर्थ में प्रामाणिक हैं। किन्तु अपने वर्ग के अनुभवों में विश्व-दृष्टि आ पाएगी, इसकी क्या गारंटी है?

मुक्तिबोध यदि कभी 'कलात्मक सत्य' की कसौटी विश्व-दृष्टि में ढूँढ़ते हैं और कभी अपने वर्ग के अनुभवों में तो इसका कारण यह है कि वह स्वयं लेखक के निजी वैयक्तिक अनुभवों के सत्य में कभी विश्वास नहीं कर पाए। वह व्यक्ति की आत्मकेन्द्रित सत्ता को सन्देह की दृष्टि से देखते थे। व्यक्ति उनकी नज़रों में झूठी इकाई है—जो इकाई अपने में झूठ है, क्या उसका अनुभव किसी सच्चाई का वाहक हो सकता है? अपनी अकेली सत्ता में व्यक्ति सिर्फ़ भ्रूणावस्था में जी सकता है। भ्रूणावस्था और बाँझपन में एक अद्भुत समानता है—दोनों ही सृजनशीलता से शून्य हैं। भ्रूण व्यक्ति के अनुभव अनिवार्यतः बाँझ अनुभव होंगे—अपने में कदाचित बहुत मार्मिक, बहुत इंटेंस, बहुत विशिष्ट, किन्तु वास्तव में पंगु और एकांगी, क्योंकि उनका जीवन के मूल केन्द्रीय सत्य

से कोई सम्बन्ध नहीं होगा। यदि व्यक्ति सिर्फ़ अपने 'मैं' से मोहित है तो इस 'मैं' से जन्मे अनुभव प्रेतात्माओं से अधिक कोई ठोस, पार्थिव सत्ता नहीं रखते। मुक्तिबोध स्वयं घोर अन्तर्मुखी व्यक्ति थे, इसलिए अपने इर्द-गिर्द भटकती, ख़ुद अपने से फूटी प्रेतात्माओं के अभिशप्त प्रदेश से छुटकारा पाने के लिए सबसे ज़्यादा तड़पते थे। वह चीज़ों की ठोस प्रकाशमान दुनिया में आना चाहते थे, लेकिन सिर्फ़ प्रकाश ही काफ़ी नहीं है—उसके भीतर का सत्य यदि ग़ायब है, तो प्रकाश सूना है, इसलिए वह साहित्य पर भी पूरा भरोसा नहीं करते थे। एक जगह वह लिखते हैं : "साहित्य में प्रकाश ही प्रकाश है। किन्तु हमें प्रकाश में सत्यों को ढूँढ़ना है। हम केवल साहित्यिक दुनिया में ही नहीं, वास्तविक जीवन में रहते हैं। इस जगत् में रहते हैं। साहित्य पर आवश्यकता से अधिक भरोसा रखना मूर्खता है।" ('डायरी', पृ. 70)

मुझे उनके अन्तिम वाक्य पर भरोसा नहीं होता। यदि किसी लेखक के लिए साहित्य ही सब कुछ था तो वह स्वयं मुक्तिबोध थे—फिर क्या सत्य को साहित्य के बाहर ढूँढ़ा जा सका है? यह मुक्तिबोध का सबसे गहरा—और शायद कभी न हल होनेवाला—अन्तर्द्वंद्व था कि एक तरफ़ वह मनुष्य की कल्पनाशक्ति में अदम्य आस्था रखते थे, दूसरी तरफ़ इसी कल्पनाशक्ति से सृजित कलाकृति की स्वायत्त सत्ता, स्वयं कलात्मक अनुभव के सत्य को स्वीकार नहीं कर पाते थे। उसे स्वीकार करने का मतलब होता, मनुष्य के स्वतंत्र आत्मसम्पूर्ण अनुभव में विश्वास करना, जो किसी भी विश्व-दृष्टि को, किसी भी केन्द्रीय सत्य को ठुकराकर अपने निजी संसार के 'विज़न' को रचने का साहस कर सकता है। स्वयं मुक्तिबोध अपनी कविता के सर्वोत्तम सृजनात्मक क्षणों में यही करते हैं—बल्कि यूँ कहना चाहिए कि इसी अन्तर्विरोध के सबसे संत्रस्त क्षणों में वह गद्य से ऊपर उठकर कविता में जाते हैं, जबकि उनकी कहानियों में और 'डायरी' के पृष्ठों में हमेशा इन दो तत्त्वों के बीच—मुक्तिबोध की आस्था और सन्देह के बीच—एक सतत बहस चलती रहती है। पात्र दो हैं—किन्तु उनकी लड़ाई का कुरुक्षेत्र मुक्तिबोध के भीतर है। कभी-कभी हम यह भी तय नहीं कर पाते कि स्वयं मुक्तिबोध किसके साथ हैं, अक्सर वह अपनी आस्था को छोड़कर अपनी अँधेरी पीड़ित शंकाओं के साथ चलने लगते हैं और तब ऐसे क्षणों में मुझे उनका यह वाक्य याद आने लगता है : "सच्चा लेखक अपने ख़ुद का दुश्मन होता है।"

एक जगह वह अपनी डायरी में लिखते हैं : "वह अपनी आत्मशान्ति को भंग करके ही लेखक बना रह सकता है—ख़ुद का सबसे बड़ा आलोचक होता है।"

आत्मशंका का यह स्वर आज के हिन्दी वातावरण में अजूबा-सा जान पड़ता है, जहाँ अधिकांश लेखक-आलोचक अपनी भीतरी शंकाओं की सलवटों को छिपाकर अपने सजे-सँवरे विश्वासों का प्रमाण-पत्र पेश करते हैं। मुक्तिबोध जीवनभर प्रश्नों से घिरे रहे, किन्तु उनके साथ वह निरन्तर एक ऐसे 'केन्द्रीय दर्शन' की तलाश करते रहे, जो उनकी भटकन को कोई अर्थ, कोई दिशा दे सके। मुक्तिबोध को पढ़ते हुए मुझे प्राय: चेख़व की कहानियाँ याद आ जाती हैं, जिनके पात्र भी उन्हीं की तरह किसी ऐसे 'मूल मंत्र' को पाने के लिए भटकते रहे, जो उनकी शापग्रस्त, जर्जरित और सूनी ज़िन्दगी को किसी ऐसे सत्य से आलोकित कर सके, जो केवल एक व्यक्ति की अमोल निधि न हो—एक ऐसा सार्वभौमिक सत्य, जिसकी आँच में हिन्दुस्तान के करोड़ों दिग्भ्रमित, संत्रस्त, ठिठुरते लोग अपने हाथ सेंक सकें।

मुक्तिबोध न केवल अपने आलोचक थे बल्कि अपने वर्ग के—भारतीय मध्यवर्ग के भी—सबसे बड़े, निर्भीक और निर्मम आलोचक थे। उनकी दृष्टि में मध्यवर्ग का व्यक्ति सबसे कृत्रिम, पीड़ित, खोखली, सर्वहारा ज़िन्दगी जीता है, क्योंकि उसे हमेशा अपनी धरती के ऊपर या नीचे जाने के लिए विवश होना पड़ता है। मुक्तिबोध ज़िन्दगीभर इस वर्ग की तपती, झुलसती ज़मीन पर चलते रहे—नंगे पाँव चलते रहे—ताकि उसके अनुभवों के समस्त कोटर-कोने, उसकी आत्मा का तार-तार होता टेक्स्चर छान सकें। यदि उनके लेखन में इतनी बेचैनी, बदहवासी, छटपटाहट दिखाई देती है, तो इसलिए कि उनका अपने वर्ग से गहन प्रेम और अथक वितृष्णा का रिश्ता था। वह न तो मध्यवर्ग का होकर अपने नैतिक मूल्यों को झुठलाना चाहते थे, न उसे छोड़कर अपने अनुभवों से विश्वासघात करना चाहते थे। क्या कोई ऐसा दर्शन नहीं था, जो मूल्यों और अनुभवों को एक सार्वभौमिक सत्य में ढाल सके? मुक्तिबोध जिस समाज से आए थे, वहाँ अकेला व्यक्ति अपने निजी,

वैयक्तिक दर्शन में ऐसा सत्य नहीं ढूँढ़ सकता था। वह अपनी चरमराती विपत्तियों में टूट सकता है या अपने वर्ग को छोड़ अपनी आत्मा को झुठलाकर उच्च वर्ग की नक़ली, झूठी ज़िन्दगी जी सकता है। इन दो आत्मघाती रास्तों के बीच मुक्तिबोध ऐसा विकल्प ढूँढ़ना चाहते थे जहाँ आदमी अपने वर्ग के प्रति वफ़ादार रहकर भी अपनी अन्तरात्मा के सत्य को सुरक्षित रख सके।

क्या यह विकल्प—जीवन का सार्वभौमिक सत्य—उन्हें मार्क्सवाद में मिल सका?

मुक्तिबोध की 'एक साहित्यिक की डायरी' में—जिसे मैं आधुनिक साहित्य-चिन्तन की अत्यन्त महत्त्वपूर्ण पुस्तक मानता हूँ—मार्क्सवाद का उल्लेख बहुत कम आता है। अपने मनन-चिन्तन में मुक्तिबोध किसी ख़ास दर्शन या सिद्धान्त का सहारा लेते हों, ऐसा कहीं नहीं दिखाई देता। किन्तु यह तो निश्चित रूप से कहा जा सकता है कि जीवन की विश्व-दृष्टि की तलाश में मुक्तिबोध शायद मार्क्सवाद के सबसे निकट आए थे। एक कवि अनिवार्यतः यह खोज अपने सबसे आत्मीय कर्म—कला-सृजन—में ही करता है। अनुभवों की विशृंखलित अराजकता के बीच क्या कोई ऐसा धागा है जो उन्हें कविता की रचना में एक अर्थपूर्ण पैटर्न में बाँध सकें? मुक्तिबोध को बाँधनेवाला यह धागा मार्क्सवादी दर्शन में दिखाई दिया था—जो न केवल बाहर और भीतर के बीच, बल्कि व्यक्तिगत संवेदना और सामूहिक अनुभव के बीच एक सार्थक संगति जोड़ पाता था 'एक साहित्यिक की डायरी' में, जहाँ वह सृजन-प्रक्रिया के तीन क्षणों का विश्लेषण करते हैं। वह दुनिया की द्वंद्वात्मक गति के तीन भौतिक नियमों के समानान्तर है—स्वीकृति, निषेध और समन्वय को कल्पना-उड़ान के तीन चरणों में पिरोता हुआ। मुक्तिबोध अपनी फ़ैंटेसी के गठन में कहीं भी अपनी कल्पना को स्वेच्छाचारी या अराजक नहीं रहने देना चाहते, इतिहास के बारे में मार्क्सवाद के वैज्ञानिक नियमों को पूरी सघनता से अपने कल्पना-पटल पर अनूदित कर देना चाहते हैं—एक ऐसे कवि की हैसियत से नहीं, जो अपने अनुभवों को मार्क्सवाद की रोशनी में सँजोता है। मुक्तिबोध के लिए अपने अनुभवों की रोशनी—या अँधेरा—काफ़ी है। वह उन पर किसी दर्शन का अंकुश नहीं लगाते। मार्क्सवाद उनके लिए महत्त्वपूर्ण है तो कविता रचने के लिए नहीं, बल्कि अपनी रचना-प्रक्रिया में एक ऐसी वस्तुपरक और वैज्ञानिक संगति देखने के लिए जिसमें सांसारिक अनुभव एक कलाकृति के सत्य को प्राप्त करते हों।

इस दृष्टि से वह न केवल शमशेर बहादुर सिंह से, बल्कि इंग्लैंड में तीसरे दशक के रोमांटिक कवियों ऑडेन या स्पेंडर से मूलत: भिन्न थे, जिन्होंने केवल भावना के स्तर पर मार्क्सवाद को स्वीकार किया था। मुक्तिबोध ने मार्क्सवाद में अपनी मौलिक रचनात्मक गुत्थियों को सुलझाना चाहा था—केवल आधुनिक संकट या मनुष्य की पीड़ा से त्राण पाने के लिए ही वह उसकी ओर आकर्षित नहीं हुए थे।

जिस वस्तुपरक कसौटी को मुक्तिबोध कला में पाना चाहते थे, उसकी खोज वह कला के बाहर—भारतीय समाज—में भी करते थे। स्वतंत्रता के बाद इस समाज की समस्त अर्थपूर्ण इकाइयाँ—परिवार, समुदाय, जाति-व्यवस्था—आधुनिक सभ्यता के दबाव-तले जिस तरह विश्रृंखलित और अर्थशून्य हो गई थीं, उनके टूटन से शून्य का जो कीड़ा भारतीय आत्मा में पैठ गया था—अर्थहीनता का अन्तहीन रेगिस्तान—उसे मुक्तिबोध ने बहुत निकटता से भोगा और देखा था। इससे उबरने का रास्ता उन्हें—अपनी कला की तरह—एक तर्कसंगत, वैज्ञानिक अनुशासन में ही दिखाई देता था। दूसरे शब्दों में, मुक्तिबोध के लिए मध्यकालीन समाज में जो स्थान धर्म का था—जो व्यक्ति और व्यक्ति के बीच सुसंगत, अर्थपूर्ण, मानवीय रिश्तों को जोड़ने की भूमिका अदा करता था—उसे हमारे समय में केवल विज्ञान की वस्तुपरक सत्ता सम्पन्न कर सकती है। मार्क्सवाद के अलावा कौन-सा दूसरा दर्शन हो सकता है, जो एक साथ 'वैज्ञानिक' हो और मानव-मुक्ति के स्वप्न का वाहक भी?

मुक्तिबोध काफ़ी दूर तक अपने इस बौद्धिक विश्वास को साथ लेकर चले थे—लेकिन इस तर्क के अन्तिम छोर पर जाकर उनके सामने शंकाओं की अँधेरी खाइयाँ मुँहफाड़े खड़ी थीं। सबसे बड़ी खाई नैतिकता की थी। धर्म की नैतिकता को सामंतवादी रूढ़ियाँ कहकर टाला जा सकता है, किन्तु विज्ञान की नैतिकता? यह प्रश्न दर्शन का नहीं, संस्कृति का था—आधुनिक संस्कृति का, जिसकी चालक शक्ति ही विज्ञान में निहित है। यदि मुक्तिबोध सीधे-सीधे इस प्रश्न का सामना करते तो समूची वैज्ञानिक सभ्यता का बीभत्स, अमानवीय और सर्वसंहारी चेहरा दिखाई दे जाता, जो असल में चेहरा भी न था, केवल महानगरीय मूल्यों का चमचमाता मुखौटा था, जिसने अपने पीछे आधुनिक सभ्यता की उन सब बीमारियों को छिपा रखा था, जिससे मुक्तिबोध इतना आक्रान्त थे। सबसे बड़ी विडम्बना यह थी कि जिस मार्क्सवाद में मुक्तिबोध ने मानव-मुक्ति का स्वप्न देखा था—स्वयं उसका

दर्शन आधुनिक सभ्यता के उन भौतिक मूल्यों का घोर समर्थक था—जो उस स्वप्न को इतना निर्मम ढंग से विकृत करते थे।

मुक्तिबोध यदि एक लेखक की आत्मालोचना को इतना महत्त्व देते थे, तो इसलिए कि वह सबसे गहन अर्थ में आत्म-चेतन व्यक्ति थे—आत्म-संघर्ष का यह बोध ही उन्हें सार्थक रूप से आधुनिक कवि बनाता था। विडम्बना यह थी कि हिन्दी कविता में जिस लेखक के भीतर आधुनिक चेतना के सब तत्त्व मौजूद थे, वही लेखक आधुनिक सभ्यता के सर्वसंहारी तत्त्वों के प्रति सबसे अधिक सशंकित था। हमारे युग में सही अर्थों में शायद वह लेखक आधुनिक हुए हैं, जिन्होंने अपने चिन्तन और व्यवहार में आधुनिकता की सब मरीचिकाओं को भेदने का जीवट साहस किया था। मुक्तिबोध और आधुनिकता के बीच स्वीकृति और अस्वीकृति का द्विविधात्मक सम्बन्ध था। वह जिस आधुनिक भौतिकवादी दर्शन को 'धर्म' का स्थान देना चाहते थे, वह उनकी नैतिक मर्यादाओं को सबसे अधिक आहत करता था। मार्क्सवाद ने कभी कर्म की नैतिकता के बारे में कोई सन्तोषप्रद व्याख्या नहीं की—सिवाय इसके कि जो कर्म ऐतिहासिक शक्तियों के पक्ष में होगा, वह अनिवार्यतः नैतिक होगा, किन्तु यदि ये 'तथाकथित' ऐतिहासिक शक्तियाँ प्रगति और विकास के नाम पर स्वयं मनुष्य की आत्मा को खोखला कर दें, उसे अपने मनुष्यत्व से ही वंचित कर दें, तो उनका समर्थन करनेवाला कर्म भी क्या नैतिक होगा? मार्क्सवाद चाहे इस प्रश्न का उत्तर न दे सके, स्वयं मुक्तिबोध ने अपनी कहानी के पात्र क्लॉड ईथर्ली में ऐतिहासिक तर्क की इस भयानक परिणति को देखा था।

यदि कोई लेखक व्यक्ति की स्वतंत्रता को 'इल्यूज़न' (आत्म-भ्रान्ति) मानकर अपने वर्ग की ओर मुड़ता है और स्वयं उस वर्ग के जीवन-मूल्यों को विपन्न और विषैला मानकर एक ऐसे 'दर्शन' में मुक्ति खोजता है, जिसके पास नैतिक मूल्यों के संकट का कोई समाधान नहीं—तो वह लेखक अपने को सबसे अधिक अकेला पाएगा। हिन्दी साहित्य में मुक्तिबोध शायद सबसे अधिक अकेले थे और

उनके अकेलेपन का साक्षी कोई दूसरा नहीं—सिर्फ़ उनकी कविताएँ थीं। यह शायद संयोग नहीं है कि अन्य हिन्दी कवियों की अपेक्षा मुक्तिबोध ने अपने लेखन में 'आत्मा' शब्द का सबसे अधिक प्रयोग किया है। आत्मा मनुष्य की सबसे आत्मीय चीज़ है—और सबसे अँधेरी। वह व्यक्ति से बँधी होकर भी वैयक्तिक नहीं है, किन्तु वह किसी समूह के घेरे में भी नहीं आती, क्योंकि वह मुड़कर हर व्यक्ति की निजी अन्दरूनी प्राणवत्ता में वास करती है। आत्मा का अपना लैंडस्केप है। लैंडस्केप की विशेषता यह है कि वह भूमि का खंड होते हुए भी सिर्फ़ भूमि का खंड नहीं है, वह आँख द्वारा देखा गया दृश्य है, जो उस एक निर्वैयक्तिक लैंड को एक आत्मीय लैंडस्केप में बदलता है। मुक्तिबोध जब व्यक्ति और समाज से हताश होकर अपनी कविता की ओर मुड़ते हैं—तो देखनेवाली आँख, जो अनुभवों का अँधेरा अपने साथ लाई थी—ख़ुद उनकी कविता के लैंडस्केप में चमकती दिखाई देती है—एक ऐसा सूरज, जिसकी ओट में मुक्तिबोध के संशयों का अँधेरा छिपा था। हम ख़ुद अपनी आँख नहीं देख सकते—सिर्फ़ बाहर की दुनिया देखते हैं, किन्तु कविता में जो दुनिया दिखाई देती है, क्या वह ख़ुद देखनेवाली आँख नहीं है, जो अनुभव के भूखंड को आत्मा के लैंडस्केप में बदलती है? वह एकदम नहीं बदलती—बीच में एक लम्बा रास्ता है—उनके अनुभव से आत्मा की ओर जाता हुआ, जिसे कोई और नहीं, स्वयं मुक्तिबोध की कहानियाँ तय करती हैं।

शायद यही कारण है कि मुक्तिबोध की कहानियाँ असल में कहानियों-सी नहीं दीखतीं। अनुभव का क्षेत्र वही है, जिस पर 'नई कहानी' ने इतने हो-हल्ले के साथ हमला किया था—बेकारी, ग़रीबी, संयुक्त परिवारों की घुटन, मृत्यु, आत्महत्या—ये सब पहचाने तत्त्व मुक्तिबोध की कहानियों में मौजूद हैं। किन्तु जहाँ /ध्दूसरे कथाकार इन तत्त्वों के सहारे कहानी में गतिमयता का संचार करते हैं, मुक्तिबोध इससे बिलकुल विपरीत कहानी के प्रवाह को रोककर इन सब तत्त्वों को जैसे का तैसा जड़ित, जमी हुई, मूर्च्छित अवस्था में छोड़ देते हैं—मानो उन्होंने चीज़ों के संचारी जीवन को क्षणभर के लिए 'फ्रीज़' कर लिया हो, ताकि वह मन की प्रयोगशाला में उन तत्त्वों का एक-एक करके परीक्षण कर सकें, जिनके सम्मिश्रण से 'वेदना' बनती है। यदि आत्मा का उल्लेख बार-बार उनकी कविता में होता है, तो वेदना की छाया उनकी कहानियों पर मँडराती है। मुक्तिबोध की कहानियाँ—यदि हम सचमुच उन्हें कहानियाँ कह सकें, इस सर्वव्यापी वेदना को

पात्रों या घटनाओं द्वारा उतना व्यक्त नहीं करतीं—वह सड़क के दोनों ओर एक ठहरे, पथराए काल-खंड की तरह छाई रहती है—जिसके बीच मुक्तिबोध के पात्र अपने या दूसरों से बात करते हुए निकल जाते हैं। यह अद्भुत बात है कि मुक्तिबोध की कहानियों में सब कुछ स्थिर है, सिर्फ़ बात चलती है। यह चलती हुई बात ज़िन्दगी की ठहरी हुई बात को समझना चाहती है, उसकी परत-दर-परत खोलती जाती है। किसी एक कहानी में यदि एक परत खुलती है, तो दूसरी कहानी में उसी बात की दूसरी परत—जब तक बात पूरी नहीं होगी, कहानी कैसे समाप्त होगी? इसलिए मुक्तिबोध की कोई कहानी साफ़-सुथरी, सम्पूर्ण रचना नहीं बन पाती। वह एक भटकती हुई आत्मा की डायरी है। डायरी में हर सत्य अगले पन्ने के सत्य की प्रतीक्षा में अधूरा पड़ा रहता है—अधूरा और प्रतीक्षारत। मुक्तिबोध की कहानियाँ प्रतीक्षा करती हुई कहानियाँ हैं।

वे किस चीज़ के होने की प्रतीक्षा कर रही हैं? इसका उत्तर हमें उनकी कहानियों के कथ्य में नहीं, बल्कि उनके कथ्य-स्थल में ढूँढ़ना होगा। मुक्तिबोध मूलतः कवि थे, किन्तु उनका गद्य—वे कहानियाँ हो या डायरी—उससे बहुत दूर हैं, जिसे हम काव्यात्मक या लिरिकल गद्य कहते हैं। उलटे उसमें एक पठार-सी कठोरता और पथरीलापन है, जिसे पढ़कर कोई कल्पना नहीं कर सकेगा कि वह एक ऐसे कवि का गद्य है, जिसकी मूल संवेदना कविता में व्यक्त होती है। किन्तु वह कहानीकारों का गद्य भी नहीं है, जिसमें पात्रों की नियति घटनाओं द्वारा उद्घाटित होती है। मुक्तिबोध की कहानियों में उद्घटित कुछ भी नहीं होता, पहले-पहले वाक्य से अन्तिम पूर्णविराम तक सब कुछ सपाट, निश्चित, पूर्वनिर्धारित जान पड़ता है—मध्यवर्ग की ज़िन्दगी-सा—जिसमें कुछ भी नहीं बदलता, जो है, वह पहले भी था, और हमेशा रहेगा—एक अनवरत, अन्तहीन चक्कर में घूमता चक्र। किन्तु यदि सब कुछ पूर्वनिर्धारित है, तो उम्मीद और इन्तज़ार किस बात का? किस घटना के होने की तैयारी में उनकी कहानियाँ प्रतीक्षा करती जान पड़ती हैं?

यह होनेवाली घटना कोई और नहीं—कविता है। कहानियों में कविता होने की सम्भाव्य घटना। यह घटना कहानियों में होती नहीं, मुक्तिबोध का कवि एक अद्भुत कलात्मक संयम द्वारा उसे कहानी के भीतर स्थगित किये रहता है, किन्तु उसके विस्फोटक तत्त्व हमेशा उसमें मौजूद रहते हैं मानो कविता का 'टाइम बम' कहीं कहानी के कथ्यस्थल में दबा है, जिसके विस्फोटन की प्रतीक्षा में पेड़,

झाड़ियाँ, चट्टानें, सरोवर, तालाब, अँधेरी गलियाँ बर्फ़ से जमे, स्तब्ध और सहमे खड़े रहते हैं। वे स्थिर, बिना हिले-डुले खड़े रहते हैं और हम समझ नहीं पाते, वे वहाँ क्यों हैं, क्योंकि वे इतने जीवन्त और प्राणवान हैं कि हम उन्हें केवल कहानी की पृष्ठभूमि, महज़ कथ्य का बैकग्राउंड कहकर अनदेखा नहीं कर सकते, किन्तु वे इतने मूक, स्थिर और तटस्थ भी हैं कि कहानी में कहीं भी प्रत्यक्ष रूप से दख़ल नहीं देते। क्या हैं वे, जो होकर भी नहीं हैं? ज़रा ध्यान से देखने पर पता चलेगा कि वे कुछ और न होकर मुक्तिबोध के अजन्मे रूपक हैं—कहानी के ठहरे उपादान—जो होनेवाली कविता में सहसा अँधेरी गुफाओं और रहस्यमय सरोवरों में अपना दूसरा जीवन ग्रहण करते हैं—और इस बार वे स्थिर और मूक तटस्थ नहीं हैं—वे समूचा तन्तुजाल हैं, जिसमें मुक्तिबोध की कविता काँपती हुई जन्म लेती है। कहानी में जो बर्फ़ की तरह जमा दिखाई देता है—कविता में वही बिजली के करंट-सा बहता हुआ मुक्तिबोध की समूची अन्तर्यात्रा को आलोकित कर देता है।

किन्तु इससे परे एक दूसरा प्रदेश शुरू होता है—कविता का प्रदेश, जहाँ मैं इस लेख में जाने का दुस्साहस नहीं करूँगा।

रेणु : समग्र मानवीय दृष्टि

जब किसी कृति पर विभिन्न प्रकार की विरोधी धारणाएँ व्यक्त की जा चुकी हों—यहाँ तक कि उसकी आड़ लेकर वैयक्तिक स्तर पर अप्रासंगिक वाद-विवाद उठ खड़े हुए हों—तब ऐसी स्थिति में उस कृति पर सहज रूप से कुछ भी कह पाना कठिन हो जाता है। पुस्तक के सम्बन्ध में हमारी मौलिक प्रतिक्रियाओं के साफ़-सुथरे आईने पर बहस की धूल जमा हो जाती है और हम 'आलोचना के मानदंडों' से इतने अधिक संत्रस्त हो जाते हैं कि हमें स्वयं अपनी अनुभूतियों पर अविश्वास होने लगता है। अतः यह आकस्मिक नहीं कि 'परती : परिकथा' पर मेरे अनेक साहित्यिक मित्रों ने समय-समय पर अपनी राय बदली है (या एक ही समय दो परस्पर विरोधी धारणाएँ व्यक्त की हैं!)। यह कहना कठिन है कि ये 'विचार-परिवर्तन' हमेशा 'परिकथा' के आत्यन्तिक महत्त्व के आधार पर ही हुए हों। यह उलझाव किसलिए?

ज़ाहिर है, इसका कारण 'परिकथा' की कथावस्तु या शिल्प का उलझाव नहीं है, क्योंकि प्रस्तुत पुस्तक के सम्बन्ध में जो भी मतभेद रहा हो, उस पर दुरूहता या अस्पष्टता का आरोप शायद ही किसी ने लगाया है। वस्तुतः इस उलझाव का कारण 'परिकथा' में न होकर हमारी आज की आलोचना-पद्धति, साहित्य के तथाकथित

मानदंडों में सन्निहित है। 'परती : परिकथा' के मूल्यांकन में उसकी प्रशंसा और भर्त्सना करते हुए जो अतिरंजित विशेषण प्रयोग किये गए हैं, उसे देखकर लगता है मानो उसके गुण-दोषों का तो विश्लेषण कम हुआ है, आलोचकों ने उसे अपने सैद्धान्तिक मानदंडों के अमूर्त चौखटों (एब्सट्रैक्ट कैटेगरीज़) में फिट करने का प्रयत्न ही अधिक किया है।

'परती : परिकथा' हिन्दी उपन्यासों की परम्परागत पद्धति से भिन्न है (हालाँकि 'मैला आँचल' के बाद रेणु के कथा-शिल्प में कोई विशेष परिवर्तन नहीं दिखाई देता)। उसके प्रति हमारा दृष्टिकोण भी पुरानी लीकों से हटकर होगा। समूचा उपन्यास पढ़ जाने के बाद लगता है, जैसे हम किसी गाँव का अद्‌भुत विचित्र 'कार्निवल' देख आए हैं। अनेकानेक रंगों, गंधों, सुरों की हहराती धारा हमारे बीच बहकर आगे बढ़ गई है, अनेक व्यक्तियों की असंगतियों, सुख-दुःख, हास-विलास से हमने अपने को सम्पृक्त किया है; किन्तु ये चेहरे, रंग और सुर अपने में महत्त्वपूर्ण नहीं हैं—महत्त्वपूर्ण है इस 'कार्निवल' की गतिमयता, अविरल प्रवाह की कलकल, हवा में उड़ते रंगों की आभा, एक मायावी लय जो समस्त व्यक्तियों और घटनाओं के बीच गुज़रती हुई हमारे मस्तिष्क और हृदय को आलोड़ित कर देती है।

कहा गया है कि 'परती : परिकथा' में केवल कच्चा माल है, उसमें किसी प्रकार का जीवन दर्शन नहीं, कोई शृंखलाबद्ध योजना नहीं। उसमें किसी केन्द्रीय सूत्र का सर्वथा अभाव है। सहसा मन में प्रश्न उठता है—क्या ये तत्त्व 'मैला आँचल' में विद्यमान हैं? यदि नहीं, तो क्या हम यह मान लें (जो हमें मानना चाहिए, यदि हमारी समीक्षा-पद्धति तर्कसंगत है) कि 'मैला आँचल' उपन्यास के स्वीकृत मानदंडों पर खरा नहीं उतरता।

लगता है, अब तक 'मैला आँचल' की केवल भावुकतापूर्ण प्रशंसा की गई है, उसके द्वारा रेणु ने हिन्दी उपन्यास के रचना-विधान और कथाशिल्प के क्षेत्र में जो परिवर्तन किये हैं, नये मोड़ लिये हैं, उनके आधार पर हमने अपने रूढ़िगत मानदंडों को परिवर्तित या परिमार्जित करना उचित नहीं समझा। यदि ऐसा किया होता, तो रेणु के कथा-शिल्प' के सम्बन्ध में जो बहस 'मैला आँचल' पर समाप्त हो जानी चाहिए थी, उसे नये सिरे से 'परती : परिकथा' पर आरम्भ करने की आवश्यकता अनुभव न होती।

औपन्यासिक कला-शिल्प, कथा-संयोजन तथा चरित्र-गठन के प्रति—हर सजग लेखक की तरह—रेणु का अपना विशिष्ट दृष्टिकोण और आग्रह है, जो 'मैला आँचल', 'परती : परिकथा' तथा उनके आगामी उपन्यासों में भी अवश्य मौजूद रहेगा, इस पर आपत्ति करना हर कलाकार के विशिष्ट कलात्मक व्यक्तित्व को ही अस्वीकार करना होगा। पहले उपन्यास की कथावस्तु, पात्रों की मानसिक उथल-पुथल, समस्याएँ तथा संवेदनाएँ दूसरे उपन्यासों में बदल सकती हैं, उनके प्रति लेखक का विशिष्ट कलात्मक आग्रह अथवा शिल्पगत दृष्टिकोण नहीं (जब तक लेखक उसे स्वयं बदलने की आवश्यकता महसूस न करे)। इस दृष्टि से 'परती : परिकथा' को 'मैला आँचल' की पुनरावृत्ति कहना उतना ही निरर्थक जान पड़ता है, जितना यदि हम वर्जीनिया वुल्फ़ के 'टू द लाइट हाउस' को केवल इस आधार पर 'मिसेस डे लोवे' की पुनरावृत्ति कहें कि दोनों उपन्यासों में एक ही प्रकार का कथा-शिल्प दिखाई देता है। क्या यह बात भी समझाकर कहनी होगी कि रेणु ही दोनों उपन्यासों के रचयिता हैं, अत: दूसरे उपन्यास में कम-से-कम उसकी पुनरावृत्ति होना अनिवार्य है?

किन्तु जहाँ एक ओर दोनों उपन्यासों के रूप-विधान और रचना-गठन के बाह्य तत्त्व एक-दूसरे से मिलते-जुलते हैं, वहाँ 'परिकथा' का सामाजिक परिवेश न केवल 'मैला आँचल' से अधिक व्यापक है, बल्कि उसका स्वरूप और आन्तरिक प्रक्रियाएँ भी मूलत: भिन्न दिखाई देती हैं। राष्ट्रीय-आन्दोलन का ज्वार उतरने के बाद स्थायित्व के जिस वातावरण में परानपुर का ग्राम्य-जीवन चित्रित किया गया है, उसमें अनेक अन्तर्विरोधी तत्त्व विराजमान हैं, जो विभिन्न वर्गों और राजनीतिक दलों में एक गहरा तनाव-सा उत्पन्न करते हैं। इस तनाव के जो बीज 'मैला आँचल' में राष्ट्रीय आन्दोलन की उच्छल प्राणधारा तले दबे-से रह गए थे, वे 'परिकथा' में अधिक स्पष्ट और विकसित रूप में प्रकट हुए हैं। लैंड-सर्वे, कोसी प्रोजेक्ट, सर्वोदय इत्यादि आन्दोलन जहाँ इस तनाव को अधिक प्रखर और सुनिश्चित रूप प्रदान करते हैं, वहाँ दूसरी ओर वे एक विशाल 'सीसमोग्राफ़' के रूप में भी प्रयुक्त किये जा सकते हैं, जिसके द्वारा हम परानपुर के सामाजिक धरातल की परतों के भीतर छिपी वैयक्तिक स्वार्थों की टकराहट, राजनीतिक दलों की अवसरवादिता, और उच्च आदर्शों के पीछे दबी क्षुद्र, ओछी लिप्साएँ देख सकते हैं।

किन्तु इस कलह-क्लेश के बावजूद परानपुर में भी पूर्णिमा का चाँद उगता है। लाजमयी और मलारी का गीत-स्वर परती की सफ़ेद बालू पर पंख फड़फड़ाता हुआ उड़ता है। पाँचों कुंडों में पाँच चाँद रात-भर झिलमिलाते हैं, शरद की चाँदनी में पहाड़ से उतरनेवाले पक्षियों की पहली पाँत उतरती है—चाँदनी की यह स्वप्लिन संगीतमयता 'परिकथा' में आद्योपांत छाई रहती है।

इस तनाव और उल्लास के दो कूलों के बीच परानपुर के निवासियों की जीवनधारा अविरल रूप से प्रवहमान है। भवेशनाथ के कैमरे के 'व्यूफ़ाइंडर' से हम परानपुर गाँव का केवल धूसर, वीरान प्रान्तर, बंध्या धरती और बालुचरों की अन्तहीन श्रृंखला देख सकते हैं। वह सचमुच कैमरे की आँख है। किन्तु परती के आँचल तले पलते जनपद को, गाँवों के लोगों की आत्मा को कैमरे की आँख नहीं देख सकती, कलाकार की अन्तर्दृष्टि ही वहाँ तक पहुँच पाने में समर्थ हो सकती है।

रेणु की यह दृष्टि उपन्यासकार की दृष्टि है जो छोटी-छोटी घटनाओं को अद्‌भुत नाटकीयता प्रदान करती है। इन घटनाओं के माध्यम से रेणु ने ठोस, जीवन्त कथा-पात्रों (फ़िक्शनल कैरेक्टर्स) की सृष्टि की है, और यह उनकी महत्त्वपूर्ण उपलब्धि है। साधारण, रोज़मर्रा की घटनाओं के महीन सूत्रों द्वारा कुछ गम्भीर सत्यों को उद्‌घाटित करना, उनके माध्यम से पात्रों की आकांक्षाओं और असंगतियों को अभिव्यक्त करना सचमुच एक कठिन समस्या है। हमेशा यह ख़तरा बना रहता है कि कहीं लेखक अपनी निरपेक्ष दृष्टि से च्युत होकर एक स्थूल, इतिवृत्तात्मक दृष्टिकोण न अपना ले। यह केवल हवाई ख़तरा नहीं है। पिछले वर्षों में हिन्दी उपन्यास का दुर्भाग्य ही यह रहा है कि लेखक अपने को 'सोशलॉजिस्ट' पहले समझता है—कलाकार बाद में। फिर चाहे उपर्युक्त दृष्टिकोण प्रच्छन्न रूप में मनोवैज्ञानिक अन्तर्द्वंद्वों द्वारा प्रदर्शित हो ('नदी के द्वीप') या सामाजिक विषमताओं के सम्बन्ध में लम्बी सैद्धान्तिक बहसों के रूप में ('बूँद और समुद्र', 'जयवर्धन')। यह एक अजीब 'कॉम्प्लेक्स' है, जिससे न्यूनाधिक मात्रा में हर लेखक पीड़ित दिखाई पड़ता है। यथार्थ के प्रति यह विकृत, विक्टोरियन दृष्टिकोण अधिकांश उपन्यासकारों के कलात्मक व्यक्तित्व को कुंठित-सा कर देता है। बाहरी नियंत्रण (एक्सटर्नल रेजिमेंटेशन) का विरोध किया जा सकता है, क्योंकि हम उसके प्रति सजग हैं, किन्तु यथार्थ के प्रति यह 'सैद्धान्तिक' दृष्टिकोण एक अन्दरूनी विकार (इनर रेजिमेंटेशन) उत्पन्न करता है, जो स्थूल रूप से दिखाई नहीं देता, इसलिए और भी अधिक घातक है।

इस सन्दर्भ में रेणु से—एक कलाकार की हैसियत से—कोई जीवन-दर्शन प्राप्त करने की माँग करना सर्वथा अनुचित और असंगत जान पड़ता है। हमारी आलोचना-पद्धति की 'ट्रेजेडी' ही यह रही है कि हम हर कलाकार से एक 'जीवन-दर्शन' की माँग करते हैं। एक उपन्यास (या कोई भी कलाकृति) हमारी अन्तर्दृष्टि की सम्भावनाओं को अधिक व्यापक और संवेदनशील बनाने में समर्थ हो सके—इसी में उसकी सार्थकता निहित है। उस व्यापक दृष्टि के सहारे हम अपना जीवन-दर्शन स्वयं खोज सकें—यह अलग बात है।

'परती : परिकथा' की सबसे बड़ी शक्ति शायद यही है कि सतही तौर से हमें जहाँ बिखराव या विश्रृंखलता दिखाई देती है, उसके पीछे परानपुर की समस्त विशेषताएँ और असंगतियाँ, हर छोटे-से-छोटे प्राणी का दु:ख-सुख, जीते-जागते, लड़ते-झगड़ते जीवित मनुष्यों की गाथा के दर्शन होते हैं। मुंशी जलधारीदास, लुत्तो, मलारी, सामबीत्ती, पीसी जैसे उपेक्षित नगण्य पात्रों के व्यक्तिगत झगड़ों, नैतिक कमज़ोरियों और आह्लाद-उल्लास के बृहत् कैनवस पर रेणु ने ग्राम-जीवन का (एक मिनिएचर के रूप से) जो ठोस, संश्लिष्ट और विविध रंगों से गुम्फित चित्र प्रस्तुत किया है, वह अपने में अद्वितीय है। यहाँ तक कि भिम्मल मामा के अनर्गल प्रलाप द्वारा हम गाँव के जिन मीठे-कड़वे सत्यों को देख पाते हैं, वे कदाचित् उन लम्बी, उबा देनेवाली सैद्धान्तिक बहसों से उपलब्ध नहीं कर पाते, जिनका बाहुल्य आज के अनेक हिन्दी उपन्यासों में दिखता है। ये चित्र इतने मांसल और उनकी समस्याएँ इतनी विश्वसनीय हैं कि कभी-कभी यह भ्रम होने लगता है कि वे स्वत: चालित हैं, उनके पीछे कोई 'चालकशक्ति' ही नहीं है। कलाकृति में यह भ्रम—इल्यूज़न—जिसके द्वारा हम 'चालकशक्ति' को भूलकर अपने को हाड़-मांस के जीवन्त प्राणियों के दु:ख-सुख से एकीकृत कर सकें—शायद उसकी सबसे बड़ी सफलता है।

किन्तु इस सफलता के बावजूद क्या रेणु अपने को समस्त आग्रहों से मुक्त रखने में समर्थ हुए हैं? लगता है, जैसे जित्तन की सृष्टि करने में उनकी निरपेक्ष, कलात्मक दृष्टि लड़खड़ा गई है—वह उनके उपन्यास की सबसे निर्बल कड़ी है। उपन्यासकार का प्राथमिक उद्देश्य जीवन्त, स्पन्दनशील पात्रों की सृष्टि करना है और उसमें रेणु को अत्यधिक सफलता प्राप्त हुई है, किन्तु यह उसका केवल 'प्राथमिक उद्देश्य' है, सम्पूर्ण उपलब्धि नहीं। (यह बात दूसरी है कि हिन्दी के अनेक प्रमुख उपन्यासकार इस 'प्राथमिक उद्देश्य' को प्राप्त करने में भी सफल नहीं होते)।

किन्तु एक महान् लेखक इससे आगे जाता है—यथार्थ के प्रति एक गहन संवेदना तथा निर्वैयक्तिक और निरपेक्ष दृष्टिकोण की प्राप्ति के लिए अपने पूर्वग्रहों से जूझता है; आत्म-संघर्ष के इस ऊँचे स्तर पर ही वह सही अर्थों में स्रष्टा बन पाता है—कला की यह सम्पूर्ण उपलब्धि है।

जित्तन को रेणु की सहानुभूति प्राप्त हुई है। कलाकार ने उसके द्वारा अपनी संवेदनाओं को अभिव्यक्त करने का प्रयास किया है—यह अपने में बिलकुल उचित है। कथाकृति के किसी एक केन्द्रीय पात्र की समस्याओं और संवेदनाओं के द्वारा हर लेखक अपनी समस्याओं को चित्रित करने में स्वतंत्र है—टॉल्स्टॉय के 'पियेर' और 'लेविन' इसके जीते-जागते सफल उदाहरण हैं। किन्तु इसके लिए कलाकार को अनिवार्य रूप से दो शर्तें पूरी करनी चाहिए। पहली—यह कि वह पूरी निर्ममता तथा तटस्थरता से अपने इस 'केन्द्रीय पात्र' की निर्बलताओं, अन्तर्द्वंद्वों तथा मानसिक उलझनों को चित्रित करे—उसके केवल एक या दो पहलुओं को उजागर करने में ही अपनी सार्थकता न समझ ले। दूसरे—अन्य प्राणियों के प्रति वह उतना ही संवेदनशील रह सके जितना वह अपने प्रिय पात्र के प्रति है।

कहना न होगा कि जित्तन के चरित्र-गठन में बहुत बड़ी सीमा तक रेणु इन दोनों शर्तों को पूरा करने में असमर्थ रहे हैं। लुत्तो से लेकर मक़बूल तक जितने भी प्रतिस्पर्धी पात्र हमारे सामने आते हैं, वे जीवन्त और स्पन्दनशील प्राणी होने के बावजूद जित्तन बाबू की तुलना में विकलांग, निकृष्ट और विकृत दिखाई देते हैं। जित्तन का जितना गहरा लगाव, 'ट्रैक्टर' से है, उतना ही शायद वह परानपुर की धरती से दूर है। उसमें अभिजात वर्ग का सन्तुलन है, जो लुत्तन-जैसे निम्नवर्गीय, स्वार्थपरक व्यक्तियों में लुप्त हो चुका है, किन्तु यह सन्तुलन आत्म-मन्थन, मानसिक अन्तर्द्वंद्वों अथवा सत्य-असत्य के नैतिक प्रश्नों के अनिश्चय से उत्पन्न हुए हृत्-आलोड़न का परिणाम नहीं है। वह तो जित्तन के चरित्र का 'एरिस्टोक्रेटिक ट्रेट' है, जिसके आधार पर रेणु ने उसे धूल में सने लड़ते-झगड़ते प्राणियों के 'असन्तुलन' से उत्कृष्ट सिद्ध करने का प्रयास किया है।

रेणु ने जित्तन के इर्द-गिर्द जो स्वप्नजाल बुना है, उसके भीतर ताजमनी और इरावती जैसी नारियों को गहन संवेदना के स्थान पर मिली है रेणु की कोरी भावुकतापूर्ण सहानुभूति, जिसके परिणामस्वरूप वे शरत् बाबू के नारी पात्रों की पीली छायाएँ-सी दिखाई देती हैं। जित्तन के इस स्वप्नजाल पर मिसेज़ रोडवुड की

डायरी के पन्ने भी टँगे हैं जो उपन्यास के उत्तरार्द्ध को अत्यन्त भावुकतापूर्ण, निर्बल और अविश्वसनीय बना देते हैं।

किन्तु इन कमियों और दोषों के बावजूद रेणु ने 'परती : परिकथा' में समाज के बदलते सन्दर्भ में व्यक्तियों की उत्तरोत्तर अधिक संश्लिष्ट होनेवाली मानसिक प्रक्रियाओं और नैतिक दबावों का जो चित्रण किया है, सामाजिक-राजनीतिक आन्दोलनों के सूत्रों की जिन आकांक्षाओं और दुर्बलताओं को पिरोया है, वह अपने में सराहनीय है।

'परती : परिकथा' का 'बिखराव' रेणु के कथाशिल्प का एक विशिष्ट प्रयोग है, जो उन्होंने ग्राम्य जीवन के वैविध्यपूर्ण, सर्वांगीण और परिवर्तनशील मानवीय सम्बन्धों को अभिव्यक्त करने के लिए अपनाया है—यही कारण है कि उपन्यास का हर पात्र, चाहे थोड़े समय के लिए ही हमारे सम्मुख आए, हमारे मानस-पटल पर अपने व्यक्तित्व की अमिट छाप छोड़ जाता है। 'कार्निवल' के कोलाहल में हम उनकी आवाज़ों को, लोगों की भीड़ में उनके चेहरों को आसानी से पहचान सकते हैं। हम उनके क्रियाकलापों को अन्य व्यक्तियों और घटनाओं के सन्दर्भ में आसानी से परख सकते हैं। उनके जीवन के सूत्र हवा में ही नहीं लटकते रहते—परानपुर की धरती के इतिहास से उनके जीवन का वैषम्य, सुख-दुःख और संवेदनाएँ अन्तरंग रूप से जुड़ी दिखाई देती हैं। उनके भीतर 'टाइप' की समग्रता दिखती है, तो व्यक्तित्व का अलगाव भी मिलता है। अत: यह 'बिखराव' केवल एक शिल्पगत प्रयोग है। यदि वह उपन्यास में विशृंखलता या अराजकता न लाकर मानवीय सम्बन्धों को अधिक गहन और स्पष्ट रूप में अभिव्यक्त करने में समर्थ होता है, तो उसकी उपयोगिता असन्दिग्ध है। यह बात दूसरी है कि हम उपन्यास के क्षेत्र में एक ही प्रकार के 'यथार्थवादी' कथा-शिल्प को आदर्श मान बैठें और उसके प्रति हमारा आग्रह इतना प्रबल हो कि उपन्यास के रचना-विधान की अन्य समस्त पद्धतियाँ हमें निरर्थक और लक्ष्यहीन दिखने लगें।

'परती : परिकथा' में बिखराव है—मातीस के किसी चित्र के रंगों का-सा बिखराव! सतही तौर पर देखने से कैनवस पर इधर-उधर बिखरे रंग के धब्बों के अतिरिक्त कुछ भी दिखाई नहीं देता। लगता है, जैसे इन धब्बों और टूटी-फूटी रेखाओं के पीछे कोई भी चालक मस्तिष्क नहीं है, सब कुछ बेडौल और अपनढ़-सा दिखता है। किन्तु ज़रा ध्यान से देखें तो इन्हीं रंग-बिरंगे धब्बों और अनगढ़ रेखाओं

के बीच एक अद्‌भुत 'सिम्फनी' की संगीतमय धारा उमगती दिखाई देती है। यह 'सिम्फनी' और कुछ नहीं, परती की ही धूल-धूसरित, स्नेहसिक्त गाथा है, जो जीवन की गतिमयता के संगीत से स्पन्दित परानपुर के धूसर, वीरान, अन्तहीन प्रान्तर में दिन-रात बहती है। (1958)

मुझे याद है। यह लम्बा जुलूस था, जो इमरजेंसी से कुछ महीने पहले दिल्ली में निकाला गया था। जयप्रकाश जी सबसे आगे थे। हज़ारों लोग उनके पीछे उमड़े आ रहे थे। देश के कोने-कोने से लोग जुलूस में शामिल होने आए थे। मैं चलते-चलते अपनी पाँत भूल बैठा और अजनबियों के एक जत्थे में चला आया। साथ चलनेवाले सज्जन से पूछा कि वह कहाँ से आए हैं? 'बिहार से,' उन्होंने कहा और तब तुरन्त बिना कुछ सोचे हुए मैं उनसे पूछ बैठा, 'रेणुजी भी आए हैं?' उन्होंने गद्‌गद दृष्टि से मुझे देखा : 'नहीं, वह बीमार हैं। आ नहीं सके। आप उन्हें जानते हैं?'

मैं चुपचाप उनके साथ चलने लगा। 'आप उन्हें जानते हैं?' यह प्रश्न बहुत देर तक मेरे भीतर गूँजता रहा। मैं उनसे केवल दो-तीन बार मिला था, पर आज भी मैं आँखें मूँदकर उनका चेहरा हूबहू याद कर सकता हूँ—उनके लम्बे झूलते बाल, एक संक्षिप्त-सी मुस्कराहट, जो सहज और अभिजात सौजन्य में भीगी रहती थी। कुछ लोगों में एक राजसी, 'एरिस्टोक्रेटिक' गरिमा होती है, जिसका ऊँचे या नीचे वर्ग से सम्बन्ध नहीं होता—वह सीधे संस्कारों से सम्बन्ध रखती है। रेणुजी में यह अभिजात भाव एक 'ग्रेस' की तरह व्याप्त रहता था। किन्तु जिस चीज़ ने सबसे अधिक मुझे अपनी तरफ़ खींचा, वह उनका उच्छल हल्कापन था। वह छोटे-छोटे वाक्यों में संन्यासियों की तरह बोलते थे और फिर शरमाकर हँसने लगते थे। उनका 'हल्कापन' कुछ वैसा ही था जिसके बारे में चेख़ॅव ने एक बार कहा था : "कुछ लोग जीवन में बहुत भोगते-सहते हैं—ऐसे आदमी ऊपर से बहुत हल्के और हँसमुख दिखाई देते हैं। वे अपनी पीड़ा दूसरों पर नहीं थोपते, क्योंकि उनकी शालीनता उन्हें अपनी पीड़ा का प्रदर्शन करने से रोकती है।"

रेणु ऐसे ही 'शालीन' व्यक्ति थे। पता नहीं, ज़मीन की कौन-सी गहराई से उनका हल्कापन ऊपर आता था, यातना की कितनी परतों को फोड़कर उनकी मुस्कराहट में बिखर जाता था—यह जानने का मौक़ा कभी नहीं मिल सका।

वह अब नहीं हैं। मेरे लिए यह अब भी एक अख़बारी अफ़वाह है, जिस पर मैं विश्वास नहीं कर पाता। उनकी मृत्यु अभी तक मेरे लिए सत्य नहीं बनी है। मुझे हैरानी होती है कि उनकी बार-बार की बीमारी की ख़बर मुझे इस भयानक ख़बर के लिए तैयार नहीं कर पाई। हम कुछ मित्रों की बीमारी के इतने अभ्यस्त हो जाते हैं, जैसे उनकी कुछ जानी-पहचानी आदतों के—मृत्यु के साथ उनका सम्बन्ध बिठाना असम्भव और असहनीय जान पड़ता है। मुझे अपना दुःख भी असम्भव जान पड़ता है। जिस व्यक्ति को केवल दो-तीन बार देखा था, उसके न रहने से मुझे अपनी लिखने की दुनिया इतनी सूनी और सुनसान जान पड़ने लगेगी, मैंने कभी ऐसा नहीं सोचा था।

अब सोचता हूँ, तो समझ में आता है, हमारी चीज़ों को चाहे बहुत लोग पढ़ें, किन्तु हम लिखते बहुत कम लोगों के लिए हैं। मैं जिन लोगों को ध्यान में रखकर लिखता था, उनमें रेणु सबसे प्रमुख थे। मैं हमेशा सोचता था—पता नहीं, मेरी यह कहानी, यह लेख, यह उपन्यास पढ़कर वह क्या सोचेंगे। यह ख़याल ही मुझे कुछ छद्म और छिछला, कुछ दिखावटी लिखने से बचा लेता था। कुछ लोग हमेशा हम पर सेंसर का काम करते हैं—सत्ता का सेंसर नहीं, जिसमें भय और धमकी छिपी रहती है—किन्तु एक ऐसा सेंसर, जो हमारी आत्मा और 'कॉन्शस', हमारे रचना-कर्म की नैतिकता के साथ जुड़ा होता है। रेणुजी का होना, उनकी उपस्थिति ही एक अंकुश और वरदान थी। जिस तरह कुछ साधु-संतों के पास बैठकर ही असीम कृतज्ञता का अहसास होता है, हम अपने भीतर धुल जाते हैं, स्वच्छ हो जाते हैं, रेणुजी की मूक उपस्थिति हिन्दी साहित्य में कुछ ऐसी ही पवित्रता का बोध कराती थी।

वह समकालीन हिन्दी साहित्य के संत-लेखक थे।

यहाँ मैं 'संत' शब्द का सबसे मौलिक और प्राथमिक अर्थों में इस्तेमाल कर रहा हूँ—एक ऐसा व्यक्ति जो दुनिया की किसी चीज़ को त्याज्य और घृणास्पद नहीं मानता—हर जीवित तत्त्व में पवित्रता और सौन्दर्य और चमत्कार खोज लेता है—इसलिए नहीं कि वह इस धरती पर उगनेवाली कुरूपता, अन्याय, अँधेरे और

आँसुओं को नहीं देखता, बल्कि इन सबको समेटनेवाली अबाध प्राणवत्ता को पहचानता है; दलदल को कमल से अलग नहीं करता, दोनों के बीच रहस्यमय और अनिवार्य रिश्ते को पहचानता है। सौन्दर्य का असली मतलब मनोहर चीज़ों का रसास्वादन नहीं, बल्कि गहरे अर्थ में चीज़ों के पारस्परिक, सार्वभौमिक, दैवी रिश्ते को पहचानना होता है—इसलिए उसमें एक असीम साहस और विवेक तथा विनम्रता छिपी रहती है। इस अर्थ में हर संत व्यक्ति अपनी अन्तर्दृष्टि में कवि और हर कवि अपने सृजनात्मक कर्म में संत होता है। रेणुजी का समूचा लेखन इस रिश्ते की पहचान है, इस पहचान की गवाही है और यह गवाही वह सिर्फ़ अपने लेखन में ही नहीं, ज़िन्दगी के नैतिक फ़ैसलों, न्याय और अन्याय, सत्ता और स्वतंत्रता की संघर्षभूमि में भी देते हैं।

रेणुजी की इस पहचान से सौन्दर्य की नैतिकता उतनी ही महत्त्वपूर्ण है जितनी नैतिक अन्तर्दृष्टि की संवेदना। दोनों के भीतर एक रिश्ता है, जिसके एक छोर पर 'मैला आँचल' है, तो दूसरे छोर पर है जयप्रकाश जी की सम्पूर्ण क्रान्ति। दोनों अलग-अलग नहीं हैं—वे एक ही स्वप्न, एक लालसा, एक 'विज़न' के दो पहलू हैं। एक-दूसरे पर टिके हैं। कलात्मक 'विज़न' और क्रान्ति, दोनों की पवित्रता उनके समग्र दृष्टि में निहित है, सम्पूर्णता की माँग करती है : एक ऐसी सम्पूर्णता, जो समझौता नहीं करती, भटकती नहीं, सत्ता के टुकड़ों पर या कोरे सिद्धान्तों की आड़ में अपने को दूषित नहीं करती। वह एक ऐसा मूल्य है जो खुली हवा में साँस लेता है और इसलिए अन्तिम रूप से पवित्र और सुन्दर और स्वतंत्र है।

यह आकस्मिक नहीं था कि रेणुजी की इस समग्र मानवीय दृष्टि को अनेक जनवादी और प्रगतिवादी आलोचक सन्देह की दृष्टि से देखते थे—कैसा है यह अजीब लेखक, जो ग़रीबी की यातना के भीतर भी इतना रस, इतना संगीत, इतना आनन्द छक सकता है! सूखी, परती ज़मीन के उदास मरुस्थल में सुरों, रंगों और गंधों की रासलीला देख सकता है, सौन्दर्य को बटोर सकता है, आँसुओं को परख सकता है, किन्तु उसके भीतर से झाँकती धूल-धूसरित मुस्कान को देखना नहीं भूलता—एक सौन्दर्यवादी की तरह नहीं, जो सुन्दरता को अन्य जीवन्त तत्त्वों से अलग करके उनका रसास्वादन करता है।

रेणु एथीस्ट नहीं थे। किन्तु वह हाय-हाय करते, छाती पीटते प्रगतिशील लोगों के आडम्बर से बहुत दूर थे, जो मनुष्य की यातना को उसके समूचे जीवन

से अलग करके अपने सिद्धान्तों की लेबोरेटरी में एक रसायन की तरह इस्तेमाल करते हैं। कितनी बड़ी विडम्बना थी कि मार्क्सवादी आलोचक, जिन्हें सबसे पहले रेणुजी के महत्त्व को पहचानना था, अपने थोथे नारों में इतना आत्मलिप्त हो गए कि जनवादिता की दुहाई देते हुए सीधे अपनी नाक के नीचे जीवन्त जनवादी लेखक की अवहेलना करते रहे। किन्तु यहाँ मैं ग़लत हूँ। यह विडम्बना नहीं थी। यह एक ऐसी दृष्टि की भयानक परिणति थी जो एक तरफ़ अपने को प्रगतिशील घोषित करती थी, दूसरी तरफ़ बिहार के जन-आन्दोलन को फ़ासिस्ट और जयप्रकाश जी को देशद्रोही करार दे सकती थी : वह दृष्टि जो शब्दों के साथ इतना सिनिकल ढंग से बलात्कार कर सकती है, यदि वे रेणुजी को प्रतिगामी, सौन्दर्यवादी लेखक प्रमाणित करने की कोशिश करें तो हमें क्षोभ अवश्य हो, आश्चर्य नहीं होना चाहिए।

रेणुजी ने बहुत निकट से मनुष्य की पीड़ा, मजबूरी और ग़रीबी को देखा था, इसलिए वह उसके साथ कोई सैद्धान्तिक खिलवाड़ नहीं कर पाते थे। साहित्य में वह ऐसी उम्र में आए थे जब अनेक लेखक बहुत-सी किताबें लिख चुके होते हैं। वह अपने साथ अनुभवों की पूरी सम्पदा लाए थे। ये अनुभव उनके उपन्यासों में इतने ताज़े और तात्कालिक जान पड़ते हैं कि लगता है कि जैसे उनके पात्रों में मिट्टी के ज़र्रे चिपके हैं, जिन्हें अभी-अभी उन्होंने धरती से निकालकर अपनी कथाओं में पिरोया है। उन्होंने जिस सूक्ष्म संवेदना और गहरे लगाव से बिहार के एक अंचल पूर्णिया की ज़मीन को कुरेदा था, उसके फैलाव को महीन और मांसल छवियों में ध्वनित किया था, उसके लिए गद्य की भाषा को अप्रत्याशित रूप से काव्यात्मक मुहावरे में ढाला था, वह हिन्दी-उपन्यास में अभूतपूर्व घटना थी। अभूतपूर्व इस अर्थ में नहीं कि उनके पूर्व किसी अन्य लेखक ने अपने गाँव या क्षेत्र पर उपन्यास नहीं लिखे थे। अनेक कथाकारों का नाम लिया जा सकता है, जिन्होंने उनसे पहले भी आंचलिक उपन्यास लिखे थे। रेणु का स्थान यदि अपने पूर्ववर्ती और समकालीक आंचलिक कथाकारों से अलग और विशिष्ट हैं तो वह इसमें है कि आंचलिक उनका सिर्फ़ परिवेश था, उसके भीतर बहती जीवनधारा स्वयं अपने अंचल की सीमाओं का उल्लंघन करती थी। रेणु का महत्त्व उनकी आंचलिकता में नहीं, आंचलिकता के अतिक्रमण में निहित है। बिहार के एक छोटे भूखंड की हथेली पर उन्होंने समूचे उत्तरी भारत के किसान की नियति-रेखा को उजागर किया था। यह रेखा किसान की क़िस्मत और इतिहास के हस्तक्षेप

के बीच गूँथी हुई थी, जहाँ गांधीजी का सत्याग्रह-आन्दोलन, सोशलिस्ट पार्टी के आदर्श, किसान-सभाओं की मीटिंगें अलग-अलग धागों से रेणु का संसार बुनती हैं। सैकड़ों पात्र आते हैं, जाते हैं—उनकी गति, उनका ठहराव, उनकी ऊहापोह और आत्मसंघर्ष एक पूरी 'इमेज' हम पर अंकित कर जाता है। सिनेमा के पर्दे पर हम जैसे आइंस्टाइन की फ़िल्मों में व्यक्ति और समूह, चलती हुई भीड़ में स्तब्ध चेहरे और उनका गत्यात्मक द्वंद्व, हलचल और तनाव देखते हैं; बिलकुल वैसे पूर्णिया के पर्दे पर उसकी पीठिका में हम भारतीय ग्रामवासी और इतिहास के बीच मुठभेड़ और टकराव की गड़गड़ाहट सुनते हैं। एक ऐसा क्षण आता है जब पात्र और पीठिका में कोई अन्तर नहीं रहता—दोनों एक-दूसरे में इतना गुँथ जाते हैं कि मनुष्य, धरती और इतिहास के बीच सीमाएँ घुल-सी जाती हैं किन्तु आपसी मुठभेड़ से जो बिजली चमकती है, बिहार के अवसन्न, धूलभरे आकाश में जो चिंगारी कौंधती है, रेणु ने कैमरे की आँखों से उसे अपनी जीवन्त फड़फड़ाती तात्कालिकता में पकड़ने की कोशिश की थी।

यह अद्भुत ड्रामा था। शायद ही किसी हिन्दी उपन्यासकार ने उपन्यास की 'नैरेटिव' परम्परा को झिंझोड़कर उसे प्रेमचन्दीय ढाँचे से बाहर निकालकर इतना नाटकीय, इतना लचीला, इतना काव्यात्मक बनाया था जितना रेणु ने और यह नाटकीयता, यह कविता अलंकारमय और कृत्रिम नहीं थी, क्योंकि परम्पराग्रस्त किसान और आधुनिक ऐतिहासिक आन्दोलन के बीच जिस मुठभेड़ को रेणु ने अपना विषय बनाया था, उसमें पहले से ही बारूदी नाटकीयता विद्यमान थी। उसमें सिर्फ़ दियासलाई लगाने की देर थी।

रेणु ने जिस तीली से किसान के उदास, धूल-धूसरित क्षितिज में छिपी नाटकीयता को आलोकित किया था, उसी तीली से हिन्दी के परम्परागत यथार्थवादी उपन्यास के ढाँचे को भी एकाएक ढहा दिया था। मेरे विचार में यह रेणु की अविस्मरणीय देन और उपलब्धि है। 'मैला आँचल' और 'परती : परिकथा' महज़ उत्कृष्ट आंचलिक उपन्यास नहीं हैं, वे भारतीय साहित्य में पहले उपन्यास हैं जिन्होंने अपने ढंग से, झिझकते हुए, भारतीय उपन्यास को एक नई दिशा दिखाई थी, जो यथार्थवादी उपन्यास के ढाँचे से बिलकुल भिन्न थी। उन्होंने उपन्यास की नैरेटिव, कथ्यात्मक परम्परा को तोड़ा था—उसे अलग-अलग 'एपिसोड' में बाँटा था, जिन्हें जोड़नेवाला धागा कथा का सूत्र नहीं, परिवेश का ऐसा

लैंडस्केप था जो अपनी आत्यन्तिक लय में उपन्यास को रूप और फ़ॉर्म देता है। रेणुजी के यहाँ समय में बँधी घटनाएँ नहीं, ऊबड़-खाबड़ ज़िन्दगियों की यह लय, यह स्पन्दन उपन्यास के हिस्सों को एक-दूसरे से जोड़ता है। रेणुजी पहले कथाकार थे जिन्होंने भारतीय उपन्यास की जातीय सम्भावनाओं की तलाश की थी; शायद सजग रूप से नहीं; शिल्प और सिद्धान्त के स्तर पर तो अवश्य ही नहीं; बल्कि एक ऐसे रचनात्मक स्तर पर जहाँ ज़िन्दगी का कच्चा माल स्वयं कलाकार के हाथों अपने प्राण, जो फ़ॉर्म का दूसरा नाम है, खींच लेता है, ताकि वह एक नये खुले, मुक्त ढाँचे में साँस ले सके। फ़ॉर्म की असली उपलब्धि इसी प्राणवत्ता में निहित है—बाक़ी सब प्रश्न तकनीकी और शिल्प के हैं; आलोचकों की बहस का विषय ज़रूर हों, कलाकार का उनसे कोई नाता नहीं।

मैं रेणुजी की मृत्यु को असामयिक नहीं कहूँगा। हर मृत्यु एक तरह से असामयिक होती है, क्योंकि ज़िन्दगी का कारोबार किसी बिन्दु पर पूरा नहीं होता, किन्तु ख़ास इस दौर में—इमरजेंसी की यातना के बाद उनका अचानक हमारे बीच से चला जाना बहुत क्रूर और असहनीय जान पड़ता है। यह उनकी विजय का क्षण था, और वह नहीं हैं।

[अप्रैल, 1977]

नाबोकोव : साहित्य-शिक्षक के रूप में

हमारे यहाँ अनेक लेखक हैं, जो अध्यापन करते हैं। अनेक ऐसे छात्र होंगे, जिन्होंने क्लास में बैठकर उनके लेक्चरों के नोट्स लिये होंगे। परीक्षोपयोगी महत्त्व तो उनका अवश्य होगा—किन्तु वह तो उन शिक्षकों का भी होता है, जो लेखक नहीं हैं। एक लेखक-अध्यापक के लेक्चर कुछ कामकाजू, तात्कालिक प्रयोजन से अलग अपने में एक असाधारण आकर्षण और साहित्यिक विशिष्टता रख सकते हैं, इसकी एक झलक नाबोकोव के उन क्लास-नोट्स में मिली, जो उनकी मृत्यु के बाद उनके काग़ज़ों में पाए गए। हाल ही में वे पुस्तक-रूप* में प्रकाशित हुए हैं। शायद ही किसी आधुनिक उपन्यासकार ने उपन्यास की कला के बारे में इतनी चुभती हुई, चमत्कारिक, चुटीली और चुटकुली भाषा में दो-टूक बातें कही हैं, जैसी नाबोकोव ने अपनी क्लास के छात्र-छात्राओं के सामने। एक व्यावसायिक, ठेठ आलोचक की तर्क-मीमांसाओं से बिलकुल अलग एक कहानी-लेखक सिर्फ़ अपनी कल्पना की चमकदार नोक से साहित्य का मर्म कुरेद सकता है—उसी कल्पनाशील उज्ज्वलता से—जिससे उसकी कहानियों-उपन्यास

* Nabokove's Lectures on Literature.

ने जन्म लिया है—वर्जीनिया वुल्फ़ के बाद शायद नाबोकोव अकेले लेखक हैं, जिन्होंने इस अद्वितीय प्रतिभा का परिचय दिया है।

नाबोकोव कहीं भी अपने दुराग्रह और पूर्वग्रह नहीं छिपाते—उनमें वे उतने ही जीवन्त और मौलिक जान पड़ते हैं, जितना साहित्य की महान कृतियों के प्रति उनका अगाध, मांसल, चाक्षुष प्रेम दिखाई देता है।

यह प्रेम केवल मांसल हो सकता है, जिसे हम साहित्य की रूखी, समाजशास्त्रीय टीकाओं-तले अक्सर दबा देते हैं, कलाकृतियों के बारे में नाबोकोव का यह सहज, उजला सत्य उन्हें आज के साहित्यिक वातावरण में काफ़ी अकेला छोड़ देता है। अकेला, लेकिन अत्यन्त महत्त्वपूर्ण; एक झटके से किसी उपन्यास का मर्म हमारे सामने बिजली की तरह कौंध जाता है। मदाम बॉवेरी के बारे में वह कहते हैं :

> यह कितना बड़ा अन्याय होगा, यदि हम इस उपन्यास को केवल इस दृष्टि से पढ़ें कि उसमें लेखक ने बुर्ज़ुआ वर्ग की निन्दा की है। हमें सदा याद रखना चाहिए कि एक कलाकृति एक सर्वथा नूतन विश्व की रचना करती है, इसलिए किसी पुस्तक को पढ़ते हुए हमें इस नये विश्व को बहुत गहराई से देखना चाहिए, जिसका उन दुनियाओं से कोई नाता नहीं, जिनसे हम परिचित हैं। उपन्यास जिस नई दुनिया को जन्म देता है, उसका अध्ययन करने के बाद ही हम उसका रिश्ता अपनी जानी-पहचानी दुनिया से जोड़ सकते हैं।

इसी से जुड़ा एक दूसरा प्रश्न है—क्या हम किसी उपन्यास से—किसी महान् उपन्यास से—किसी देश-काल की विश्वस्त सूचना प्राप्त करने की आशा कर सकते हैं? नाबोकोव के विचार में यह आशा अपने में ही मूर्खतापूर्ण है :

> क्या जेन ऑस्टिन से हमें इंग्लैंड की ज़मींदारी प्रथा का कोई चित्र मिल सकता है या डिकेंस के अद्‌भुत, रहस्यमय लन्दन के रोमांस से हमें सौ साल पहले लन्दन का कोई परिचय मिल सकता है? सत्य यह है कि महान उपन्यास असल में महान परिकथाएँ होती हैं। समय और स्थान, मौसम के बदलते रंग, मस्तिष्क और पुट्ठों के गतिमान स्पन्दन—एक महान लेखक के लिए इनके रहस्य ऐसे नहीं हैं जिन्हें सार्वजनिक सत्यों

> की पब्लिक लाइब्रेरी से उधार लिया जा सके, बल्कि वे ऐसे अद्भुत विस्मयकारी चमत्कार हैं, जिन्हें एक कलाकार अपने अद्भुत विस्मयकारी ढंग से ही अभिव्यक्त कर सकता है।

एक दूसरी जगह नाबोकोव अपने छात्रों को सुझाव देते हुए कहते हैं :

> आप किताब को पढ़ नहीं सकते, जब तक आप उसे दुबारा नहीं पढ़ते। एक अच्छा पाठक हमेशा 'दुबारा पढ़नेवाला' पाठक ही हो सकता है। मैं आपको बताता हूँ, ऐसा क्यों? जब हम पहली बार पुस्तक पढ़ते हैं, तब पढ़ने की शारीरिक प्रक्रिया—बाएँ से दाएँ तक आँखें घुमाना, एक पंक्ति के बाद दूसरी पंक्ति पढ़ना, एक पृष्ठ के बाद दूसरा पृष्ठ पलटना—ये क्रियाएँ ख़ुद में आप और पुस्तक के रसास्वादन के बीच बाधा बन जाती हैं। जब हम किसी पेंटिंग को देखते हैं तो हम अपनी आँखें उसी तरह नहीं घुमाते हालाँकि उसमें गहराई और विकास के तत्त्व मौजूद रहते हैं। जब हम किसी पेंटिंग से पहली बार सम्पर्क बनाते हैं, तो उसमें समय हस्तक्षेप नहीं करता, किन्तु एक किताब से सम्पर्क बनाने के लिए समय का होना ज़रूरी है। हमारे पास ऐसी कोई दैहिक इन्द्रिय नहीं है (जैसे पेंटिंग को देखने के लिए आँख है) जो एक पुस्तक को एक चित्र की तरह—अपनी समग्रता में देख सके और साथ-ही-साथ उसकी तफ़सीलों का रसास्वादन भी करा सके। किन्तु यदि हम पुस्तक को दुबारा, तिबारा या चौथी बार पढ़ें, तो हम उसे वैसे ही 'देख' सकते हैं, जैसे किसी चित्र को।

सिद्धान्त नहीं, तफ़सीलें डिटेल, छोटी-छोटी बातें—नाबोकोव की दृष्टि में एक उपन्यास के प्राण उसके सूक्ष्म ब्योरों में वास करते हैं; कमरे का फ़र्नीचर या आँखों का रंग, कमरे, कपड़े, बातचीत का तरीक़ा और रहन-सहन का ढंग—ये वे महीन तन्तु हैं, जिनसे एक 'मास्टर पीस' का ताना-बाना बुना जाता है। इनके साक्षात् से ही पाठक की कल्पना स्फुरित होती है; उत्कृष्ट कल्पना वह नहीं है, जब हम उपन्यास में किसी स्थान या लैंडस्केप या अतीत के प्रति मोहित होने लगते हैं; सबसे निकृष्ट कल्पना तो वह है जब कोई पाठक उपन्यास के नायक में अपने को ढूँढ़ने लगता है। महान साहित्य का आनन्द लेने के लिए ठंडी, शान्त, निर्वैयक्तिक

कल्पना की ज़रूरत है, जो अपने को तटस्थ और निस्संग रख सके—तभी एक किताब पूरी सार्थकता के साथ हमारी आत्मा में कंपन, रीढ़ की हड्डी के ऊपर फुरफुरी जगा सकती है। एक आदर्श पाठक के भीतर पागल मतवालापन और वैज्ञानिक विवेक—दोनों का समन्वय होना चाहिए।

नाबोकोव की राय में साहित्य एक आविष्कार है। क़िस्सा हमेशा क़िस्सा रहेगा। किसी कहानी को 'सत्यकथा' कहना, नाबोकोव की दृष्टि में, कला और सत्य दोनों का निरादर करना है। हर महान कथाकार छली होता है। स्वयं प्रकृति सबसे ज़्यादा छल करती है—तितलियाँ और पक्षी आत्म-रक्षा के लिए कैसे अजीब रंगों का वेश बदलते रहते हैं! साहित्य का जन्म उस दिन हुआ जब वह लड़का भेड़िया-भेड़िया चिल्लाता हुआ आया था, जबकि उसके पीछे कोई भेड़िया नहीं था। लम्बी घास में छिपे भेड़िये और लड़के के मनगढ़ंत भेड़िये के बीच जो झिलमिलाता जाला है, वही साहित्य की कला है। वह लड़का आखीर में अपने झूठ के कारण मारा गया, यह सही है; लेकिन यह भी सही है कि वह लड़का छोटा-सा जादूगर था, एक आविष्कारकर्ता, दुनिया का पहला कथाकार।

तीन दृष्टिकोणों से एक लेखक को जाँचा जा सकता है—कथावाचक, शिक्षक, जादूगर—एक बड़े लेखक में तीनों के तत्त्व होते हैं, किन्तु जादू का तत्त्व ही उसे महान बनाता है।

"मेरे विचार में एक उपन्यास को जाँचने की सबसे अच्छी कसौटी यह है कि उसमें कविता की आत्यान्तिकता और विज्ञान की अन्तर्दृष्टि, दोनों मौजूद हों। कला के जादू से सराबोर होने के लिए एक बुद्धिमान पाठक किसी उत्कृष्ट पुस्तक को सिर्फ़ दिल से नहीं, बल्कि अपनी रीढ़ से छूता है, क्योंकि कला का आनन्द यहीं स्पन्दित होता है। नाबोकोव का पक्का विश्वास है कि वही लेखक जादूगर हो सकता है, जो सामान्य बुद्धि, व्यावहारिक समझ (Common Sence) को नष्ट करने का साहस कर सके। यह कॉमनसेंस ही है जिसने अजीब, सुन्दर चित्रों

पर इसलिए कीचड़ उछाली, क्योंकि उनमें नीले पेड़ थे। कॉमनसेंस हर चीज़ को अवमूल्यित कर देती है। कॉमनसेंस चौकोर है जबकि जीवन की सबसे मूल्यवान चीज़ें गोल होती हैं—विश्व की तरह गोल, बच्चे की आँखों की तरह गोल। जब वह पहली बार सर्कस देखता है, हर व्यक्ति जो कॉमनसेंस को ठुकराकर चलता है, उसे सबसे ज़्यादा जोखिम उठाना पड़ता है—वह चाहे मसीहा हो, गुफा में छिपा जादूगर, क्षुब्ध कलाकार, स्कूल का शैतान लड़का—सबको एक पवित्र क़िस्म के ख़तरे का सामना करना पड़ता है। ऐसे व्यक्ति अपने मन में एक बम लेकर चलते हैं—एक प्राइवेट बम।"

नाबोकोव का सुझाव है कि यह बम कॉमनसेंस के आदर्श नगर पर गिरा देना चाहिए। उसके विस्फोटन से जो लपटें निकलेंगी, उसके प्रकाश में हम असली कला को पहचान सकेंगे। यह अतार्किक कल्पना की तर्कसंगत कॉमनसेंस पर सबसे बड़ी विजय होगी।

"अतार्किक कल्पना से मेरा क्या मतलब है? मेरा मतलब है, सामान्य के साम्राज्य पर छोटी तफ़सील की विजय; अंश हमेशा समग्र की अपेक्षा अधिक प्राणवान होता है; मेरा मतलब उन छोटी तफ़सीलों से है, जिसे मनुष्य सँजोकर रखता है, जबकि लोगों की भीड़ एक सामान्य प्रवृत्ति से मदमत्त होकर एक सामान्य लक्ष्य की तरफ़ भागती है। मैं उस आदमी का आदर करूँगा जो अपने पड़ोसी के जलते मकान में घुसकर छोटे-से बच्चे को निकाल लाता है, किन्तु यदि वह बच्चे के साथ उसके प्रिय खिलौने को भी ले आता है, तो उससे हाथ मिलाऊँगा। मुझे एक कार्टून याद है, जिसमें सात मंज़िल से नीचे गिरता हुआ आदमी तीसरी मंज़िल की दुकान के साइनबोर्ड को देखकर हैरान होता है कि उसके हिज्जे क्यों ग़लत हैं और अब तक किसी ने उन्हें ठीक क्यों नहीं किया? छोटी, नगण्य चीज़ों पर विस्मय करने की सामर्थ्य में ही आत्मा अपने स्वगत वचन बोलती है—ज़िन्दगी के नीचे लिखे इन फ़ुटनोट्स में ही सबसे ऊँची चेतना की अभिव्यक्ति होती है—जो तर्क और कॉमनसेंस की होशियारी से बहुत अलग है।"

कहानीकार की प्रेरणा का क्या उत्स है; कौन-सा वह आत्मलोक है, जहाँ उसे अपने उपन्यास का पहला दृश्य दिखाई देता है? नाबोकोव इसका उत्तर स्मृति के अप्रत्याशित स्फुरण में खोजते हैं।

"एक आदमी चला जा रहा है। अचानक वह सीटी बजाने लगता है और उसी क्षण आपकी नज़र पानी के गड़हे में डोलती पेड़ की छाया पर पड़ती है... और तभी आपको एक पुरानी वाटिका की याद आती है, भीगे पत्तों और पक्षियों की याद, जिसमें एक पुराना मित्र (जो मुद्दत पहले मर चुका है) अचानक अतीत से बाहर निकलता हुआ दिखाई देता है, मुस्कराता हुआ, अपनी भीगी छतरी को बन्द करता हुआ...सारी चीज़ एक उज्ज्वल क्षण में घट जाती है, जिसमें बहते हुए दृश्य और इम्प्रेशन की गति इतनी तेज़ है कि आप समझ नहीं पाते, क्यों इस गढ़े को ही देखकर यह याद कौंध आई, सीटी की इस आवाज़ को सुनकर ही क्यों? और इन दो चीज़ों—आवाज़ और दृश्य—के सम्मिश्रण के नियम क्या हैं, जिन्हें मस्तिष्क नहीं समझ और सकता लेकिन फिर भी एक अद्भुत जादू जैसा कँपकँपाता अनुभव होता है, जैसे भीतर किसी का पुनर्जन्म हुआ है, एक ऐसा रसायन जिसने देखते-देखते एक मृत आदमी को जीवित कर दिया है। यह अनुभव ही उसका आधार है, जिसे हम प्रेरणा कहते हैं; सीटी की धुन, पत्ते, बारिश—इन सबके भीतर एक सहज क़िस्म का स्फुरण उत्पन्न होता है। यह उन लोगों को भी महसूस होता है, जो लेखक नहीं हैं, किन्तु कुछ लोग इसकी ओर ध्यान भी नहीं देते।"

नाबोकोव के इस उदाहरण में स्मृति एक अनोखी किन्तु अवचेतन भूमिका अदा करती है, जिसमें सब कुछ वर्तमान और अतीत के सम्पूर्ण गुंफन पर निर्भर करता है। प्रेरणा इसे तीसरा आयाम देती है—अतीत और वर्तमान तो है ही—अब उसमें तीसरा तत्त्व—भविष्य भी शामिल हो जाता है, एक ऐसा समय जिसमें कहानी का जन्म होता है। अतः एक क्षण की कौंध में समय अपना समूचा वृत्त बना लेता है जिसे हम यूँ भी कह सकते हैं कि समय का अस्तित्व ही ख़त्म हो जाता है। "लगता है, जैसे समूचा विश्व आपके भीतर प्रवेश कर गया है और आप समूचे विश्व के भीतर घुल गए हों। अहं या ईगो की दीवार सहसा ढह जाती है और अहं का इतर संसार बाहर से भागता हुआ भीतर के बन्दी को बचाने आ जाता है, जबकि वह—बन्दी—पहले से ही खुले में नाच रहा है।"

नाबोकोव ने अतार्किक ज्ञान की बात कही है—जिसमें पहेलियाँ हैं, लेकिन उत्तर नहीं। गोगोल के ग़रीब पात्र का ओवरकोट चुरा लिया जाता है और काफ़्का का इंश्योरेंस एजेंट अचानक एक सुबह एक कीड़े में बदल जाता है। इन सब घटनाओं का क्या मतलब है? हम काफ़्का की कहानी के सब कल-पुरज़े निकालकर भीतर झाँकें, क्या है इसका अन्दरूनी ढाँचा? हम यह पता चला सकते हैं, कैसे एक टुकड़ा दूसरे टुकड़े से जुड़ा है, कैसे कहानी का पैटर्न तैयार हुआ है किन्तु असली भेद की थाह लेने के लिए आपके भीतर कोई ऐसा अणु, कीटाणु होना चाहिए जो आपके भीतर होनेवाली उथल-पुथल का उत्तर दे सके, जिसे आप न परिभाषित कर सकते हैं, न नज़रअन्दाज़ कर सकते हैं। सौन्दर्य और दया—शायद इनके ज़रिये हम कला की परिभाषा के सबसे निकट आ सकते हैं। जहाँ सौन्दर्य है, वहाँ दया है, क्योंकि सीधी-सी बात यह है कि सौन्दर्य को मर जाना है। सौन्दर्य हमेशा मर जाता है, चीज़ के साथ रूप मर जाता है और दुनिया व्यक्ति के साथ मर जाती है।

और अन्त में नाबोकोव थोड़ा-सा झुककर लेखक की मेज़ पर नज़र डालते हैं :

> कोरे पन्ने पड़े हैं लेकिन चमत्कार की बात यह है कि सारे शब्द वहाँ हैं—अदृश्य स्याही में लिखे हुए, दृश्य बनने को आतुर। आप तसवीर का कोई भी पहलू उभार सकते हैं, कहीं से भी शुरू कर सकते हैं क्योंकि जहाँ तक लेखक की बात है, उसके लिए किसी भी क्रमबद्ध सिलसिले के कोई माने नहीं। क्रम इसलिए है क्योंकि शब्दों को एक दूसरे के बाद अलग-अलग पन्नों पर लिखना पड़ता है। समय और सिलसिला लेखक के मस्तिष्क में नहीं है क्योंकि न समय ने, न स्पेस ने उसके प्रारम्भिक 'दृश्य' (विज़न) को निर्धारित किया था। अगर पुस्तक को हम वैसे ही पढ़ सकते, जैसे चित्र को देखते हैं—एक नज़र में—दाएँ और बाएँ, शुरू और अन्त के झंझट से मुक्त होकर—तो यह उपन्यास के रसास्वादन करने का आदर्श ढंग होता, क्योंकि सचमुच इसी ढंग से लेखक ने भी अपनी पुस्तक को गर्भाधान के क्षण में देखा था।

अच्छा तो, अब वह लिखने के लिए तैयार है। अब वह सब ज़रूरी चीज़ों से लैस है। उसका फ़ाउंटेन पेन अच्छी तरह भरा है। घर ख़ामोश है; तमाखू और माचिस एक दूसरे के साथ हैं; रात अभी जवान है...हमें उसे इस आरामदेह हालत में छोड़कर दबे पाँव बाहर आ जाना चाहिए, दरवाज़ा ओड़ देना चाहिए और घर से बाहर आते हुए यदि हमें कहीं अँधेरे में सीढ़ियों पर 'कॉमनसेंस' का राक्षस दिखाई दे जाए, यह रिरियाता हुआ कि भीतर बैठे लेखक की पुस्तक सामान्य लोगों में लोकप्रिय नहीं होगी कि वह पुस्तक नहीं बिकेगी तो इससे पहले कि वह इस शब्द 'बिक्री' को मुँह से निकाले, हमें इस झूठे कॉमनसेंस को गोली मार देनी चाहिए।

यह हैं 'लोलिता' के लेखक के उपन्यास-रचना पर विचार...लेकिन जैसे वह लेखक को उसके कमरे में छोड़कर बाहर आ गए थे, हमें भी नाबोकोव को उनके क्लासरूम में छोड़कर चले आना चाहिए, इस अफ़सोस और ईर्ष्या के साथ कि एक ज़माने में हम उनके छात्र नहीं थे, जिन्हें वह हर रोज़ साहित्य और कला के रहस्यमय, जादूभरे मंत्र इतने प्यार और पागलपन के साथ समझाते थे।

'मैं कहीं भटक गया हूँ' : लन्दन में बोर्ख़ेस

दूर से देखने पर यह सोचना असम्भव लगता था कि वे हमें नहीं देख रहे—किसी को भी नहीं देख रहे हैं—सिर्फ़ अपने अँधेरे में चल रहे हैं। तालियों की कर्णभेदी गूँज में रास्ता टटोलते हुए वे मंच पर आए। यद्यपि उनकी उम्र सत्तर से ऊपर हो चली थी, देखने में वे असाधारण रूप से नाज़ुक और निष्कलंक लग रहे थे—जैसे कोई आदमी युवा न रहकर भी युवावस्था की समूची उत्सुकता बुढ़ापे तक ले आता है। अजीब नहीं, उस शाम लन्दन के परिष्कृत, सजे-सँवरे बुद्धिजीवियों के बीच बोर्ख़ेस काफ़ी हद तक 'बाहर के आदमी' दिखाई दे रहे थे—जैसे कोई बच्चा बड़ों के बीच आकर सहसा अपने को अजनबी पाने लगता है!

यों समूचा हॉल उनके भक्तों, प्रशंसकों से भरा था—कुछ अजीब भी लगता था कि इतने लोग एक-एक पाउंड का टिकट ख़रीदकर एक ऐसे लेखक को सुनने आए हैं, जो कुछ वर्ष पहले तक पश्चिम में लगभग अपरिचित थे—या जिनका नाम केवल इने-गिने बुद्धिजीवियों में सुनने को मिलता था। कहीं बोर्ख़ेस भी आज यूरोप में उस तिनके की तरह तो नहीं हैं, जिन्हें डूबती हुई सभ्यता एक क्षण के लिए पकड़कर छोड़ देती है? स्वयं अँधेरे में चलनेवाले बोर्ख़ेस किसी को सस्ते

फ़ॉर्मूले या मंत्र का आलोक दे सकेंगे—मुझे सन्देह था। यह सन्देह कुछ और पक्का हो गया, जब अंग्रेज़ श्रोताओं ने उनसे प्रश्न पूछना शुरू किया। कोई भी प्रश्न ऐसा न था, जो उनकी 'सृष्टि' से सम्बन्ध रखता हो—उनकी कहानियों के संसार को, रहस्य को किस टेक्निक की कुंजी से खोला जा सकता है, लोगों की उत्सुकता इसमें अधिक थी। सच पूछा जाए तो एक क्षण भी ऐसा नहीं आया, जब यह लगता कि उनके अंग्रेज़ बुद्धिजीवी प्रशंसक उस धागे को पकड़ पाए हों, जिससे उनका उस नेत्रहीन एर्जनटीन सूफ़ी लेखक से कोई तारतम्य जुड़ पाता।

एक तरह से यह शोचनीय बात थी—बोर्ख़ेस उन इने-गिने लातिन अमेरिकी लेखकों में हैं, जिन्होंने अंग्रेज़ी साहित्य और संस्कृति से बहुत-कुछ ग्रहण किया है—जिन्हें सही अर्थों में 'एंग्लोफ़िल' लेखक कहा जा सकता है। अपने में यह दिलचस्प बात है—और हल्की-सी व्यंग्यात्मक भी—कि जो अंग्रेज़ी लेखक ख़ुद आज अपने देश में पुराने और अपठनीय हो चुके हैं—स्टीवेंसन और चेस्टटेन—बोर्ख़ेस जैसे 'आधुनिक' लेखक समय-समय पर उनके प्रति अपना आभार प्रकट करना नहीं भूलते, या शायद यह लन्दन की धुंध है—अदृश्य संकेतों और रहस्यमय ख़तरों से भरी हुई—जो बोर्ख़ेस को बरबस अपनी ओर खींचती है? बातचीत के दौरान बोर्ख़ेस ने उन चीज़ों का उल्लेख किया, जो उन्हें शुरू से ही मोहित और आतंकित करती रही हैं—धुंध, रात, महानगर। ये 'चीज़ें' एक अजीब ढंग से लातिन-अमेरिकी प्रतीकों से जुड़ी हैं—आईने, भूल-भुलैया और चाक़ू। "चाक़ू की अपनी एक निजी रहस्यमय ज़िन्दगी है," बोर्ख़ेस ने कहा। "ख़ून और हिंसा की एक ऐसी 'प्राइवेट' लिपि उससे जुड़ी है, जो अनायास हमारे भीतर उसके प्रति सम्मान की भावना जाग्रत करती है।" चाक़ू मानो एक ऐसे सार्वजनिक कर्म को उद्घाटित करता है, जिससे व्यक्तिगत नियति का फ़ैसला होता है। अपनी एक कविता में वे लिखते हैं :

मैंने अपनी नियति को पा लिया है।
अपनी अन्तिम लातिन-अमेरिकी नियति को।
सख़्त लौह का प्रहार,
मेरी छाती चीरता हुआ
गले पर,
मेरा अपना पहचाना चाक़ू।

लेकिन 'चाक़ू' बहुत आत्मीय है, बहुत मांसल : "उससे मुझे डर नहीं लगता," बोर्ख़ेस ने कहा :

> डर असल में मुझे आईनों से लगता है—बचपन से मैं उनसे डरता आया हूँ। उन्हें देखकर मुझे एक भयानक अनुभव होता है, जैसे मैं कहीं फँस गया हूँ और बाहर नहीं निकल सकता। आईने को देखकर यह मायावी भ्रम होता है, जैसे कहीं मेरे प्रतिरूप का अस्तित्व है, जैसे हर प्राणी का अपना एक प्रतिरूप है, जिसके कारण हर चीज़ सन्दिग्ध, अवास्तविक और प्रश्नवाचक बन जाती है।

जो चीज़ बोर्ख़ेस को परेशान करती है, वह 'आइडेंटिटी' का फ़ैशनपरस्त संकट नहीं है, आधुनिक बुद्धिजीवियों के 'संकट' बोर्ख़ेस को त्रस्त नहीं करते। उनकी (बोर्ख़ेस की) समस्या यह है कि किस तरह उस 'स्मृति' को दुबारा पाया जा सके, जिसे आदमी अपने अतीत के अँधेरे कोनों में छोड़कर हमेशा के लिए भूल जाता है। किन्तु जहाँ एक तरफ़ 'स्मृति' को पाना दुर्लभ हो जाता है, वहाँ दूसरी तरफ़ ऐसा भी होता है कि हमें जो 'भूल' जाना चाहिए, वह भूलता नहीं। जब आदमी 'भूलना' भी भूल जाता है और स्मृतियाँ कुछ इस तरह जमा होने लगती हैं मानो बहते हुए समय की धारा कहीं बीच में अटक गई हो, यह भयानक दुःस्वप्न की स्थिति है। "एक बार ऐसा हुआ कि मेरी नींद उड़ गई," बोर्ख़ेस ने कहा, "मेरे लिए सोना असम्भव बन गया, क्योंकि मैं हमेशा अपनी देह के बारे में सोचता रहता था। यातना के उन क्षणों में, जब नींद आती थी, मैंने एक कहानी लिखी थी। कहानी एक ऐसे आदमी के बारे में थी, जो कभी अपनी स्मृतियों से छुटकारा नहीं पा सकता था। वह जो कुछ भी अनुभव करता था, उसे अपनी स्मृति का ही हिस्सा जान पड़ता था—मानो हर अनुभव महज़ उसकी स्मृति को दुहराने की ही प्रक्रिया है...वह आदमी अधिक दिन जीवित नहीं रह सका।"

स्मृति की समस्या समय से जुड़ी है—और बोर्ख़ेस की लगभग सब कहानियों में समय रेगिस्तान की तरह फैला है—अपनी समस्त मृगतृष्णाओं और मरीचिकाओं के साथ—यथार्थ से अलग नहीं, लेकिन यथार्थ का हिस्सा भी नहीं। वह उस ताश के 'जोकर' की तरह है, जिसे खेल में कुछ भी बनाया जा सकता है, क्योंकि अपने में वह कुछ भी नहीं। जो कुछ भी नहीं, वही सब कुछ हो सकता है। बोर्ख़ेस का समय प्रूस्त का 'घुमावदार' समय नहीं है, जिसके चरमबिन्दु 'अनायास स्मरण' के क्षणों द्वारा आलोकित होते हैं। मानो समूचा अतीत रोशनी के खम्भों द्वारा छोटे-छोटे फ़ासलों में बाँटा जा सकता है। बोर्ख़ेस की दृष्टि में स्मरण करना अपने को धोखा देना है—क्योंकि ऐसी कोई चीज़ नहीं, जिसे हम 'अतीत' कह सकें—या दूसरे शब्दों में अतीत केवल शाश्वत वर्तमान का ही अंश है, जहाँ उसका अलग अस्तित्व अर्थहीन हो जाता है। प्रूस्त की दुनिया 'समानताओं' की दुनिया है, जहाँ एक चीज़ दूसरी चीज़ की याद दिलाती है, जहाँ एक स्मृति प्याज़ के छिलके की तरह दूसरी स्मृति से बाहर आती है...इन 'समानताओं' ने ही एक समय बॉदलेयर को इतना त्रस्त किया था। बोर्ख़ेस चूँकि समय को खंडों में विभाजित नहीं करते, इसलिए इन 'समानताओं' को भी स्वीकार नहीं करते। "एक क्षण दूसरे क्षण के 'समान' नहीं है—वह हूबहू वही है, जो पहला क्षण था।" जब दो क्षण बिलकुल एक जैसे हों, तो समानता का प्रश्न ही नहीं उठता—जब आनेवाला क्षण एकदम वही हो, जो बीतनेवाला क्षण था, तब समय का अस्तित्व ही नष्ट हो जाता है।

शायद यह एक कारण है कि बोर्ख़ेस ने कभी कोई उपन्यास नहीं लिखा—लिखना दूर रहा, उन्हें पढ़ना भी उन्हें दूभर लगता है। "मुझे यह स्वीकार करते हुए काफ़ी शर्म आती है," बोर्ख़ेस ने झिझकते हुए कहा, "कि मैं कभी लम्बा उपन्यास नहीं पढ़ पाता—'मदाम बॉवेरी' और 'युद्ध और शान्ति' जैसे महान उपन्यास भी नहीं! बेशक 'डॉन कुऔते' पढ़ना बहुत अच्छा लगता है—उसे मैं बार-बार पढ़ता हूँ, क्योंकि शायद वह 'सच्चा' उपन्यास नहीं है, वह सिर्फ़ एक कहानी है, जो बराबर चलती रहती है!"

इसमें आश्चर्य की बात नहीं। पश्चिम में जिस विशेष 'समय-बोध' से उपन्यास का जन्म हुआ था, बोर्ख़ेस का समय-बोध उससे बिलकुल भिन्न है। उपन्यास में समय से बँधा घटनाओं का सिलसिला रहता है, जिसे हेनरी जेम्स ने बहुत हताश भाव से 'पीछे का अँधेरी और सामने की खाई' कहा था—दूसरे शब्दों में यह वह चीज़ है, जिसे हम इतिहास कहते हैं। बोर्ख़ेस की दुनिया में इसके लिए कोई मोह नहीं, क्योंकि वह एक ऐसी दुनिया है, जिसमें 'ऐतिहासिक समय' हमेशा के लिए शाश्वत है—इसलिए शाश्वत रूप से शून्य है। यही कारण है, उनकी कहानियों में जो घटनाएँ घटती हैं, वे हमें भ्रम से सत्य की तरफ़ या आत्म-छलना से आत्म-ज्ञान की तरफ़ नहीं ले जातीं। वे हमें कहीं नहीं ले जातीं। एक बहुत चमकीला धरातल है, जहाँ सत्य और छलना साथ-साथ जीते हैं, जिसमें एक की रोशनी दूसरे की छाया है, इसलिए यह कहना भी असम्भव-असम्भव नहीं, तो कम-से-कम निरर्थक है कि हमने सत्य को जिस बग़ल से पकड़ा है, वह कहीं छलना की दूसरी बग़ल तो नहीं है? "लगभग चौबीस शताब्दियों पहले की बात है," बोर्ख़ेस ने कहा, "चीन में चुआंग-सू नामक एक व्यक्ति रहता था। एक दुपहर उसे सपना आया कि वह तितली बनके उड़ रहा है। जब उसकी नींद टूटी, वह बड़े असमंजम में पड़ गया। वह यह तय नहीं कर पा रहा था कि वह चुआंग-सू है जो सपने में तितली बन गया था या वह तितली है, जिसके सपने में वह चुआंग-सू बन गया है।" बोर्ख़ेस की अधिकांश कहानियाँ—जिन्हें वे 'फ़िक्शंस' कहते हैं—ऐसी ही छद्म, सन्दिग्ध घटनाओं के आसपास घूमती हैं।

इससे कुछ ऐसा अनुमान लग सकता है कि बोर्ख़ेस का दृष्टिकोण उन नये फ्रेंच कलाकारों के आग्रहों से बहुत भिन्न नहीं, जिन्होंने बाल्ज़ाक और टॉल्स्टॉय के 'समयबद्ध' उपन्यासों की सीमाओं के पार जाने की कोशिश की है, किन्तु बोर्ख़ेस को उन कलात्मक प्रयोगों में कोई दिलचस्पी नहीं, जिन्हें नये उपन्यासों में समय से छुटकारा पाने के लिए इस्तेमाल किया जाता है। रॉब्ब ग्रिये के चमत्कारपूर्ण प्रयोग शायद उन्हें उतने ही उबा देनेवाले प्रतीत होंगे, जितने 19वीं शती के लम्बे पारिवारिक उपन्यास। "मैं सीधी-सादी कहानियाँ लिखना चाहता हूँ," बोर्ख़ेस ने

एक जगह अपने भाषण में कहा था, "अपने बुढ़ापे में मैं कुछ वैसी ही कहानियाँ लिखना चाहता हूँ, जो किपलिंग ने इक्कीस-बाईस की उम्र में लिखी थीं।"

किन्तु महज़ टेक्निक और प्रयोग की दृष्टि से नहीं, बल्कि एक दूसरे गहनतम धरातल पर भी बोर्ख़ेस फ्रेंच 'नव-उपन्यासकारों' से अलग हैं। उन्हें उस अदृश्य शक्ति में गहरा विश्वास है, जिसे यूनानी नाट्यकार 'मानव-नियति' कहते थे। हमारे समस्त कर्म हमें अनिवार्यत: उस एक अन्तिम निर्णयात्मक क्षण तक ले जाते हैं, जब आदमी आईने को तोड़कर ख़ुद अपने से साक्षात्कार करता है—नंगे बेलौस ढंग से आमने-सामने। "हर नियति, चाहे वह कितनी लम्बी और पेचीदा क्यों न हो, वास्तव में एक ख़ास लम्हे की देन है—एक ऐसा लम्हा, जब बिजली की कौंध की तरह आदमी को पता चल जाता है कि वह कौन है।" हमारी नियति की भयावहता इसमें नहीं है कि वह अवास्तविक है। उसकी असली भयावहता इसमें है कि वह लौहवत् अनिवार्य है, उसे लौटाया नहीं जा सकता।

"समय वह पदार्थ है, जिससे मैं बना हूँ। समय एक दरिया है, जो मुझे बहाये ले चलता है—लेकिन मैं दरिया हूँ। वह चीता है, जो मुझे चीरता-फाड़ता है—लेकिन मैं चीता हूँ। वह आग है, जो मुझे निगलती है—लेकिन मैं आग हूँ। दुनिया, दुर्भाग्यवश, असली है—मैं दुर्भाग्यवश बोर्ख़ेस हूँ।"

यह ठूँठा रहस्यवाद नहीं है। यह वास्तविकता को इतिहास के जालों से मुक्त करके उसकी अपनी शर्तों पर स्वीकार करना है। यह अपनी नियति को भी स्वीकार करना है, आकस्मिक तौर पर नहीं, बल्कि एक उद्घाटित रहस्य की तरह या मार्टिन बुबर के शब्दों में 'एक आह्वान और बुलावे' की तरह।

फिर भी एक रहस्य की उड़ती हुई गंध है, जो उनकी रचनाओं में मिलती है। अपने भाषण में इस गंध की चर्चा करते हुए बोर्ख़ेस ने कहा कि वे हमेशा अपने लेखन में—और दूसरे लेखकों की रचनाओं में—धर्म और दर्शन की साहित्यिक सम्भावनाओं को खोजने की चेष्टा करते रहे हैं। किन्तु इस 'खोज' का पेशेवर धार्मिक लेखकों की गुरु-गम्भीर मीमांसाओं से दूर का सम्बन्ध भी नहीं। बोर्ख़ेस उस अर्थ में भी 'धार्मिक या आध्यात्मिक' लेखक नहीं हैं, जिस अर्थ में ग्राहम ग्रीन कैथोलिक लेखक हैं। वे मुझे पुराने चीनी कवियों या मध्यकालीन सूफ़ी-संतों की अधिक याद दिलाते हैं, जो 'विस्मित' होना जानते थे, विस्मित करते भी थे। शायद यही कारण है कि बोर्ख़ेस की कहानियाँ (काफ़्का के 'रूपकों' की तरह)

दंतकथाओं, छद्म घटनाओं, सपनों और क़िस्सों के रूप में ही मिलती हैं। यदि उनकी रचनाओं में 'रहस्य' मिलता है, तो वह गेटे के शब्दों में एक 'प्रत्यक्ष भेद' है। यदि वह पहेली-सा जान पड़ता है, तो इसलिए नहीं कि कोई चीज़ छिपाकर रखी है, बल्कि इसलिए कि छिपी हुई चीज़ों के बीच वह बिलकुल साफ़ और पारदर्शी है। आकस्मिक नहीं कि बोर्ख़ेस की प्रिय 'इमेज' 'भूल-भुलैया' है, जो एक साथ बहुत सुगम और पेचीदा हो जाती है।

उस शाम बोर्ख़ेस को सुनते हुए मुझे यह अजीब-सा ख़याल आया कि उनकी कहानियों के रूपक वैसे ही चमत्कारिक रोल अदा करते हैं, जैसे मार्क्सवादी आलोचक वॉल्टर बेन्यामिन अपने लेखों में उद्धरणों का इस्तेमाल करते थे। दोनों ही लेखकों के जीवन-दर्शन अलग-अलग रहे हैं, लेकिन उनके 'पैशन' और परेशानियाँ एक जैसी हैं। बेन्यामिन के 'उद्धरणों' की तरह बोर्ख़ेस की कहानियाँ उन "डाकुओं की तरह हैं, जो राह चलते आदमियों पर हमला करते हैं और आलसी लोगों के विश्वासों को लूट लेते हैं।" बेन्यामिन ने जिसे 'सत्य' माना है, वही सत्य बोर्ख़ेस की कहानियों में चिढ़ानेवाला 'रहस्य' है, क्योंकि जिसे हम 'सत्य' मानते हैं, "वह पर्दा हटाकर भेद नष्ट नहीं करता। वह एक ऐसा साक्षात् है, जो उसकी रक्षा करता है।" (वॉल्टर बेन्यामिन)

साक्षात् कभी होता नहीं, लेकिन वह कभी भी हो सकता है। यह उम्मीद आख़िर तक बनी रहती है, आख़िर तक बनी रहनी चाहिए। दुनिया के 'सुख' होते नहीं, इस उम्मीद पर 'बनते' हैं। बोर्ख़ेस ने एक जगह कहा है, "संगीत, सुख की स्थितियाँ, पौराणिक कथाएँ, समय से लदे चेहरे, गोधूलि के धुँधलके, कुछ स्थान—ये सब हमें कुछ बताना चाहते हैं या इन्होंने हमें कुछ बताया था जो हमें ओझल नहीं करना चाहिए था या वे हमें कुछ बतानेवाले हैं। साक्षात् की यह तात्कालिक सम्भावना, जो कभी पूरी नहीं होती—ऐसी है, जिससे सौन्दर्य का सृजन होता है।

लातिन-अमेरिकी लेखकों में शायद बोर्ख़ेस ही ऐसे हैं, जो यूरोप की परम्परा की यहूदी परम्परा की यातनाग्रस्त जिज्ञासा के सबसे निकट आते हैं। यह शायद स्वाभाविक भी था। एक एर्जनटीन होने के नाते उन्हें अन्य लातिन-अमेरिकी लेखकों की तरह (जिनमें आक्टोवियो पाज उल्लेखनीय हैं) पीछे मुड़-मुड़कर अपनी इंडियन परम्परा को नहीं खोजना पड़ा—क्योंकि उनके देश में ऐसी कोई परम्परा थी ही नहीं। वे मुक्त रूप से अपने को यूरोपीय परम्परा से सम्पृक्त कर सकते थे क्योंकि उन पर अपने अतीत का कोई बोझ नहीं था—लेकिन 'बाहर के आदमी' होने के नाते उन पर यह बंधन भी नहीं था कि वह उस परम्परा के प्रति वफ़ादार रहें। वे अपने अतीत से मुक्त थे तो यूरोप के बाहर भी थे। मुक्ति का यह अहसास ही है कि वह इतने गौरव और विश्वास के साथ कह सकते हैं :

"चमत्कार करने की सुविधा से देवता वंचित भले ही रहे हों, लेखक नहीं। लेखक हमेशा अतीत को बदल सकते हैं...। काफ़्का की तरह वे ख़ुद अपने से पहले आनेवालों की रचना कर लेते हैं।"

"आप अपनी ज़िन्दगी में कौन-सी चीज़ सबसे ज़्यादा महसूस करते हैं?" भाषण के बाद एक श्रोता ने उनसे पूछा।

बोर्ख़ेस ने अपनी थकी आँखों से हमारी ओर देखा, "हमेशा लगता है कि मैं कहीं भटक गया हूँ, हमेशा यही लगता है।"

बाहर आया, तो बारिश हो रही थी—लन्दन की धुंध और बारिश और भीगता हुआ अँधेरा—बोर्ख़ेस की अपनी चीज़ें, मैंने सोचा, फिर सहसा विचार आया कि दो तरह के लेखक होते हैं—एक वह, जो इस दुनिया के हैं—होमर, टॉल्स्टॉय, टॉमस मान; एक वह, जो क़ब्र के पार से दूसरी दुनिया की ख़बरें हमारे पास लाते हैं—लज़ारस की तरह अंडरग्राउंड की अफ़वाहें हम तक पहुँचाते हैं—और हम इस दुनिया को दूसरी तरफ़ से देखने लगते हैं—दोस्तोएव्स्की, काफ़्का और बोर्ख़ेस ऐसे लेखक हैं।

यह शायद संयोग ही रहा होगा कि उस रात मुझे यह ख़याल अंडरग्राउंड स्टेशन की सीढ़ियों पर उतरते हुए आया था।

आधे रास्ते पर मलयज

विश्वास नहीं होता कि मलयज जहाँ हमारे बीच थे, वह जगह अब ख़ाली है; वह विचित्र, अनूठी, अकेली जगह थी, जहाँ से उन्होंने दुनिया, जीवन की रचना को देखा था। हमें कभी इतनी फ़ुरसत नहीं मिली कि हम उस जगह तक पहुँच पाते—सिर्फ़ उनके लेखन-मात्र लेखन से हम थोड़ा-बहुत अन्दाज़ लगा लेते थे कि मलयज वहाँ हैं, जहाँ से उनकी निगाह चीज़ों को चमका जाती है। वह अब उस तारे की तरह हैं, जो सहसा बुझ जाता है, किन्तु जिसकी रोशनी अनंत समय तक हमारे आसपास, हमारी दुनिया, हमारे सोच के औज़ारों पर चमकती रहती है...।

वह एक दुबले-पतले, लाइम-लाइट से घबरानेवाले, हमेशा पिछली पंक्ति में बैठनेवाले व्यक्ति थे। एक ऐसे लेखक—जो अपने बारे में कुछ नहीं कहते थे, इसलिए हम भी उनके बारे में चुप रहते थे। लेकिन जब भी उनका कुछ लिखा हुआ आँखों के सामने पड़ जाता, कोई सोचती हुई-सी कविता, कोई कविता को छूता हुआ सोच—किसी मित्र को लिखा हुआ पत्र—तो हम चौंक-से जाते। अचानक याद आता, यह तो मलयज हैं। इतना पारदर्शी और पवित्र गद्य, इतना महीन सोच, रचना के प्रति इतना चौकन्ना, चौतरफ़ा लगाव—भला इस तरह का बींधता, भेदता, चमकीला, तहों को छीलता चिन्तन और किसका हो सकता है?

विश्वास नहीं होता कि अब हम चौंकेंगे नहीं, स्तब्ध नहीं होंगे। यह सोचना असम्भव लगता है कि छोटे-छोटे अन्तरालों के बीच अचानक प्रकट होनेवाले मलयज अब एक कभी न ख़त्म होनेवाले अन्तराल में चुप रहेंगे...।

चुप वह अक्सर रहते थे; सिर्फ़ लिखने में उनका स्वर सुनाई देता था—एक महीन और मर्मज्ञ आवाज़; वह उन कम, बहुत कम लेखकों में थे, जिनकी रचनाएँ पढ़ते हुए मुझे उनकी आवाज़ सुनाई देती थी—तीखी और तल्ख़ आवाज़ नहीं—बल्कि एक अजीब शान्त संयम में सधी हुई, संयम जो बाँध की तरह अपने नीचे न जाने कितनी उत्तेजना, कितना उन्मेष, कितना पैशन भींचे रहता है, ठंडा और तटस्थ संयम नहीं, बल्कि विचारों की गड़गड़ाहट के बीच एक बिजली की तरह कौंधता हुआ, आसपास के अँधेरे, अभेद्य कानों को आलोकित करता हुआ—एक असह्य तनाव में अन्दर उठता हुआ, ख़ुद अपने को रोकता, नियंत्रित करता हुआ। इसका सबसे सजीव और सटीक उदाहरण उनका अन्तिम लेख है—मुक्तिबोध पर। छोटी, महत्त्वपूर्ण बातें, जिन्हें हम लेखक का ऑब्सेशन मानकर टाल जाते हैं, नज़रअन्दाज़ कर जाते हैं, वही मलयज की निगाह में एक अभूतपूर्व रहस्य, एक अप्रत्याशित सत्य उजागर करती हैं। वह हमें घसीटकर ऐसे कोने में ले जाते हैं, जहाँ से हमने किसी रचना को पहले नहीं देखा था।

मलयज की आधुनिकता उनकी निगाह में बसती थी—मांसल और सजीव और साफ़ जिसके रहते वह आज की रचना को निरायास पिछली सब कृतियों से जोड़ लेते थे। वह रचना के साथ-साथ चुपचाप उलटे पाँव उस अँधेरी माँद में चले जाते थे, जहाँ वह सबकी आँखों से छिपकर जन्म लेती है। ख़ून और मांस और मिट्टी में लिथड़ी हुई, इसीलिए उनके यहाँ परम्परा बीते हुए समय को उघाड़ना नहीं, उस परिवेश को खोलना है, जहाँ आज और बीता हुआ कल एक साथ बसते हैं। इतिहास उनके यहाँ अमूर्त अवधारणा में नहीं, ठोस, स्पर्शवान, स्पन्दित होते परिवेश में साँस लेता है, एक मांसल परिदृश्य में चमकता है।

ज़रा मलयज के साथ चलिए, जहाँ-जहाँ वह रामचन्द्र शुक्ल के पदचिह्नों पर चलते हुए उनके परिवेश में गए थे, धूल में, धरती में, क़स्बे की धुंधुआती बस्तियों की तरफ़...जहाँ हम एक तरफ़ शुक्ल जी की ओर जा रहे हैं, वहाँ दूसरी तरफ़ मलयज की तरफ़ लौट रहे हैं—उनके अन्तर्मन की तरफ़। वह एक कवि की दोतरफ़ा यात्रा है, जहाँ वह आलोचक बनता है। एक आलोचक का अन्तर्मंथन है, जहाँ विवेक-बुद्धि

काव्यात्मक सत्य की उड़ान पर अपने पंख तौलती है। मुझे याद नहीं आता कि हमारे समय में किसी लेखक में कविता और आलोचना इतने निरायास, सहज ढंग से समन्वित होती थी, जितनी मलयज में। वह 'कवि-आलोचक' नहीं थे; वह सिर्फ़ एक प्रगल्भ, सजग लेखक थे जिनमें कविता और आलोचना अलग-अलग होते हुए भी धनुष-बाण की तरह जुड़े रहते थे, जिसमें जब कभी उनकी निगाह रचना के केन्द्रबिन्दु पर निशाना बाँधती है, तो असह्य तनाव में तना हुआ तीर लक्ष्य पर बिंधा हुआ काँपता-सा दिखाई देता है—तनाव और सफ़ाई और शान्त-संयम में मढ़ा हुआ—टॉमस मान जिसे 'प्रिसाइज़ पैशन' कहते थे। मलयज सच्चे अर्थों में 'प्रिसाइज़ पैशन' के लेखक थे।

इसलिए वह सही अर्थों में आधुनिक थे। यदि आज इस शब्द का कोई मतलब रह गया है, तो वह मलयज के लेखन में अनुप्राणित होता है। मुझे कोई सन्देह नहीं कि यदि वह कुछ और वर्ष जीवित रहते, तो हम सबके लिए उनका आलोचनात्मक चिन्तन एक सबक़ होता, एक मॉडल और आदर्श कि कैसे एक हिन्दी लेखक अपनी सृजन-यात्रा में आधुनिक दबावों को जीता है, भोगता है, समोता है। वह उतने ही सहज रूप से आधुनिक थे, जितना हम हवा में साँस लेते हैं—न उनमें कोई दिखावा था, न शहादत का भाव। मलयज की आधुनिकता उनके औज़ारों में निहित थी, जिनसे वह कविता रचते थे और रचना को तौलते थे। उनकी एकमात्र आलोचना-पुस्तक 'कविता से साक्षात्कार' एक अभूतपूर्व उदाहरण है कि बिना किसी पूर्व निर्धारित दर्शन या सिद्धान्त का सहारा लिये महज़ अपनी प्रखर विवेक शक्ति, सुरुचि-सम्पन्नता और साहित्य के प्रति असीम ज़िम्मेदारी और प्रेम (हाँ, प्रेम, जो प्रतिबद्धता से बहुत अलग है) के आधार पर किसी रचना के मूल मर्म तक पहुँचा जा सकता है—और इस पहुँच के लिए यदि उन्हें चिन्तन के उन औज़ारों का भी प्रयोग करना पड़े, जो सहज रूप से एक शिक्षित व्यक्ति को पश्चिम से मिलते हैं, तो वह उन्हें 'अछूत' मानकर अस्वीकार नहीं करते थे; किन्तु उनकी आधुनिकता इन पश्चिमी औज़ारों में निहित नहीं थी, बल्कि जिस अपूर्व दक्षता और आत्मविश्वास के साथ उन्होंने इन औज़ारों को अपनी व्यक्तिगत, आत्मीय संवेदना और समझदारी में तपाकर पिघलाया था और उसे अपने निजी प्रयोग के औज़ारों में गढ़ा था, उनकी आधुनिकता उनकी इस मौलिक कल्पनाशीलता में निहित थी।

मलयज 'भारतीय लेखक' नहीं थे। वह एक लेखक थे, जो भारतीय परिवेश में रहते थे। वह 'आधुनिक लेखक' भी नहीं थे। वह एक ऐसे लेखक थे जो आधुनिक समय में जीते थे; यही कारण था कि वह न आधुनिकता से ज़्यादा आक्रान्त थे, न भारतीयता से ज़्यादा सम्मोहित। वह रचना के अलावा किसी बैसाखी को नहीं स्वीकारते थे और यह रास्ता लम्बा और दुर्गम था। अन्य लेखक शॉर्ट-कट ढूँढ़ते हैं; मलयज ने अपने इर्द-गिर्द उन सब रास्तों को बन्द कर दिया, जिन्हें शॉर्ट-कट की तरह इस्तेमाल किया जा सकता था।

किन्तु जिस रास्ते को उन्होंने चुना, उसे भी वह कहाँ पार कर सके? लगता है, वह कहीं रास्ता पार करते हुए हमारे पास आ रहे थे—और बीच सड़क पर ही कोई दुर्घटना हो गई और हम अब भी इस तरफ़ खड़े उनका इंतज़ार कर रहे हैं। शायद यही कारण है कि रह-रहकर पछतावे और आक्रोश से भरा एक अजीब सा सन्देह मन को कोंचता है कि उनका इस तरह जाना ज़रूरी नहीं था। वह बच सकते थे और हमारे बीच हो सकते थे यदि—डॉक्टर ठीक से उनका परीक्षण कर पाते, यदि समय से उन्हें दवा दी जा सकती, यदि तत्काल वह अस्पताल पहुँच पाते; यदि, यदि, यदि की भयावह स्थिति में पता नहीं कितने 'यदियों' के गड्ढे बिछे हैं, जहाँ लोग लड़खड़ाकर गिर पड़ते हैं; शायद यही कारण है, मलयज की मृत्यु मुझे एकदम बेमानी, अर्थहीन, एब्सर्ड जान पड़ती है। उनकी मृत्यु में अन्त की अनिवार्यता नहीं, दुर्घटना की दहशत महसूस होती है।

कुछ लेखकों की मृत्यु के बारे में सुनकर हम अपने भीतर यह ढाढ़स बँधा लेते हैं, कि उन्होंने जो कुछ भी महत्त्वपूर्ण लिखना था, वह उनके पीछे था। उनकी मृत्यु एक लेखक से ज़्यादा एक जाने-पहचाने ख्यातिसम्पन्न व्यक्ति की मृत्यु जान पड़ती है—और शायद यह सच भी है। किन्तु मलयज के साथ यह सच नहीं था। उन्होंने एक कठिन, मेहनत-भरी, संघर्षमय ज़िन्दगी गुज़ारी थी; वह ज़िन्दगी एक तरह की तैयारी थी—उस सबको लिखने की तैयारी—जिसकी बाट हम सब इतने आशा और उत्सुकता से जोह रहे थे। शायद ही उनकी कोई ऐसी टिप्पणी, लेख, कविता—यहाँ तक कि उनके पत्र थे, जिन्हें मैं ढूँढ़कर नहीं पढ़ता था और पढ़ते समय हमेशा कुछ अप्रत्याशित-सा अनुभव होता—पिछले अनुभवों से बिलकुल भिन्न। मलयज उन दुर्लभ लेखकों में थे, जिनके लेखन के बारे में कुछ भी 'प्रिडिक्ट' नहीं किया जा सकता था—इसलिए उनको पढ़ने का कौतूहल और उत्तेजना कभी मन्द नहीं पड़ती थी।

आनेवाले वर्षों में पता नहीं कितने लेखकों को अकादमी पुरस्कार मिलेंगे, शिखर पुरस्कार, ज्ञानपीठ पुरस्कार—लेकिन कुछ लेखक होते हैं जिनका अमरत्व और जिनकी याद पुरस्कारों में नहीं—उस एक-दो इंच ज़मीन से जुड़ी होती है, जिसे उन्होंने अपने लेखन से आगे बढ़ाया है, पुरानी सीमाओं को लाँघकर अजानी धरती पर जाने का जोखिम उठाया है। आनेवाले वर्षों में हम जब कभी रामचन्द्र शुक्ल, निराला, अज्ञेय या शमशेर के बारे में सोचेंगे, तो हमारे चिन्तन के बीच मलयज मौजूद रहेंगे; मलयज ने इन लेखकों के कृतित्व पर जो गहरा प्रकाश डाला था, वह आज स्वयं मलयज की स्मृति के साथ जुड़ गया है। हमारा सोच अनिवार्यतः मलयज के प्रति कृतज्ञता से जुड़ा होगा क्योंकि हर आनेवाली पीढ़ी को आधुनिक साहित्य के मर्म को समझने के लिए जाने-अनजाने ज़मीन के उस टुकड़े पर चलना होगा, जिसे मलयज ने अपने मुखर चिन्तन और अपूर्व निष्ठा से तैयार किया था।

यह क्या कम पुरस्कार है—मलयज के लिए न सही, हमारे लिए, हम सबके लिए?

स्वतंत्रता और स्वधर्म : अज्ञेय की स्मृति में

कुछ लेखकों की यादें उनके जीवन और कृतित्व से उतनी नहीं, जितनी अपने जीवन के एक ख़ास चरण से जुड़ी होती हैं, जब पहले-पहल हमने उन्हें पढ़ा था। उनकी पुस्तकों की स्मृति हमारे अपने अतीत की परतें खोलने लगती हैं। हमें लगभग कैलेंडर की तारीख़ों की तरह याद रहता है कि दोस्तोएव्स्की का अमुक उपन्यास और प्रेमचन्द की अमुक कहानी हमने बचपन और बीते हुए यौवन की किस विशेष स्थिति में पहली बार पढ़ी थी।

अज्ञेय के साथ मेरा—एक लम्बे अरसे तक—कुछ ऐसा ही रिश्ता रहा। उनकी पुस्तकों से मेरा सम्बन्ध कुछ इतना अन्तरंग था कि उन्हें एक व्यक्ति की हैसियत से जान सकूँ, इसकी इच्छा कभी बहुत सशक्त नहीं रही। बाद के वर्षों में जब मैं उनके कुछ अधिक निकट आ गया था, शुरू की यह अजब दूरी हमेशा क़ायम रही। यदि यह एक विरोधाभास न जान पड़े तो मैं इसे एक 'आत्मीय दूरी' कहना चाहूँगा, जिसमें सान्निध्य का स्नेह था तो दूरी की निस्संगता भी—और इन दोनों के बीच विश्वास का पुल था। यह विश्वास कभी ऊपर उठकर प्रेम

का दर्जा हासिल न कर सका, किन्तु वह नीचे गिरकर कभी विरक्ति या वितृष्णा में भी स्खलित नहीं हुआ। मेरे लिए अज्ञेय एक लेखक और वात्स्यायन एक व्यक्ति—बहुत हदों तक अलग-अलग दराज़ों में रहते थे, इसलिए एक की भ्रान्ति दूसरे पर आरोपित करने से बच पाता था।

कभी-कभार मैं बिलकुल भूल जाता था कि मैं 'शेखर' के लेखक के साथ बैठा हूँ। वह लेखक मेरे भीतर था, जिसके उपन्यास और कहानियों ने मेरी कच्ची उम्र की मिट्टी पर अपनी एक ऐसी असाधारण प्रतिमा गढ़ी थी कि विश्वास नहीं होता था कि सामने बैठे हुए चुप, गुमसुम, शालीन व्यक्ति ने कभी मुझे सिर्फ़ अपने शब्दों से इतनी गहराई से मथा था, जितना किसी और हिन्दी लेखक ने नहीं। कई बार मेरे भीतर इच्छा उमगती थी कि मैं उन्हें बताऊँ कि दसवीं क्लास की अपनी पाठ्य-पुस्तक में उनकी एक कहानी—'कड़ियाँ' उसका नाम था—पढ़कर लगा था, कैसे बस की खिड़की से भागता एक परिदृश्य सिर्फ़ शब्दों के सहारे भीतर के लैंडस्केप को एक चमकीली कौंध की तरह झुलसा सकता है। अज्ञेय से पहले मैंने कभी किसी हिन्दी गद्य लेखन में प्रकृति की तीव्र मांसलता को मनुष्य के अन्तस्तल में प्रवेश करते नहीं देखा था। मैं जो आज तक प्रेमचन्द, सुदर्शन और यशपाल की आहार-सामग्री पर पलता आया था, कभी कल्पना भी नहीं कर सकता था कि एक सुन्न दुपहर में बालू के तह पर किसी भागती हुई गूजर लड़की की नंगी टाँगें सिर्फ़ अपनी उत्तप्त उदासी में किशोर मन में पहली बार सेक्स की धुँधली चेतना उघाड़ सकती हैं। कहानी की घटनाओं से नहीं, सिर्फ़ बस की खिड़की से बाहर देखे एक क्षणभंगुर दृश्य के द्वारा!

मैंने कभी यह बात वात्स्यायन जी से नहीं कही, शायद कोई फ़ायदा भी नहीं था। कहानी की स्मृति अब उनकी रचना नहीं, मेरे अनुभव का एक अभिन्न अंश बन गई थी। किसी रचना की शायद यही चरम उपलब्धि होती है, जब वह अपने रचयिता से विदा लेकर अपने पाठक के मन में बस जाती है। लेखक जीवित न भी रहे, वह कभी मृत नहीं होती। यह दूसरा जीवन ही उसका असली जीवन होता है। बरसों बाद कहानी को दुबारा पढ़ते हुए वह नये सिरे से साँस लेने लगती है।

किन्तु ठीक यहीं एक दिलचस्प विरोधाभास जन्म लेता है, अज्ञेय की कृतियों में हम शायद ही कभी रचना के लेखक को भूल पाते हैं। प्रेमचन्द की कहानियों में हम प्रेमचन्द को भूल सकते हैं—अज्ञेय हमें हमेशा अपने अस्तित्व की याद दिलाते रहते हैं। अज्ञेय की अधिकांश रचनाओं को पढ़ते हुए हमें बराबर उनकी अदृश्य 'उपस्थिति' का अहसास बना रहता है। यह कभी-कभी हमारे स्वायत्त अनुभव में गहरी बाधा भी बन जाता है। उनकी कहानी या कविता पढ़ते हुए हम सिर्फ़ खिड़की के बाहर फैला परिदृश्य ही नहीं देखते, बल्कि उस 'आँख' को भी देखते हैं जो उस परिदृश्य को एक रचनात्मक अनुभव में परिणत कर रही है। कुछ ऐसा लगता है, जैसे कभी किसी फ़ोटोग्राफ़ को देखकर लगता है—जहाँ बाहर दृश्य पर कैमरे की छाया भी दिखाई दे जाती है। हम रचना के कथ्य से अपनी ओर मुड़ते हैं लेकिन हर बार मुड़ते हुए हमें उस 'छाया' को लाँघना पड़ता है जो एक तरफ़ हमारे अनुभव को बहुत इंटेंस (सघन) बनाती है, तो दूसरी तरफ़ उसे थोड़ा-सा अवरुद्ध भी कर जाती है। अज्ञेय जो अपने जीवन में इतना चुप रहते थे, अपनी रचनाओं में बोलते दिखाई देते हैं, मानो कह रहे हों—देखो, जो मैं देख रहा हूँ, इसका कभी-कभी उलटा असर होता है। हम देखने के बजाय उनकी आवाज़ सुनने लगते हैं।

लेकिन यही 'आवाज़' हमारे रचनात्मक अनुभव को एक ऐसा संस्कार देती थी, जिसे किसी बेहतर शब्द के अभाव में हम 'आत्मचेतना का स्वर' कह सकते हैं। अज्ञेय यदि हिन्दी कविता के आधुनिक आन्दोलन के प्रमुख प्रवक्ता बने, तो इसी आत्मचेतना के कारण, जिसे उन्होंने बहुत निष्ठा और सजगता के साथ 'तार सप्तक' में नियोजित किया था। यह काम उन्होंने कोई महान आधुनिक कविता या उपन्यास लिखकर नहीं किया, जैसा एक समय में इलियट ने 'वेस्टलैंड' और जॉयस ने 'यूलिसिस' लिखकर समूचे साहित्य की दिशा को मोड़कर किया था। कितना अजीब है कि आज हम शायद ही अज्ञेय की किसी ऐसी कविता को याद कर पाते हैं, जो उन्होंने 'तार सप्तक' में संकलित की थी। सच तो यह है कि 'सप्तक' में अज्ञेय की कविताएँ ही ऐसी हैं, जो छायावादी कवियों के मुहावरे से अलग होते हुए भी उनके रोमांटिक बोध की सबसे अधिक याद दिलाती हैं। अज्ञेय की आधुनिकता इसमें निहित नहीं थी कि उन्होंने इलियट की तरह हिन्दी कविता को एक नये धरातल पर प्रतिष्ठित किया, बल्कि वह इसमें थी कि उन्होंने कविता

के उस रोमांटिक भाव-बोध को आत्मचेतना की वायवी और वस्तुगत यातना के साथ जोड़ा था, जिसे छायावादी कवियों ने (एकमात्र निराला को छोड़कर) उपेक्षित और अधूरा छोड़ दिया था। अज्ञेय छोड़ते नहीं, सिर्फ़ मुड़ते हैं; और जहाँ मुड़ते हैं, वहाँ भी छूटे हुए रास्ते के स्मृति-संकेत अपने साथ ले जाना नहीं भूलते। अज्ञेय और हमारी पीढ़ी के लेखकों के बीच यह बड़ा अन्तर था, हममें से अनेक टूटे हुए लेखक थे जो अपनी रचनाओं में जुड़ने का स्वप्न देखते थे। अज्ञेय अपने संस्कारों में सहज रूप से जुड़े हुए लेखक थे, जो अपने कृतित्व में टूटने की यातना दर्ज कर लेते थे। शायद वह व्यक्ति जो अपने राजनीतिक जीवन में सचमुच आतंकवादी होता है (जैसा अज्ञेय अपने आरम्भिक जीवन में थे), वह अपने साहित्य में तोड़-फोड़ का नाटकीय अभिनय नहीं दुहराना चाहता।

यह वही लेखक कर सकता है जो सहज रूप से स्वाधीन होता है। अज्ञेय की अनेक सीमाएँ थीं, किन्तु आख़िर तक उनका स्वाधीनता-बोध अप्रतिम और अक्षुण्ण रहा। अज्ञेय का व्यक्तित्व सहज रूप से सिमटा हुआ था, किन्तु अपने स्वाधीनता-बोध के कारण वह बार-बार उसका अतिक्रमण कर लेते थे। इसी कारण अपनी रुचियों में बहुत वैयक्तिक होने पर भी वह दूसरे लेखकों के रचना-संसार में बहुत आसानी से प्रवेश कर लेते थे। आज के समय में, जब हर पत्रिका किसी ख़ास समूह का झंडा गाड़े दिखाई देती है, 'प्रतीक' की पुरानी फ़ाइलें देखकर एक सुखद आश्चर्य होता है, जिसके पन्नों पर मुक्तिबोध, शमशेर और सज्जाद ज़हीर एक साथ खड़े दिखाई देते हैं। यही खुला और 'कैथोलिक' दृष्टिकोण दूसरा, तीसरा 'सप्तक' के संकलित कवियों के चयन में दिखाई देता है, जहाँ अपने को खुले रूप से घोषित करनेवाले मार्क्सवादी कवि उन कवियों के साथ बातचीत करते दिखाई देते हैं—भवानीप्रसाद मिश्र, कुँवरनारायण, विजयदेव नारायण साही—जिनके साहित्यिक आग्रह और आस्थाएँ नितान्त दूसरे क़िस्म की कला-दृष्टि उद्घाटित करती हैं। उस समय कोई सोच भी नहीं सकता था कि कला के इस खुले, मुक्त और असीम 'स्पेस' को एक दिन 'रूपवादी' और 'जनवादी' कठघरों में बाँधकर हमारी आलोचना हमारे अन्त:विवेक को जगानेवाली भूमिका नहीं, एक हथकड़ी पहनानेवाले कोतवाल का रोल अदा करने लगेगी।

क्या यह आश्चर्य की बात नहीं कि एक लेखक का स्वाधीनता-बोध, जो हर समय, हर देश में लेखन-धर्म की बुनियादी प्रतिज्ञा माना जाता रहा है,

वही अज्ञेय को हिन्दी-परिवेश में सबसे अधिक विवादास्पद बनाता रहा? एक स्वाधीन लेखक स्वतः अपनी स्वाधीनता के कारण श्रेष्ठ नहीं हो जाता, किन्तु श्रेष्ठता का दर्जा हासिल करने के लिए अपने भीतर स्वाधीनता का बोध होना एक अनिवार्य शर्त बन जाता है। शायद एक चेक और पोलिश लेखक स्वतंत्रता के इस मूल्य को एक हिन्दी लेखक से कहीं अधिक गहराई और पीड़ा के साथ महसूस करता है, जिसे हम एक अपेक्षाकृत खुले समाज में इतने सन्देह और वितृष्णा से देखते हैं। एक लेखक को गांधीवादी या मार्क्सवादी मानने में हमें कोई ख़ास दिक़्क़त महसूस नहीं होती, लेकिन एक सर्वथा स्वाधीन लेखक जो बाहर के किसी मत अथवा दर्शन को नहीं, स्वयं अपने भीतरी विवेक को कसौटी मानकर चलता है—यह बात हम स्वीकार नहीं कर पाते। स्वाधीनता अपने में कोई मूल्य नहीं, इसलिए यह संयोग नहीं जान पड़ता कि आपातकाल के दौरान सत्ता के आगे घुटने टेकने में हिन्दी के 'प्रतिबद्ध' लेखक सबसे आगे थे, जबकि उससे कुछ समय पहले तक अज्ञेय जयप्रकाश जी की पत्रिका 'एवरी मेन' का सम्पादन कर रहे थे। अगर पिछले अनेक वर्षों से सोवियत सत्ता द्वारा लेखकों पर पाबन्दी को हमारे मार्क्सवादी आलोचक सही मानते आए थे, तो अपने देश में उसी टाइप की तानाशाही को स्वीकार करने में भला क्या आपत्ति हो सकती है? ग़ुलामी की मानसिकता चाहे कितनी लज्जास्पद हो, उसका तर्क संगतिहीन नहीं होता।

इसीलिए स्वतंत्रता हमारे लिए एक लेखक का सहज धर्म नहीं—एक अभिजात वर्ग का लक्षण बन जाती है। अज्ञेय को 'अभिजात' मानने के पीछे कोई यह भावना नहीं थी कि वह किसी उच्च, सामंती वर्ग से आए थे, बल्कि उनका स्वभावगत स्वाधीन विवेक हमारी ग़ुलाम मानसिकता में कहीं फिट नहीं हो पाता था। अज्ञेय के प्रति हमारी झुँझलाहट बहुत स्वाभाविक थी। हममें से अनेक लेखक ऐसे परिवेश से आते हैं जहाँ पग-पग पर हमें 'ऊपरवालों' का मुँह जोहना पड़ता है—वह चाहे पिता हो या परमेश्वर या समाज-परिवार के रूढ़िगत बंधन। ग़ुलामी एक सहज अवस्था है, जबकि स्वतंत्रता को अर्जित करने के लिए असीम संघर्ष करना पड़ता है। इसलिए हम जब बड़े शहरों में आते हैं, तो आसानी से अपनी संस्कारगत ग़ुलामी की जगह किसी पार्टी या विचारधारा की ग़ुलामी स्वीकार कर लेते हैं, हम यह नहीं सोचते कि किसी रेडिकल विचारधारा का ठप्पा लगाने मात्र से आत्मा के अन्दर धँसी ग़ुलामी से छुटकारा नहीं मिलता।

इसीलिए जब हम किसी ऐसे व्यक्ति का सामना करते हैं, जो अपने संस्कारों में सहज रूप से स्वाधीन है, वह सीधा हमारे क्रोध और निन्दा का शिकार बन जाता है, उसकी स्वतंत्र मेधा हमें हर क्षण अपनी ग़ुलाम आत्मा की याद दिलाती है जो हमें असह्य जान पड़ती है। हम स्वयं स्वाधीन होने के बजाय उसे अपनी ग़ुलामी में घसीटना चाहते हैं—और यदि वह इसके लिए तैयार नहीं होता, तो हम आसानी से उसे अमेरिकी एजेंट या पूँजीवादी दलाल कहकर दुबारा अपनी ग़ुलामी की खोह में शरण लेकर अपनी कचोटती आत्मा से मुक्ति पा लेते हैं।

यदि अज्ञेय के सन्दर्भ में मुझे अपने साहित्यिक परिवेश की दास-वृत्ति याद आती है तो इसलिए कि ठीक इस 'ग़ुलाम-अवस्था' का वर्णन एक दूसरे देश के लेखक ने इतनी मार्मिक सच्चाई से किया था, जो हम सबके लिए एक उदाहरण होना चाहिए। चेख़ॅव अपने एक मित्र को पत्र में लिखते हुए अपने बाल्यकाल के भयंकर अनुभवों के बारे में कहते हैं :

> तुम मेरे बारे में एक कहानी लिखो कि कैसे एक युवक को अपना समूचा यौवन बलिदान करके स्वाधीनता अर्जित करनी पड़ी, जो एक कुलीन घराने के लेखक को प्रकृति से वरदान में मिलती है...मैंने अपने भीतर के ग़ुलाम को बूँद-बूँद निचोड़कर बाहर निकाला है और एक सुबह मैंने पाया कि मेरी धमनियों में ग़ुलाम का रक्त नहीं, एक मनुष्य का सच्चा ख़ून प्रवाहित हो रहा है।

चेख़ॅव के ये शब्द हिन्दी के वर्तमान वातावरण में कितने अजीब और पराये जान पड़ेंगे, इस बारे में कोई भी टिप्पणी निरर्थक है।

अज्ञेय का स्वाधीनता-बोध अमूर्त नहीं था : वह सीधा-सादा सृजन और कर्म की उन समस्याओं से जुड़ा था, जिनसे आज का हर संवेदनशील लेखक जूझता है। पिछले वर्षों में यदि किसी एक लेखक ने हिन्दी भाषा को विचारों का सबसे सशक्त और समर्थ माध्यम बनाने की चेष्टा की, उसमें अज्ञेय अग्रणी थे। आकाशवाणी की भाषा हो अथवा हिन्दी पत्रकारिता में राजनीतिक शब्दावली का प्रयोग, अज्ञेय की कोशिश हमेशा यह रहती थी कि शब्दों का सही और सटीक इस्तेमाल हो सके। वह एक तरफ़ हिन्दी भाषा को पंडिताऊ बोझिलपन से छुटकारा दिलवाना चाहते थे, तो दूसरी तरफ़ उसे अंग्रेज़ी की आक्रामक प्रभुसत्ता से मुक्त करवाना चाहते थे।

यह काम आसान नहीं था। इसके लिए उन सब मोर्चों पर संघर्ष करना ज़रूरी था, जहाँ सत्ताधारी शक्तियाँ भाषा को भ्रष्ट करने की प्रक्रिया में सत्य को सम्प्रेषित करने के साधनों को दूषित करती हैं। मुझे कभी-कभी काफ़ी आश्चर्य होता था कि जिस लेखक को 'अहंकेन्द्रित रूपवादी' होने का आरोप आजीवन सहना पड़ा, वह किस हद तक भाषा के राजनीतिक दुराचार के विरुद्ध संघर्ष करता रहा!

आज के व्यावसायिक युग में, जहाँ सम्प्रेषण के साधन दिनोंदिन झूठे और पराधीन बनते जा रहे हैं, लेखक के सामने यह चुनौती बराबर बनी रहती है कि वह अपनी भाषा को अवमूल्यित किये बिना दूसरों तक अपनी सच्चाई पूरी पवित्रता और प्रामाणिकता के साथ सम्प्रेषित कर पाए। कुछ लेखक अपने 'अनमोल सत्यों' के प्रति इतने आसक्त रहते हैं कि बिना सम्प्रेषण का जोखिम उठाए स्वयं अपने में दुरूह, अस्पष्ट और आत्म-सम्मोहित हो जाते हैं, किन्तु एक दूसरा ख़तरा भी है, जब लेखक दूसरों तक पहुँचने की जल्दबाज़ी में स्वयं अपनी आत्मीय सच्चाई से समझौता करने लगता है, सस्ते दामों पर लोकप्रियता अर्जित करने के लालच में अपनी भाषा को ही भ्रष्ट करने लगता है। अज्ञेय की यह अद्‌भुत विशेषता थी कि वह दोनों गड़्हों से बचकर अपनी भाषा की शर्तों पर दूसरों तक पहुँचने का जोखिम उठाते रहे। यह एक तरह से हवा में तनी हुई रस्सी पर चलना था—सस्ती लोकप्रियता और आत्म-सम्मोहन के बीच—इसमें वह सफल भी हुए, असफल भी, किन्तु लेखक का प्राथमिक धर्म इस रस्सी पर ही चलना है, इस चुनौती से उन्होंने कभी मुँह नहीं मोड़ा।

भाषा की समृद्धि और सम्पदा कमरे की चहारदीवारी के बीच सुरक्षित नहीं रहती, इसका अहसास भी अज्ञेय को था। मुझे लगता है, अपने अन्तिम वर्षों में अज्ञेय का अपनी जातीय परम्परा के प्रति आकर्षण—अन्य कारणों के अलावा—इसमें भी था कि वह उसमें उन सब स्मृतियों, मिथकों, पुराणकथाओं को उत्कीर्णित करना चाहते थे जो सैकड़ों वर्षों से हमारी वाचिक और साहित्यिक परम्परा का जीवन-स्रोत रहे हैं। जो काम उनके पिता ने पुरातत्त्व-क्षेत्र में किया—ज़मीन से शिलालेख, मूर्तियों को निकालने का कार्य—वही काम अज्ञेय अन्तिम वर्षों में अपने भारतीय अतीत के विशाल स्मृति-प्रदेश में करना चाहते थे, इतिहास की राख—मिट्टी में दबे उन सब 'मील के पत्थरों' को खोदकर बाहर निकालना, जिन पर भारतीय संस्कृति के पड़ाव-चिह्न अंकित थे।

वह आज के भारतीय लेखक की विशिष्ट भूमिका परम्परा के निरन्तर प्रवाह में निर्दिष्ट करना चाहते थे जो आधुनिक युग की फ़ैशनपरस्त 'ऐतिहासिकता' से बिलकुल भिन्न है। यह काम समुचित रूप से चिन्तन-अध्ययन के स्तर पर संयोजित हो सके, इसके लिए उन्होंने 'वत्सल निधि' की ओर से विभिन्न क्षेत्रों में भारतीय विशेषज्ञों की 'व्याख्यानमालाएँ' आयोजित की थीं। किन्तु इससे भी अधिक महत्त्वपूर्ण और प्रासंगिक वे 'लेखक यात्राएँ' थीं जिनका सीधा प्रयोजन जातीय स्मृति के उन पदचिह्नों पर दुबारा चलना था, जो इतिहास की रेत में अवश्य धूमिल पड़ गए हों, किन्तु जो भारतीय मनीषा और संस्कारों में आज भी उतने ही जीवनदायी और जीवन्त हैं, जितना कभी तीन हज़ार वर्ष पहले थे।

दुनिया में भारत की संस्कृति ही ऐसी है, जिसके स्मृति-चिह्न मनुष्य की मनीषा में उतने ही जीवित हैं, जितने बाहर फैले भौगोलिक परिवेश में—एक भारतीय की तीर्थयात्रा हमेशा अपने समय में एक पौराणिक स्मृति को पुनर्जीवित करना होता है। वह एक ही समय में अनेक काल-खंडों को जीने लगता है। अज्ञेय की इन यात्राओं को 'साम्प्रदायिक' कहना भाषा के साथ तो अत्याचार है ही, उस घोर ग़ुलाम मानसिकता का परिचायक भी है, जिसे चेख़ॅव ने बूँद-बूँद निचोड़कर अपनी आत्मा से बाहर निकाला था और जिसे हमारे आलोचकों ने वर्षों से बूँद-बूँद सँजोकर जमा किया है।

कभी-कभी मैं सोचता हूँ कि क्या एक भारतीय बुद्धिजीवी का परम्परा-विरोध उस मानसिक ग़ुलामी के साथ तो नहीं जुड़ा है, जो अंग्रेज़ों ने पिछले दो सौ वर्षों के दौरान हम पर आरोपित की है, ताकि हम विस्मृति के अँधेरे में रहकर अपनी स्वतंत्रता के बोझ से छुटकारा पा सकें। प्रसिद्ध चेक लेखक मिलान कुंदेरा ने एक बार अपने देश की अभागी स्थिति पर टिप्पणी करते हुए कहा था :

> तानाशाही शासन में एक जाति की स्मृति को सबसे पहले नष्ट किया जाता है, ताकि विस्मृति में वह अपनी ग़ुलामी स्वीकार कर सके। एक देश की जातीय अस्मिता को नष्ट करने का सबसे सरल उपाय है—उसकी स्मृति को उन्मूलित करना।

मुझे नहीं मालूम, अज्ञेय ने कभी इन पंक्तियों को पढ़ा था, किन्तु वह यदि जीवित होते तो उनसे अवश्य सहमत होते। उनके अन्तिम वर्षों का यदि एकमात्र

कोई संघर्ष था—तो भारतीय लेखक को जातीय विस्मृति के अँधेरे से मुक्त करना। यदि वह जीवित होते इस अधूरे वाक्य पर मेरा मन बार-बार अटक जाता है। वह हमारे बीच इतने वर्ष रहे कि यह ख़याल कभी नहीं आता था कि वह एक दिन जा भी सकते हैं। महीनों गुज़र जाते थे और एक शहर में रहते हुए भी मैं उनसे नहीं मिल पाता था। किन्तु यह विश्वास कि कैवंटर्स लेन में जाकर उनसे किसी भी घड़ी मिला जा सकता है, मन को एक अजीब-सी तसल्ली देता था।

पिछले पचास वर्षों से वह हिन्दी साहित्य के परिदृश्य का इतना जीवन्त अंग थे कि शायद ही कोई पीढ़ी उनकी उपस्थिति से अपने को अछूता छोड़ पाई हो। उपन्यास हो या कविता, सृजन की कोई ऐसी इमारत नहीं जिस पर कहीं उनके हाथ की लगाई हुई ईंट, कहीं सुघड़ हाथों से चुना हुआ पत्थर, कहीं दीवार पर खींचा हुआ स्मृति-चित्र दिखाई न दे! वह व्यक्ति जो अपने जीवनकाल में इतना चुप रहता था, मृत्यु के बाद इमारत के हर कोने में बोलता दिखाई देगा, ऐसा कभी नहीं सोचा था।

अब वह नहीं हैं, तो शायद अपने पूर्वग्रहों से मुक्त होकर हम उनके लेखन का अधिक सम्यक् मूल्यांकन कर सकें। हर लेखक की तरह उनकी अपनी कमियाँ थीं, अपनी कमज़ोरियाँ। आश्चर्य होता है कि इतने वर्षों के दौरान अज्ञेय एक व्यक्ति के रूप में विवाद का केन्द्र अवश्य रहे, किन्तु उनके कृतित्व का सही मूल्यांकन उपेक्षित पड़ा रहा। हमारी आलोचना की विपन्न अवस्था का अनुमान लगाना मुश्किल नहीं, यदि हम ग़ौर करें कि पिछले वर्षों में न तो अज्ञेय की सीमाओं का सही विश्लेषण हुआ, न उनकी उपलब्धियों का वस्तुगत आकलन। निन्दा और स्तुति के बीच हमारी आलोचना जिस दिन एक स्वाधीन चेतना अर्जित कर पाएगी, उस दिन शायद अज्ञेय पूर्वग्रहों के घटाटोपों से मुक्त होकर एक नया जीवन ग्रहण करेंगे। वह हिन्दी पाठकों का अज्ञेय से एक नया साक्षात् होगा; मृत्यु के बाद एक दूसरा जीवन, जो हर लेखक अपने लिखे पन्नों पर और पाठकों की स्मृति में नये सिरे से शुरू करता है।

अज्ञेय का जन्म वसन्त के शुरू मौसम में हुआ था, उनका निधन वसन्त के ढलते दिनों में—छिहत्तर वर्ष लम्बी ज़िन्दगी जैसे पूरे वसन्त की एक यात्रा हो! 4 अप्रैल की सुबह ही जब मैं उनके घर गया, तो मन गहरी व्यथा में डूबा था, किन्तु उनके कमरे में जाकर एक अनोखी अनुभूति जगने लगी।

वह गहन, निश्चित, असीम विश्रांति में सो रहे थे, जैसे कोई व्यक्ति एक संघर्षमय दुःख-सुख से भरी यात्रा को पूरी करके अपने अन्तिम पड़ाव पर आ लेटता है। एक अजीब शान्ति और सम्पूर्णता का भाव उनके चेहरे पर था, मानो मेरी व्यथा देखकर वह एक दूसरे समय के स्वाधीन कवि, शेक्सपियर के शब्दों में मुझे सांत्वना दे रहे हों, "सच यह है कि मैं चिन्ता नहीं करता। आख़िर आदमी एक बार मरता है। हम ईश्वर के प्रति एक मृत्यु के लिए तो देनदार हैं ही...वह जो इस वर्ष मरता है, अगले वर्ष के लिए मुक्त हो जाता है।"

लैक्सनेस से साक्षात्कार

"मुझे आपसे मिलने का सौभाग्य एक बार पहले प्राप्त हो चुका है।"

"कहाँ?" उन्होंने कुछ आश्चर्य से पूछा।

"दिल्ली में। यह स्वाभाविक है कि आपको याद नहीं। वहाँ बहुत-से लोग जमा थे और मैंने आपकी किताब पर सिर्फ़ हस्ताक्षर लिये थे।"

"ओह, दिल्ली—मुझे वहाँ अवकाश एक क्षण भी नहीं मिल सका," उन्होंने हँसते हुए अपने दोनों हाथ हवा में फैला दिये। "मैं ज़्यादातर सरकारी अफ़सरों के बीच घिरा रहता था। बहुत कम लोगों से मिल पाया—ऐसे लोगों से, जिनसे मिलना चाहता था।"

फिर उन्होंने प्रश्नों की झड़ी लगा दी। रिक्याविक कब आया, कैसे आया, कहाँ ठहरा हूँ, कहाँ-कहाँ घूम चुका हूँ। फिर अचानक चुप हो गए और मेरी ओर देखते रहे।

"कैसा लगा आपको यह देश—आइसलैंड?" उनकी आँखों में बच्चों की-सी उत्सुकता झलक उठी।

"सौभाग्य से मैं अभी तक सरकारी अफ़सरों से मुक्त हूँ।"

वह हँसने लगे।

वही लैक्सनेस थे, हालदौर विलियन लैक्सनेस। किन्तु आइसलैंड में शायद ही कोई उन्हें इस नाम से पुकारता है। सब लोग—स्कूल के बच्चों से लेकर टैक्सी ड्राइवर तक—उन्हें 'विलियन' के नाम से ही जानते हैं। 'श्री' और 'जी' के बोझ से मुक्त उनका यह छोटा हल्का-सा नाम कुछ इस खुले, आत्मीय ढंग से पुकारा जाता है कि लगता है, जैसे वह साहित्य के नोबेल पुरस्कार-सम्पन्न लेखक न होकर कोई गली के पास-पड़ोसी हैं, जिनसे किसी भी क्षण गप-शप की जा सकती है!

लम्बा चेहरा, चौड़ी दृढ़ ठुड्डी, कुछ-कुछ सफ़ेद पड़ती मूँछें, संयत, शान्त आँखें—जिनमें कभी हल्का-सा परिहास, कभी अलसाया-सा व्यंग्य उभर उठता था। यही उनका व्यक्तित्व है—बहुत ही ग़ैर-रोमांटिक और नॉर्मल। शायद वह हमारे युग के सबसे नॉर्मल साहित्यकार हैं।

आइसलैंड की राजधानी रिक्याविक में उनके मकान के एक खुले हवादार कमरे में हम बैठे थे। पास ही खिड़की थी, जिसके परे मकानों की ऊँची-नीची छतें और उनके भी परे गर्मियों का नीला आकाश दिखाई दे रहा था। मेरे संग मेरे पुराने मित्र बरेन रॉय भी थे, जो लन्दन में आजकल शोध-कार्य कर रहे हैं। हम दोनों एक संग आइसलैंड आए थे, एक ही जहाज़ में—वह लन्दन से, मैं प्राग से।

"आप कितने दिन यहाँ ठहरेंगे?" बैठते ही उन्होंने पूछा।

"पन्द्रह-बीस दिन—ज़्यादा-से-ज़्यादा।"

"बहुत कम अरसा है।" उन्होंने तनिक धीमे स्वर में कहा। "लेकिन देश यह छोटा है और आप इतने कम समय में भी काफ़ी कुछ देख सकेंगे।"

"दो दिन पहले थिंग विलियर (आइसलैंड का एक महत्त्वपूर्ण ऐतिहासिक स्थान) से लौटते समय हमने आपका गाँव का मकान देखा था—हमें नहीं मालूम था कि इन दिनों आप वहीं रहते हैं।"

"हाँ, गर्मियों में मैं वहीं रहता हूँ, काम भी वहीं करता हूँ। मुझे खेद है कि मैं आपको अपने उस घर में आमंत्रित नहीं कर सका। यहाँ मैं सिर्फ़ कभी-कभी एक-दो दिन के लिए चला आता हूँ...और इस मकान में आपको देने के लिए न कॉफ़ी है, न शराब..." उन्होंने कुछ क्षमा-याचना के स्वर में कहा, "वैसे दो घर कभी-कभी काफ़ी उलझन उत्पन्न कर देते हैं। आदमी न इस घर का रहता है, न उस घर का।" एक हल्की-सी मुस्कराहट उनके होंठों पर सिमट आई। "आप सिगरेट पिएँगे? मैं तो नहीं पीता लेकिन..."

मैंने अपना पैकेट बाहर निकाल लिया। इंटरव्यू कैसे लिया जाता है, मैं इसी उलझन में फँसा था। किन्तु इससे पहले कि मैं कुछ पूछ पाता, उन्होंने कहा, "आपने आइसलैंड आने का इरादा कैसे कर लिया? यहाँ तो बहुत कम विदेशी टूरिस्ट आते हैं कम-से-कम अभी तक यह देश 'टूरिस्ट-हांट' नहीं बन पाया है।"

"टूरिस्ट कम आते हैं...यह ख़ुद में एक आकर्षण था यहाँ आने के लिए," मैंने कहा, "इसके अलावा स्कैंडेनेवियाई देशों के प्रति पुरानी जिज्ञासा रही है। यूरोप के अन्य देशों से वे काफ़ी भिन्न रहे हैं और आइसलैंड तो शायद उनसे भी बहुत अलग रहा है।"

"आपको क्या कभी आइसलैंड के पुराने सागा-ग्रंथों को पढ़ने का अवसर मिला है?" उन्होंने पूछा।

"दुर्भाग्यवश ज़्यादा नहीं...अंग्रेज़ी में वे आसानी से उपलब्ध नहीं हो पाते। यहाँ आने से पूर्व मैंने 'न्याल-सागा' पढ़ा था, जो हाल में ही 'पेलिकन-सीरीज़' में प्रकाशित हुआ है।"

"हाँ, मैंने उसे देखा है। मेरे विचार में अंग्रेज़ी में उसका अनुवाद बहुत सफल रहा है...हालाँकि यह काफ़ी कठिन काम है। सागा-ग्रंथों की अपनी एक विशिष्ट शैली है, जिसकी गरिमा अनुवाद में सही-सही उतार पाना एक दुर्लभ चीज़ है।"

"आपकी कुछ पुस्तकें पढ़ने के बाद मुझे ऐसा प्रतीत हुआ है कि आपने सागा-ग्रंथों से गहरी प्रेरणा प्राप्त की है—उनका एपिक-विस्तार और कठोर यथार्थवादिता। क्या यह सत्य है?"

"हाँ, बहुत हद तक। आइसलैंड का शायद ही कोई लेखक अपने को इन महान् साहित्यिक निधियों के प्रभाव से मुक्त रख सका है। अपने उपन्यास 'हैपीवारियर्स' को लिखते समय मुझे लगभग पाँच वर्षों तक सागा-ग्रंथों का अनुसन्धान-अध्ययन करना पड़ा था। दुर्भाग्यवश अंग्रेज़ी में उसका अनुवाद बहुत ही ख़राब हुआ है। वैसे इसमें बेचारे अनुवादक को दोष देना बेकार है। मैं जानता हूँ, दूसरी भाषा में अनुवाद कितना सिर-दर्द का काम हो सकता है..."

"मि. लैक्सनेस, आपका देश यूरोप के मुख्य राष्ट्रों, मेट्रोपॉलिटन देशों से बहुत दूर और पृथक् रहा है—भौगोलिक और ऐतिहासिक दृष्टि से। क्या आपने अपने सृजन-कार्य में यह अलगाव महसूस किया है?"

"यह कहना शायद सही नहीं कि आइसलैंड यूरोपीय प्रभावों से अछूता या असम्पृक्त रहा है। सत्रहवीं शताब्दी से पहले इंग्लैंड, फ्रांस और मध्ययुग में जर्मनी के सांस्कृतिक और धार्मिक आन्दोलनों ने आइसलैंड की जीवनधारा को बहुत हद तक प्रभावित किया था।"

"और डेनमार्क का प्रभाव?" मैंने पूछा।

उनके होंठों पर हल्की-सी व्यंग्य-भरी मुस्कराहट उभर आई। "आपका मतलब है, डेनमार्क पर आइसलैंड का प्रभाव? शायद आपको यह बात अजीब लगे, लेकिन यह सच है कि आइसलैंड पर सैकड़ों वर्षों के डेनिश राजनीतिक प्रभुत्व के बावजूद डेनिश साहित्य या संस्कृति का हमारे देश पर कोई गहरा या स्थायी प्रभाव नहीं पड़ा। बल्कि यह कहना सत्य के काफ़ी निकट होगा कि साहित्य और कला के क्षेत्र में डेनमार्क को आइसलैंड से निरन्तर प्रेरणा मिलती रही है। यह तनिक आश्चर्य की बात है कि राजनीतिक प्रभुत्व और सांस्कृतिक प्रभाव हमेशा एक संग नहीं जाते!"

"आपने सृजन-प्रक्रिया में लेखक के अलगाव का प्रश्न उठाया है। अन्ततः यह 'मनुष्य के अकेलेपन' की समस्या है। मैं समझता हूँ, यह समस्या पश्चिम के आधुनिक लेखकों को काफ़ी पीड़ित करती रही है...लेकिन मैंने आज तक ज़िन्दगी में यह अलगाव या अकेलापन महसूस नहीं किया। मैंने कभी यह महसूस नहीं किया कि मेरे और दूसरे लोगों के बीच ऐसी कोई खाई है, जिसे पार नहीं किया जा सकता।"

"अकेलापन..." एक लम्बे क्षण तक वे चुप रहे। मैंने देखा, उनके माथे पर तीखी रेखाएँ खिंच आई हैं। फिर सहसा निर्णयात्मक लहज़े में उन्होंने कहा, "नहीं, मैं नहीं समझता कि इस समस्या ने मुझे कभी पीड़ित किया है।"

"कुछ अरसा पहले अंग्रेज़ी नाट्य-आलोचक टॉयनन से बातचीत करते समय सार्त्र ने कहा था कि आज के युग में कोई भी प्रतिगामी लेखक महान् साहित्य की रचना नहीं कर सकता। इस सम्बन्ध में आप क्या सोचते हैं?"

"इस कथन से सहमत होना काफ़ी मुश्किल है। वैसे मैं स्वयं एक ऐसा लेखक हूँ, जिसे लोग 'वामपंथी' या 'समाजवादी' कहते आए हैं। इसके बावजूद मैं सोचता हूँ कि अपने प्रतिगामी विचारों के रहते भी इलियट और कामू ने महान् रचनाओं की सृष्टि की है। और टैगोर की धार्मिक कविताएँ—क्या वे आपको

आकर्षित नहीं करतीं? 'गीतांजलि' पढ़ते हुए मुझे आज भी आनन्द आता है... हालाँकि युवावस्था में मुझे टैगोर की कविताएँ ज़्यादा आकर्षित करती थीं।'

"क्या आज उनका महत्त्व आपके लिए उतना अधिक नहीं है जितना पहले था?"

"यह कहना कठिन है...लेकिन मेरे विचार में टैगोर पश्चिम के लिए अजनबी (उन्होंने इसके लिए 'एलियन' शब्द का प्रयोग किया था) ही बने रहेंगे।"

शाम हो चली थी, लेकिन खिड़की के बाहर रिक्याविक की छतों पर अब भी उजाले की परतें जमा थीं। अँधेरे के नाम पर महज़ एक धूमिल पीली रोशनी-सी फैल गई थी; हवा में पीली-मटियाली रोशनी, जो आधी रात तक समूचे शहर पर चमकीले, ठंडे ज़र्रों-सी बरसती रहेगी...।

इंटरव्यू ज़ारी था।

"अभी आपने पश्चिमी लेखकों के अकेलेपन की चर्चा की थी, मि. लैक्सनेस। क्या यह नहीं है कि आज के अणु-युग में कलाकार अपने अकेलेपन से बाहर आने की चेष्टा कर रहा है...या दूसरे शब्दों में यूँ कहें कि अणु-युद्ध की सम्भावना ने लेखकों पर क्या एक ऐसी ज़िम्मेदारी डाल दी है, जो शायद पहले किसी युग में उपस्थित नहीं थी?"

लैक्सनेस कुछ देर तक चुप रहे—शायद उन्हें लगा कि मैं उन्हें किसी विवाद में 'कॅमिट' करने की चेष्टा कर रहा हूँ (जो मेरी मंशा नहीं थी) और वह कदाचित् कुछ सतर्क हो गए।

"आज के प्रचार-युग में लेखकों की आवाज़ कोई विशेष महत्त्व या प्रभाव रखती है, मुझे इसमें सन्देह है। गम्भीर साहित्य की ओर भला कितने लोग ध्यान देते हैं? 'लाइफ़' और 'टाइम्स' की पत्रिकाएँ मेरी पुस्तकों से कहीं ज़्यादा लोकप्रिय हैं! सस्ती फ़िल्में, रेडियो, टेलीविज़न का गोरखधंधा लोगों के दिमाग़ों पर इस क़दर हावी है कि कुछ भी सोचने-समझने का अवकाश उन्हें शायद ही कभी मिल पाता है। मेरे विचार में आज भी प्रत्येक छोटे-बड़े देश में राजनीतिज्ञों का ही बोलबाला है—आम लोगों की नियति उनके दाँव-पेच द्वारा ही नियोजित होती है। वैसे मेरे विचार में युद्ध निश्चित रूप से नहीं होगा, इसलिए नहीं कि लेखक अपनी शक्ति से उसे टालने में सफल होंगे, बल्कि इसलिए कि आज राजनीतिज्ञ भी अणुशस्त्रों की संहार-शक्ति से डरते हैं। पहले या दूसरे विश्वयुद्ध से पूर्व कई

देशों में युद्ध के प्रति काफ़ी उत्साह पाया जाता था। आज मुझे कहीं, किसी देश में वह दिखाई नहीं देता..."

"आपका अभिप्राय है कि इस युग में लेखक एक असहाय गवाह होने के अतिरिक्त कुछ भी कर पाने में असमर्थ है?"

"मुझे सन्देह है कि वह वस्तुस्थिति में कोई बुनियादी परिवर्तन कर सकता है। दूसरे युद्ध के आरम्भ होने से पूर्व जर्मनी में अनेक ऐसे साहित्यकार थे, जिन्होंने फ़ासिज़्म का तीव्र विरोध किया था, किन्तु क्या उन्हें राजनीतिज्ञों की चालों के आगे कुछ भी सफलता मिल सकी?"

मुझे सन्तोष नहीं हुआ है। मैं आगे कुछ पूछनेवाला ही था कि अचानक मुझे एक 'लोकप्रिय' पत्रकार के शब्द याद हो आए : 'सफल इंटरव्यू का लक्षण यही है कि उसे बहस की दलदल में न फँसने दिया जाए।' मैंने सतर्कता से अपने को दलदल से बचाते हुए वार्तालाप का रुख़ बदलने की चेष्टा की।

"क्या भारत से लौटने के बाद आपने इस सम्बन्ध में कोई संस्मरण लिखे हैं?"

"मैंने चीन और भारत की यात्रा लगभग एक ही समय में की थी। अक्सर मैं दोनों देशों की वर्तमान परिस्थितियों की तुलना करता रहा हूँ। इस सम्बन्ध में मेरे एक-दो लेख भी प्रकाशित हुए थे। दरअसल भारत के सम्बन्ध में मैं अभी तक कोई निश्चित या अन्तिम निष्कर्ष नहीं निकाल सका हूँ, किन्तु आपके देश में कुछ चीज़ों को देखकर मुझे गहरा आश्चर्य हुआ..."

वह अचानक कुछ झिझककर चुप-से हो गए, मानो कुछ हिचकिचाहट-सी महसूस हो रही हो। मैंने प्रार्थना की कि वह बिना किसी छिपाव-दुराव के अपने विचार प्रकट करें।

"देखिए, आप मुझे ग़लत न समझें। भारत के नेताओं के प्रति मेरे मन में हमेशा आदर-भाव रहा है। वे अत्यन्त सुसंस्कृत और सजग हैं, किन्तु उनके और भारत के सर्वसाधारण लोगों के बीच मुझे गहरा अन्तर दिखाई पड़ता है। गाँवों में लोगों के घरों को देखकर मैं बिलकुल आश्चर्य में पड़ गया। न जाने वे वहाँ कैसे रहते हैं? मध्य-युग में भी यूरोप के लोग शायद ऐसे घरों में रहना पसन्द न करते! शायद भारत की गरम जलवायु में लोग इन तकलीफ़ों को बरदाश्त कर सकते हैं। ऊपर छत न हो तो बाहर सो लेने में कोई ख़ास दिक़्क़त नहीं। किन्तु यूरोप की जलवायु में लोगों के लिए चाहे वे कितने ही ग़रीब क्यों न हों,

ऐसी परिस्थितियों में जीवित रहना असम्भव...है मुझे एक और घटना याद आती है। वाराणसी में गंगा का पानी ऐसा नहीं, जिसे बहुत साफ़ कहा जा सके। वाराणसी म्यूनिसिपैलिटी के एक गाइड मेरे संग थे—सुशिक्षित युवक, साहित्य में एम.ए.। उन्होंने मुझे बताया कि लोग गंगा में नहाने नहीं, अपने पाप धोने आते हैं। उन्होंने यह भी कहा कि गंगा के पानी में कीटाणु नहीं हैं। मुझे यह जानकर गहरा आश्चर्य हुआ कि वह स्वयं इन बातों में विश्वास रखते थे, मेरा मतलब है, लोगों के पापों में, कीटाणुओं में नहीं। मुझे नहीं मालूम, किन्तु जान पड़ता है, भारतवासी कीटाणुओं में ज़्यादा विश्वास नहीं रखते।"

"क्या आपको ऐसे अन्धविश्वास कहीं और देखने को मिले?"

उनकी मुस्कराहट गहरी हो गई, आँखों में शरारत का-सा भाव चमक उठा।

"हाँ, एक बार बम्बई में एक उच्च हिन्दू परिवार द्वारा मुझे एक भोज में आमंत्रित किया गया था। दिलचस्प बात यह थी कि भोज के दौरान कई लोग मुझे ऑल्डस हक्सले समझते रहे, हालाँकि मेरी शक्ल उनसे ज़्यादा नहीं मिलती और विचार तो बिलकुल नहीं! किन्तु शायद इसी ग़लतफ़हमी के कारण एक भारतीय सज्जन मेरे पीछे पड़ गए। ज्योतिषशास्त्र में उनका गहरा विश्वास था और वह अपने तर्कों द्वारा मुझे भी अपना अनुगामी बनाने की भरसक चेष्टा कर रहे थे। आख़िर उनसे छुटकारा पाने के लिए मैंने कहा कि मेरे गुरु मार्टिन लूथर अनेक प्रकार के हास्यास्पद अन्धविश्वासों का शिकार थे—एकमात्र ज्योतिष विद्या को छोड़कर। फिर भला मैं ऐसी विद्या में कैसे विश्वास कर लूँ, जिसे यूरोप के सबसे कट्टर अन्धविश्वासी 'महात्मा' ने अस्वीकृत कर दिया?"

इस पर हम सब हँस पड़े थे। श्री लैक्सनेस ने अपनी घड़ी देखी और मैं अपने अन्तिम प्रश्न को अधिक देर तक नहीं टाल सका, "आधुनिक भारतीय लेखकों की कुछ पुस्तकें आपकी नज़रों से अवश्य गुज़री होंगी। उनके सम्बन्ध में आपकी कैसी प्रतिक्रिया रही है?"

"आधुनिक भारतीय लेखक मुझे 'आधुनिक' नहीं जान पड़े। जो कुछ भी पुस्तकें मैंने पढ़ी हैं—और वे अधिक नहीं हैं—उनकी शैली बहुत कुछ मुझे यूरोप के पुराने लेखकों का स्मरण दिला जाती हैं...। भारत में मेरी मुलाक़ात एक ऐसे युवा लेखक से हुई जो ड्यूमा के भक्त थे। ड्यूमा के बाद भी यूरोप में साहित्य-सृजन होता रहा है, इसमें शायद उन्हें कोई विशेष दिलचस्पी नहीं थी।

चीन में भी मेरा बहुत कुछ ऐसा ही अनुभव रहा है। चीनी विद्यार्थी—जिनसे मैं मिला—यूरोप के आधुनिक साहित्य से प्रायः अपरिचित जान पड़ते हैं। ह्यूगो, लफ़ीत और रोलाँ—इससे आगे शायद उनकी जानकारी नहीं जाती। मैं भारत में था, बुद्धिजीवियों की एक गोष्ठी में मेरी भेंट एक जर्मन यहूदी महिला से हुई, जो किसी भारतीय से विवाह करने के बाद भारत में ही बस गई थीं। उन्होंने मुझे बताया कि उनके दो उपन्यास (अंग्रेज़ी में) इंग्लैंड में प्रकाशित हुए हैं। मैंने उन्हें बधाई दी। बाद में मुझे उनका एक उपन्यास पढ़ने का सौभाग्य प्राप्त हुआ। मुझे ख़ेद है कि उसके बाद मैं उनके दूसरे उपन्यास को पढ़ने का साहस नहीं बटोर सका, किन्तु मेरी ये प्रतिक्रियाएँ सीमित अनुभव पर आधारित हैं। मुझे इस बात का हमेशा दुःख रहेगा कि भारत में मैं अनेक सार्वजनिक कार्यों में उलझा रहा, जिसके कारण मुझे अधिक संख्या में भारतीय लेखकों से मिलने का समय नहीं मिल सका।"

"आशा है, आप वहाँ एक बार फिर आएँगे...। आजकल आप क्या लिख रहे हैं?"

"एक नाटक, नाम है : 'चिम्नी प्ले'। शायद कुछ महीनों बाद उसका उद्घाटन रिक्याविक में ही होगा।"

"काश, उस समय तक हम यहाँ ठहर सकते!"

"नाटक के लालच से नहीं...किन्तु वैसे भी बेहतर होता कि आप कुछ ज़्यादा अरसे के लिए यहाँ ठहर पाते। रिक्याविक आपको कैसा लगा?"

"कुछ-कुछ गुड़ियों के नगर-सा," मैंने मुस्कराते हुए कहा।

हम उठ खड़े हुए थे।

"दुर्भाग्यवश बियर नहीं थी, वरना बातचीत ज़्यादा दिलचस्प हो जाती," उन्होंने हँसते हुए कहा।

हम उन्हें धन्यवाद देकर सीढ़ियाँ उतरने लगे।

इंटरव्यू सफल रहा या नहीं, मैं नहीं जानता। वैसे भी औपचारिक बातचीत के माध्यम से (जहाँ प्रश्नोत्तर की लक्ष्मण-रेखा पर बहस की दलदल से बचकर चलना हो!) कुछ ज़्यादा हाथ नहीं आता। प्रश्न के तात्कालिक दबाव तले जो उत्तर दिया जाता है, वह कितना ढक लेता है, कितना उजागर करता है, जानना बहुत ही मुश्किल है। मुश्किल और भी बढ़ जाती है जब बातचीत लैक्सनेस-जैसे लेखक से हो, जो किसी भी विषय पर अपना निश्चित मत प्रकट करते हुए एक

गहरी झिझक महसूस करते हैं। मुझे याद आता है उनका हर वाक्य 'शायद' अथवा 'मुझे मालूम नहीं' से आरम्भ होता था और एक अजीब-सी असहाय मुस्कराहट पर आकर दम तोड़ देता था। इस दृष्टि से लैक्सनेस और अन्य स्कैंडेनेवियाई लेखक फ्रेंच लेखकों से बिलकुल विपरीत हैं। किन्तु इससे यह निष्कर्ष निकालना कि उनकी अपनी कोई आस्था नहीं है या कि वे बहुत 'सिनिकल' हैं (एक आरोप, जो अक्सर स्कैंडेनेवियाई लोगों पर लगाया जाता है), बहुत ग़लत और भ्रान्तिपूर्ण होगा। मेरा अपना कुछ ऐसा अनुभव रहा है कि लैक्सनेस उन बहुत कम लेखकों में से हैं—और ऐसे लेखकों की संख्या आज के युग में दिन-पर-दिन कम होती जा रही है—जो अपनी आस्था कमीज़ की आस्तीन पर लटकाकर नहीं चलते। अपने उपन्यास—एटम स्टेशन—के एक पात्र के बारे में उन्होंने लिखा था कि वह हर आइसलैंडी की तरह, जिस चीज़ को जितनी गहराई और संवेदना से महसूस करता था, उसके सम्बन्ध में उतने ही रूखे और अनमने भाव से बातचीत करता था।

सोचता हूँ, क्या यह चीज़ स्वयं लैक्सनेस पर लागू नहीं होती?

चेख़ॅव के पत्र

किसी व्यक्ति के कमरे में दबे पाँव चले आना, आँख बचाकर उसके रंग-ढंग, भाव-भंगिमा को देखना, वह सब कुछ देखना जो बाहर की दुनिया से हमेशा छिपा रहता है, शिष्टाचार के विरुद्ध भले ही हो, कौतूहलजनक और दिलचस्प अवश्य होता है। हम स्तब्ध-से मंत्रमुग्ध होकर देहरी पर खड़े रहते हैं। सहमी, चौंकी-सी निगाहें, भीतर की हर चीज़—लिखने की मेज़, कालीन, दीवारों के कोनों से झूलते हुए जाले को धीरे-धीरे छूती हैं। एक अलग-सा विश्व है—बाहर से अछूता, अपने में सिमटा हुआ। अँधेरा (बाहर की दुनिया की तरह) रोशनी को ढकता नहीं, सिर्फ़ उसे 'रिलीफ़' देकर मुक्त हो जाता है, और रोशनी अँधेरे की जगह नहीं घेरती, केवल इंगित करती है अपनी सीमा को, जहाँ वह ख़त्म होती है, और अँधेरा आरम्भ होता है।

जब हम किसी व्यक्ति के पत्र पढ़ते हैं (प्राय: ऐसे व्यक्ति के, जो अब नहीं रहा) तो कुछ-कुछ ऐसा ही लगता है। लगता है, जैसे क्षण-भर के लिए दरवाज़े का पर्दा उठ गया है; दबे-पाँव देहरी पार करके हम कमरे के भीतर चले आए हैं—देखो (हम अपने से कहते हैं), देखो—यह वह खिड़की है, जिसके बाहर याल्टा के समुद्र को देखते हुए चेख़ॅव मास्को के बारे में सोचा करते थे,

जहाँ ओल्गा थी, मास्को आर्ट थिएटर था, सुबह-शाम जहाँ गिरजे के घंटे गूँजा करते थे...और देखो—(हमारी आँखें समय और स्थान के अन्तराल को पार करती हुई फ्रांस के एक उपेक्षित क़स्बे पर ठिठक जाती हैं) यह वह जीर्ण-जर्जरित कुर्सी है, जहाँ फ्लॉबेयर मछुए की समाधिस्थ, एकाग्र मुद्रा में काँटा डाले बैठे रहा करते थे ताकि भाषा की अतल गहराइयों के भीतर से एक ऐसे उपयुक्त शब्द को बाहर निकाल सकें जिसके बिना कोई वाक्य पिछले अनेक दिनों से अधूरा पड़ा है। हम एक कमरे से दूसरे कमरे में जाते हैं—मेज़ पर रखे काग़ज़ों को छूते हैं, कुर्सी को सहलाते हैं, और फिर खिड़की के बाहर फैले उदास उनींदे समुद्र को देखने लगते हैं। हम उन घड़ियों को पुनः जी लेना चाहते हैं, जो इन कमरों में रहनेवाले व्यक्तियों की साक्षी (विटनेस) थीं। वे अब नहीं रहे, किन्तु पत्रों में उनकी उपस्थिति आज बरसों बाद भी उतनी ही ठोस, उतनी ही सजीव लगती है, जितना कभी उनका व्यक्तित्व रहा होगा।

यहाँ हमें यह मानना होगा कि पत्रों की अपनी एक विशिष्ट परिधि है, जिसकी सीमा-रेखा एक छोर पर डायरी को छूती है...मात्र छूती-भर है, किन्तु दोनों से अलग है। कहानी निरपेक्ष है, आत्मानुभूति के स्तर पर (सब्जेक्टिव है, ऑब्जेक्टिव के प्रति); डायरी आत्मानुभूत लेखा है, निरपेक्षता के स्तर पर (ऑब्जेक्टिव है, सब्जेक्टिव के प्रति); पत्रों में—विशेष लेखकों के पत्रों में—डायरी की आत्मानुभूति और कहानी की निरपेक्षता आधी-आधी बँट जाती है; इसलिए वे इतने दिलचस्प और आकर्षक लगते हैं। डायरी की निरावृत स्थिति पत्रों में ढक जाती है—उसी तरह, जैसे कहानी के ढके अंग उनमें खुल जाते हैं। कलाकृति का निर्वैयक्तिक मौन और डायरी का स्वकथ (मोनोलॉग), इन दो सीमान्तों को पाटने की ख़ातिर ही शायद पत्रों का आविष्कार हुआ होगा!

पत्रों में भी अन्तर है। एक साधारण व्यक्ति केवल पत्र लिखते समय चिन्तन करता है—अपने बारे में, अपनी आसपास की दुनिया के बारे में। तभी उनके पत्र कभी-कभी इतने गम्भीर, इतने भारी लगते हैं। लेखक अक्सर 'चिन्तन' से मुक्ति पाने के लिए ही पत्र लिखते हैं। अपने पत्रों में वे प्रायः एक हल्का-फुल्का-सा अन्दाज़ बनाए रखना चाहते हैं। चेख़ॅव और वर्जीनिया वुल्फ़ के पत्रों को पढ़कर अक्सर मन में सन्देह-सा उत्पन्न होने लगता है—ऐसा उल्लास, विनोद-व्यंग्य के पीछे एक हल्की-सी किरकिरी छिपी रह गई है। एक अदृश्य-सी छाया, जिसे हम देख नहीं पाते।

लगता है, उनके पत्र खोलते बहुत कम हैं, छिपाते अधिक हैं या दूसरे शब्दों में, वे उतना ही कुछ खोलते हैं, जिसकी आड़ में असली चीज़ तिरोहित हो सके।

चेख़ॅव का अन्तिम पत्र, जो उन्होंने मृत्यु से चार दिन पहले अपनी बहन को लिखा था, पढ़ते हुए एक अजीब-सी प्रतिक्रिया हमारे मन पर होती है। चेख़ॅव ने उस पत्र में अपनी बीमारी के बारे में बहुत कम लिखा है (जबकि वह जानते थे कि उनका अन्त बहुत दूर नहीं है), साहित्य के बारे में एक शब्द भी नहीं। अपने शारीरिक दु:ख-दर्द को तीन-चार उड़ते वाक्यों में रफ़ा-दफ़ा कर दिया है। परेशानी का कारण कुछ और ही है :

> जब से यहाँ (जर्मनी में) आया हूँ, मैंने एक भी स्त्री को सुन्दर, आकर्षक वेश-भूषा में नहीं देखा। सच, यहाँ की स्त्रियों में सुरुचि के अभाव को देखकर अक्सर मन खिन्न हो जाता है।

चेख़ॅव के पत्र पढ़कर कभी-कभी आश्चर्य होता है कि इतना अलमस्त मौजी व्यक्ति किस प्रकार अपनी कहानियों में अवसाद और तिक्तता के गहरे रंग भर देता है! दूसरों के सामने अपने दु:ख-दर्द को व्यक्त करने से वह बेहद घबराते थे। कभी किसी ने उन्हें दुनिया के प्रति गिला या शिकायत करते हुए नहीं देखा। ज़िन्दगी की हर ख़ूबसूरत चीज़—अच्छे भोजन से लेकर स्त्रियों की रंगारंग पोशाक तक—उन्हें आकर्षित करती थी। जीवन का शायद ही कोई ऐसा पहलू रहा हो, जिसके प्रति वह उदासीन रहे हों। उनके पत्रों को पढ़कर लगता है कि वह अपनी ज़िन्दगी के हर क्षण को पूरी तरह निचोड़कर भरपूर जी लेना चाहते थे, मानो उन्हें पहले से ही मालूम हो कि उनकी ज़िन्दगी ज़्यादा लम्बी नहीं चलेगी।

गर्मी की छुट्टियों में वह प्राय: मास्को से दूर एकान्त में काम करने के लिए छोटी-सी 'कॉटिज' किराए पर ले लिया करते थे किन्तु वहाँ जाने की देर नहीं होती थी कि सब मित्रों को अपने पास बुलाने के लिए धड़ाधड़ पत्र भेजना शुरू कर देते थे। उनसे बात करते हुए कभी स्वप्न में भी यह आभास नहीं होता था कि वह तपेदिक के रोगी हैं, कई रातें बिना आँख झपकाए अकेले कमरे में बिस्तर पर करवटें लेते हुए गुज़ार देते हैं। दूसरे लोगों की बात अलग है, अपनी पत्नी ओल्गा के सम्मुख भी वह अपने बारे में पूर्ण रूप से नहीं खुल पाते थे। ओल्गा को जो उन्होंने याल्टा से पत्र लिखे हैं, उनमें सतही बातों पर अधिक ज़ोर

दिया जाता था; किन्तु अपनी मानसिक समस्याओं अथवा शारीरिक परेशानियों के सम्बन्ध में वह अक्सर मौन साध लिया करते थे। आख़िरी बीमारी के दिनों में वह बहुत अकेलापन-सा अनुभव किया करते थे और चाहते थे कि ओल्गा उनके पास कुछ दिन बिता सके। किन्तु उन्होंने पत्रों में अपनी यह इच्छा कभी प्रकट नहीं की। अपनी बीमारी में किसी अन्य व्यक्ति को अपने संग घसीटना उन्हें अनुचित और अरुचिकर लगता था।

अपनी कहानियों और अपने व्यक्तित्व के बीच अन्तर बताते हुए एक बार उन्होंने अपने एक पत्र में लिखा था :

> तुम्हें मेरी कहानियों के पात्र बहुत उदास और दुखी जान पड़ते हैं। यह मैं जानबूझकर नहीं करता, लिखते समय स्वत: ऐसा हो जाता है। मैं अपने को दुखी व्यक्ति नहीं मानता, कम-से-कम लिखते समय मैं अपने को हमेशा एक सुखद मन:स्थिति में पाता हूँ। यह बात हमेशा नोट की गई है कि लोग स्वभावत: दुखी और निराश होते हैं, वे बहुत हल्की-फुल्की हँसी-ख़ुशी की चीज़ें लिखते हैं, जबकि शान्त और सुखी लेखकों की कृतियाँ अक्सर अवसादपूर्ण होती हैं। मैं एक ऐसा ही प्रसन्न व्यक्ति हूँ, कम-से-कम मैंने अपनी ज़िन्दगी के आरम्भिक तीस वर्ष आराम से बिताए हैं।

यह सतह है। वास्तव में जिन चीज़ों के प्रति चेख़ॅव की जितनी अधिक तीव्र संवेदना और सहानुभूति होती थी, जो चीज़ें उन्हें बहुत निकट से छूती थीं, उनके सम्बन्ध में वह कुछ भी कहने से कतराते थे। इस दृष्टि से वह दोस्तोएव्स्की की 'मेलोड्रामैटिक-आत्मपीड़ा' से उतना ही दूर थे जितना टॉल्स्टॉय के अराजक आदर्शवाद से। यह आश्चर्य की बात है कि जो व्यक्ति अपनी जान हथेली पर रखकर प्लेग से पीड़ित मरीज़ों की सेवा-शुश्रूषा करने एक गाँव से दूसरे गाँव भटकता फिरता है, वह अपने पत्रों में एक जगह भी उसकी चर्चा नहीं करता।

चेख़ॅव साहित्यिक होने के अलावा एक डॉक्टर भी थे—मनुष्य के दु:ख-दैन्य को जितनी निकटता और नंगेपन में उन्होंने देखा था, शायद ही किसी लेखक ने देखा हो। इसलिए जन-कल्याण या सामाजिक न्याय के सम्बन्ध में किसी प्रकार की धार्मिक रूढ़िवादिता (दोस्तोएव्स्की) या भावुक आदर्शवाद (टॉल्स्टॉय) को वह

बिलकुल थोथा और निरर्थक समझते थे। सम्भवतः यही कारण है कि आज हमें दोस्तोएव्स्की की डायरी ('राइटर्स डायरी') के हज़ारों शब्द कृत्रिम और आडम्बरपूर्ण लगते हैं, जबकि चेख़ॅव के पत्रों में छिपा मौन अधिक महत्त्वपूर्ण और मर्मस्पर्शी जान पड़ता है।

अपनी कृतियों के सम्बन्ध में चेख़ॅव ने अपने पत्रों में बहुत कम लिखा है। अक्सर वे मज़ाक़ उड़ाते रहते थे। उन्होंने कभी उन्हें अधिक महत्त्व नहीं दिया, जो बाद में हानिप्रद सिद्ध हुआ। क्योंकि जैसा टॉमस मान ने एक जगह कहा है, चेख़ॅव की देखा-देखी उनके आलोचक भी काफ़ी वर्षों तक उनके कृतित्व की उपेक्षा करते रहे। अपने लेखन के सम्बन्ध में उनके मन में एक अजीब-सी वितृष्णा और असन्तोष का भाव भरा रहता था। कभी-कभी तो वे सोचने लगते थे कि उनकी सब कहानियाँ व्यर्थ और निरर्थक हैं। साहित्य के इतिहास में शायद ऐसे लेखक बहुत कम मिलेंगे, जिन्होंने कला को एक नये क्रान्तिकारी मोड़ पर लाकर खड़ा कर दिया हो (जैसा चेख़ॅव ने कहानी-कला और नाट्य-कला में परिवर्तन किया था) और जो स्वयं अपनी इस अभूतपूर्व देन के प्रति असन्तुष्ट हों। क्या कला जीवन के लिए आवश्यक है? टॉल्स्टॉय के इस प्रश्न को वह निरर्थक समझते थे क्योंकि उनके विचार में कला जीवन की उत्कृष्टतम अभिव्यक्ति है। किन्तु अपनी कला की 'उपादेयता' (यदि सचमुच उनकी कहानियों के सम्बन्ध में हम यह शब्द प्रयुक्त करें) के सम्बन्ध में वह हमेशा ही शंकालु थे। इसका कारण था, चेख़ॅव की कहानियाँ ऊपर से अत्यन्त विशृंखलित, निष्कर्षहीन और निरुद्देश्य-सी जान पड़ती थीं। विद्वान् आलोचक हमेशा उन पर 'लक्ष्यहीन लेखक' का आरोप लगाते थे। रूस की जिस संकटपूर्ण परिस्थिति में—जहाँ हर वर्ष हज़ारों लोग भूख और महामारी में मक्खियों की तरह मर जाते थे, जहाँ ज़ार की मध्ययुगीन बर्बरता के वातावरण में स्वतंत्रता की बात करना भी राजद्रोह माना जाता था—स्वयं चेख़ॅव को अपनी हल्की-फुल्की कहानियाँ अजीब-सी असंगत और अर्थहीन मालूम पड़ती थीं। तत्कालीन रूस के हर महान् लेखक की तरह वह अपने को कहीं-न-कहीं दोषमना—'गिल्टी कॉन्शस'-सा पाते थे।

अपने मन के इस ऊहापोह और अनिश्चय को प्रकट करते हुए उन्होंने अपने मित्र सुरुकोव को एक पत्र में लिखा था :

> जो लेखक अमर हो गए हैं, उनके साहित्य में हमेशा एक महत्त्वपूर्ण तत्त्व विद्यमान रहता था—वे किसी निश्चित लक्ष्य की ओर बढ़ते थे और दूसरों को भी अपने संग आने का आह्वान देते थे...।
>
> किन्तु क्या हम अपने बारे में यह कह सकते हैं? हमारा कोई भी लक्ष्य नहीं है—न दूर का, न पास का। हमारी आत्माएँ बिलियर्ड-टेबल की तरह नंगी और चपटी सपाट हैं। ऐसा व्यक्ति जो कुछ नहीं चाहता, किसी चीज़ की आशा नहीं करता, किसी से नहीं डरता, कभी कलाकार नहीं बन सकता।

साहित्य-सम्बन्धी सैद्धान्तिक बहसों में उन्होंने शायद ही कभी अपनी रुचि दिखाई हो—कम-से-कम अपने पत्रों में उन्होंने हमेशा उन्हें निरर्थक और सारहीन ही समझा है :

> साहित्य की 'कलात्मकता' एक ऐसा शब्द है, जिससे मैं उतना ही डरता हूँ जितना बनिये की बीवी भूत-प्रेत से। जब लोग मुझसे साहित्य की कलात्मक, अकलात्मक अथवा यथार्थवादी प्रवृत्तियों की चर्चा करते हैं, तो मेरे होश-हवास गुम हो जाते हैं। मैं ढुलमुल से जवाब देने लगता हूँ; जो प्रायः सारहीन अर्द्ध-सत्यों से भरे होते हैं और जिनका मेरी दृष्टि में एक कौड़ी का मूल्य नहीं होता। यदि तुम मुझसे पूछो, मैं शेक्सपियर को दोस्तोएव्स्की (तत्कालीन रूस का एक बहुत ही लोकप्रिय और घटिया लेखक) की अपेक्षा क्यों अधिक पसन्द करता हूँ, तो सचमुच कोई उत्तर नहीं दे सकूँगा।

ऐसे ही हैं चेख़ॅव के पत्र—संकल्प-विकल्प, व्यंग्य और विरोधाभास से भरे हुए। कला में 'सिद्धान्तहीन', किन्तु व्यक्तिगत जीवन में इतने कठोर सैद्धान्तिक। ड्राइफस-केस के समय ज़ोला का पक्ष लेते हुए उन्होंने अपने पुराने मित्र सुरुकोव से हमेशा के लिए सम्बन्ध-विच्छेद कर लिया। साहित्य के प्रति अगाध प्रेम किन्तु अपनी रचनाओं के बारे में अजीब-सा हीन-भाव, व्यवहार में बहुत कोमल, ढुलमुल और संकोची, किन्तु मन के गुह्यतम कोनों में छिपी एक लौहवत् दृढ़ता—जिसे देखकर उनके मित्र अचम्भे में पड़ जाते थे। कौन जानता था कि तपेदिक से पीड़ित यह रुग्ण लेखक—जो केवल हल्के-फुल्के मज़ाक़ कर सकता है—

अपने घर-बार, सुख-सुविधा से मुँह मोड़कर साइबेरिया के अभिशप्त बन्दियों की दुर्दशा अपनी आँखों से देखने के लिए हज़ारों मील की दुर्गम, बीहड़ यात्रा करने निकल पड़ेगा! जीवन के प्रति हल्का-सा 'एपिक्यूरियन' दृष्टिकोण, किन्तु हर प्रकार की असहिष्णुता और उच्छृंखलता का तीव्र विरोध करनेवाले! सुसंस्कृत व्यक्ति कौन होता है—इस सम्बन्ध में उन्होंने अपने शराबी भाई को एक लम्बा-सा पत्र लिखा था, जिसके हम यहाँ कुछ अंश देने का लोभ संवरण नहीं कर पा रहे हैं :

> तुम योग्य व्यक्ति हो किन्तु तुममें एक चीज़ का अभाव है—संस्कृति! एक सुसंस्कृत व्यक्ति के क्या लक्षण होते हैं?

1. वे समझदार, सहिष्णु और विनम्र होते हैं। यदि गोश्त ज़रूरत से ज़्यादा पक गया हो, तो वे थाली पटककर मुँह नहीं फुला लेंगे। घर में यदि कोई अजनबी आ जाए तो आँखें नहीं तरेरेंगे और न ही दूसरे कमरे से आती हुई आवाज़ों को सुनकर झुँझलाएँगे।

2. वे दूसरों के सामने 'पोज़' नहीं करते, और न ही अपने गुप्त भेदों को ज़ोर-ज़बरदस्ती दूसरों पर थोपते हैं। दूसरे व्यक्ति के कानों का सम्मान करते हुए वे बोलने की अपेक्षा चुप रहना ही ज़्यादा पसन्द करते हैं।

3. वे लोगों की सहानुभूति अपनी ओर खींचने के लिए यह नहीं कहते, 'अरे मैंने तो अपनी ज़िन्दगी को बरबाद कर दिया' या 'मुझे तो हमेशा लोग ग़लत समझते हैं।' क्योंकि ऐसी बातों से मात्र सस्ता छिछलापन ही प्रकट होता है।

4. वे डींग नहीं मारते। सही माने में जो व्यक्ति गुणसम्पन्न होते हैं, वे भीड़ में अपने को छिपाए रखते हैं और अपनी योग्यता का प्रदर्शन करने से हमेशा कतराते हैं। 'सुसंस्कृत व्यक्ति बनने के लिए 'पिकविक-पेपर' पढ़ लेना या फ़ास्ट के मोनोलॉग कंठस्थ कर लेना ही काफ़ी नहीं है।'

हम किताब बन्द करके खिड़की के पास आ खड़े होते हैं। जो पत्र साठ-सत्तर वर्ष पहले किसी भूले-भटके क्षण में लिख दिये गए थे (शायद ऐसी ही कोई दोपहर होगी, शायद आधा पत्र लिखने के बाद चेख़ॅव खोई-सी मुद्रा में पाइप लिये खिड़की के पास आ खड़े होंगे), आज वह क्षण पाइप के धुएँ के संग किताब के पन्नों में दबकर रह गया है—कुछ उसी तरह, जैसे हम बचपन में फूल की लाल पंखुरी अपनी किताब के पन्नों के बीच रख देते थे और कुछ दिनों बाद अचानक उसे देखकर विस्मित-से हो जाते थे।

उस क्षण की तात्कालिकता, पंखुरी की ताज़गी की तरह, आज नहीं रही, किन्तु वह संकेत करता है उस जीती-जागती स्थिति की ओर, जब हमने पहले-पहल फूल को देखा था, उस क्षण को उसके कच्चेपन में जिया था। चेख़ॅव अपने पत्रों में हमेशा एक 'कैज्युअल'-सा भाव रखते थे—जैसे कोई बर्फ़ की पतली-सी परत पर स्केट करता हुआ एक को छूकर दूसरे खम्भे की ओर बढ़ जाता है! आहत अभिमान, किसी ग़लतफ़हमी का दु:ख, घरेलू परेशानियाँ, आलोचकों की निन्दा-भर्त्सना—ये सब कुछ ऐसे ऊँचे-नीचे तट हैं, जिन्हें छूकर उनके पत्रों का क्षणिक ज्वार अनेक पत्थरों को गीला करके अपने पुराने स्तर पर लौट आता है। आज बरसों बाद जब हम इन पत्थरों को उठाते हैं, तो उनके नीचे दबी सामयिकता की काई पर कुछ उजली-चमकीली सीपियाँ दिखाई दे जाती हैं, जिन्हें अनजाने में चेख़ॅव ने हमारे लिए छोड़ दिया है। चेख़ॅव की कहानियों की तरह उनके पत्रों में किसी 'शाश्वत सत्य' के दर्शन नहीं होते, वे केवल तात्कालिक क्षण को ही उजागर करते हैं। उन्हें पढ़कर हल्की-सी खीझ होती है, क्योंकि वे किसी निष्कर्ष पर नहीं पहुँचते—लगता है, जैसे कोई धुन अधूरी ही बीच हवा में झूलती रह गई है, उसे 'फिनिशिंग-टच' देने के लिए जिन अन्तिम सुरों की हम प्रतीक्षा करते हैं, वे कभी नहीं आते।

किन्तु शायद पत्रों की इस 'कैज्युअल-टोन', इस अधूरेपन में ही उनकी सहज आत्मीयता, उनकी सार्थकता निहित है। जो पत्र 'शाश्वत सत्यों', गुरु-गम्भीर सिद्धान्तों का निरूपण करते हैं, जिन्हें लेखक भविष्य की ओर देखते हुए लिखता है—वे महत्त्वपूर्ण होते हैं या नहीं, कहना कठिन है—रूखे, नीरस और उबा देनेवाले अवश्य ही होते हैं। पत्रों का यदि कोई शाश्वत सत्य है—तो उनकी तात्कालिकता में। प्रस्तुत क्षण की धड़कन और तरलता, झटके और झनझनाहट,

धूल और पसीने के मैले, बुसे लिफ़ाफ़े में बन्द होकर ही वे पत्र भविष्य तक पहुँच पाते हैं—बाक़ी सब सजे-सँवरे 'सत्य' उन बैरंग पत्रों-से होते हैं, जिन्हें भावी पीढ़ी बिना पढ़े लौटा देती है।

किन्तु चेख़ॅव के पत्रों की तात्कालिकता जहाँ उन्हें दिलचस्प बनाती है, वहाँ एक सीमा-रेखा भी खींच देती है, जिसके पीछे सब बत्तियाँ धीरे-धीरे बुझ गई हैं। उनके पत्रों की हर पंक्ति के बीच कुछ धुँधले अस्पष्ट-से 'अंडर-टोन' हैं, दबे रह गए हैं, जिन्हें हम महसूस करते हैं, छू कभी नहीं पाते। अपनी वैवाहिक ट्रेजेडी के सम्बन्ध में अन्त तक उन्होंने अपने पत्रों में एक शब्द भी नहीं लिखा।

साखार्लिन (साइबेरिया में स्थित) जाने के उनके निश्चय पर अनेक लोगों ने अपने विभिन्न मत प्रकट किये हैं—शायद वह अपने असफल प्रेम की पीड़ा को भूलने के लिए वहाँ गए थे—शायद वह अपने लेखन से असन्तुष्ट थे और नये अनुभव प्राप्त करना चाहते थे या शायद, जैसा उन्होंने सुरुकोव को अपने एक पत्र में लिखा था :

> हो सकता है, मुझे इस यात्रा से कुछ भी हाथ न लगे, किन्तु दो या तीन दिन तो अवश्य ही ऐसे होंगे, जिन्हें मैं आजीवन याद रखूँगा, जिनकी स्मृति अपने दुःख या आनन्द के संग मुझे हमेशा कचोटती रहेगी।

कारण चाहे कुछ भी रहे हों, यह स्पष्ट है कि साखार्लिन जाने से पहले उनके पत्रों में अपने जीवन के प्रति गहरा असन्तोष प्रकट होता है—यह असन्तोष पूर्ण रूप से व्यक्तिगत जीवन को लेकर नहीं था, हालाँकि उसकी कटुता का एक बड़ा अंश उसमें शामिल रहा होगा। न ही इस निश्चय के पीछे कोई स्पष्ट सामाजिक या कलात्मक उद्देश्य नज़र आता है, परोक्ष रूप से उसका प्रभाव चाहे जो भी रहा हो। अपने पत्रों में जो कारण उन्होंने बताए हैं, वे एक-दूसरे से इतने भिन्न हैं कि शायद सही कोई भी नहीं है, या आंशिक रूप से सब सही हैं, किन्तु एक-दूसरे से वे इतने उलझ गए कि स्वयं चेख़ॅव उन्हें एक-दूसरे से अलग नहीं कर पाते।

साखार्लिन की यात्रा ने—उसके निवासियों की यातनाओं-यंत्रणाओं ने उन्हें एकबारगी झिंझोड़-सा डाला था—और यही वह चाहते भी थे। वहाँ से लौटने पर उनके बाह्य-जीवन में कोई विशेष अन्तर नहीं आया किन्तु यह निर्विवाद है कि जीवन के प्रति उनका दृष्टिकोण अधिक सजग, अधिक तीखा हो गया था :

> साखार्लिन जाने से पूर्व 'क्रूट्ज़र सोनाटा' पढ़कर मैं अभिभूत-सा हो गया था। वापस आने के बाद मैं उसे एक बार फिर पढ़ गया हूँ और अब मुझे वह कहानी निपट थोथी और हास्यास्पद भी जान पड़ती है।

आज चेख़ॅव की मृत्यु को पचास वर्ष से अधिक बीत चुके हैं। उनकी कहानियाँ प्रत्येक देश में पढ़ी जाती हैं, हर छोटे-बड़े नगर में उनके नाटक खेले जाते हैं। उनका महत्त्व असन्दिग्ध है। किन्तु उनके पत्रों को पढ़ते हुए क्षण-भर के लिए भी आभास नहीं होता कि हम किसी ख्यातिसम्पन्न, महत्त्वपूर्ण व्यक्ति के प्रवचन सुन रहे हैं। उनके पत्र अपने में आत्मीय, दिलचस्प और स्वतंत्र हैं... वे चेख़ॅव के हैं, यह बात गौण लगती है। इसी में शायद इन पत्रों का महत्त्व और चेख़ॅव की महत्ता निहित है।

पत्र समाप्त हो जाते हैं, किन्तु हम न जाने क्यों, कुर्सी से उठकर देहरी के बाहर नहीं जा पाते। लगता है, कोई अब भी पुस्तक के मुँदे पन्नों से बाहर झाँक रहा है—पिंसनैज के पीछे छिपी हुई हँसती उदास आँखें, कटी-छँटी फ्रेंच-कट दाढ़ी और किसी अप्रत्याशित शरारत से भरे होंठ, जो मज़ाक़ करने से पहले हल्के-से ऊपर उठ आए हैं—मानो झिझक रहे हों कि कहीं उनके मज़ाक़ से हम बुरा तो नहीं मान जाएँगे—यही चेख़ॅव हैं।